U0828820

How
Slavoj
Became
Žižek

The Digital Making of a Public Intellectual

就这样，**斯拉沃热**成了**齐泽克**

一位声名鹊起的知识分子的社会学考察

[以] 埃利兰·巴莱尔（Eliran Bar-El）／著
季广茂／译

北京日报出版社

图书在版编目（CIP）数据

就这样，斯拉沃热成了齐泽克：一位声名鹊起的知识分子的社会学考察 /（以）埃利兰·巴莱尔著；季广茂译．—北京：北京日报出版社，2024.8
ISBN 978-7-5477-4915-9

I. ①就… II. ①埃… ②季… III. ①齐泽克—理论研究 IV. ① B555.4

中国国家版本馆 CIP 数据核字（2024）第 062841 号

北京版权保护中心外国图书合同登记号：01-2024-2046
How Slavoj Became Žižek:The Digital Making of a Public Intellectual
By Eliran Bar-El
Copyright © 2023 by The University of Chicago. All rights reserved.
Simplified Chinese edition published by arrangement with Gending Rights Agency.
本书中文简体版权归属于东方巴别塔（北京）文化传媒有限公司

就这样，斯拉沃热成了齐泽克：一位声名鹊起的知识分子的社会学考察

责任编辑：胡丹丹
特约编辑：何梦姣
装帧设计：颜　禾
排版制作：胡凤翼

出版发行：北京日报出版社
地　　址：北京市东城区东单三条 8-16 号东方广场东配楼四层
邮　　编：100005
电　　话：发行部：（010）65255876
总编室：（010）65252135
印　　刷：天津画中画印刷有限公司
经　　销：各地新华书店
版　　次：2024 年 8 月第 1 版
2024 年 8 月第 1 次印刷
开　　本：880 毫米 ×1230 毫米　1/32
印　　张：13.25
字　　数：357 千字
定　　价：88.00 元

版权所有，侵权必究，未经许可，不得转载

目　录

插图列表

引　论

没有多少知识分子能以自己的名字命名一家夜总会或一个时装系列。[1]这个想法本身就显得稀奇古怪，仿佛与世隔绝的知识分子的象牙塔——他们在自家的烛光下独自埋头工作——轰然倒塌，瓦砾散落在人潮涌动的大街上。即使身居象牙塔内，大多数知识分子也只是梦想着他们的工作能够博得专业期刊、专题会议或专门收纳概念武器的词典的青睐，至于拥有数百万浏览量的专业印象派剪辑视频，绝对可望而不可即。[2]所有这些，斯拉沃热·齐泽克全都拥有，甚至远远不止这些。正是在这种"稀奇古怪"的意义上，本书的研究对象——或者更确切地说是研究主体——多少有些与众不同。我将尝试阐明，齐泽克很可能是公共知识分子的一个新型品种。

自 21 世纪初以来，齐泽克既被定位为好斗的学者，又被定位为公众人物。作为仍然在世的最多产、最著名和最具争议的思想家之一，他的公共介入使他成为知识分子名人，具有文化明星地位。一路走来，齐泽克树敌无数，招致不少批评，主要是因为他以独特的方式把理论和实践结合起来：由于用英语把德国的观念论①与法国的

① 观念论(idealism)，又译唯心主义或理想主义。如无特殊说明，本书的页下注均为译者注。

理论①融为一体，自开启全球学术生涯的那一天起，他就既名扬天下又声名狼藉。[3]

齐泽克 1949 年出生于斯洛文尼亚首都卢布尔雅那，当时斯洛文尼亚还是南斯拉夫和东欧集团的一部分。[4]1968 年②，他进入卢布尔雅那大学学习社会学和哲学。1971 年获得文学学士学位后，他设法把自己专论海德格尔和德里达的毕业论文付梓，这便是以斯洛文尼亚语出版的《差异之痛》(*The Pain of the Difference*)。他在大学学习期间曾于 1969 年前往法国，并建立了学术联系，这影响了他后来的思想发展和知识轨迹。1975 年，他在斯洛文尼亚获得硕士学位，毕业时写了一篇关于法国理论的论文，题为《记号·能指·书写》("Sign, Signifier and Writing")。这使他走上了获得两个博士学位的道路：一个是斯洛文尼亚的哲学博士学位，一个是法国的精神分析博士学位。法国的博士学位是在 1982 年通过答辩后获得的，论文题为《介于症状与幻象之间的哲学》("Philosophy between the Symptom and Fantasy")[5]，这标志着齐泽克在学术上开始获得正式认可，也是本书对齐泽克研究的起点。

尽管齐泽克的家庭背景和机构背景朴实无华，远离哈佛、牛津或索邦的聚光灯，但他还是成功地在全球知识界崭露头角，成为其最重要的代表之一。从那以后，他再也不曾回头。正如他在一本书的封面上所写的那样："齐泽克出生，写作，并将死去。"③他高能多

---

① 这里所谓的"理论"(theory)与我们理解的"理论"颇不相同：我们理解的"理论"指学说，是泛指；这里的"理论"是特指，指来自法国的结构主义、后结构主义和精神分析理论。

② 齐泽克1967年进入卢布尔雅那大学学习。——编者注

③ 这令人想起司汤达的墓志铭："写过，爱过，活过。"(Il a vécu, il a écrit, il a aimé.)

产的水平和介入现实的速率，在学术界无人能及。他大约出版了100部英文著作，还出版了十几部以至少十种其他语言撰写的著作。他与大约20家出版社合作，以每年两本的速度推出自己的著作。此外，在1982年至2018年期间，齐泽克的知识介入（intellectual interventions）包括：约有100篇学术文章和400篇公共媒体文章（其中288篇以英语写成），有超过15种不同的发布渠道，涉及13种语言，在20多年的时间里平均每月至少发表一篇文章。除了这些数量惊人的学术著述，齐泽克对通俗文化——尤其是电影——的介入也是独一无二的。

齐泽克对公共事务的参与超过了书本上的文字，从他个人的行动体现出来。除了接受媒体采访和举办学术讲座，他还出演过十几部电影，包括出演主角。这些表演①开始于20世纪80年代的斯洛文尼亚，当时他经常参与公共事务，为众多期刊撰稿，创办了卢布尔雅那理论精神分析学会（Ljubljana School for Theoretical Psychoanalysis），甚至竞选公职。从那时起，他在美国、英国、中国、俄罗斯、印度和巴勒斯坦等几十个国家参加了数百次公开活动，

① 表演，原文为“performance”，主要指演奏乐曲、上演剧本、朗诵诗词等直接或者借助技术设备以声音、表情、动作公开展示作品的行为。但在本书中，除了上述含义，它还有“展演”（performativity）之意。一般而言，两者区别明显：前者一般局限于舞台等特殊场景，需要有直接的受众；后者的范围则无远弗届，也不需要直接的受众。但在齐泽克这里，两者没有本质性的区别：它可以是表演，也可以是展演（其实他的表演就是展演，他的展演也是表演）；它可以是奥斯丁（J. L. Austin）所谓的“以言行事”（do things with words），也可以是朱迪斯·巴特勒（Judith Butler）所谓的“表演先于主体”。职是之故，本书分别将其译为“表演”和“表演性”。但需要了解其基本蕴含：齐泽克的表演不仅在舞台上，在会场上，在电影中，还有他所有的著述中，甚至在他的日常生活中。

今天对他的宣传报道已经达到了国际规模。他的每一次公开露面都像开一场摇滚音乐会，人们蜂拥而至，现场熙熙攘攘，有人还坐在走廊的地板上，乐此不疲。事实上，“齐泽克总是让人觉得他在作秀，而不是展示他的本尊。好像他不能老老实实地做齐泽克，他必须始终表演齐泽克，仿佛他就是一个角色，而不是一个人”。[6] 也许正是出于这个原因，《高等教育纪事报》（*Chronicle of Higher Education*）称他为“文化理论界的猫王”。在英国的《卫报》（*Guardian*）看来，他是“哲学界的波拉特①”。[7] 这一系列异乎寻常的知识介入也使齐泽克获得了三次名列《外交政策》（*Foreign Policy*）评选的全球百大思想家的机会，还在《新共和周刊》（*New Republic*）上获得了“西方最危险的哲学家”的称号。[8]

这种稀奇古怪的珠联璧合与齐泽克本人一样，可能是我们生活的世界的一部分。这是一个各种主张相互对抗、各种立场不断转变、各种边界日益模糊的世界。所有这些都是新数字公共领域（new digital public sphere）的标志。齐泽克的许多次露面、演讲和访谈都被忠实的粉丝记录、上传互联网并在网络上传播，这提高了他在媒体化公共领域内的国际知名度。不仅在地理上是如此，而且在学科上也是如此。他的知识活动无远弗届，涵盖了诸如存在和真理之类的核心哲学问题，诸如性（sex）和主体性（subjectivity）之类的精神分析问题，诸如资本主义和共产主义之类的政治和经济问题，诸如瓦格纳和《黑客帝国》之类的艺术问题，诸如量子物理学和神经生物学或生态学之类的科学问题，等等。

---

① 波拉特（Borat），指2006年公映的美国喜剧电影《波拉特》中的主角波拉特。在电影中，波特拉是一位哈萨克斯坦主持人，他到美国旅行并短暂停留，其经历甚是搞笑，被视为异类中的异类。

上述粗略描述已经开始证明，所谓“齐泽克现象”（Žižekian phenomenon）的范围是多么的无边无沿。我将在本书中对此进行描述和解释。当然，关于齐泽克，已经出版了很多著作。[9]尽管如此，大多数著作不是论述他的哲学思想就是阐发他的政治观点，其共同采用的文献在很大程度上与他生产的知识产品（intellectual products）有关。我们很少能够找到对齐泽克的生产过程（production process）的系统评价，这正是我在本书中采纳的视角。具体说来，本书旨在研究齐泽克的崛起、发展和接受，以及——但不限于——他的知识产品和知识介入。直到最近，我们才发现了对齐泽克现象的表演性凝视（performative gaze）。[10]然而，即使是这种评价也不是社会学的或经验性的，而主要是艺术性的和理论性的。相比之下，本书的主要目的是井然有序、实事求是地阐述齐泽克现象。它以知识介入社会学（sociology of intellectual interventions）为根基，旨在阐明一个定位过程①，而正是这个定位过程可以说明，何以齐泽克摇身一变，成了全球公共知识分子。

这种探究将把齐泽克的理论和实践与他在全球崛起的时机联系起来。[11]因此，本书分析了社会的各个方面，正是社会的各个方面为齐泽克现象的产生及其名人化、数字化甚至对其取关②提供了语境。这个过程经历了从接收到接受，从接受到拒斥的不同阶段：首

---

① 定位过程（positioning process），这里的“定位”不仅指确立地理或学科意义上的方位，而且指在政治、社会、伦理等问题上确立自己的立场。“position”和“positioning”既指“方位”和“确定方位”，又指“立场”和“明确立场”，一词两义。

② 取关（cancellation）是一个网络流行用语，指取消关注，粉丝以此对曾经仰慕的偶像表示不满或抵制。

先，他的早期职业生涯始于斯洛文尼亚，彼时彼地的政治、文化和知识氛围总在时移势迁；然后，他接收法国理论，随后又在英语世界扬名立万；最后他在美国和全球舞台上迅猛爆发。尤其是，我采用了编剧学方法（dramaturgical approach），将表演性、修辞学和辩证法联系起来，考察齐泽克知识介入的各种形态（从著作到博客，无一遗漏），并展示它们如何对齐泽克进行了不同的定位。[12] 由于这些介入和这些介入所导致的定位在本质上是相互关联的，齐泽克的团队和由他的同事、批评者、评论者、出版社组成的网络将向我们展示，他们在传播这种现象时发挥了何种关键作用。

到目前为止，我们已经大致知道齐泽克是怎样的人，都做什么事，是什么使他成为一种独一无二的现象的。然而，我们对齐泽克是如何做到这一点的，以及我们应该如何对他进行社会学的研究，还是知之甚少。面对上述问题，我们必须把齐泽克置于公共知识分子的谱系之内，置于最新的公共领域数字化的发展过程中，对他加以考察。

从洞穴到数字公共领域的知识分子

每个社会中都有这样一些人，他们的社会地位、社会功能、社会角色或社会价值主要是由他们从事知识活动的能力来确定的，无论是写作、言谈还是思维，都是如此。事实上，纵观知识分子的历史，“知识分子”一词不仅使“知识分子”名号的拥有者与知识、洞察力或专业技能相关联，而且使“知识分子”名号的拥有者与代表公共利益对包括公共事务在内的公共领域进行介入的伦理、社会和政治责任相关联。[13]

这种关系是对公共（领域、事务和利益）的介入关系，它使知识分子成为“公共知识分子”的得天独厚的候选人。我们目前暂时把“公共知识分子”定义为“关注符号和观念的人，他们公开评论社会状况，以影响或指导社会未来走向为目标”[14]。重要的是，“公共”① 的这种单一性不应使我们偏离其固有的多元性，即它同时指各种实实在在的“公共”，就像在齐泽克的那种情形下，它指斯洛文尼亚人、法国人、英国人和美国人，及其与自治和相对自治的学派相对立的外在性（externality）。在这种多元化的意义上，“一般”公共指的是空间，无论这空间是物理空间还是虚拟空间，在这个空间内，不同的公共和公共代理人参与公共事务。

尽管如此，不知何故，知识分子和公共之间的关系从一开始就出了问题。在柏拉图《理想国》的洞穴寓言中，以及在他的《申辩篇》里对苏格拉底的审判中，哲学家–知识分子面临的这个问题既清晰可见，又危于累卵。[15] 哲学家理应不惜一切代价把真理带给人们，其中一个代价便是被人指控腐蚀他人。和古代的苏格拉底一样，齐泽克也经常被人指控腐蚀当今的年轻人。这个问题甚是关键，我将在后面详加论述。

在历史上，公共知识分子被理解为这样一群人：相对于既定的、具体的社会而言，或相对于任何社会或私人团体而言，他们占据外部的、一般的和独立的地位。这样的理解导致了人们用“自由

---

① “公共”（republic），有时指黑格尔意义上的“公共”，有时指普通社会学意义上的“公众”，有时指日常生活意义上的“公开”。一词三义，只能根据语境加以区分。即便如此，也无法完全加以严格区分。在无法根据语境加以区分，或者即使能够加以区分，但为了保持字面语言的一致性时，一律译为“公共”。

漂浮”“漫无目的”“居无定所”等词汇来描述他们。有一个形象特别强化了知识分子的这种外部地位和独立作用。根据这一形象，“公共知识分子被视为肩负一项使命之人：向社会引入一套由更高权威认可的普遍规范，就像《圣经》中的先知向世俗强权传播神圣的真理一样”。[16] 从柏拉图笔下的哲人到《圣经》中的先知，从《圣经》中的先知再到现代的学者，都把公共知识分子与一种神圣的使命感联系起来。[17]

对知识分子以及与之相伴的呼唤（呼唤知识分子肩负介入的责任或使命）的这种定位，在现代世俗时代发生了翻天覆地之变，这使知识分子一词的内涵在褒义和贬义之间左右摇摆。在启蒙运动时期，“*homme de lettres*”（文人）被用来表示文化人，文化人即知识分子，即那些进行理性思维而非情感思维的人。最近，知识分子一词仍然证明，顶着知识分子名号的人的地位依然问题重重。在法国19世纪90年代的德雷福斯事件①中，支持德雷福斯的人使用这一概念来证明他的清白无辜。但指控德雷福斯有罪的人也使用这个概念，

---

① 德雷福斯事件（Affaire Dreyfus），又称德雷福斯丑闻，是19世纪末发生在法国的一宗司法和政治事件。德雷福斯出生于犹太人家庭，在法国总参谋部任上尉军官。1894年9月，德雷福斯被人诬陷向德国出卖军事机密，被判终身监禁。后来有人发现了真正的间谍，要求重审此案，但上层势力迫使此人调离公职。作家爱弥尔·左拉在报纸上发表致总统的公开信，要求重审此案。围绕德雷福斯事件，法国社会分裂为德雷福斯派和反德雷福斯派，两派相互攻讦。1899年德雷福斯案终被重审，但他仍被判有期徒刑十年。同年9月19日总统特赦德雷福斯，以息民愤。直到1906年最高法院才撤销原判，改判德雷福斯无罪。此案推动了1905年法国政教分离法的通过。此案掀起的社会改造运动与美国的“进步运动”（1893—1920）、英国的“新政自由主义”社会福利改造运动遥相呼应，影响深远。

他们断定前述抽象思维者缺乏具体的司法训练，因为不具有合法性。因此，在现代，（占据外部的、一般的和独立的地位的）“知识分子”被赋予了另外两个特征：是写作者，而非言谈者；是专业人士，而非门外汉。[18]

显然，有关“公共知识分子”的比喻性说法与语境密切相关。[19]知识分子和（既作为名词又作为形容词的）公共之间之所以存在错综复杂的关系，是因为它们在不同的语境中有不同的定义，不同的定义又使它们扮演不同的角色。例如，朱利安·班达（Julian Benda）在1928年出版的《知识分子的背叛》（*The Treason of the Intellectuals*）一书中，为知识分子提供了一个肯定性的定义：知识分子是“所有那些其活动在本质上不追求实际目的之人，所有那些在艺术、科学或玄学思辨的实践中寻求乐趣之人，简而言之，就是拥有非物质利益之人”[20]。与这种肯定性的定义相反，他还把知识分子称为“书记员”（clerks），把他们否定性地定义为“所有以超验的方式与世界对话的人”[21]。也就是说，他们把尘世的强权伪装成超验的真理。杰弗里·亚历山大（Jeffery Alexander）强调文化的重要性，提出“知识分子是能够做出判断的活动者（actors），他们能够做出判断是因为他们本身是自由漂浮的，不做任何特定的承诺，没有任何具体的担当。……从理论上讲，‘知识分子’和‘公众’是相辅相成的概念，……成为公共知识分子是一种符号性的行动，这里的关键在于，成为……‘具有代表性的人物’”[22]。无论如此定位知识分子多么风靡一时，它都依赖于限制我们理解知识现象的二分法：私与公、内与外、言谈者与写作者、被动与主动、门外汉与专业人士等等。

这些二分法在对知识活动（intellectual activity）展开的研究中仍

然发挥着重要作用，知识活动通常是通过与知识活动相关的规范功能来理解的。这种“传教士式”的联系引发了关于真理与权力之关系的、反复出现的问题：两者之间可以对话吗？实际上，这变成了沿着二元轨迹来研究知识分子，而这二元轨迹又是由他们介入现实的水平和类型来定义的：知识分子基本上可以效仿本杰明·迪斯雷利①、伍德罗·威尔逊②或瓦茨拉夫·哈维尔③介入政治，据说能把真理赋予权力；或者效仿左拉和甘地，以真理的名义视权力为粪土。

无论这两种方式有多么诱人，它们都可能仍然是残缺不全的，因为正如吉尔·埃亚尔（Gil Eyal）所言：“添加限定词‘公共’到底有何作为？答案是边界作业。‘公共’一词的加入，以一种非常特定的方式重新划定了谁是‘真正’的知识分子、谁不是‘真正’的知识分子的边界，将学者——特别是那些一门心思地追求技术进步的专家——排除在外。”[23] 本书孜孜不倦地致力于边界作业，利用定位理论（positioning theory），特别是表演性（performativity）和介入（intervention）的概念，来克服这种限制性的二分法，从而挑战知识分子要么站在（或应该站在？）权力一边，要么站在真理一边的观念。一边是权力，一边是真理，这种二分法与齐泽克独特的知识介入模式严重不符。从这个意义上说，本书遵循的是下列观念：

---

① 本杰明•迪斯雷利（Benjamin Disraeli，1804—1881），英国保守党政治家，曾两次担任英国首相，在现代保守党的创立中发挥了核心作用。他还是一位小说家，在担任首相期间出版过小说。

② 伍德罗·威尔逊（Woodrow Wilson，1856—1924），美国第28任总统，理想主义政治的代表人物，认为人性可以改造，战争可以避免，利益可以调和，主张建立国际组织，保卫世界和平。

③ 瓦茨拉夫·哈维尔（Václav Havel，1936—2011），捷克剧作家、政治家、导演、编剧、演员。

知识分子是“一种混合的存在，一脚站在沉思的世界，一脚站在政治的世界”[24]。

此外，今天的数字公共领域（尽管它面临挑战）保留了齐泽克的介入的知识轨迹（interventional *locus intellectus*）。最近的技术变革为知识活动创造了新条件。限制的减少使大众更容易获取知识，推动知识的普及，同时导致了信息的极度膨胀。这回过头来，又导致了更多的社会变化或知识生活的转变：社会科学在20世纪60年代后大规模扩张，专家和非专家之间的界限日益模糊，“宏大”哲学体系的影响力日益衰微，因此，“权威型知识分子”（authoritative intellectual）随着知识权威的凋谢而衰落。[25]总之，对于齐泽克在公共领域和全球的崛起而言，这些变化起着至关重要的作用。[26]

这些最近的发展导致了知识的实体化现象（intellectual substantiation），而知识的实体化使得对我们目前的知识社会进行知识介入变得合法了。知识介入不仅需要在当今前所未有的社会、政治、经济和技术条件下工作的知识分子，还需要他们工作的机构——如大学[27]——以及他们表演的空间，即新兴的数字公共领域。在网络出现之前，传统上所谓的大众传播媒体的基本政治经济大多由精英控制，这极大地限制了公众对知识的获取。正如迈克尔·凯伦（Michael Keren）和理查德·霍金斯（Richard Hawkins）所言，在这种环境下，“获得公共知识分子的社会地位，可能看起来像是观念的供应商和媒体的供应商进行浮士德式交易的产物”[28]。

事实上，“媒体知识分子”就是这样诞生的。罗纳德·雅各布斯（Ronald N. Jacobs）和埃莉诺·汤斯利（Eleanor Townsley）认为，媒体知识分子是由政客、记者、专家和其他高级知识分子组成的，他们充当“专业的传播者”或叙述者，将新闻媒体格式（news media’s formats）用作“收集和讨论当前问题的集结地”[29]。然而，在今天这个“后法典时代”（post-codex era）[30]，知识分子的工作不再完全由专家在纸上完成，它还由非专家在屏幕上完成。以技术为媒介的公共领域的特征是丰富充足，而不是匮乏单一：“我们的时代是由开放的和互动的传播媒体的日益多样化来界定的，世界上大多数人口现在都能接触到这些媒体。显而易见，与传统大众媒体的兴起形成鲜明对比的是（传统大众媒体在20世纪30年代首次令批判理论家着迷），更多的个人从未有过如此大的潜力，可以以更多样化的方式更直接地与他人交流。至少表面看来，现在进入障碍更少，进入的门槛更低，限制和监管更少。”[31]

这是维基百科的时代，原声摘要①、博客或推特的重要性日益提高。在这种状况下，（作为实体和风骨的）知识分子的地位有何变化？如果说伴随着“知识权威”的式微，“权威型知识分子”也告衰落，那么知识分子还能有什么作为？[32]随着数字传播和新社交媒体的兴起，今天的“技术知识分子进入了注意力经济②。……如果他们能吸引足够的注意力，使人们注意到他们自身和他们要传播的信息，他们就能以此谋生，就会大功告成”[33]。

这个被亨利·法雷尔（Henry Farrell）称为“技术知识主义”

---

① 原声摘要（sound bite），指从较长的音频中提取的一段语音。它以简明扼要的短语或语句为特征，以捕捉、放大甚至歪曲说话者的话语、意图为目的。与此同时，政客们也越来越多地利用原声摘要进行政治宣传。

② 注意力经济（attention economy），一种管理信息的方式，它把人的注意力视为稀缺资源，并运用经济学理论解决各种各样的信息管理问题。因为稀缺，是有限资源，故与无限欲望和贪婪构成了对立关系，为资本攫取利益提供了空间和便利。

（technology intellectualism）的崭新世界带来一些明显的益处：与传统的公共知识分子的时代相比，它把观念世界与更广泛的公众联系融为一体。它还推动了某些思想者（thinkers）的地位的提升，而这些思想者在传统学术环境下只能永远甘拜下风。不过，亨利·法雷尔还指出，新的技术知识主义也有害处。他认为，这主要是忽视了社会冲突和社会不平等，正是这些社会冲突和社会不平等影响了政治、经济和文化的构成和形态。职是之故，对于当代知识分子来说，同时对于本书而言，眼下具有挑战性的任务是，“弄清楚喜爱与人作对、怪异有趣的知识分子是如何在一种似乎旨在拉拢、腐蚀他们或将他们变成职业争议分子（professional controversialists）的默会经济（tacit economy）中养活自己的”[34]。茱迪·迪恩（Jodi Dean）在其《博客理论》（*Blog Theory*）中指出了数字媒体存在的另一个问题，即“网络通信的动荡骚乱，即快速的创新、采纳、改编和淘汰”[35]。这是她所说的“传播资本主义”（communicative capitalism）的一部分，即通过网络化的传播和娱乐性的媒体将民主政体与资本主义融为一体。正是在这里，正如乔纳森·贝勒（Jonathan Beller）在研究注意力经济和景观社会时所言：“专注于注意力的电影组织（cinematic organization of attention）导致了一种情形，在这种情形下，注意力……就是为了后期资本的价值生产而与 *socius*——社会之整体——结成的必不可少的控制关系。”[36]

正是在这个意义上，作为以知识认识论（intellectual epistemology）和合法性为基础的观念生产和知识生产的定位过程的知识的实体化，是公共生活（当下的紧迫问题、日常公共事务和论争）与知识生活（涉及对观念、知识等的生产和传播）之间的交叉点。实体化“支撑着那些名义上以公共知识分子身份现身的人的可信度，以及他们陈述的效力和他们见解的品质”[37]。但今天，“学术研究的成果必须在一个新的信息‘以太’①中竞争，在这个信息‘以太’中，许多传统的知识等级秩序已被打乱，知识分子要想使自己的主张实体化，使他们的主张成为独一无二的知识分子的主张，已经相当困难”[38]。

学者和公众在获取知识方面面临关键挑战，网络为应对这种挑战铺平了道路，这改变了我们寻常身之所历、目之所见的公共领域。尽管传统上把公共定义为“一种环境，在这种环境下，社会治理和政治治理的机构和实践与置身于日常生活的普通民众相互作用”，但今天的公众比以往任何时候都更依赖于“谁授予他人对媒体的访问权，而言论本身的内容和性质则由这种权力关系来塑造”[39]。这种发展也派生了一个虚影（phantom）和一个幻影（phantasm）。基于现在进入公共领域的机会更加开放，有人声称“我们都是公共知识分子”[40]，但这句格言最好地诠释了这一幻影。因为网络理应允许访问，于是产生了一种倾向，“认为这种开放是民主社会力量的产物——这是一个难以立足的历史假设；或者，更糟糕的是，认为在这个领域进行的公共事务将具有与之类似的开放特征——这是一个不足以采信的技术假设和政治假设”[41]。事实上，莉兹·皮尔尼（Liz Pirnie）声称，知识分子努力传递旨在刺激社会变革的信息，但其功效如何，在一定程度上取决于他们采用的特定的传播技术。[42]如此认知的一个早期范例来自索伦·克尔凯郭尔。他在1864年出版的专著《当今时代》（*The Present Age*）中对“新闻界”及其在创造和维持“公众”这个幻影时发挥的构成性作用（constitutive role）进

① 以太（ether），古希腊哲学家亚里士多德所设想的一种物质，但古希腊人通常以其泛指青天或上层大气。

行了严厉的批评："公众"[43]只是一个想象出来的整体和知识的被动接受者而已。

知识（在数量上）的民主化和（在质量上）的大众化还是一项挑战，这种挑战还影响了公共知识分子在今天的数字公共领域中的表演性角色，因为他们与知识、真理和权力密切相关。在数字洞穴中，表象越来越无所不在，越来越错综复杂，这使知识分子和公众处于截然不同的状况之中。鉴于这些情形的发展，我更关心的是，什么决定了介入公共领域并试图以知识和观念来影响当代事务的知识分子的合法性，而不怎么关心知识分子的类型[44]和定义问题。这样做的目的是超越围绕着知识分子的本质展开的旷日持久的论争。通过研究"齐泽克"的"如何"问题①，本书还就"免费获取"的数字集市（digital agora）对知识介入的影响进行详尽的反思。

对知识分子的社会学研究

正如亚格娜·奥尔塔泽夫斯卡（Jagna Oltarzewska）雄辩地指出的那样，齐泽克在过去40年里著作的数量之多，及其引发的方方面面的批评，"使评价（更不用说介绍）的任务异常艰巨；面对一个已经庞大而且还在不断壮大、触角极其广泛、其边界和抱负似乎不受限制的著作集合体（corpus），焦虑困扰着研究人员"[45]。为了消除这种焦虑，有必要看看社会学家是如何处理有关知识分子、观念和

① "齐泽克"的"如何"问题（how of "Žižek"），指齐泽克如何发挥知识分子的作用，如何介入和影响公共事务之类的问题。重点在于"如何"而不在"什么"。作者的意思是，他不关心齐泽克到底是不是（公共）知识分子，是什么类型的知识分子之类的问题，只关心他发挥了什么作用。

知识等问题的。这样的问题包括：什么是知识分子？是什么让一个人在公众面前功成名就？如何从社会学的角度研究公共知识分子？[46]观察最近的发展（图 0.1），就会明白，何以定位理论适用于对上述问题的回答。

图 0.1　对知识分子的社会学研究

最近，米歇尔·拉蒙（Michèle Lamont）、查尔斯·卡米克（Charles Camic）和尼尔·格罗斯（Neil Gross）等社会学家提出一种从社会学的角度研究知识生产的实证方法[47]，这种方法有时被称为“新型观念社会学”（New Sociology of Ideas）[48]。在卡米克和格罗斯看来，早期典型的知识社会学通常是思辨性的。例如，在创建知识社会学的卡尔·曼海姆的早期著作中，我们通过代入法（imputation），发现了他有这样的想法：一个人在社会中的地位决定了他的世界观。在1929年初版的《意识形态与乌托邦》一书中，他试图扩展马克思的阶级和意识形态概念，以囊括来自各种社会立场（如群体、部落、一代人）的各种特定世界观。他把意识形态和乌托邦区分开来，主张只有乌托邦才志在改变现状，而不是复制现状。曼海姆随后用这种方法分析欧洲各地不同的阶级是如何利用他们的地位将他们的世界观灌输给个人的，无论这些世界观是保守主义、法西斯主义，还是自由主义或其他什么主义。

相比之下，"新型观念社会学"采取详细的实证研究，探讨特定社会文化语境和特定制度语境中的知识生产问题。这类研究有不同的形态。例如，拉蒙研究的是，德里达的解构主义观念是如何在"经验主义的土壤中"被接受的。她拿美国和法国、文学和哲学做对比，分析德里达著作的被接受和正当化的问题。[49]同样，通过探索20世纪30年代哈佛大学的具体制度背景，卡米克为塔尔科特·帕森斯（Talcott Parsons）在那个时期出人意料地选择与韦伯和涂尔干等相对而言默默无闻的欧洲思想家结盟，而不是与更知名的制度主义范式（paradigm of institutionalism）联姻的做法提供了解释。沿着同样的思路，格罗斯借助于"自我概念"（self-concept）一词，追溯了理查德·罗蒂（Richard Rorty）[50]的知识轨迹——由于罗蒂父母的激进主义立场和文学背景，罗蒂形成了一种独特的"知识自我"（intellectual selfhood）意识，这最终引导他转向美国的实用主义，远离更加成熟的分析哲学。

观念社会学发展的另外两位主要推手是皮埃尔·布迪厄（Pierre Bourdieu）和兰德尔·柯林斯（Randall Collins）。他们都以自己的知识实践理论拓展了我们对知识分子研究的理解。布迪厄的《学院人》（*Homo Academicus*，1988）将法国的知识领域展现为一个多面空间。在这个空间中，能动者（agents）被合乎逻辑地赋予不同种类和不同规模的资本，这些资本决定了他们在知识领域的各自惯习位置（habitual positions），因为他们被拉入与他们的职业轨迹密切相关的争议和争辩之中。"与此相应，布迪厄涉足观念社会学，旨在考察被社会学所忽视的知识生产过程的各个方面，也就是说，旨在考察法国知识领域在何种历史条件下获得了相对自主性，在何种历史条件下在全球化时代实现了跨国知识的转移。"[51]

布迪厄关于知识生活的社会学和关于知识分子的社会学，在很大程度上是由他本人的社会轨迹塑造出来的。用他谈及自己时所说过的话来说："作为一个身体……我并不是'独一无二的无法归属之物'，就像柏拉图口中的苏格拉底那样，也不是'无根无蒂的自由漂浮之物'，就像卡尔·曼海姆……漫不经心地说出来的那样。"[52]此外，布迪厄的成长轨迹——出身贫寒，后跻身巴黎上流社会——使他在学术领域处于模棱两可的矛盾地位。他的经历是"局内的局外人"的经历，以此为基础，他与知识生活的矛盾关系为他的大量理论化提供了动力。[53]他分析艺术、教育和国家，当然还有知识分子，他们"渴望理解知识生活的诸种社会关系，这在布迪厄的社会学中发挥着起死回生的作用"[54]。尤其是，他借助于自己的"场域—资本—惯习"这个三位一体概念剖析了知识生产空间的问题。

就像布迪厄在《艺术的法则》和《文化生产的场域》中详加阐明的那样，他的场域理论在分析能动者的关联性（relationality of agents），分析他们基于自己在场域中的地位所做的特定选择时特别有用。[55]由于这个缘故，场域理论似乎有希望用来解释齐泽克的定位。然而，它也存在一些问题，使其不适用于我们的案例分析。首先，布迪厄把经济与文化对立起来，为它们划定了边界，但“场域”没有泾渭分明的、预先确定的边界，这令人在方法论上“对无边无界、无差无别的大众文化或通俗文化的生产不感兴趣”[56]。鉴于齐泽克对通俗文化的强势介入，场域理论可能太过局限。其次，布迪厄的知识权威概念“并不特别适合用来分析某些人物，这些人物的权力、特权和影响力依赖于模糊各个知识领域的边界”[57]。这在研究齐泽克现象时尤其问题重重。正如2017年问世的《虚空的失禁》（*Incontinence of the Void*）的封面文字所言，“如果说如今最有趣的理论介入来自介于各个场域之间的缝隙，那么最重要的缝隙人则非斯拉沃热·齐泽克莫属”。

齐泽克这种个案，他的表演模式（performative mode）值得我们使用一个比“场域”限制更少的概念来分析。这意味着，应该更多地关注生产过程，如对知识领域内外的立场的表述和阐述（enunciation and denunciation），而不是这个过程的产物。这个过程的产物，或许可以称为“惯习”。“惯习”隐含着成为一个无所不包的笼统概念的危险，会使人意乱神迷，一味关注它自身与领域内的和跨领域的定位相关的实际生产过程。正如安东尼·金（Anthony King）所指出的那样，这样把惯习与场域联系起来，一旦涉及由惯习和场域（中的定位）双重地、循环地决定的个人自由时，会“与［布迪厄所说的］惯习的正式定义不一致”[58]。而且，它可能在把握公众多样性时限制太多，而公众多样性对齐泽克的崭露头角至关重要。由于这些公众是多样化的，把他们组合成一个统一的“惯习”（比如说“齐泽克的读者们”），可能无法公正地针对这种现象的复杂性。[59]

柯林斯的网络方法（network approach）和包容理论（encompassing

theory）试图回答知识分子“如何”行动而不是“为何”行动的问题，解释知识分子、知识分子的担当和知识分子的生产等问题。他在其《哲学社会学》（*Sociology of Philosophies*）中提出一套总体性理论，用以描述跨越三个世纪的知识变革。[60]他对哲学学科内的变革兴趣浓厚，把互动仪式与知识活动的特殊性联系起来。因此，他使用“知识注意力空间”（intellectual attention-space）一词，赞成小数定律①，把注意力只分配给既定时空内的三至六个知识群体。随着时间的推移，这种由竞争驱动的、动机性的活力塑造了知识制度空间。要成为某一领域的重要人物，就需要精力、资金、导师和人脉。柯林斯的方法是一个有用的工具，它综合了影响知识活动和知识应变的主客观因素。这就是他提出的情感能量（emotional energy）和文化资本概念。情感能量和文化资本促进了知识的创造过程。根据柯林斯的看法，知识的创造、生产和再生产的过程依赖于面对面互动的人际关系或人际网络。这使我们警醒：切勿把观念视为单个产物，因为观念是在知识网络中并通过知识网络构成的。

不可否认的是，布迪厄和柯林斯等人建立的新型观念社会学提出了一个引人入胜的研究规划，对先前有关知识创造（knowledge making）的说明做了必要的更正。基于实证研究的新型观念社会学正确地提请人们注意，制度语境和文化语境对于理解知识分子做出（或实际上未能做出）的选择是何等的重要。[61]虽然我为这种语境研究方法喝彩并采纳类似的观点，但我想对它进行补充——详细地

---

① 小数定律（law of small numbers），又译小数定理、小数法则等。一般而言，这是一个贬义性词语，因为根据小数定律，在不确定的情形下，人往往会违背概率理论中的大数定律，而不由自主地使用小数定律，滥用“典型事件”，忘记“基本概率”，因而是不足为训的。但在柯林斯这里，它并无贬义色彩。

分析知识场景（intellectual scene）的表演维度，因为“公共知识分子的角色也必须有人来扮演”[62]。在这方面，我特别喜爱有关知识定位的实用动力学（practical dynamics），远离结构主义的和心理学的简化主义（reductionisms）。

除了新型观念社会学，本书还要对名人现象——包括知识分子名人现象——进行社会学研究。[63]诚然，这种现象并非全新的现象。早在20世纪60年代和70年代，社会学家就已经开始识别和分析这类现象。这方面一个显著的范例是刘易斯·科泽（Lewis Coser）于1973年发表的文章《作为名人的知识分子》（“The Intellectual as Celebrity”）。正如彼得·沃尔什（Peter Walsh）和大卫·莱曼（David Lehmann）所言，这篇文章发表在《异议》杂志上，意义重大，因为《异议》“作为文学名人身份的把关人，如同60年代初的《纽约书评》，能为这座城市的文坛设定基调”[64]。

刘易斯·科泽敏锐的分析捕捉和框定了那个过渡时期。在那个时期内，知识分子越来越多地公开抛头露面并获得名人身份。他以知识分子的受众①和表现为基础，把知识分子分为老学院派知识分子和新名人知识分子。前者——学院派知识分子——只与知识分子同事打交道，并在知识分子同事中寻求受众。或者用定位理论的话说，他在知识领域的范围内——学术界——活动。这就是学院派知识分子很少关心他人——非学术人士甚至其他学科的学术人士——对他们工作的看法的原因。按照这种观点，评价和批评是学术界内部的事情，只限于院墙之内，由本专业的同事和同侪掌控。

然而，名人知识分子要捕获的并不是专家型学者这个特定的受

---

① 受众（audience），指读者、观众、听众，以及以其他方式（如感受、体验、沉思、默想等）与对象建立联系的人。

众。用加布里埃尔·阿尔蒙德（Gabriel Almond）的话说，他们针对的是一般的、不定型的、多多少少有些“专注力”的、并不声称自己具有专业知识的公众。也就是说，名人知识分子打破了限制，不再一味面对具体的、知识界内的受众，而是介入公共领域或知识界外的领域。评判他们的标准是刘易斯·科泽所谓的“魅力品质”（appeal qualities），如新奇和聪颖。刘易斯·科泽认为，这些都是“名人知识分子的印记”[65]。

为了解释从老学院派知识分子到新名人知识分子的转变，刘易斯·科泽提到了三个促成因素：大众高等教育、大众媒体和人气评分这个黄金标准。“二战”之后，高等教育不再是社会中一小部分专属人士的特权，它逐渐而稳定地扩展到其他社会阶层，如新中产阶级阶层。在这个过程中，受教育的阶层长期以来的文化同质性（cultural homogeneity）被日益增长的文化异质性（cultural heterogeneity）所取代。因此，出现了一种“需要”，但“需要”的不是真正的、全面的文化习得（cultural acquisition），而是更快速、更容易的“先知为快”（in the know）的方式。

大众传媒完美地满足了受过教育的新兴中产阶级提出的这一要求。由于没有什么鉴别能力但又受过教育的公众缺乏共同的文化标准或用以做出评判的专业知识，名人知识分子的受众依赖于门面标准（cosmetic criteria），如旨在制造惊悚效应的穿戴和发言这类表面特征，而不依赖于实质标准（substantive criteria），如内容或真相。学者们越是把目光转向公众并渴望从中寻求认可和尊敬，就越能以适逢其时的猎奇成癖（neophilia）改变保守学者对新奇的恐惧心理（neophobia）。人气评分取代了知识分子内部的判断标准，从根本上改变了知识分子的性质。依刘易斯·科泽之见，名人知识分子往往以疯狂的速度发表文章，大量注水，不断地重复自己，“为了争抢麦克风”把自己恶搞成傻子。[66]

名人知识分子和演员一样，在观众的注意力经济中展开竞争，他们更多地以其他表演者而不是其他知识分子为参照物。虽然迷人和辉煌的人格曾经是生产有价值的知识作品的手段，但如今，在人格的市场（personality market）上，它似乎就是目的本身。的确，正如理查德·拉纳姆（Richard Lanham）所说，在信息时代的注意力经济中，内容和风格已经易位。[67]这种辩证的转变被刘易斯·科泽用另一个反转来表示：从黑格尔指责公众不“懂”天才这种浪漫主义的做派，到指责天才没有向公众提供足够的智慧。天才为此必须销声匿迹，或者用今天的话说，必须被“取关”。名人知识分子似乎被新旧标准夹在中间。新标准意味着扮演“随叫随到的傻瓜……他被困在两个世界之间，而不能牺牲其中任何一个”[68]。

大量关于名人的社会学研究集中于名人文化的独特性质，聚焦于在多大程度上需要我们对涉及新型资源的新兴领域展开讨论。正如奥利维耶·德里耶桑（Olivier Driessens）所言，“可以把媒体化视为名人化的先决条件和可能的催化剂”[69]。在这种语境中，他建议扩展布迪厄的四种资本形态（经济、文化、社会和符号），增加第五种资本，即所谓的“名人资本”。[70]他认为，随着媒体曝光度和辨识度的累积，这种资本对下列问题做出了解释：何以一些人把他们的成功从一个领域转移到另一个领域？借助于名人资本，这种方法聚焦于各种领域（无论是学术领域还是公众领域），聚焦于使某人成为名人的资本流动和资本积累。

尽管这种布迪厄式的方法毫无疑问有其优点，而且我也发自内心地承认，需要借助不同资源进行竞争的名人文化有其独特的性质，但我的探究路线有其不同之处，因为它提请人们特别注意与这种现象相伴而生的编剧法维度（dramaturgical dimensions）。编剧法维度允许对知识分子在特定的社会政治舞台上获得公共地位的过程进行更务实的描述。我认为，当名人——包括知识分子名人——被视为文化偶像，象征性地代表一套价值观和实践时，这个视角尤其富有成效。杰弗里·亚历山大的文化语用学在描述使得这些知识分子成为偶像的表演和仪式时尤为有效。[71] 特别是，他提出了图腾主义的视角（perspective of totemism），以更好地理解当前的名人现象。[72] 亚历山大借鉴涂尔干的观点，反对将现代性视为根除非理性的观点，指出文化圣像和文化偶像如同现代的图腾。诸如名人之类的文化偶像创造了一种集体表征（collective representation）。其创造集体表征的方式是制定了一套不同于以往的二分法，即表层与深层的二分法，前者是世俗的美学能指，后者是神圣的伦理能指。根据亚历山大的观点，当个人身体外观和行为按文化偶像的标准改变时，个人对这些文化偶像的认同导致了主体化，这反过来又要通过理想化和客体化来审视。正如他所言："知识人成为偶像性的、浓缩性的、简单化的、有魅力的集体表征，这种集体表征要么是在当前，在实时中提出的转换模型的集体表征，要么是在回忆过去时，回溯性地提出的转换模型的集体表征。"[73]

本书分享了亚历山大对表演性的聚焦，以及他对当代社会的神圣维度的关注，但没有明确地把表层和深层区分开来，也不太关心揭示隐藏在知识介入背后的社会意义。相反，本书更关注齐泽克的表演是如何在与社会息息相关的语境内以一种特定的方式将他定位的，以及这些定位的形态（forms of positioning）是如何特别有效地推动他扮演的角色的。正如专门研究斯洛文尼亚社会的人类学家格蕾琴·巴克

（Gretchen Bakke）所言，表层—深层的表演模式依赖于内在的、隐藏的主体性，而齐泽克“只在表层，全是表演”[74]。特别令人感兴趣的是学术生活名人化（celebritization of academic life）这个最近的语境：以前的学术文化相对而言不太受市场这个外部压力影响，但越来越多的经济原理和大众媒体开始在提供学术职位、使学术职位合法化方面发挥作用。[75]因此，尽管布迪厄对学术领域相对自主的描述在20世纪中期的语境中是恰当的，但时过境迁，几十年倏然而逝，社会已经发生巨变。在这个语境中，继续维持布迪厄的描述已经变得相当困难。正是在大众媒体和新社交媒体的新语境中，齐泽克扮演傻瓜或“牺牲型知识分子”（sacrificial intellectual）这本身成为一种火速传播的热门商品。[76]简而言之，他成了一种现象。

定位理论的主要贡献是通过从作为一种状态的定位转向作为一个过程的定位，填补了有关知识社会学、观念社会学和知识分子社会学的文献中的空白。[77]这种对知识介入的过程性质的强调与吉尔·埃亚尔和拉里莎·布赫霍尔茨（Larissa Buchholz）对介入社会学（sociology of interventions）的呼吁是一致的。和埃亚尔和布赫霍尔茨的著作一样，本书对学术领域和公共领域的交汇点兴趣深厚，对他们所谓的“专业知识的间隙空间”（the interstitial space of expertise）的意义——“在专业知识的间隙空间中，学术领域和公共领域的边界已经模糊不清”[78]——有着非常敏锐的感知。我们还在米歇尔·德·塞托（Michel de Certeau）对数字实践的预期的引导下，弄清楚了齐泽克是如何在这样的语境中利用（并促成）传统社会边界的模糊化和知识等级秩序的含混化的。[79]

卡米克和格罗斯的著作强调（机构和家庭）语境对研究知识分子的重要性，历史证明这是有建设性的。但是，他们的理论程度不高的研究计划在解释知识分子如何出谋划策时，偶尔缺乏清晰性。他们提出的帕森斯和罗蒂这两个样本都潜伏着简化主义的危险，即把问题简化为诸如自我概念或无意识动机之类的个人主义的解释。[80]除了静态的自我概念和对自我概念化的非批判方法（noncritical approach to self-conceptions），这种简化主义倾向——个人倾向而非社会倾向——在布迪厄本人说过的话中也可以找到。在概述法国知识界的立场和反立场（positions and oppositions）时，他们承认："我们准备了关于法国社会学的社会学（a sociology of French sociology）的大纲，目的是揭示无意识的类同（unconscious affinities）。"[81]此外，布迪厄和柯林斯的视角虽有区别，但这些视角在分析不同领域和不同网络之间的互动时有一定的局限性，可能会导致知识分子脱离更广泛的社会政治语境。在解释为什么在特定的时空点上，某些特定的知识分子或特定的观念——而不是其他知识分子或其他的观念——获得了更广泛的公众认可时，他们实际上是力有不逮的。因此，这本专论齐泽克的著作旨在为语境定位：从地理的意义和制度的意义上讲，他是在何种语境中，和他的同事网络和批评者网络一道，借助于他的知识表演或公共表演，采取行动的。[82]这种最近的理论发展展示了知识分子作为观念的缔造者、推进者和中间人所发挥的作用。最近的理论发展指向即将到来的对介入的聚焦，这对于研究齐泽克的定位来说至关重要。

定位理论阐明了知识分子研究中的一些关键概念，这些概念有助于解释公共知识分子的有效性问题。"定位"指的是将某些特征归诸某个个体、某个群体或某个其他实体的过程，指的是一个涉及为意义和认可赋值的行动过程。在这里，意义是由能够做出判断的某个个体或某个集合主体表演出来的，而认可则与其他人相关。"知识分子”被理解为有创造力的个体，他们生产相对新颖的知识产品，如科技文章或哲学著作。这些产品由知识领域内的其他人传播和评价。知识内部领域（intraintellectual arena）被定义为一个建构出来的关系空间，在这个空间中，专业知识分子主要通过自我调节的确认有效过程，面向其他专业知识分子，这就是“学界同行的评审，而不涉及公众可及性、接受度和流行度”[83]。它与公共的“知识外部领域”（extraintellectual arena）截然不同，因为在知识外部领域，非专业的普通受众是“被面向”的（is addressed），知识的消费者和生产者都在一定程度上被确认有效。因此，尽管是程度的问题，知识分子和非知识分子之间的区别，或者知识内部领域和知识外部领域之间的区别，并不是泾渭分明的。

例如，并不是所有的知识分子都在知识领域内运作。批评家和记者往往介入比专业知识分子有限的传播渠道更广泛的传播渠道，这使得他们对于观念和知识分子从知识内部领域向知识外部领域的传输——融合或扩散——变得不可或缺。此外，尽管知识内部领域以（洪堡式的①）学术型大学这个理想为缩影，但不要把两者混为一谈，因为它也可能包括那些不在大学范围内运作，但仍然为由其他专业生产者组成的相对有限的群体写作的作者。为了避免误解，尽管一些能动者——如研究生——很难在知识外部领域和知识内部领域之间予以定位，但很明显，不是所有的能动者都对知识领域做出了相同程度的积极贡献。这并不是说哪一方“更”有价值，相反，

① 这里的“洪堡”指柏林洪堡大学（Humboldt University of Berlin），它创办于1809年，是柏林历史最悠久的学术研究型大学之一，为近代欧洲大学的典范，对西方教育影响深远。

它展示了两个领域及其各自的能动者之间的动态性的相互关系。而且，这并不能把知识外部领域统一起来。在知识外部领域，众多丰富多彩的公众（这将在稍后进行实证性的详细说明）——从大学生到普通读者——彼此相互介入。至于齐泽克的介入，这些分析性的区分有助于厘清，在他被非学术界人士定位为具有全球影响力的公共知识分子之前，他作为一个知识分子的定位是如何由其他知识分子促成的。

一般来说，“知识介入”指的是对知识领域所做的任何贡献，无论是以一本著作、一篇文章、一段视频、一场演讲的形式呈现，还是以它们中的任何一部分（比如一个段落或一个语句）的形式呈现。因此，本书旨在分析齐泽克的各种不同的介入是如何将他置于复杂的知识景观和政治景观中的。在这样的景观中，他会发现“吾道不孤”。例如，我们将会看到，埃内斯托·拉克劳（Ernesto Laclau）在为齐泽克的《意识形态的崇高客体》（1989）作序时如何把他的著作说成是对后马克思主义社会理论的富有革新精神的贡献。从实用主义的角度看，“表演工具”是标签或元论争[①]之类的物质手段和符号手段，它使有效介入成为可能。这一点尤为重要，因为“数字文

① 元论争（meta-argument），顾名思义，即关于论争的论争。在论争中，常常出现这样的情形，争论者忘记了最初争论的内容，开始执着地探讨争论的方式。这时论争的重点是论争的战术（是否公平或是否体面）、人物（是否存在生理或心理缺陷）、历史（是否拥有不同的版本或对同一版本做了不同的解读）等方面。一般而言，这样的论争只在乎表面上的输赢，而不在乎实质性的共识。齐泽克则不同，在他那里，元论争的目的虽然也不是与他人达成实质性共识，却是他叠加定位的方式：先消除形式上的障碍，再探讨实质性的问题。英美国家以前流行的分析哲学也是具有建设性意义的元论争的一种形式。

化是表演文化”[84]。事实上，因为数字技术在“文化创造”中发挥重要作用，“在其他学科或跨学科中进行的对社会过程、经济过程和政治过程的研究，必须顾及数字设备和算法组织（algorithmic organizing）的表演性”[85]。因此，知识产品具有表演性，它依赖多种多样的物质性的、符号性的道具和装置。这些道具和装置有助于有效地实现介入的定位（interventional positioning）。这里被特别关注的是“叙事”，可以把“叙事”视为陪伴有效介入并使有效介入成为可能的相对连贯的故事。“论证”是面向陈述理由和阐述理由的话语性过程，目的在于证明某个立场、信仰、信念、观点或叙述具有正当性。与此相关的是，“知识网络”包括大量与知识分子接触并认可其定位的能动者，即使他们不同意知识分子的看法，或对知识分子怀有明显的敌意。与社会关系的其他网络、派别或圈子相似，知识网络处于不断变化的状态，因为它们是由各种各样的主体生产和维持的，而且具有潜在性的错综复杂的特点。[86]“知识分子团队”比网络更受限制，因为其成员在为自己定位时积极合作。这些成员积极合作的方式是，围绕一个思想流派或一个研究项目组成一个团队，通常使用能使他们的工作和议程易于被人识别的标签。尽管网络和团队作业非常重要，但还是存在着“知识分子的个人化”（intellectual individualization）。“知识分子的个人化”指的是知识分子把自己与其他知识分子区别开来的过程。

借助于这一系列的概念，本书采用的表演研究法（performative approach）为研究当代知识分子的生活增添了一个必不可少的实用主义维度。具体而言，齐泽克对通俗文化的关注（他的关注始于斯洛文尼亚，后来范围不断扩大）是他在全球取得成功的最为重要的因素。在这个意义上说，在研究公共知识分子时，表演研究法并不排斥或取代——而是补充和完善——新型观念社会学倡导的语境研究法、制度研究法、结构研究法和文化研究法。定位理论及其表演研究法、编剧法框架（dramaturgical framework）的优势，将通过分析齐泽克生涯中的关键性的副文本元素（para-textual elements）以及与他大量相关的表演性介入，清清楚楚地呈现出来。

定位齐泽克

定位理论是本项研究的理论支柱，引导着本书实际的逻辑走向。例如，在研究齐泽克这一个案时，它首先指导读者注意该个案的各种（类型的）语境，如斯洛文尼亚的语境等等。其次，它提出齐泽克介入具有表演性之特征，因为它们出现在不同的语境中并引起了不同的反应。最后，定位理论关注齐泽克个案的关系性（relationality）：他的同事团队和合作者网络以及社会关系对他的崛起起着至关重要的作用。

在本书的各个部分中，理论与实践、思想与实验的相互作用构成了将在以下各章中呈现的解释性叙述（explanatory narrative）。为此，本书在收集数据和分析数据时运用了田野和非田野方法（field and non-field methods），然后将其用于阐明并回答下列问题：

1. 齐泽克介入知识领域的内部和外部并获得十分显赫的地位，以至于他在传播自己的观念方面名满天下，并在全球范围内卓有成效。使齐泽克有如此作为的，是各种定位过程。这些定位过程的具体属性是什么？

2. 这些定位过程是怎样折射处于当今困境中的知识分子的社会

角色和社会地位的？或者广而言之，这些定位过程是怎样折射这种困境本身的？

为了开始简明扼要地回答这些问题，我提出了下列五个具体假说：

1. 齐泽克把精神分析带出诊所，并以哲学的方式将其引入文化现象和政治现象，进而沿着它们的间隙边界（interstitial border），不断地重新定位自己。如此一来，他把我所谓的“叠加定位”① 当成一种特定的定位模式来使用，即从现有的对立中创造“第三个”位置。

2. 在写作和其他表演形式中，齐泽克能够有效地传播他的观念，是因为他的观念是用连贯一致的知识语言包装和标记的。这种包装和标记的语言，我称之为“拉黑体”②。作为一种可识别的思维网络和谈话风格，他的语言通过他的团队和网络关系传播他的观念，同时

---

① “叠加定位”（superpositioning），一般译为叠加，这一概念源于量子物理学。在量子物理学中，叠加是量子系统在被测量之前同时处于多种状态的能力。鉴于本书作者一再强调他提出的“定位”（positioning）理论，根据上下文的联系，译为“叠加定位”。

② “拉黑体”的原文是“Hegelacanese”，它由三部分叠加而成：“Hegel”（黑格尔）、“Lacan”（拉康）、“-ese”（流派、语言、体式），可直译为“黑格尔拉康派”“黑格尔拉康语”或“黑格尔拉康体”。译为“黑格尔拉康派”显然不恰当；译为“黑格尔拉康语”范围过于狭窄；译为“黑格尔拉康体”较为贴切。为了表述简洁，可以译为“黑康体”，但感觉有些“聱牙佶屈”，不如译为“拉黑体”自然顺畅，虽然这样做颠倒了黑格尔和拉康的线性时间顺序，也与原文略有差异。无论如何，它指的是齐泽克在语言等形式体例方面最突出的一个特色：把黑格尔和拉康的思想内容和表述方式融合起来，自成一体。

又以一种与更广泛的文化情感和文化对抗产生共鸣的方式来使用各种媒体和传播渠道。

3.“9·11”事件之后，齐泽克成为全球知名的公共知识分子。他在那时的介入成功地使全球文化创伤具有了新意义。这是通过一场表演实现的。他的这场表演向主流公共话语发起挑战，吸引了许多人参与其中，同时将过去的人物与当前的事务以及未来的愿景联系起来，还把齐泽克定位为有效地提供方位感和意义的“社会指南针”。

4. 通过把反问句、笑话和通俗文化的范例反复地当作他的“保留曲目”的组成部分和指示物（indicative）来使用，齐泽克能把高大气派的理论与平淡无奇的经验联系起来，鼓励读者和观众参与其中，把自己的实践理论化。他的“社会指南针”地位使他能够承担起这样的角色——理解当今无意义的后现代时代的全球语境。

5. 齐泽克的出现标志着某种类型的公共知识分子的出现，我把这种类型的知识分子称为“牺牲型知识分子”。与享受自己真实地位的“权威”“专家”“嵌入式”知识分子（“embedded” intellectuals）不同，这种类型的知识分子牺牲自己的知识内部地位，以获得公共地位。这种表演性的自我定位使知识分子的观念更容易被理解，同时以一种有形的方式加以举例说明，从而带来并吸引一种政治—伦理的参与。

在以上的论点之后，我还提出了两个用以发挥补充作用的、一般性的、语境性的论点，以支撑以下的章节和它们各自的、更具体的论点。首先，我认为，在当今知识生产的媒介化模式（即公共领域的数字化、知识的民主化和大众化）中，当所有其他因素（如性别、种族、阶级、民族、资历）都受到控制时，存在着与时空知识介入（spatiotemporal intellectual interventions）相关的、在媒体与学术之间做非此即彼的取舍的可能：如果一个仍然活跃在专业领域的知识分子涉足公共的知识外部领域，特别是涉足当代伦理领域和政治领域，那么他就面临着破坏其专业合法性或可信度的风险。其次，这种媒体化的知识生产导致了真理在语言上的相对化，并推动了一种社会记号学潮流（sociosemiotic tendency），使之趋向于（1）知识的发送者在政治上与一般公众脱离关系，（2）知识的信息或知识的介入只在局部，以相对的方式进行，以及（3）公众接收者对知识的普遍推广先验地（*a priori*）保持冷嘲热讽的态度。

除了这些问题、论题和论点，齐泽克的知识定位是以三阶段过程（a three-stage process）为模型的，也是由三阶段过程所规定的（图 0.2）。这个时空动态模型通过介入运动把（学院的）知识内部和（公共的）知识外部连接起来。正如齐泽克这一个案所证明的那样，这样的运动是基于对过去的参照（人；事件；其他介入，如对当前事务的分析，包括对经济、政治和科学的分析），基于对未来的开放（对新愿景的开放）。这个模型是"知识分子变成公众"（intellectual-becoming-public）的形式化：在知识领域内表演介入时，介入要围绕某个理论僵局来定位；在转向知识外部领域及其（非学术）多重性公众时，要围绕公众极其关心的实践僵局来定位。

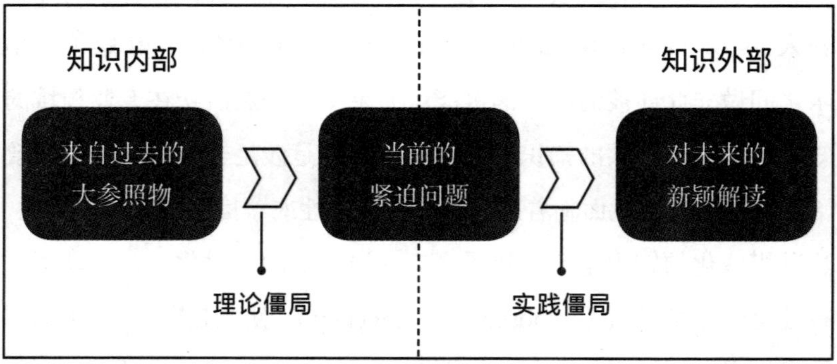

图 0.2 （人文学科中）知识介入运动的模型

该三阶段模型拟从实用主义的角度思考知识沿着拓扑线定位的问题。它不是作为一个终极性的或限制性的理论学说，而是作为研究知识介入在时空中运动的图解性指导原则被概念化的。在这里，它以一种综合的方式，在空间中展示非空间性（即时间性）的过程，为定位过程的具体机制及其各种详述提供一个抽象的框架。该模型接受了雅克·朗西埃（Jacques Rancière）的“时间就是介入”的提法[87]，进一步解释了齐泽克知识介入运动。它将表明，他的各种介入，尽管有所不同（不同的程度取决于定位过程），但还是与上述一般形式相对应。尽管在不同的语境中表演，而且有的能动者合作，有的能动者对抗，但这种定位是通过创造和维持一种叙事来实现的，而这种叙事在时间上将过去、未来与现在联系起来，并在空间上、在学术界之外扩展其适用性。就此而言，该模型属于媒体理论的第三次浪潮。第一次浪潮将媒体视为面向理性个体的、中立的、客观的事实报道的代表，第二次浪潮始于（芝加哥学派的）罗伯特·帕克（Robert Park），终于（法兰克福学派的）尤尔根·哈贝马斯（Jurgen Habermas），将焦点转移到小群体和社会运动对理性思考的运用上。然而，第三次社会文化浪潮向这种对理性的共同诉求发起挑战，它更“关注意见作者（opinion authors）登台献艺的方式”，强调“不同的媒体格式往往鼓励不同特定种类的言说者和表演风格”[88]。

这个模型所描述的一般形式可以推广开来，用以分析任何一个知识分子的定位，而不只是齐泽克的定位或牺牲型知识分子的定位。[89]沿着这种推而广之的思路，任何一个知识分子都可以占据“牺牲型知识分子”的位置，尽管大多数知识分子选择不去占据——不是因为他们采纳的“惯习”，而是因为拿着学术去和媒体做交易[90]，选择媒体，放弃学术，可能会导致合法性的丧失。作为一种修辞手段和一种表演策略，牺牲型知识分子的自我破坏和讽刺性表演是独一无二的，因为当代其他三种知识分子类型——权威型、专家型和对话型[91]——的表演与此大相径庭。因此，特定的知识分子“牺牲形态”和一般的“知识介入模式”可以用来对齐泽克或其他过去、现在或未来的知识分子做综合性的分析。

我为齐泽克数目巨大、千姿百态的知识介入建立了档案，其中包括 250 部著作、500 个视频和 496 篇论文。从方法论上讲，本书就是以这个档案为基础的。[92]我分析了这些介入，并对齐泽克和他的亲密合作者、哲学家姆拉登·多拉尔（Mladen Dolar）和阿伦卡·祖潘契奇（Alenka Zupančič）进行了三次半结构化的扩展访谈（three semistructured extended interviews）。每次访谈持续两到三个小时。此外，作为新社交媒体数字民族志的一部分，2018 年 1 月我在与齐泽克相关的三个主要脸书群组中做了问卷调查。这三个群组是：齐泽克和斯洛文尼亚学派、齐泽克研究、斯拉沃热·齐泽克的时尚表情与讨论储藏库（Slavoj Žižek Dank Meme & Discussion Stash）。这些群组为文本、视频和评论的交流提供了一个在线平台。[93] 在进行调查时，这些三个群组的成员人数分别为 8340 人、23663 人、48711 人，总共 80714 人。[94] 此外，用更传统的民族志的话说，我在两个国家中的五个不同场合参加了齐泽克的公开讲座。[95] 除了访谈和观察，本研究还对齐泽克的定位展示了更客观而非主观的理解，利用数字量化措施对收集到的数据进行三角定位。通过使用谷歌工具（如学者引用索引、谷歌趋势和图书词频统计器），有可能展示和监测更广泛的齐泽克效应，将此效应视为更广泛的知识时尚的一部分。

本书跨越了三个相互重叠的转变：从地方到全球，从印刷到数字，从生产到消费。本书没有屈服于纯粹的历史编年分析或纯粹的传记主题分析这两极中的任何一极，而是讨论了知识语境性（intellectual contextuality）、表演性（performativity）和关系性（relationality）中发生的这些变化。我们将看到，齐泽克和他的观念是如何在成为全球现象之前在斯洛文尼亚成为公共产品的。这一转变伴随着焦点的转移：焦点转向了与他的观念的消费者进行更深入和更广泛的互动，从而超越了他的观念的生产过程。[96] 最后，随着本书的依次推进，这将涉及越来越多的数字公共领域。

从结构上讲，这本书由四章组成，每一章涵盖十年左右的时间。但本书提出了一种社会历史叙事（socio-historical narrative）。只有在把这种叙事视为一个因果关系整体时，它才能有效地对构成齐泽克现象的多层面的各个部分做出解释。第一章论述斯洛文尼亚在南斯拉夫社会主义联邦共和国中（相对）特殊的地位。20 世纪 80 年代斯洛文尼亚的知识语境、文化语境和政治语境被视为齐泽克得以崛起的可能性之条件。其中包括铁托与苏联的对抗，这在社会主义的东方和资本主义的西方的夹缝中创造了一个空间。于是，南斯拉夫各共和国和知识分子（包括齐泽克在内）开始——主要是通过杂志——创建他们自己的马克思主义的特定变体（specific variations），将自己置于对抗苏联的位置。这个介于两者之间的空间成了从邻近的西方国家（如法国和德国）引进新思想的沃土。此外，1980 年铁托去世后，在旧政权逐渐坍塌的背景下，斯洛文尼亚的公民社会和另类文化开始涌现。在这种剧烈的和创伤性的变化中，斯洛文尼亚知识分子置身于不断变化的社会状况之中。这个过程是齐泽克为他的重复表演和“保留曲目”创造“叠加定位”的基础。齐泽克在制度约束和政治约束之间纵横捭阖，创立了卢布尔雅那学派，与法国知识分子建立联系，组建了一个后来在大选中败北的政党，并与他的团队一起把他本人确立为当地公共知识分子。

第二章转向 20 世纪 90 年代。它实际上始于 1989 年，那一年齐泽克第一次以英语进行介入。在这次以英语的形式亮相之前，他首次以法语进行的全球尝试未能在法国知识分子（和）公众中引发共鸣。随着语境的变化，定位也在变化：齐泽克的第二次尝试发生于不同的语境，包括不同的知识语境和公共语境，并产生了截然不同的结果。有了正当的知识保证（intellectual vouching），齐泽克的《意识形态的崇高客体》被视为对当时的理论僵局和实践僵局的一种反应，即对语言和权力的反应。被另一位早已功成名就的知识分子埃内斯托·拉克劳定位后，齐泽克在一系列合作介入和独立介入中确立了他自己的知识个性化（intellectual individualization），并开始在各种媒体上表演。这不仅使他确立了举世无双的表演风格，建立了独一无二的修辞曲目（即被称为“拉黑体”的齐泽克式语言），还把他定位为全球知识分子。

第三章聚焦于齐泽克在21世纪前十年在全球的公共亮相，展示了人们对齐泽克在电影、图书和文章中所进行的知识介入从接受到拒绝的反应，并在其他表演（如读者、指南、评论和批评）中复制了他的表演（的诸部分）。然后，特别是在“9·11”事件发生之后，齐泽克在全球公众面前横空出世。本章借鉴文化创伤理论的见解，表明齐泽克在这一语境中进行的知识介入将他定位为一个杰出的全球公共知识分子。对他的如此定位是通过建构有关那个全球性事件的意味深长的叙事，通过引证过去和预言未来完成的。作为这种介入的结果，齐泽克在全球的大众化是通过“选择媒体和牺牲学术”实现的。他越是被定位为媒体现象，他在学术界就越被等闲视之，不予重视，并因此被迫接受“牺牲型知识分子”的地位。齐泽克利用自己的大众化，通过叙述其他的这类全球性创伤事件（如2008年的金融危机和2011年的“阿拉伯之春”），继续扩大他的表演和关系。

第四章追溯2011年之后的演变。本章研究齐泽克作为全球公共知识分子的巅峰和低谷时刻。鉴于他的教学法风格（pedagogical style），他在学术界之外建立了稳固的地位。在此基础上，他创造了广受欢迎的知识介入产品，包括一部（第二部）代表作和一本笑话书。与此同时，他的至暗时刻出现于与著名知识分子——如诺姆·乔姆斯基——激烈辩论之时。乔姆斯基把齐泽克定位为爱开玩笑的跳梁小丑。此外，齐泽克在事实（facts）、种族、性别和难民问题上秉持的立场招来越来越多的批评。公众对齐泽克越来越不感兴趣，其结果可以透过齐泽克把哲学和反哲学的叠加定位这一视角见出。他对自己的知识分子地位的公开牺牲，他对自己扮演的哲学家角色的自我质疑，以数字的形式清晰地呈现在苏格拉底式的姿势上：腐蚀青年并遭受惩罚，支付高昂的代价。因此，尽管齐泽克目前被边缘化，他那具有词典价值的拉黑体仍然会给卢布尔雅那学派的后代留下了卓有成效的印记。

结论部分简明扼要地综合了迄今为止的所有论点，描绘了一幅气势宏阔但又质感丰富的画面。它解释了齐泽克如何通过调整他的表演形式和表演内容（如此调整的目的在于有效地传达他的观念），来应对我们这个知识社会的新知识状况的。新知识的状况是：信息被广泛获取，但如昙花一现，转瞬即逝。因此，齐泽克名满天下或声名狼藉的反复的自我抄袭，可以通过混搭的数字镜头来解读。数字镜头的混搭暴露了他的理论和实践的秘密。这暗示了一种与众不同、模糊不清的知识生产和消费模式，该模式表现在阅读、写作和观看之中。在那里，短暂的注意力持续时间（short attention span）鼓励视觉的表演性而不是文本的表演性。由于部分屈服于这种后法典时代的知识工作状况，齐泽克的地位可能已被牺牲，但他的观念仍将留传于后世。

注 释

[1]"齐泽克夜总会"为唱片公司，"由音乐家和流行音乐节目主持人组成的不拘一格的团体……为纪念同时代的斯洛文尼亚哲学家而命名"，自21世纪初开始在布宜诺斯艾利斯运营。见布莱恩·伯恩斯（Brian Byrnes），《阿根廷新舞曲走红全球》（*Argentina's New Dance Music goes Global*），美国有线电视新闻网（CNN），2009年11月5日，http://edition.cnn.com/2009/SHOWBIZ/Music/10/30/argentina.craze/。2019年初，总部位于东京的品牌"政治家"（Poliquant）推出了一个深受齐泽克启发的时装系列。见HB团队（HB Team），《政治家发布了FW19搭配——"笨拙"，其灵感来自斯拉沃热·齐泽克》（"POLIQUANT Delivers FW19 Lookbook 'AWKWARDNESS' Inspired by

Slavoj Žižek"），2019年2月2日，*Hyperbeast*，https://hypebeast.com/2019/2/poliquant-fw19-awkwardness-lookbook。

[2]《齐泽克研究国际杂志》（*International Journal of Žižek Studies*），创办于2007年，发布于其网站http://zizekstudies.org/。至于齐泽克词典，见雷克斯·巴特勒（Rex Butler）主编：《齐泽克词典》（*The Žižek Dictionary*），英国达拉谟：艾克曼出版公司，2014年。有关他的印象派剪辑视频，见克勒门·斯拉康亚（Klemen Slakonja）：《〈变态舞蹈（割去睾丸）〉中的齐泽克》[*Slavoj Žižek in The Perverted Dance*（*Cut the Balls*）]，YouTube，2013年，https://www.youtube.com/watch?v=80X0pbCV_t4。

[3]见罗伯特·史密斯（Robert C. Smith）：《敏感的主体？对齐泽克的拉康式主体性理论的批判，同时强调备选项的重要性》（*The Ticklish Subject? A Critique of Žižek's Lacanian Theory of Subjectivity, with Emphasis on an Alternative*），英国霍尔特：希斯伍德出版社，2013年；史蒂夫·富勒（Steve Fuller）：《为什么说对社会科学文化左翼而言斯拉沃热·齐泽克纯粹是对空间的浪费》（"Why Slavoj Žižek Is a Waste of Space for the Social Scientifically Literate Left"），刊于《社会学想象》（*Sociological Imagination*），2013年，http://sociologicalimagination.org/archives/13940；尼科斯·莫塔斯（Nikos Mottas）：《帝国主义的辩护士：斯拉沃热·齐泽克和北约在南斯拉夫的战争》（"An Apologist of Imperialism: Slavoj Žižek and NATO's War in Yugoslavia"），刊于《捍卫共产主义》（*In Defense of Communism*），2017年，https://www.idcommunism.com/2017/03/an-apologist-of-imperialism-slavoj.html。

[4]南斯拉夫当时是一个社会主义联邦共和国，由波斯尼亚和黑塞哥维那、克罗地亚、马其顿、黑山、塞尔维亚、斯洛文尼亚组成。"东欧集团"指由苏联领导的来自亚洲和欧洲的国家集团。

[5]1982年齐泽克（第二部）博士论文出版，出版时书名改为《最崇高的癔症：黑格尔与拉康》（*The Most Sublime Hysteric: Hegel with Lacan*），剑桥：政体出版社，2014年。除了这些事件，本书追溯这些事件得以发生的斯洛文尼亚语境，直至1982年之前。

[6]格蕾琴·巴克（Gretchen Bakke）：《相似：斯洛文尼亚社会中的仿像与自我》（*The Likeness: Semblance and Self in Slovene Society*），奥克兰：加利福尼亚大

学出版社，2020年，第112页。她敏锐地注意到一位教授对齐泽克于2016年在佛蒙特大学所做演讲的反应："光听他说是不够的，你必须看到他，或者最起码要知道，他疯狂旋转的手势和大声咆哮的、唾沫横飞的面容似乎在指挥你的目光。我认为他的这部分表演是至关重要的，因为他不仅是我们最杰出的辩证思想家之一，实际上，他还以自己的血肉之躯展现了这种思维模式本身具有的张力、煎熬，这真正地向观众表明，如果在你的头脑中同时拥有两种相反的观念会是什么样子。"见其《相似：斯洛文尼亚社会中的仿像与自我》，第121页注释21。

[7]德卡·艾肯黑德（Decca Aitkenhead）：《斯拉沃热·齐泽克："人类总体上还行，但99%的人都是无聊的白痴"》（"Slavoj Žižek: 'Humanity Is OK, but 99% of People Are Boring Idiots'"），刊于《卫报》（*The Guardian*），2012年6月10日，https://www.theguardian.com/culture/2012/jun/10/slavoj-zizek-humanity-ok-people-boring。

[8]亚当·基尔希（Adam Kirsch）：《笑死人不偿命的跳梁小丑》（"The Deadly Jester"），刊于《新共和周刊》（*New Republic*），2008年12月2日；《纷争：依然是西方最危险的哲学家》（"Disputations: Still the Most Dangerous Philosopher in the West"），刊于《新共和周刊》，2009年1月7日，https://newrepublic.com/article/64692/disputations-still-the-most-dangerous-philosopher-the-west。

[9]见伊丽莎白·赖特（Elizabeth Wright）和埃德蒙·赖特（Edmond Wright）：《齐泽克读本》（*The Žižek Reader*），英国牛津：布莱克威尔出版社，1999年；莎拉·凯（Sarah Kay）：《齐泽克：批判性引论》（*Žižek: A Critical Introduction*），剑桥：剑桥大学出版社，2003年；托尼·迈尔斯（Tony Myers）：《斯拉沃热·齐泽克》（*Slavoj Žižek*），伦敦：劳特利奇出版社，2003年。

[10]见布罗德里克·乔（Broderick Chow）和亚历克斯·曼戈尔德（Alex Mangold）：《齐泽克和表演》（*Žižek and Performance*），伦敦：帕尔格雷夫·麦克米伦出版社，2014年；马修·弗里斯菲德（Matthew Flisfeder）和路易斯·威利斯（Louis Willis）编：《"齐泽克和媒体研究"读本》（*Žižek and Media Studies: A Reader*），伦敦：帕尔格雷夫·麦克米伦出版社，2014年。

[11]关于知识全球主义的特别讨论，见迈克尔·德施（Michael Desch）主编：《是教授还是博学者？全球舞台上的公共知识分子》（*Professors or Pundits? Public*

Intellectuals in the Global Arena*)，美国印第安纳州圣母大学：圣母大学出版社，2016年。

[12]关于这种研究方法的例子，见马库斯·摩根（Marcus Morgan）和帕特里克·巴特（Patrick Baert）：《学院中的冲突：知识分子的社会学研究》（*Conflict in the Academy: A Study in the Sociology of Intellectuals*），帕尔格雷夫·麦克米伦出版社，2015年。

[13]见芭芭拉·米斯茨塔尔（Barbara A. Misztal）：《知识分子和公共利益》（*Intellectuals and the Public Good*），剑桥：剑桥大学出版社，2007年。

[14]迈克尔·凯伦（Michael Keren）和理查德·霍金斯（Richard Hawkins）编：《对强权说实话，让强权服真理：数字话语和公共知识分子》（*Speaking Power to Truth: Digital Discourse and the Public Intellectual*），加拿大艾伯塔省：阿萨巴斯卡大学出版社，2015年，第2页。

[15]见汉娜·阿伦特（Hannah Arendt）：《在过去与未来之间：政治思想的八种操练》（*Between Past and Future: Eight Exercises in Political Thought*），纽约：维京出版社，1961年；斯蒂芬·奥尔（Stefan Auer）：《公共知识分子，东方和西方：扬·帕托克卡、瓦茨拉夫·哈维尔与莫里斯·梅洛-庞蒂、斯拉沃热·齐泽克的竞争》（"Public Intellectuals, East and West: Jan Patocka and Vaclav Havel in Contention with Maurice Merleau-Ponty and Slavoj Žižek"），收入克里斯蒂安·弗莱克（Christian A. Fleck）和安德里亚斯·赫斯（Andreas Hess）主编：《知识分子和他们的公众：从社会科学的视角看》（*Intellectuals and Their Public: Perspectives from the Social Sciences*），英国法纳姆：阿什盖特出版社，2009年，第89—106页；亨利·吉鲁（Henry A. Giroux）：《公共知识分子、学术暴力和来自政治纯洁的威胁》（"Public Intellectuals, Academic Violence and the Threat of Political Purity"），刊于《澳大利亚国际媒体》（*Media International Australia*），第156卷，第1期（2015年8月），第89—97页，https://doi.org/10.1177/1329878X1515600111。

[16]迈克尔·凯伦和理查德·霍金斯编：《对强权说实话，让强权服真理：数字话语和公共知识分子》，第2页。

[17]"知识分子"和"哲人"这两个词语暂时可以互换使用。这里的重点是有知识、讲真理、有学问的人。

[18]柏拉图在其《对话录》中强调口头和自发的知识分子介入，这在苏格拉底与他的同胞的交流中得到了体现。但在现代社会，重点转向了作者身份（authorship）和训练有素的知识主义（intellectualism），因而导致了现在"知识分子"和"公共知识分子"的分野。对于这种思想生活转变的集中而详细的论述，见齐格蒙特·鲍曼（Zygmunt Bauman）:《立法者与阐释者》（*Legislators and Interpreters*），纽约州伊萨卡：康奈尔大学出版社，1987年；拉塞尔·雅各比（Russell Jacoby）:《最后的知识分子：学院时代的美国文化》（*The Last Intellectuals: American Culture in the Age of Academe*），第2版，纽约：基础图书出版社，2000年；保罗·拉赫（Paul A. Rahe）:《启蒙运动时期的公共知识分子概念》（"The Idea of the Public Intellectual in the Age of the Enlightenment"），收入亚瑟·梅尔策（Arthur M. Melzer）等人主编:《公共知识分子：介于哲学与政治之间》（*The Public Intellectual: Between Philosophy and Politics*），纽约：罗曼和利特菲尔德出版社，2003年，第27—52页。

[19]尼尔·麦克劳克林（Neil McLaughlin）和埃莉诺·汤斯利（Eleanor Townsley）:《文化传播的语境：加拿大以英语进行的"公共知识分子"辩论的个案研究》（"Contexts of Cultural Diffusion: A Case Study of 'Public Intellectual' Debates in English Canada"），载于《加拿大社会学评论》（*Canadian Review of Sociology*），第48卷，第4期（2011年11月）：https://onlinelibrary.wiley.com/doi/10.1111/j.1755-618X.2011.01268.x。

[20]朱利安·班达（Julian Benda）:《知识分子的背叛》（*The Treason of the Intellectuals*），初版于1928年，纽约：威廉·莫罗公司，2006年，第27页。

[21]朱利安·班达:《知识分子的背叛》，xxv。

[22]杰弗里·亚历山大（Jeffery C. Alexander）:《公共知识分子和公民社会》（"Public Intellectuals and Civil Society"），收入克里斯蒂安·弗莱克和安德里亚斯·赫斯主编:《知识分子和他们的公众：从社会科学的视角看》，第19页。

[23]吉尔·埃亚尔（Gil Eyal）:《插入利维坦的身体：对创立新型的公共介入社会学的提议》（"Plugging into the Body of the Leviathan: Proposal for a New Sociology of Public Interventions"），刊于《中东话题与争论》（*Middle East Topics & Arguments*），第1期（2013年5月），第14页。关于对科学的边界划定工作所做的批判性评估，见托马斯·吉林（Thomas Gieryn）:《科学的文化

边界：可信度命悬一线》(*Cultural Boundaries of Science: Credibility on the Line*)，芝加哥：芝加哥大学出版社，1999年。

[24]亚瑟·梅尔策、杰里·温伯格(Jerry Weinberger)和理查德·津曼(Richard M. Zinman)编：《公共知识分子：介于哲学与政治之间》，第11页。

[25]见理查德·波斯纳(Richard A. Posner)：《公共知识分子的衰亡》(*Public Intellectual: A Study of Decline*)，马萨诸塞州坎布里奇：哈佛大学出版社，2001年。

[26]有关对这些变化的详细回顾，见帕特里克·巴特和艾伦·希普曼(Alan Shipman)：《改造知识分子》("Transforming the Intellectual")，收入帕特里克·巴特和费尔南多·多明格斯·卢比奥(Fernando Domínguez Rubio)编：《知识政治学》(*The Politics of Knowledge*)，伦敦：劳特利奇出版社，2012年，第179—204页。

[27]欲知从不同角度对大学正在经历的变化进行的集中分析，见弗兰克·菲雷迪(Frank Furedi)：《大学怎么了？对于大学婴儿化的社会学勘察》(*What's Happened to the University? A Sociological Exploration of its Infantilisation*)，伦敦：劳特利奇出版社，2016年；希瑟·弗雷泽(Heather Fraser)和尼克·泰勒(Nik Taylor)：《新自由化，大学与公共知识分子：物种、性别、阶级和知识的生产》(*Neoliberalization, Universities and the Public Intellectual: Species, Gender and Class and the Production of Knowledge*)，伦敦：帕尔格雷夫·麦克米伦出版社，2016年。

[28]迈克尔·凯伦和理查德·霍金斯编：《对强权说实话，让强权服真理：数字话语和公共知识分子》，第6页。

[29]罗纳德·雅各布斯(Ronald N. Jacobs)和埃莉诺·汤斯利(Eleanor Townsley)：《意见空间：媒体知识分子和公共领域》(*The Space of Opinion: Media Intellectuals and the Public Sphere*)，牛津：牛津大学出版社，2011年，第10页。

[30]克林特·伯纳姆(Clint Burnham)：《作为网络哲学家的齐泽克》("Slavoj Žižek as an Internet Philosopher")，收入马修·弗里斯菲德和路易斯·威利斯编：《"齐泽克和媒体研究"读本》，第201—210页。

[31]迈克尔·凯伦和理查德·霍金斯编：《对强权说实话，让强权服真理：数字话语和公共知识分子》，第6页。

[32]吉尔·埃亚尔:《专业知识的危机》(*The Crisis of Expertise*),剑桥:政体出版社,2019年;汤姆·尼科尔斯(Tom Nichols):《专业知识的消亡:开展反对既定知识的运动,以及这项运动非常重要的原因》(*The Death of Expertise: The Campaign against Established Knowledge and Why It Matters*),牛津:牛津大学出版社,2017年。

[33]亨利·法雷尔(Henry Farrell):《技术知识分子》("The Tech Intellectuals"),刊于《民主》(*Democracy*),第30期(2013年秋季),https://democracyjournal.org/magazine/30/the-tech-intellectuals/。

[34]同上。

[35]茱迪·迪恩(Jodi Dean):《博客理论:驱动电路中的反馈和捕获》(*Blog Theory: Feedback and Capture in the Circuits of Drive*),剑桥:政体出版社,2010年,第1页。

[36]乔纳森·贝勒(Jonathan Beller):《电影生产模式:注意力经济与景观社会》(*The Cinematic Mode of Production: Attention Economy and the Society of the Spectacle*),新罕布什尔州莱巴嫩:新英格兰大学出版社,2006年,第4页。

[37]迈克尔·凯伦和理查德·霍金斯编:《对强权说实话,让强权服真理:数字话语和公共知识分子》,第7页。

[38]同上,第8页。

[39]同上,第5页。

[40]邦妮·克里斯蒂安(Bonnie Kristian):《我们现在全都是公共知识分子》("We're All Public Intellectuals Now"),刊于《国家利益》(*The National Interest*),2017年1月24日,https://nationalinterest.org/feature/were-all-public-intellectuals-now-19171。

[41]迈克尔·凯伦和理查德·霍金斯编:《对强权说实话,让强权服真理:数字话语和公共知识分子》,第7页。另见珍妮弗·科布(Jennifer Cobbe):《算法监控》("Algorithmic Surveillance"),发布于社会科学研究网(SSRN),2018年11月3日,https://ssrn.com/abstract =3277966。——作者注。进入该网站后发现,该网站已经发表声明:"应作者、社会科学研究网或权利人的要求,本文已从社会科学研究网站删除。"——译者注。

[42]莉兹·皮尔尼(Liz Pirnie):《为智力活跃的人创造条件:今天的公共知识分

子能从匿名者那里学到什么》（“Creating the Conditions for an Intellectually Active People: What Today's Public Intellectual Can Learn from Anonymous”），收入迈克尔·凯伦和理查德·霍金斯编：《对强权说实话，让强权服真理：数字话语和公共知识分子》，第94页。

[43]有人从更积极的意义上使用知识分子发明的“公众”，欲知其详，见科里·罗宾（Corey Robin）：《知识分子是如何创造公众的》（“How Intellectuals Create a Public”），刊于《高等教育纪事报》（*Chronicle of Higher Education*），2016年1月22日，https://www.chronicle.com/article/How-Intellectuals-Create-a/234984。

[44]例如，葛兰西的“传统知识分子”和“有机知识分子”，福柯的“一般知识分子”和“特定知识分子”，是两种最常见的知识分子类型。

[45]亚格娜·奥尔塔泽夫斯卡（Jagna Oltarzewska）：《“很多事情都取决于环境”：齐泽克在法国》（“‘So Much Depends on Circumstances’: Žižek in France”），刊于《英语研究》（*Études Anglaises*），第1卷，第58期（2005年1月），第53页。

[46]见查尔斯·库兹曼（Charles Kurzman）和林恩·欧文斯（Lynn Owens）：《知识分子社会学》（“The Sociology of Intellectuals”），刊于《社会学年度评论》（*Annual Review of Sociology*），第28期（2002年8月），第63—90页；克莉丝汀·伍德（Christine V. Wood）：《有关知识、科学和知识分子的社会学：独特的传统和重叠的视角》（“The Sociologies of Knowledge, Science, and Intellectuals: Distinctive Traditions and Overlapping Perspectives”），刊于《社会学指南》（*Sociology Compass*），第4卷，第10期（2010年10月），第909—923页。

[47]米歇尔·拉蒙（Michèle Lamont）：《如何成为一个占主导地位的法国哲学家：以雅克·德里达为例》（“How to Become a Dominant French Philosopher: The Case of Jacques Derrida”），刊于《美国社会学杂志》（*American Journal of Sociology*），第93卷，第3期（1987年11月），第584—622页；米歇尔·拉蒙：《教授们是如何思考的》（*How Professors Think*），马萨诸塞州坎布里奇：哈佛大学出版社，2009年；查尔斯·卡米克（Charles Camic）：《方法的制定：对早期帕森斯的历史再阐释》（“The Making of a Method: A Historical Reinterpretation of the Early Parsons”），刊于《美国社会学评论》（*American Sociological Review*），第52卷，第4期（1987年8月），第421—439页；卡米克：《声誉与前辈的选择：帕森斯和制度主义者》（“Reputation and Predecessor Selection: Parsons and the

Institutionalists”)，刊于《美国社会学评论》，第57卷，第4期（1992年8月），第421—445页；尼尔·格罗斯（Neil Gross）：《成为实用主义哲学家：地位、自我概念和知识选择》（“Becoming a Pragmatist Philosopher: Status, Self-Concept, and Intellectual Choice”），刊于《美国社会学评论》，第67卷，第1期（2002年1月），第52—76页；尼尔·格罗斯：《理查德·罗蒂》（*Richard Rorty*），芝加哥：芝加哥大学出版社，2008；斯科特·弗里克尔（Scott Frickel）和尼尔·格罗斯：《科学/知识运动通论》（“A General Theory of Scientific/Intellectual Movements”），刊于《美国社会学评论》，第70卷，第2期（2005年4月），第204—232页。

[48]查尔斯·卡米克和尼尔·格罗斯：《新型观念社会学》（“The New Sociology of Ideas”），收入朱迪斯·布劳（Judith R. Blau）主编：《布莱克威尔社会学指南》（*The Blackwell Companion to Sociology*），第2版，牛津：布莱克威尔出版社，2001，第230—249页；查尔斯·卡米克等人：《正在形成的社会知识》（*Social Knowledge in the Making*），芝加哥：芝加哥大学出版社，2011年。

[49]另见露西尔·杜蒙特（Lucile Dumont）：《变动中的知识劳作前沿：罗兰·巴特著作在美国的传入与早期接受（20世纪60年至80年代）》[“The Moving Frontiers of Intellectual Work: The Importation and Early Reception of Roland Barthes’ Works in the United States（1960s—1980s）”]，刊于《社会学》（*Sociologica*），第1期（2017年），https://doi.org/10.2383/86984。

[50]理查德·罗蒂（1931—2007年）是美国著名的实用主义哲学家。

[51]查尔斯·卡米克和尼尔·格罗斯：《新型观念社会学》，收入朱迪斯·布劳主编：《布莱克威尔社会学指南》（第2版），第243页。

[52]皮埃尔·布迪厄著，理查德·尼斯译：《帕斯卡尔式沉思录》（*Pascalian Meditations*），加州斯坦福：斯坦福大学出版社，2000年，第131页。

[53]考科·皮蒂拉（Kauko Pietila）：《社会学的理性：格奥尔格·西美尔及格奥尔格·西美尔之后》（*Reason of Sociology: George Simmel and Beyond*），伦敦：塞奇出版社，2010年，第64页。

[54]托马斯·梅德韦茨（Thomas Medvetz）：《布迪厄和知识分子生活社会学》（“Bourdieu and the Sociology of Intellectual Life”），收入托马斯·梅德韦茨和杰弗里·萨拉兹（Jeffery J. Sallaz）主编：《皮埃尔·布迪厄牛津手册》（*The*

Oxford Handbook of Pierre Bourdieu)，纽约：牛津大学出版社，2018年，第460页。

[55]皮埃尔·布迪厄：《知识场域和创意规划》("Intellectual Field and Creative Project")，刊于《社会科学信息》(*Social Science Information*)，第8期（1969年4月），第89—119页；布迪厄著，苏珊·伊曼纽尔（Susan Emanuel）译：《艺术的法则：文学场的生成与结构》(*The Rules of Art: Genesis and Structure of the Literary Field*)，剑桥：政体出版社，1992年；布迪厄：《文化生产场域》(*The Field of Cultural Production*)，剑桥：政体出版社，1993年。

[56]约兰·博林（Göran Bolin）：《价值的形态：场域理论中的可变换性问题》("The Forms of Value: Problems of Convertibility in Field Theory")，刊于《3C》杂志（*tripleC*），第10卷，第1期（2012年1月），第33页。

[57]托马斯·梅德韦茨：《布迪厄和知识分子生活社会学》，第468页。

[58]安东尼·金（Anthony King）：《与布迪厄一起思考反对布迪厄的问题：对惯习的"实践"批判》("Thinking with Bourdieu against Bourdieu: A 'Practical' Critique of the Habitus")，刊于《社会学理论》(*Sociological Theory*)，第18卷，第3期（2000年11月），第425页。

[59]见皮埃尔·布迪厄：《观念在世界传播所需要的社会条件》("The Social Conditions of the International Circulation of Ideas")，收入理查德·舒斯特曼（Richard Shusterman）主编：《布迪厄：批判性读本》(*Bourdieu: A Critical Reader*)，英国牛津：布莱克威尔出版社，1999年，第220—228页；马可·桑托罗（Marco Santoro）：《如何"不"成为一个占主导地位的法国社会学家：布迪厄在意大利，1966—2009年》("How 'Not' to Become a Dominant French Sociologist: Bourdieu in Italy, 1966—2009")，刊于《社会学》，第2卷，第3期（2009年），https://doi.org/10.2383/31372；马可·桑托罗：《从布迪厄到文学社会学》("From Bourdieu to Cultural Sociology")，刊于《文化社会学》(*Cultural Sociology*)，第5卷，第1期（2011年3月），第3—23页；马可·桑托罗和马可·索拉罗利（Marco Solaroli）：《与文化较量：布迪厄与文化社会学中的强势项目》("Contesting Culture: Bourdieu and the Strong Program in Cultural Sociology")，收入劳里·汉奎奈特（Laurie Hanquinet）主编：《劳特利奇国际艺术与文化社会学手册》(*Routledge International Handbook of the Sociology of Art and*

Culture),纽约:劳特利奇出版社,2015年,第49—76页;马可·桑托罗等人:《布迪厄的国际传播:知识图绘中的一次操练》("Bourdieu's International Circulation: An Exercise in Intellectual Mapping"),收入托马斯·梅德韦茨和杰弗里·萨拉兹主编:《皮埃尔·布迪厄牛津手册》,第21—67页。

[60]兰德尔·柯林斯(Randall Collins):《哲学社会学:全球性的知识变革理论》(*The Sociology of Philosophies: A Global Theory of Intellectual Change*),马萨诸塞州坎布里奇:哈佛大学出版社,1998年。

[61]见迪亚拉·哈姆扎(Dyala Hamzah)主编:《阿拉伯知识分子的形成:帝国、公共领域和自我的殖民坐标》(*The Making of the Arab Intellectual: Empire, Public Sphere and the Colonial Coordinates of Selfhood*),伦敦:劳特利奇出版社,2012年。

[62]杰弗里·亚历山大:《公共知识分子和公民社会》,收入克里斯蒂安·弗莱克和安德里亚斯·赫斯主编:《知识分子和他们的公众:从社会科学的视角看》,第21页。

[63]见里吉斯·德布雷(Regis Debray):《教师、作家、名人:现代法国的知识分子》(*Teachers, Writers, Celebrities: The Intellectuals of Modern France*),伦敦:NLB出版社,1981年;安东尼·利尔蒂(Antoine Lilti):《名人的发明》(*The Invention of Celebrity*),剑桥:政体出版社,2017年;约翰尼斯·安格穆勒(Johannes Angermuller)和朱利安·哈曼(Julian Hamann):《学术领域的名人逻辑:德国、法国和英国应用语言学教授被引用可见度的不平等分布》("The Celebrity Logics of the Academic Field: The Unequal Distribution of Citation Visibility of Applied Linguistics Professors in Germany, France, and the United Kingdom"),刊于《话语研究杂志》(*Journal for Discourse Studies*),第1期(2019年),第77—93页。

[64]彼得·威廉·沃尔什(Peter William Walsh)和大卫·莱曼(David Lehmann):《学术明星》("Academic Celebrity"),刊于《政治、文化与社会国际杂志》(*International Journal of Politics, Culture, and Society*),第34期(2021年3月),第26页。

[65]刘易斯·科泽(Lewis Coser):《作为名人的知识分子》("The Intellectual as Celebrity"),刊于《异议》(*Dissent*),第20卷,第1期(1973年),第47页。

[66]同上，第50页。

[67]理查德·拉纳姆(Richard Lanham)：《注意力经济学：信息时代的风格和实质》(*The Economics of Attention: Style and Substance in the Age of Information*)，芝加哥：芝加哥大学出版社，2006年。

[68]刘易斯·科泽：《作为名人的知识分子》，第53页。

[69]奥利维耶·德里耶桑(Olivier Driessens)：《社会与文化的名人化：理解名人文化的结构动力机制》("The Celebritization of Society and Culture: Understanding the Structural Dynamics of Celebrity Culture")，刊于《国际文化研究杂志》(*International Journal of Cultural Studies*)，第16卷，第6期(2013年11月)，第650页。

[70]奥利维耶·德里耶桑：《名人资本：用场域理论重新定义名人》("Celebrity Capital: Redefining Celebrity Using Field Theory")，刊于《理论与社会》(*Theory and Society*)，第42期(2013年9月)，第543—560页。

[71]杰弗里·亚历山大：《文化语用学：介于仪式和策略之间的社会表演》("Cultural Pragmatics: Social Performance Between Ritual and Strategy")，刊于《社会学理论》，第22卷，第4期(2004年12月)，第527—573页。

[72]杰弗里·亚历山大：《名人—偶像》("Celebrity-Icon")，刊于《文化社会学》，第4卷，第3期(2010年11月)，第323—336页。

[73]杰弗里·亚历山大：《充满戏剧感的知识分子》("Dramatic Intellectuals")，刊于《政治、文化与社会国际杂志》，第29卷，第4期(2016年12月)，第343页。

[74]格蕾琴·巴克：《相似：斯洛文尼亚社会中的仿像与自我》，第123页。

[75]保罗·博韦(Paul A. Bové)：《名人与背叛：后现代文化中的高级知识分子》("Celebrity and Betrayal: The High Intellectuals of Postmodern Culture")，刊于《明尼苏达评论》(*Minnesota Review*)，第21期(1983年秋季)，第83页。

[76]杰弗里·高尔特·哈珀姆(Geoffrey Galt Harpham)：《明知不可为而为之：斯拉沃热·齐泽克与知识的终结》("Doing the Impossible: Slavoj Žižek and the End of Knowledge")，刊于《批判性探究》(*Critical Inquiry*)，第29卷，第3期(2003年春季)，第453—485页。

[77]欲知对定位理论的具体讨论，见帕特里克·巴特：《定位理论与知识介入》("Positioning Theory and Intellectual Interventions")，刊于《社会行为理论期

刊》(*Journal for the Theory of Social Behavior*),第42卷,第3期(2010年4月),第304—324页;帕特里克·巴特和马库斯·摩根:《研究知识分子时采用的表演框架》("A Performative Framework for the Studying of Intellectuals"),刊于《欧洲社会理论杂志》(*European Journal of Social Theory*),第21卷,第3期(2017年1月),第1—18页;西蒙·苏森(Simon Susen)和帕特里克·巴特:《知识分子社会学:在"存在主义时刻"之后》(*The Sociologyof Intellectuals: After "The Existentialist Moment"*)(伦敦:帕尔格雷夫·麦克米伦出版社,2017年。

[78]吉尔·埃亚尔和拉里莎·布赫霍尔茨(Larissa Buchholz):《从知识分子社会学到介入社会学》("From the Sociology of Intellectuals to the Sociology of Interventions"),刊于《社会学年度评论》,第36卷,第1期(2010),第120页。

[79]欲知对数字时代的表演所做的评论,见玛蒂娜·利克(Martina Leeker)、伊曼纽埃尔·席佩尔(Imanuel Schipper)和蒂蒙·贝耶斯(Timon Beyes)编:《表演数字:数字文化中的表演性和表演研究》(*Performing the Digital: Performativity and Performance Studies in Digital Cultures*),德国比勒费尔德:文字记录出版社,2017年。

[80]杰弗里·亚历山大和朱塞佩·肖尔蒂诺(Giuseppe Sciortino):《论选择自己的知识前辈:卡米克在处理帕森斯和制度主义者时表现出来的简化主义》("On Choosing One's Intellectual Predecessors: The Reductionism of Camic's Treatment of Parsons and the Institutionalists"),刊于《社会学理论》,第14卷,第2期(1996年7月),第154—171页;帕特里克·巴特:《存在主义时刻:萨特作为公共知识分子的崛起》(*The Existentialist Moment: The Rise of Sartre as Public Intellectual*),剑桥:政体出版社,2015年,第161页。

[81]皮埃尔·布迪厄和让·克洛德·帕斯龙(Jean Claude Passeron):《1945年以来法国的社会学与哲学:无主体哲学的死亡与复活》("Sociology and Philosophy in France since 1945: Death and Resurrection of a Philosophy without Subject"),刊于《社会研究》,第34卷,第1期(1967年春季),第162页。

[82]杰弗里·亚历山大、伯恩哈德·吉森(Bernhard Giesen)和贾森·马斯特(Jason L. Mast)编:《社会表演:符号性行动、文化语用学和仪式》(*Social Performance: Symbolic Action, Cultural Pragmatics, and Ritual*),剑桥:剑桥大学出版社,2006年。

[83]帕特里克·巴特:《存在主义时刻:萨特作为公共知识分子的崛起》,第14页。

[84]玛蒂娜·利克、伊曼纽埃尔·席佩尔和蒂蒙·贝耶斯编:《表演数字:数字文化中的表演性和表演研究》,第9页。

[85]同上,第11页。

[86]例如,依刘易斯·科泽之见,观念的力量是通过知识分子教派(intellectual sects)来循环和传播的。知识分子教派即有担当的知识分子,他们全都忠于他们的传统创始人(如弗洛伊德),并热衷于传播他们的能够改变世界的观念。见刘易斯·科泽:《观念人》(*Men of Ideas*),纽约:自由出版社,1965年。查尔斯·卡杜申(Charles Kadushin)使用类似的观念,指出只有"知识分子被很好地'组织起来',至少组成非正式的圈子,市场才会赋予他们巨大的权力来支配图书和期刊的生产"。见刘易斯·科泽:《知识分子与文化力量》("Intellectuals and Cultural Power"),刊于《媒体、文化与社会》(*Media, Culture and Society*),第4卷,第5期(1982年7月),第262页;另见刘易斯·科泽:《美国知识精英》(*The American Intellectual Elite*),波士顿:利特尔·布朗出版社,1974年。

[87]雅克·朗西埃(Jacques Rancière):《关于阿兰·巴迪欧的存在和事件》("A propos de l'être et l'événement d' Alain Badiou"),1989年,http://horlieu-editions.com/textes-en-ligne/philosophie/ranciere-a-propos-d-etre-et-evenement-d-alain-badiou.pdf。

[88]罗纳德·雅各布斯和埃莉诺·汤斯利:《意见空间:媒体知识分子和公共领域》,第70—71页。

[89]我把齐泽克与"牺牲型知识分子"联系在一起,并非断定齐泽克就是一个牺牲型知识分子,而是说他活得像个牺牲型知识分子,演得像个牺牲型知识分子。这种齐泽克式的自我定位与下列过程有关:他在世界各地获得各种学术职位,同时(这一点非常重要)又保持了他对自己的定位——他自称自己是个学术贱民(academic pariah)。然而,这么说也并不意味着齐泽克是开路先锋。这里要强调的是,他标新立异的表演是如何被其他知识分子和文化批评家所感知和接受的。这在某种程度上宣传了他的介入。

[90]"交易"(trade-off)一词可能导致误解,让人觉得学术认可和媒体知名度只能是负相关或相互排斥的。然而,这种交易是从今天的知识状况中吸取营养,

并与当代学术生活的“名人化”相一致。这并不意味着学术尊严（academic respectability）和知识明星（intellectual celebrity）是相互排斥的，事实上它们是相辅相成的，正如齐泽克这个个案所表明的那样。

[91] 根据帕特里克·巴特的划分，每一种类型的公共知识分子都在表演特定的公共参与：“权威型”公共知识分子站在一般性的、精英主义的立场上，居高临下地对公众发号施令；“专家型”公共知识分子则更多地局限于一个专业领域；“对话型”公共知识分子则摆出与公众平起平坐的姿态。见帕特里克·巴特：《存在主义时刻：作为公共知识分子的萨特的崛起》，第184—189页。

[92] 有关存档作为一种研究方法的讨论，见马琳·曼诺夫（Marlene Manoff）：《跨学科的档案理论》（“Theories of the Archive across the Disciplines”），刊于《图书馆与学院》（*Libraries and the Academy*），第1卷，第4期（2004年1月），第9—25页；雅克·德里达：《档案热：一个弗洛伊德式的印象》（*Archive Fever: A Freudian Impression*），芝加哥：芝加哥大学出版社，1996年。

[93] 关于新社交媒体在社会研究中的使用，见彼得·阿德勒（Peter Adler）：《作为名人的社会学家：媒体在实地研究中的作用》（“The Sociologist as Celebrity: The Role of Media in Field Research”），刊于《定性社会学》（*Qualitative Sociology*），第7期（1984年12月），第310—326页；迪拉杰·穆尔蒂（Dhiraj Murthy）：《数字民族志：对于使用新技术进行社会研究的考察》（“Digital Ethnography: An Examination of the Use of New Technologies for Social Research”），刊于《社会学》，第42期（2008年10月），第837—855页；查尔斯·加托内（Charles F. Gattone）：《大众传媒时代作为公共知识分子的社会科学家》（“The Social Scientist as Public Intellectual in an Age of Mass Media”），刊于《政治、文化与社会国际杂志》，第25期（2012年9月），第175—186页；帕特里克·巴特和乔希·布思（Josh Booth）：《公共知识分子内部的张力：从德雷福斯到新社交媒体的政治介入》（“Tensions within the Public Intellectual: Political Interventions from Dreyfus to the New Social Media”），刊于《政治、文化与社会国际杂志》，第25期（2012年9月），第111—126页。

[94] 有关这种工作分类，见英国关于经济活动的标准工业分类（UK SIC），由英国国家统计局于2022年1月24日发布，http://www.pgagroup.com/business-activity-classification.html。有关教育分类，见希尔德加德·布劳恩斯

(Hildegard Brauns)等人:《国际比较研究中的“工业国家社会流动比较分析”的教育分类》(“The CASMIN Educational Classification in International Comparative Research”),收入于尔根·奥夫梅耶–兹罗特尼克(Jürgen H. P. Hoffmeyer-Zlotnik)和克里斯托夫·沃尔夫(Christof Wolf)编:《跨国比较的进展:欧洲人口和社会经济变量工作手册》(*Advances in Cross-National Comparison: A European Working Book for Demographic and Socio-Economic Variables*),纽约:克卢沃学术出版社、普莱南出版社,2003年,第221—244页。——作者注。发布英国关于经济活动的标准工业分类的网页已经失效,可在下列网页查阅:https://www.ons.gov.uk/methodology/classificationsandstandards/ukstandardindustrialclassificationofeconomicactivities/uksic2007。——译者注。

[95]有关对社会研究中参与式观察的讨论,见迈克尔·布拉沃伊(Michael Burawoy):《扩展个案法》(“The Extended Case Method”),刊于《社会学理论》,第16卷,第1期(1998年3月)第4—33页;罗伯特·殷(Robert K. Yin):《案例研究:设计与方法》(*Case Study Research: Design and Methods*),第4版,加利福尼亚千橡市:赛吉出版社,2009年。

[96]见丹尼尔·许布纳(Daniel R. Huebner):《成为米德:学术知识的社会进程》(*Becoming Mead: The Social Process of Academic Knowledge*),芝加哥:芝加哥大学出版社,2014年。

第 1 章

介于东西方之间的斯洛文尼亚：叠加定位的源起

为了解释斯拉沃热·齐泽克是如何在21世纪初成为全球公共知识分子的，我要首先考察南斯拉夫解体期间斯洛文尼亚向资本主义过渡的复杂轨迹。的确，齐泽克的理论著作有时被描述为"仿佛放之四海而皆准，但实际上，它既植根于又反映了一个非常特殊的文化背景"[1]。我主要关注——但并非只是关注——1982年至1991年这个时期，旨在表明这一关键时期是如何为齐泽克的地方介入——包括知识介入、文化介入和政治介入——提供了初始背景（图1.1）。这还可以用来解释，为什么这样一个先是区域性知识分子、后是全球性知识分子的人更有可能来自斯洛文尼亚，而不是它的邻国。

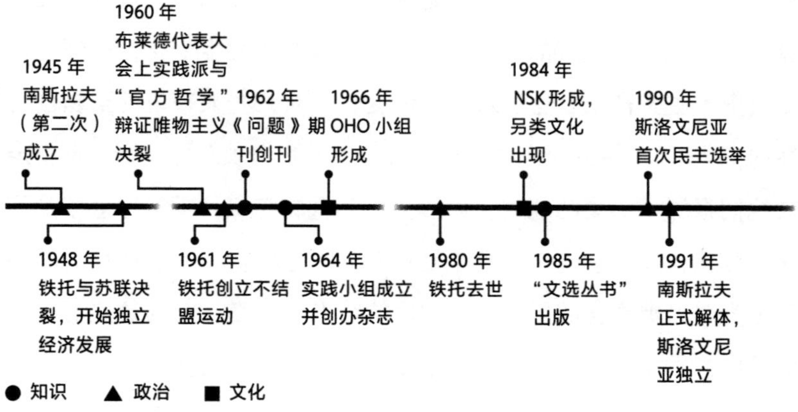

图1.1　南斯拉夫/斯洛文尼亚时间轴

传奇领袖约瑟普·布罗兹·铁托于1980年辞世，当时斯洛文尼亚正值政治和文化的繁荣期。正是在这一时期，齐泽克获得了他的（第二个）博士学位，理论精神分析学会（后来以卢布尔雅那学派闻名天下）也于1982年成立。[2]因此，我将在本章中转向齐泽克在当地崭露头角的经验语境，详细说明改革导致的分崩离析的政治现实如何引人注目地塑造了当时的文化和知识舞台，同时又改变了现有的分界线。这样的分界线创造了一个空间，齐泽克在那里运作，也对该空间做出反应。正如伊恩·帕克（Ian Parker）所言："我们如何理解这一点，以及我们如何定位自己，以便为铁托、自治社会主义、民族主义抵抗、新兴自由市场道德多数派（new free-market moral majorities）的兴衰喝彩或哀叹，将影响我们如何解读齐泽克和他的努力——他在努力理解这一过程。"[3]如果不理解（斯洛文尼亚置身其间的）南斯拉夫的复杂语境，不理解南斯拉夫在重建东欧资本主义时与西方的关系，我们就无法解释齐泽克的表演和他后来的声名大噪。

作为齐泽克"可能性之社会条件"（social conditions of possibility）的一部分，我将讨论这种语境是如何在文化上和知识上对斯洛文尼亚公众构成重大挑战的，因为当时的现实开始发生变化，逐渐变得更具资本主义性质。这种戏剧性的变化（对某些人来说甚至是创伤性的变化），迫使公众人物面对对社会及其价值观念的质疑，重新定义他们根源于历史的地位。虽然多数公众和知识分子实际上接受了这种变化，或被它同化，但还是有人试图超越它。[4]公民社会的兴起也为对另类文化的更为激烈的反抗铺平了道路。[5]与这些另类文化是由艺术家、学生和知识分子推动的。接受"西化"变革的人与不接受"西化"变革的人之间的这种裂痕，虽然方式不同，但将决定未来知识舞台和公共领域的形成。

在描述了南斯拉夫的定位空间之后，我将考察南斯拉夫内部的斯洛文尼亚的定位空间。我面对的是政治的、文化的和知识的舞台，因为它们的形成离不开对日益变化的现实的反应。每个领域内的对立都影响着南斯拉夫的不可能之条件（conditions of impossibility），这种不可能之条件一旦筋疲力尽，就会促成齐泽克的可能性之条件（conditions of possibility）。我要表明，这些立场是如何构成了“记号学上的二元对立（semiotic binarism），它与涂尔干所说的神圣和世俗同构”[6]。因此，在每个舞台上都存在着主要的社会对抗，围绕着它，形成了相互对立的立场。我要详细说明，齐泽克的定位过程是如何在这些舞台上运演的，同时强调叠加定位的共同特征。叠加定位就是超越两个或更多现有的对抗，创造第三个（新）位置或立场。理解这种知识上的叠加定位如何脱胎于具体的政治语境，同时理解这种知识上的叠加定位对文化张力（cultural tensions）做何反应会揭示出，齐泽克现象首先是局部性的，然后才是全球性的。这个“第三”位置——叠加定位——会变成“拉黑体”，也因此成为齐泽克表演性（Žižek's performativity）之标志。重要的是，要把握这个“第三”位置的出现，我们必须要穿过现有的两个僵局。这些二元立场造成了三个关键张力：东方与西方之间的政治张力，公民社会与可替代公民社会的社会之间的文化张力，马克思与海德格尔之间的知识张力。

开篇：铁托（对抗苏联）

南斯拉夫社会主义联邦共和国成立于 1945 年①，是东欧集团的

---

① 1945年成立南斯拉夫联邦人民共和国，1963年改名南斯拉夫社会主义联邦共和国。——编者注

一部分，也是苏联的一个同盟国。此后不久，随着 1948 年铁托与苏联的决裂，南斯拉夫成为于 1961 年正式成立的不结盟运动的创始成员国。这种东西方之间的分裂定位一直存在，直至 1980 年铁托去世。铁托去世后，政权开始以更快的速度崩溃。斯洛文尼亚一直由斯洛文尼亚共产主义者联盟执政，该组织是南斯拉夫共产主义者联盟的斯洛文尼亚分支，在 1945 年至 1989 年间是斯洛文尼亚唯一的执政党。1980 年以后，由于没有真正的铁托替代者，民族主义的不断成长和加盟共和国要求独立的呼声日益高涨，最终导致了南斯拉夫在 1991 年正式解体，斯洛文尼亚于同年在巴尔干战争爆发前重新独立。[7] 这一解体过程主要意味着，在重大政权更迭之后，必须重新考虑甚至重新确定先前确立的立场。也就是说，诸如左与右、赞成与反对之类的规范立场（normative positions）发生了天翻地覆的变化。

在中央集权政体最好（或最糟）的传统中，要理解一个国家就要理解它的领导者。南斯拉夫成立之初有铁托。如果我们要了解斯洛文尼亚的知识舞台和文化舞台，就必须了解这位有影响力的指挥官和政治家、南斯拉夫社会主义联邦共和国的创始人。[8] 他建造出来的东西，以及他建造这些东西的方式，给齐泽克在斯洛文尼亚面临的困境打上了印记。第二次世界大战结束后不久，面对东方和西方大国，铁托开始扮演更加独立和更加重要的角色。在政治上，铁托试图扩大与欧洲的联系，但苏联不赞成这一举动。在经济上，铁托确立并推行了他自己的版本的社会主义形式，即开放的、民主的自治社会主义。这是南斯拉夫经济计划的基础，与更官僚化的苏联传统颇不相同。1961 年不结盟运动的成立，将南斯拉夫定位为东西方之间的缓冲区。随着不结盟运动的成立，南斯拉夫与苏联的决裂变得越来越清晰可见。在知识上，斯洛文尼亚与苏联保持距离，这也意味着它从 1960 年开始采用一种不同的国家哲学，一种不同于由苏联控制和宣传的马克思主义。齐泽克的队友、卢布尔雅那学派的联合创始人姆拉登·多拉尔回忆说：

> 这是一种巨大的历史推动力。这种动力部分来自法兰克福学派。我是学哲学的学生，我的教授们基本上都是马克思主义者，尽管他们多少都有某种法兰克福学派的魅力。他们对黑格尔和马克思，有很多解读，他们与卢卡奇、科尔施和阿多诺的联系，也是如此。他们都是大英雄。就是这种马克思主义。这是一个马克思主义的国家。我们得到的最好的教育就是这种马克思主义哲学。但这绝对是反苏联的马克思主义。从始至终，都摆出了一种雷厉风行的反苏联姿势。[9]

在 20 世纪 50 年代初和 60 年代，南斯拉夫经历了一个经济增长时期，享受了较为充分的政治自由，这是由于它采用了“自治的制度，它与苏联的中央计划和国有工业模式不同，并在第一个十年中取得了丰硕的成果”[10]。此外，南斯拉夫的经济也受益于它身处铁幕两边的政治定位，“能够向铁幕两边的国家出口产品并同它们建立良好的经济合作关系”[11]。然而，内部和外部因素——主要是市场化的企业和国家支持的公司之间固有的紧张关系——导致了经济繁荣在 20 世纪 60 年代中期戛然而止。结果，出现了对南斯拉夫社会产生长期影响的两个主要问题：种族民族主义的兴起和日益严重的经济危机。多拉尔从一个青年哲学家的角度，这样描述这一时期的斯洛文尼亚的发展趋势：

> “一九六八年五月”，这个在某种程度上是一个政治高度紧张的时代的缩写。整个事件是这样的，铁托领导的南斯拉夫不属于东方。从这个意义上说，我们绝对可以出入西方，我们可以去西方旅游，我们真的去了西方，我在1969年也第一次去了巴黎。斯洛文尼亚与法国和奥地利接壤①，所以去那里绝无问题。这绝对属于例外。斯洛文尼亚不是东欧国家。它通常被视为特殊的国家，但与西方交流的状况就是这样的，我们这一代人完全了解西方的发展。是的，我们了解我提到过的那些东西，还有大摇滚之类，就是摇滚乐，这些东西在当时高于一切。1969年是开放的一年，在思想上、文化上、政治上，都是如此。[12]

当多拉尔将全球事件与当地语境联系起来时，他看到了开放的机遇。对于促成这次开放，1960年召开的布莱德代表大会（Bled congress）在政治上和思想上都具有重要意义。在斯洛文尼亚的湖滨城市布莱德，一群来自萨格勒布、贝尔格莱德和萨拉热窝的年轻社会学家和哲学家（后来被称为实践派）欢聚一堂，决定将早期人文主义的马克思思想作为南斯拉夫的马克思主义的主要形式。它标志着作为所有（社会主义）国家“官方哲学”的辩证唯物主义的统一规则走向终结。然后，正如齐泽克回忆的那样，逐渐地，“一个非常奇怪的情形出现了，南斯拉夫的权力越来越分散，所以在每个共和

---

① 此说有误。斯洛文尼亚与法国并不接壤，中间隔着意大利。

国都有一些接近党的官方路线的哲学取向，也有一些知识分子进行反抗的主要形式。但在不同的共和国，它们是不一样的”[13]。由于这些原因，20世纪70年代和80年代的斯洛文尼亚是一个有些与众不同的地方。它的政治格局既给公众和知识分子带来了重大挑战，也给公众和知识分子带来了机遇。甚至在铁托领导南斯拉夫的最后十年之前，斯洛文尼亚在南斯拉夫中就已经拥有特殊的地位，公民享有一定程度的文化自由和知识自由。这与被铁幕隔开的其他东欧集团国家大不相同。齐泽克还解释说：

> 我们在社会上以我们自己的方式从事我们的工作。能让我们这样做的原因是，当时的政权依然是原来的政权。它是真正的社会主义或者别的什么，我们不存任何幻想。但与此同时，也有一定的开放，我的意思是，在20世纪60年代末期，边境是十分开放的，住在靠近意大利或奥地利边境的人们每天下午都会跨过边境，去喝一杯卡布奇诺等等。那时候去意大利更好一些。所以，我们并不像东欧国家那样［封闭］。在我们这里，“哎，有什么新书？”我们总是去伦敦、巴黎、法兰克福或慕尼黑买书。我们保持着密切的联系。[14]

显然，斯洛文尼亚在全球地缘政治版图中的位置影响了齐泽克对自己的定位。西方的文本和观念之类的信息的输入，对齐泽克和其他斯洛文尼亚知识分子在南斯拉夫解体后的反应产生了巨大的影响：“因为西方对我们开放，所以政权的垮台并不是什么惊天动地的事情，说什么‘哎，我们现在终于自由了’等等。我们处于介于两者之间的理想位置，从一开始我们就对两者都持怀疑态度。”[15]这个间隙性的“中间”位置将成为齐泽克进行叠加定位的驱动力。虽然南斯拉夫是正式的社会主义国家，但正如西方人所认为的那样，它在相对较早的时候就已经触及资本主义。在这种悖论性的政治定位中，我们可以看到齐泽克后来的知识（超级）定位的种子。尤其是，南斯拉夫处于苏联和西方之间的位置，使齐泽克看到了政治话语和意识形态的黑暗龌龊的一面。

随着斯洛文尼亚与苏联在经济和政治上的距离越拉越大，新的知识潮流喷涌而出。具体来说，这个政权的自我讽刺和玩世不恭（甚至官方自己都对此予以批评）不仅必然揭示出政治现象的虚幻本质，而且必然揭示出知识现象和文化现象的波诡云谲。[16]正如伊恩·帕克在谈及这种自我定位时指出的那样，“在处于南斯拉夫联邦最北部的斯洛文尼亚共和国，齐泽克是那些注意到该政权要求其人民对有关民主的主张保持犬儒距离（cynical distance），以使其正常运作的少数人之一”[17]。齐泽克身处官方意识形态之内，又对它持批评态度；他与西方保持接触，又不对它顶礼膜拜。职是之故，齐泽克能够评价这种对立，并创造出第三种定位，即叠加定位。

与苏联的决裂使铁托更容易为夹在苏联和南斯拉夫中间的其他国家提供保护伞，因此他在 1961 年成立了不结盟运动。南斯拉夫各民族没有统一的思想体系，每个民族都有自己的知识取向，形成了不同的知识立场和对立。[18]作为反对派的刊物群的一部分，南斯拉夫最具影响力的刊物之一《实践》（*praxs*）在当时创刊，为重大的知识介入和艺术介入搭建起舞台，产生了巨大的政治影响。《实践》在 1964 年至 1974 年间以塞尔维亚-克罗地亚语和其他语言出版。据多拉尔说，它的定位是一份期刊和一个团体，“大体上有点像法兰克福学派。他们有彼得罗维奇（Petrović），有米兰·坎格尔加（Milan Kangrga），所有这些人都有自己的一己之见，但大体而言，他们以法兰克福学派为根基”[19]。除了发表以人本主义-马克思主义为导向的文章，《实践》杂志还充当了欧洲（主要是西欧）的枢纽，供批判思想家在那里碰头和建立联系。多拉尔解释了自 1964 年以来，《实践》是如何在克罗地亚科尔库拉岛为建立知识分子联系网络搭建舞台的：“科尔库拉岛对于建立知识语境非常重要。它是亚得里亚海的一个岛屿，所以《实践》每年都在那里组织暑期学校。赫伯特·马尔库塞来了，安吉拉·戴维斯（Angela Davis）来了，恩斯特·布洛赫（Ernst Bloch）来了，我的意思是，每个有名望的人都来了。尤尔根·哈贝马斯（Jürgen Habermas）来了，还有谁来着？亨利·列斐伏尔（Henri Lefebvre）来了。因此，每年都有许多学识渊博的人来科尔库拉岛聚会。我从未从这里——从卢布尔雅那——去过那里，原因众多，但斯拉沃热都在那里。所以卢布尔雅那的人，那里的学生、教授都会去那里。这是 20 世纪 60 年代末发生的事情。”[20]

事实上，本书的一个主要观念是：“我们在处理观念的大迁移时，通常很难发现知识的纽结点。它可能是一个文本、一场辩论、一个想法或一个短语，也可能是一份期刊，只是更受欢迎的‘杰作’使它相形见绌，黯然失色。”[21]毫无疑问，肯定存在着使齐泽克与卢布尔雅那学派联系起来的纽结点，这样的纽结点之一便是《问题》（*Problemi*）期刊，它创办于 1962 年。该期刊以斯洛文尼亚语出版，把斯洛文尼亚社会的全部的政治张力、知识张力和文化张力凝为一体，但它的光彩通常被像《意识形态的崇高客体》这样出类拔萃的杰作所遮蔽。尽管后者是“斯洛文尼亚拉康”横空出世的最常见的参照点，但这种横空出世是由早在 1989 年之前就开始的发展所奠基的，并且与理论上和实践上的齐泽克式症结（Žižekian crux）紧密相连。

该期刊为不同的知识分子提供了一个平台，让他们在那里争夺对时事进行叙述、阐明和解释的话语权。在该杂志上进行的介入，试图将新的知识传统——如结构主义和精神分析——与对斯洛文尼亚所深陷的困境所做的具体政治分析结合起来。《问题》是前瞻性思考的基石，是观念的大熔炉和试验场。在1980年前后，齐泽克和多拉尔获得了该杂志的编辑控制权。那一刻对卢布尔雅那学派的正式成立发挥了决定性作用。他们对另类文化的支持体现在1981年至1983年间推出的朋克专刊上。他们对朋克做了文化解读，为在学术界和公民社会之外进行政治参与独辟蹊径。[22]该刊还对法语学者和其他学者的前沿性著作的翻译做了整合，使它们在被翻译成书之前就能为当地公众阅读和关注。[23]多拉尔在描绘那个时代时，还讲述了从事期刊出版的各个知识分子派别之间的对立关系：

> 《问题》大约从1962年起就存在了，期刊社内派别林立，相互攻讦。他们中有些人是海德格尔派，还有很多的诗人和作家，也有先锋派，等等。那是一个硝烟弥漫的时代，《问题》内部也是战火连天。因为那是一份观念开放的期刊，各种不同的团体都想在里面拥有自己的一席之地。我们的小组也是其中之一。……它最初的影响力来自先锋派，把艺术家和一些受西方观念激励的知识分子拢在一起。然后在20世纪70年代和80年代，它又产生了另一种影响力，因为我们的小组想确立持之以恒的政策：追随结构主义，把它应用到一些热门的话题和议程上，让它不再是一种哲学潮流，而是一种文化定位。[24]

《问题》期刊创办期间，斯洛文尼亚见证了学术期刊的大量涌现。实际上，《问题》是在其他期刊被政府关闭后，在当地出现的第五份期刊。例如，《词语》（*Beseda*）仅运营了 6 年，在 1957 年被关闭。就在同一年，《五七评论》（*Revija 57*）创刊，但只存活了一年。1957 年至 1960 年，《透视》（*Perspektive*）成立，并在随后的九年间坚守存在主义立场，主要关注海德格尔和萨特。如前所述，最后是《实践》于 1964 年在萨格勒布创办。

在 1968 年至 1980 年期间，南斯拉夫出现了即将解体的早期迹象。这倒不是任何“正式”的周期化使然，而是因为在这一时期，人们可以或多或少地觉察到后来更猛烈的解体——从 1980 年铁托去世到 1991 年突然坍塌——的潜在迹象。20 世纪 70 年代是学生的年代。与政客相比，作为一名学生可能意味着接触更多的知识观念和政治活动。多拉尔觉得，“这不仅是哲学家而且是整整一代人的感觉：我们是某种东西的开端，某种东西的起始点。所有这些事件都具有这样一种潜在的可能性：对于这些东西而言，我们是先觉者”[25]。

尤其是在 1968 年 5 月以后，整个欧洲的学生运动都洋溢着革命的精神。大约就在此时，多拉尔和齐泽克分别于 1967 年和 1968 年[①]进入卢布尔雅那大学读书。齐泽克的定位，作为语境性、关系性和表演性之功能（function of contextuality，relationality，and performativity），颇受周围这些发展的影响。他的祖国斯洛文尼亚不断变化的政治状况、大学各个系部的知识状况以及公众的文化感伤（cultural sentiments），所有这些加在一起，构成了“南斯拉夫的不可能性之条件，也使斯洛文尼亚共和国的出现成为可能，还构成

① 齐泽克1967年进入卢布尔雅那大学读书。——编者注

了齐泽克得以出现的概念性条件（conceptual conditions）”[26]。南斯拉夫是东西方之间的缓冲区，是一块飞地，是一个空隙，这个事不仅着实影响了齐泽克的定位，而且也影响了斯洛文尼亚在南斯拉夫内部的特殊地位。[27]苏联确立了自己版本的官方哲学，而铁托和南斯拉夫的知识分子则找到了取而代之的哲学，将他们那个版本的社会主义——自治社会主义——建立在“历史”唯物主义的基础之上。因此，除了《实践》倾向于法兰克福学派和人文主义取向的马克思主义，在南斯拉夫——无论是贝尔格莱德、萨格勒布还是卢布尔雅那——出现的观点各异的反对派团体有一个共同特征，那就是他们共同认为，言论是危险的事情，也就是说，对政权而言是危险的事情。对文字、图像和其他表象的极度敏感，向南斯拉夫各地的知识分子发出了信号，告诉他们，实际上在作为国家本质的被呈现者（the presented as the nation’s essence）和作为国家表象的被再现者（the represented as its appearance）之间存在着一道难以逾越的鸿沟。自治社会主义的政治经济也提出了分裂的自我（split self）和超我的问题，这引发了人们对弗洛伊德和拉康有关“主体性即创伤”（subjectivity as trauma）的论述的极大兴趣，对福柯和德里达有关“社会即符号界”（society as symbolic）的论述的极大兴趣。与此同时，马克思和黑格尔仍然蛰伏在幕后，等待与不断变化的政治语境和公众对主体性（subjectivity）日益增长的兴趣重新联手。

结构主义超越了马克思与海德格尔的对立

随着南斯拉夫政权的解体，知识对立和政治对立变得更加多样化和剧烈化。因为南共联盟与马克思主义是从属关系，所以站在官方一边的马克思主义者和站在反对派一边的海德格尔派在知识上和政治上关系紧张。对齐泽克来说，关键的问题是，如何批评一个（自我）批评的政权？和每个知识分子一样，人们期待他表明自己的立场：到底是支持还是反对这场变革？也就是说，到底是支持还是反对向资本主义的转变？这成了齐泽克的叠加定位中的阿基米德支点，因为那时他正在斯洛文尼亚的政治局势中推进其知识个性化，把众所周知的文化参照（cultural references）与无人知晓的知识来源（intellectual sources）联系起来。

鉴于南斯拉夫被视为东方世界的一部分，斯洛文尼亚知识分子与政治之间的关系比西方更加引人注目。官方学说既被视为源于马克思和黑格尔的知识学说（intellectual doctrine），也被视为在东欧集团内部业已实现的政治纲领。例如，国家获得了某种视角，并把这一视角当成不容置疑的立场，因此要批判政权，就必须批判这一视角。在这种语境中，政治立场与知识立场交织在一起，因为知识立场影响和指导某些实践。然而，不像在东方世界，尤其不像在苏联发挥了一体化作用的"辩证"唯物主义，南斯拉夫没有这种主导思想，因而导致了各种知识政治立场（intellectual-political positions）的形成。齐泽克自己对这些不同立场的图绘①颇有启迪作用，因为他的图绘可被他灵活地运用于他的自我定位，同时也把他人置于某个空间之中。他声称："每个（南斯拉夫）共和国都有一些接近官方路线的哲学取向，也有一些主要的知识对抗形式。"[28] 因此，在齐泽

① 图绘（mapping），即绘制地图。"图绘意识形态"，就是绘制一张地图，标明不同意识形态的方位。"图绘各种不同立场"，就是绘制一张地图，标明不同立场的方位。它与齐泽克的叠加定位密切相关：只有知道各种不同立场的方位，才能对其进行叠加定位，进而创造他自己的立场。

克看来，官方的取向和对它的知识对抗，这两者的关系在南斯拉夫各个共和国中的表现形式并不完全相同。

斯洛文尼亚受法兰克福学派的影响，尤其受哈贝马斯的影响。哈贝马斯曾经访问过这个国家。这种影响不像克罗地亚等地那么强烈，但足以左右一个国家的路线。在20世纪60年代和70年代，由异见者组成的反对派都是海德格尔派。在与之比邻的克罗地亚，海德格尔派与官方路线的关系更加密切，而马克思主义者则属于反对派。这是因为在克罗地亚，马克思主义是由颇具影响力的《实践》小组主导的，该派隶属于更具批判性的西方马克思主义，也与它素有联系。在塞尔维亚，基于语言游戏不构成政治危险的假设，分析哲学式的马克思主义最接近官方路线。齐泽克这样概括这些变化多端的状况："这个想法就是，即使你是马克思主义者，你也永远不知道什么时候你才会变成关键性人物等等。"[29]

在强调南斯拉夫各共和国之间的差异时，齐泽克实际上是在解释（他多次做过这样的解释）："同一本书……你在克罗地亚会因它差点坐牢，但在斯洛文尼亚，你会因它荣获国家大奖，等等。我不是说这是一个临界点，但这几乎为自由打开一个特定的空间。正统观念被打破了。"[30]在这种语境中，斯洛文尼亚的独特性在于，它既缺乏强大的哲学导向，也缺乏强大的临床性精神分析机构，来挑战齐泽克的团队合作和在争议性话题上采纳的立场："我的幸运之处在于，斯洛文尼亚没有出现过一家独大的国际哲学（在其他共和国如克罗地亚和塞尔维亚，在《实践》学派的幌子下，出现了独霸天下的国际哲学），而是出现了所有其他主要哲学取向的代表。我们有法兰克福派，有海德格尔派，有分析哲学派，等等。所以我很幸运，能接触到所有的主流取向。"[31]如前所述，斯洛文尼亚对西方的开放促进了对观念的迅速引进和观念的迅猛传播。因此，斯洛文尼亚缺乏既定的知识传统，以及其对新观念的引入，为齐泽克表演他的叠加定位进而实现他的个性化提供了背景。

齐泽克继续他的知识图绘（intellectual mapping），这为这种叠加定位奠定了基础："在斯洛文尼亚，最大的对立是法兰克福学派和海德格尔派的对立。让我们年轻一代（我们当时还是学生）感到震惊的是，在面对［结构主义］思想的新爆发时，两派——海德格尔派和法兰克福派——使用了相同的语言，残酷地攻击结构主义思想。"[32] 在结构主义思想爆发后，齐泽克是最早认可和强调（拉康派）结构主义价值的人之一。他不仅把它视为新的理论潮流，而且把它视为重新阐明政治局势的手段。他的表演性介入从这个早期阶段一直持续到 20 世纪 80 年代（图 1.2）。在这期间，他与斯洛文尼亚知识界和政治圈都有联系。

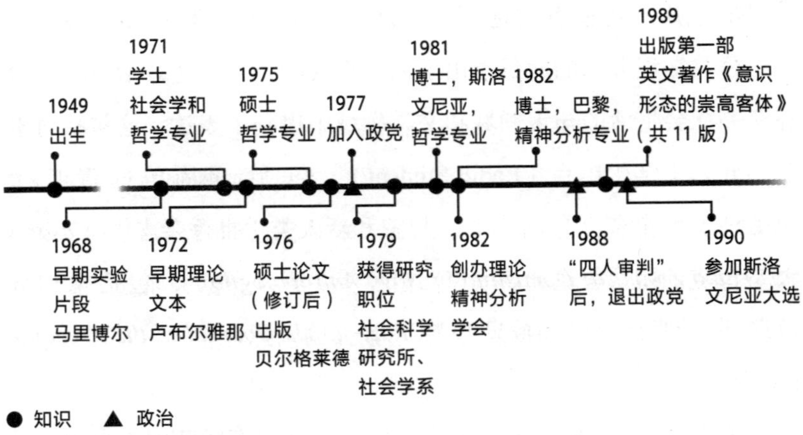

图 1.2　齐泽克早期生涯时间轴

齐泽克及其队友和同事必须对不断变化的政治形势以及不断改观的知识分子表演做出反应。要阐明这样一种理性的立场，只有通过一种关系性的、差异性的表演（a relational，differential performance）来进行，这种表演可以在这种语境中同时为表演的能动者（performing agent）及其他人——朋友和敌人——定位。如此一来，随着这种阐明而来的是物质效应（material effects）和情感效应（emotional affects）。对不同的知识立场和政治立场做出这种图绘，不只是出于描述性的原因，相反，它是作为对形势的理论介入来完成的。齐泽克追溯了法兰克福派和海德格尔派对结构主义的共同反应。两派都认为，结构主义是结构主义者在知识上顺从和政治上软弱的标志。无论是当权派还是反对派都想避免和压制某种新生事物，对于知识立场和政治立场的图绘揭示了这一点。

一旦主流意识形态在斯洛文尼亚知识分子中丧失主导权，人们就会寻找其他的观念，藉之理解眼前的形势。这时，齐泽克对结构主义的运用和传播有效地阐明了这一状况，同时也能帮他以（地方）公共知识分子的面目浮出水面。重要的是，一些政治争端恰恰在有关社会生活的知识领域和文学领域中得到了表达。这包括对电台的介入［学生电台（Radio Študent）］，包括新闻周刊（《青年》），包括科学和艺术杂志［《科学、想象和新人类学批评杂志》（*Casopis za Kritiko Znanosti, Domisljijo in Novo Antropologijo*）］，包括精神分析期刊［《弗洛伊德场域期刊》（*Razpol: The Journal of the Freudian Field*）］。[33]

除了紧张的人际关系，把卢布尔雅那学派推向结构主义的，还有海德格尔派这个对立阵营的极力推动。重要的是，鉴于南斯拉夫期刊作为辩论场所的历史和公开合法性，斯洛文尼亚的《新评论》

（*Nova Revija*）于 1982 年应运而生。与《问题》相反，《新评论》具有强烈的海德格尔倾向，也呼吁多党制，号召批评官方意识形态。多拉尔自 1971 年以来一直是学生报纸《论坛》（*Tribuna*）的主编，他将这些知识发展和政治发展联系起来：

> 直到 20 世纪 80 年代，我们才接手《问题》期刊。因为海德格尔团体创办了很多新杂志，比如《新评论》，他们基本上退出了（与我们的）斗争，创办了一份在 20 世纪 80 年代非常成功的新杂志。但我们仍然和《问题》期刊在一起，它仍然每年出版五期。……它在 20 世纪 60 年代末就已经很有影响力了，因为它是先锋派的大本营。斯拉沃热发表的第一篇文章，我想标题应该是《让我们一起度过漫漫长夜》（“Let’s Spend the Night Together”），是 1968 年在《问题》期刊上发表的。这期杂志颇有争议，引起了大量的流言蜚语。[34]

齐泽克指出，尽管共同致力于《问题》的编辑，但在此期间，多拉尔是法兰克福派的重要成员，而他本人则与海德格尔派更为亲密：多拉尔“确实在哲学系工作过。迄今为止，他在那里做了三四十年的教授”[35]。齐泽克自己的知识介入，以及他的物质状况（material conditions），在很大程度上受其定位的影响，在这个形成时期，他的定位有些摇摆不定。他 15 岁时阅读马克思主义经典著作，20 岁时（受实践派的影响）阅读海德格尔的著作，25 岁时（在与法国建立联系后）阅读德里达的著作，然后 30 岁时阅读拉康和黑格尔的著作。[36] 值得注意的是，在他专论结构主义马克思主义的硕士学位论文和他专论海德格尔的（第一部）博士论文遭受政治挫败后，在 1973 年到 1977 年间，他基本处于无业状态。

1979 年，他在为政府从事了几年撰写演讲稿和做会议记录的工作之后，虽然仍然无法获得大学职位，却在卢布尔雅那社会科学研究所社会学系谋得了研究职位。尽管如此，“当时齐泽克认为这是知识的死胡同（intellectual cul-de-sac），政府把给他们带来不便的人全都扔进里面。然而，事后证明，这份会让大多数学者羡慕不已的工作，使齐泽克摆脱了繁重的教学压力和官僚机构的压迫，满足了他的研究兴趣”[37]。这份自由，再加上斯洛文尼亚对西方的普遍开放，促使齐泽克在拉康的女婿雅克−阿兰·米勒（Jacques-Alain Miller）的指导下，在法国攻读第二个博士学位，并建立了与法国的联系。这对他在 20 世纪 90 年代的全球崛起至关重要：“第一个建立联系的是斯拉沃热，然后是拉斯特科·莫奇尼克（Rastko Močnik）。实际上，是拉斯特科把斯拉沃热介绍给德里达的。斯拉沃热和德里达在 20 世纪 70 年代初相识，而德里达是拉斯特科的老师。所以，也有直接的私人联系。”[38] 当斯洛文尼亚的地方知识网络开始扩展时，与德里达的相识使齐泽克的知识立场从海德格尔转向拉康：

> 我应该补充一点，虽然我的博士学位论文是专论海德格尔的，但我 22 岁时（1972 年）出版的第一部著作并不是我的博士学位论文，而是我的本科毕业论文。它是海德格尔和德里达的混合体，有一个非常尴尬的标题：《差异之痛》。我想如果没有德里达，我可能会成为海德格尔派。正是德里达为我提供了摆脱海德格尔的第一个动力。我在德里达身上寻找的，是逃离海德格尔的出路。直到 20 世纪 70

年代末，我的第二部博士论文才出现了明确的拉康取向。[39]

如前所述，从语境的角度看，这种知识上的威胁（intellectual threat）与斯洛文尼亚在南斯拉夫内部的政治地位有关，也与西方有关："因为我们被视为处于［被入侵的］危险之中，就像1956年的匈牙利和1958年的捷克斯洛伐克一样，而西方不会支持我们，我们必须独立战斗，……我们被敌人包围，因此形成了军事化的社会。"[40]至关重要的是，东欧的知识分子与政治体制的关系如同官僚和异见者的（政治）关系。不跟政治扯上关系，是不可能成名的。当被问及为什么在权力和知识之间没有明显对话的西方根本见不到这种现象时，齐泽克解释道：

> 对我来说，当时的社会制度尽管是一个腐败不堪、犬儒成性的制度，但它是如此迷人，如此令人同情，部分原因在于，有人坚信口语（spoken word）力量强大。大约20年前，我是一家发行量只有3400份的小型艺术理论杂志的编辑。有一次，我们发表了一首晦涩的短诗，非常现代，现代得让人难以捉摸，但字里行间却蕴含着异见信息。如果当权者不注意这首诗，什么事也没有。但最高机关召开了一次特别会议，专门讨论此事。好吧，这是一种压迫，但我喜欢的是，最高政权竟然如此郑重其事地对待口语的潜在爆炸力。他们总是饶有兴趣地与知识分子争来争去。[41]

苏联对口头语言和书面文字的政治敏感性，促使政治权力与知识建制（intellectual establishment）结盟，但更重要的是，这为早年的齐泽克提供了教益，让他了解如何维护表象，以及维护表象对政权的意义。为了理解这种经验，他把拉康的“能指的逻辑”（logic of the signifier）和黑格尔的“辩证”联系起来。有了这种联系，另一种形式的知识参与（intellectual engagement）被清晰地表述出来。它是以一种与众不同的、更加辩证的和符号性的权威观为根基的。齐泽克在知识分子中发现了某种“救世主情结”（messianic complex），并试图避免错误的积极参与和错误的超然世外。他回忆说：“从20世纪80年代中期开始，我们的影响力大得令人难以置信，其中哲学家、社会学家和文学理论家的影响力更胜一筹。但这是一个非常有限的结合体。东欧的知识分子有一种救世主情结。我丝毫不反对这种情结，但在斯洛文尼亚，一旦知识分子怀揣的这种救世主愿景（messianic vision）与粗俗的反美主义（右翼分子的颇受欢迎的政治态度）相遇，它就是极其危险的。执着于保持民族身份的民族主义的作者们和反资本主义的右翼运动（anti-capitalist right-wing movement）的结合是非常危险的。”[42]

齐泽克从更加个人化的角度出发，通过参照共同的主观经验，如在军队服役和为政党工作的主观经验，确立了他的马克思主义立场的一种变体，即（黑格尔式的）结构主义的变体，以便通俗易懂地展示对国家定位空间及其僵局所做的知识图绘。这种方法面临着一项挑战，即在后意识形态时代清晰阐述一种批判性话语，因为各种“主义”已经失去自身的合意性（desirability），主体性对一般的意识形态也一味采取冷嘲热讽的态度。齐泽克维持着与（作为对政治经济予以批判的）马克思的联系，同时维持着与（作为对存在的研究的）海德格尔的联系，因而提供了一个综合性的、有吸引力的教益。这种教益浓缩在一个经过重新审视的精神分析性的意识形态概念（psychoanalytical concept of ideology）中。这种教益将成为他的知识“保留曲目”中不可或缺的一部分：即使无人相信意识形态，意识形态也照样发挥作用；对意识形态的过度认同，对政权和个人都是危险的；在对意识形态进行批判时，犬儒主义或冷嘲热讽是无效的。他这样详细阐述他的这些观点：

> 举例说吧，我失业了，被迫在中央做了两年的低级文员，为不同的边缘性的委员会做会议记录。在那里，我结识了两个小伙子，他们真诚地相信南斯拉夫的自治社会主义。但他们被炒了鱿鱼，因为官僚机构非常清楚，如果你过于相信处于统治地位的意识形态，你就有潜在的危险。所以，这是要首先弄明白的一件事，即信念是如何在实践中物化的，你不需要相信。……那时我们也已经确立了完整的犬儒主义的概念，犬儒距离并不要紧，它能使系统完美地运转。这是来自我们日常生活中的一大发现。第二个大发现是这个淫荡的阴暗面。意识形态不仅仅是显性的文本，而是所有系列完整的淫荡仪式，等等。[43]

这个聚焦于齐泽克的介入和随之而来的定位的个人视角，可以追溯至他 1975 年的硕士论文，以及这篇论文与马克思主义和结构主义的关系。自 20 世纪 60 年代以来，齐泽克和多拉尔以及其他年轻一代知识分子一直在《问题》期刊上翻译和发表法国结构主义的关键文本。然而，斯洛文尼亚第一部全面阐述结构主义运动的权威著作——《结构主义：哲学批判初探》（*Strukturalizem: Poskus Filozofske Kritike*）——是由齐泽克的硕士生导师鲍里斯·马耶尔

（Boris Majer）于 1971 年出版的。齐泽克的硕士学位论文包含了就马耶尔对结构主义解读的含蓄批判。马耶尔当时刚刚被任命为卢布尔雅那大学哲学系教授，担心这篇论文会置他于不利之境地，引来官方的问责。而且他还有政治抱负，后来成为卢布尔雅那马克思主义研究中心的主任和斯洛文尼亚共盟的要员。因为这篇论文与马克思主义的关系存在问题，作为齐泽克的学位论文答辩委员会的成员之一，马耶尔没让这篇论文通过，进而断送了齐泽克的职业生涯。齐泽克被要求做出详细说明，并以“书写理论：‘人民生产’的唯物主义理论”（Teorija Pisanja: Materijalisticka Teorija ‘Produkcije Ljudi’）为题加写一章，然后再次提交论文。[44] 在这一章中，齐泽克将结构主义的符指过程（signifying process）与恩格斯的“人的生产”（production of people）的概念联系起来。有了这额外的一章，马耶尔撤销了他的反对意见，允许论文通过答辩。据齐泽克说：“拒绝颁发学位并要求增加关于马克思主义的章节，这个完整的戏剧性场面，对于马耶尔来说，纯粹是众所周知的保险条款。如此一来，即使后来事情有变，他也不必承担政治责任。”[45]

多拉尔承认，在面对这些与语境相关的知识挑战时，他自己“以哲学家的身份启程，并非常热情地跳上结构主义的马车，……斯拉沃热在这方面发挥了很大作用”[46]。重要的是，尽管这个被称作结构主义的“马车”的确切含义尚且存在不确定性，但事实证明，他们以之进行参与是富有成效的。结构主义立即与许多知识学科发生共鸣，并被用来对不断变化的政治和文化进行反思：“这完全是一个误解。它是由媒体和舆论制造者强加的。这不是一个自我命名的问题。他们不会给自己贴上结构主义者的标签。”[47] 结构主义的不确定性源于许多知识分子之间的学科性差异。这些知识分子是在

“结构主义”的标签下，由列维-施特劳斯、拉康、福柯、德里达、阿尔都塞、巴特、德勒兹等在学科之外组成的。[48]但这种模糊性也使斯洛文尼亚的知识分子以既松散又充满活力的方式使用这个标签，将其与包括马克思主义和黑格尔主义在内的许多知识立场联系起来。

斯洛文尼亚缺乏强大的知识立足之地（像《实践》在克罗地亚那样的立足之地），所以在它的知识领域内对结构主义等新观念进行实验的时机已经成熟。新观念一旦被引入，就会向主流意识形态的领导权发起挑战，并提出那个时代特有的知识问题：面对着结构主义之类的挑战性的知识发展，如何定位自己？确切地说，斯洛文尼亚知识分子所面临的问题是，要不要放弃马克思主义或者海德格尔主义而成为“结构主义者”。正如多拉尔所言，结构主义被视为 1968 年“五月运动”的怂恿者，被视为一种诱人而重要的“知识香气”（intellectual aroma），后来成了与政治巨变和文化巨变密切相关的知识革命，“所以，跳上这辆马车后就需要阅读大量的文本，需要重新回到马克思那里，回到黑格尔那里，回到经典著作那里，此外还要非常认真地阅读 1970 年①去世的阿多诺的著作”[49]。齐泽克本人的叠加定位不只是取代了现有的两个定位。实际上，它还保留了这两个定位。因此，斯洛文尼亚的知识分子不像法国的结构主义者那样强烈地排斥黑格尔和德国唯心主义（鉴于法国和德国的长期较量，这也不足为奇），他们没有这种根深蒂固的怨恨之情，也不需要彻底摒弃黑格尔。相反，他们把结构主义和黑格尔关联起来，还想把精神分析和马克思主义关联起来。我们在多拉尔对这种对立的描述中发现，知识上的紧张关系也体现在他们的团队和关系网络中：

---

① 阿多诺于1969年去世。

> 我们认为没有必要在马克思主义和结构主义之间做出非此即彼的选择。所有的结构主义者，显然都与1968年的“五月运动”有关。他们坚定地站在左翼一方。这是一种特殊的马克思主义，就像阿尔都塞的结构主义那样。……但是，真正难以做出的决定是——如果我现在提到黑格尔的名字的话——在法兰克福学派和结构主义之间画出分界线。因为法兰克福学派基本上依赖于对马克思的某种解读——把马克思解读为黑格尔的批评者，解读为黑格尔辩证法的唯物主义转向。……把否定性（negativity），把否定的辩证（negative dialectic）……视为基准点，视为我们应该忠诚的东西，视为我们应该坚守的东西，而所有的结构主义者，基本上都把黑格尔视为他们的主要对手。[50]

作为东欧集团的一部分，斯洛文尼亚并不像法国那样，对黑格尔怀有“天生”的政治怨恨和知识怨恨。因此，黑格尔作为一个支点出现了，借助这个支点，人们有可能接受和批评东方马克思主义和西方结构主义。多拉尔和齐泽克是这个转移的“面孔”，使这个转移成为卢布尔雅那学派的标志：

> 现在，这就涉及我们非常特殊的定位了，即我们忠于法兰克福学派的某些与黑格尔遗产有关的洞见。我们想展示我们对于这些洞见的忠诚，因为不知道何故，我们总是觉得我们要像黑格尔那样思考。我们要把法兰克福学派的洞见与结构主义的洞见结合起来，要从结构主义中发现其洞见，但要把结构主义者的反黑格尔立场视为其盲点。根

据我们的理解，根据我们对黑格尔的解读，我们判断，他们实际上并不知道他们所做的一切都是非常黑格尔化的。但是他们从来没有读过法兰克福学派的著述，和法兰克福学派没有任何关联。[51]

愿意接受（哪怕只是部分地接受）各种知识潮流，并把它们放在一起解读，被证明是一种开放的立场，这种立场可以使人利用尽可能多的资源来理解自身的处境。即便如此，如此定位还是要在政治上和知识上付出代价。[52]尽管卢布尔雅那与巴黎颇不相同，没有反黑格尔主义的氛围，但鉴于存在着马克思主义传统，而马克思主义是对黑格尔学说的逆转，所以在卢布尔雅那公开申明自己的亲黑格尔立场[53]，还是要面临某种风险。即使这样，卢布尔雅那学派的成员还是千方百计地寻找一个门户，以缓解张力和打破僵局：

在某种程度上，拉康是一条出路，通过他，可以观察这些事物是如何走到一起来的。我们借鉴了结构主义的传统，我们借鉴了某些黑格尔的遗产，对我们来说，黑格尔的遗产是马克思的基础。……当时我们无法用太多的语言来表达，但对我们来说，黑格尔比马克思更重要。在当时，这样说似乎有点危险，会被贴上唯心主义者的标签。说关键的洞见来自黑格尔，说马克思是黑格尔派，这也可能被贴上反马克思主义的标签。这样说很了不起，也非常有趣，但有些不可思议。我们把它视作与这一切完全不同的东西。我从来没有否认过我相信马克思主义，我非常赞同马克思的看法，但是黑格尔对我们更重要。[54]

齐泽克把结构主义与德国唯心主义联系起来，把马克思主义与精神分析联系起来，那他如何阐明自己的立场？答案可以在卢布尔雅那学派的形成时期以及它与俄国形式主义的关系中找到。从知识的角度看，俄国形式主义是介于东方马克思主义和西方结构主义之间的“消隐的中介物”①，这对卢布尔雅那学派的崛起生死攸关。卢布尔雅那学派把俄国形式主义当成向法国结构主义转移的过渡，表明它仍然对苏联的知识舞台保持一定程度的忠诚，但同时也确立了对马克思主义的黑格尔式批判。如此一来，这个学派虽然在知识上独树一帜，但仍然清晰可辨：独树一帜是因为它转向了（拉康的）精神分析，清晰可辨是因为它与许多其他思想流派——如黑格尔主义、形式主义和马克思主义——密切相关。在对克里斯蒂娃的记号学和德里达的解构主义进行批判并转向拉康的精神分析之后，卢布尔雅那学派和《原样》（*Tel Quel*）[55]之间的关系从 20 世纪 70 年代中期开始逐渐冷却下来。随着这种关系的冷却，齐泽克适时地注意到了斯洛文尼亚知识反对派的出现：“年轻的一代，恰恰是作为第三种选项出现了。他们是异见者，但不是海德格尔派，我们对这两者都做出了反应。”[56]齐泽克对在知识上相互对立的双方都做出了反应，同

---

① “消隐的中介物”（vanishing mediator），源于弗里德里克·詹姆逊（Fredrick Jameson）对马克斯·韦伯（Max Weber）的《新教伦理与资本主义精神》的精湛分析。韦伯认为，新教对劳动的神圣化，为世俗资本主义的脱颖而出铺平了康庄大道，因为一旦劳动变得神圣，人们就会认为，既然劳动本身足够神圣，其他形式的宗教仪式则纯属多余，没有存在的必要。从这个意义上说，新教消灭了自身，成全了对手，且在成全对手之后“功成身退”。如此之物，詹姆逊称为“消隐的中介物”。齐泽克从詹姆逊那里接过这个概念，并把它与黑格尔的辩证嫁接起来，用它分析众多现象。

时又与他们保持联系，并在这个“对立”和“联系”的过程上对自己进行叠加定位。他阐明了另一种立场，把它视为第三条道路：“在进一步获得准宗教式的天启之后，我们最终做出了选择：拉康。”[57]选择拉康，被齐泽克虔诚地描述为他的“通往大马士革之路”。[58]也就是说，这是一个关键转折点，使他以一种全新的、切实的黑格尔-拉康式的结构主义（Hegelian-Lacanian structuralism）的知识语言，对马克思主义者和海德格尔派产生独特的吸引力。

为了批判性地面对这种悖论性的（政治-知识）局面，齐泽克和卢布尔雅那学派进行了叠加定位，以使他们避开政权及其伪对立派知识分子对他们的错误批判。在这方面，厥功甚伟的是多拉尔在 1979 年发表的论文《论记号学分析的若干偏差》（*O Nekaterih Stranpoteh Semiotine Analicze*）。该文作为《问题》期刊的“‘艺术’与边缘”特刊的一部分发表出来（图 1.3）。也正是在那一年，多拉尔在法国文化协会举办的最佳法语论文竞赛中获奖，然后追随齐泽克的足迹，前往巴黎学习。多拉尔在这篇法语论文（该文是他的法国文学专业学士论文的一部分）中提出的论点标志着卢布尔雅那学派的知识发展进入了两个关键时刻，把他的追随者的独特定位与斯洛文尼亚、南斯拉夫乃至西欧所有其他的定位区分开来：（1）拒绝接受克里斯蒂娃的记号学范畴（category of the semiotic）和福柯的话语观（notion of discourse）；（2）证明符号律令（symbolic law）在本质上并不具有内在的一致性。[59]总体而言，根据这一立场，“记号（the semiotic）与符号（the symbolic）的根本差异只是符号性的（symbolic）”[60]。这一立场发出的两个信号是，拉康的符号界（Lacanian symbolic）具有优先性，卢布尔雅那学派要与法国《原样》信奉的结构主义一刀两断。[61]当被问及，对卢布尔雅那学派而言，

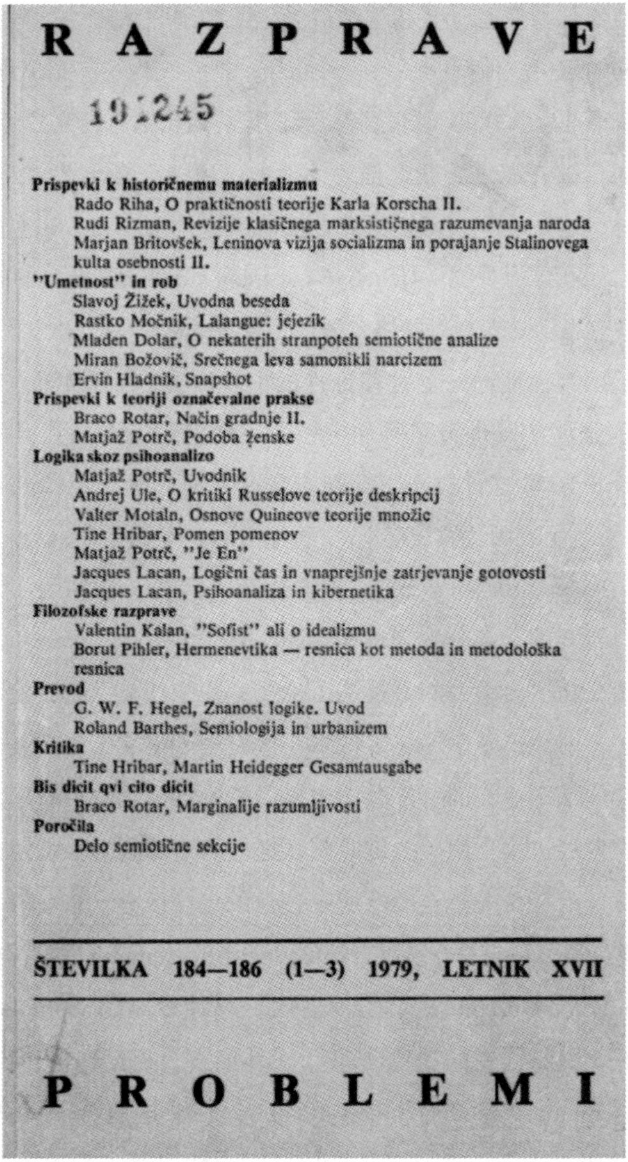

RAZPRAVE

191245

Prispevki k historičnemu materializmu
Rado Riha, O praktičnosti teorije Karla Korscha II.
Rudi Rizman, Revizije klasičnega marksističnega razumevanja naroda
Marjan Britovšek, Leninova vizija socializma in porajanje Stalinovega kulta osebnosti II.
"Umetnost" in rob
Slavoj Žižek, Uvodna beseda
Rastko Močnik, Lalangue: jejezik
Mladen Dolar, O nekaterih stranpoteh semiotične analize
Miran Božovič, Srečnega leva samonikli narcizem
Ervin Hladnik, Snapshot
Prispevki k teoriji označevalne prakse
Braco Rotar, Način gradnje II.
Matjaž Potrč, Podoba ženske
Logika skoz psihoanalizo
Matjaž Potrč, Uvodnik
Andrej Ule, O kritiki Russelove teorije deskripcij
Valter Motaln, Osnove Quineove teorije množic
Tine Hribar, Pomen pomenov
Matjaž Potrč, "Je En"
Jacques Lacan, Logični čas in vnaprejšnje zatrjevanje gotovosti
Jacques Lacan, Psihoanaliza in kibernetika
Filozofske razprave
Valentin Kalan, "Sofist" ali o idealizmu
Borut Pihler, Hermenevtika — resnica kot metoda in metodološka resnica
Prevod
G. W. F. Hegel, Znanost logike. Uvod
Roland Barthes, Semiologija in urbanizem
Kritika
Tine Hribar, Martin Heidegger Gesamtausgabe
Bis dicit qvi cito dicit
Braco Rotar, Marginalije razumljivosti
Poročila
Delo semiotične sekcije

ŠTEVILKA 184—186 (1—3) 1979, LETNIK XVII

PROBLEMI

图 1.3　《问题》讨论特刊，1979 年

来源：理论精神分析学会文选

为什么巴黎——尤其是巴黎第八大学——对他们而言意义非凡时，齐泽克提到了两个原因：第一，他在斯洛文尼亚的发展受到遏制，没有前途，也无法在合适的部门找到工作，只能受雇于一个边缘性的异见者机构；第二，学派极端正统的拉康立场，使他只能与雅克-阿兰·米勒建立联系。齐泽克回忆道：

> 我们要了个小小手腕，组织了一个大型研讨会。依靠某种奇迹，我们搞到了一些钱。我记得研讨会的名称是“精神分析与文化”之类的（我们必须在名称中加入“文化”二字）。我们邀请了雅克-阿兰·米勒等拉康派的人，比如热拉尔·米勒（Gerard Miller）和阿兰·格罗里夏尔（Alain Grosrichard），搞得就像一场盛大的公众活动。人们热情高涨，不少人站在外面的走廊里聆听演讲。对于斯洛文尼亚的拉康派的发展，这是一种神秘的 / 神话般的奠基性事件。随后，米勒向我们中的一个人提供了巴黎第八大学外事助理的职位——他们每年都为外国人提供一两个这样的职位——他把这个职位让给了我。我在那里住了一年，后来还在那里住过几次，一般都是一个学期，但有一次在巴黎住了整整一年。有几年时间，我就是在那里接受了拉康式的训练的。[62]

这是在卢布尔雅那学派对斯洛文尼亚其他学派（如法兰克福派、海德格尔派或德里达派）敬而远之之后发生的。要将自身的立场与结构主义融合（同时保留自身的某些核心议题），只有求助于拉康才有可能。拉康与黑格尔一起成为齐泽克及其学派的标志符。通过法国和德国的联姻，东方和西方的联袂，一个清晰而复杂的知识立场首次现身。倘若没有斯洛文尼亚在南斯拉夫语境中那种独一无二的定位，倘若这个学派坚定地不去选择（insistence on not-choosing），这是不可能发生的。这是一种叠加定位，后来成为齐泽克政治学（Žižek's politics）的座右铭，它借鉴了巴特尔比[①]的肯定之否定（affirmative negation）："我还是不干为佳。"

正是在20世纪80年代早期的那些岁月里，齐泽克的卢布尔雅那学派或理论精神分析学会成立了。齐泽克在回忆这个事件时把知识推动力（如学术条件、学术氛围）与政治形势（包括官僚主义、审查制度等）联系起来。把两者联系起来的关键点体现在学派的命名中：

> 我们创办它的主要原因是我们被排除在学术界之外——至少追寻拉康的人都被排除在外。作为一个学会，我们有权组织讲座和开设课程，我们这样做是为了推广这个理论。但当时仍是那样的时代，不能自发组织学会，而必须寻找机构挂靠。这是其中一个原因。另一个原因是要确保我们有出版发行的自主权，因为作为一个学会，我们有出版东西的权利。但是成立这个学会是非常复杂的，这反映在它相当怪异的称谓上：理论精神分析学会。要成立

---

① 巴特尔比（Bartleby），美国作家赫尔曼·梅尔维尔的短篇小说《抄写员巴特尔比》（*Bartleby, the Scrivener*）中的主人公。他在一个律师所做抄写员，开始时夜以继日地工作，不知疲倦，几乎是"前机器复制时代"的"人肉复印机"。但他后来不仅拒绝参与常规的校对工作，而且以"我还是不干为佳"（I would prefer not to）应对一切与抄写无关的工作指令。最后在狱中绝食而亡。

> 学会，通常都是这么办的：必须把创办新学会的提议提交给某个联盟性的社会主义组织，然后由这些组织询问其他类似的学会——在这种情况下，是哲学学会、社会学学会和心理学学会——是否需要创办一个新的学会。这对我们来说是一个非常紧张的时刻。我们很幸运，因为哲学家和社会学家没有阻拦我们。问题在于心理学家们，尤其是精神病医师们，他们担心我们会抢他们的饭碗。因此，要创办这个学会，他们提出了一个条件，让我们给学会的名称加上"理论"一词。换句话说，没有任何实际性的东西，不会开办诊所。这纯粹是一个务实性的问题。[63]

无论在理论上，还是在实践中，卢布尔雅那学派努力使自己与众不同，努力赋予自身个性，并不是为了让自己显得特立独行，而是为了寻找"一条生路"，摆脱僵局。职是之故，它把我们通常认为迥然不同的东西叠加在一起，创造了该学派的独一无二的定位。只有在这种语境中，我们才能理解《哲学与社会》(*Filozofija i Družtvo*)杂志最近推出的特刊"黑格尔哲学在斯洛文尼亚的再实现"(The Slovene Re-actualization of Hegel's Philosophy)的开篇语。[64]它的开篇语是这样说的："卢布尔雅那精神分析学派的出现无疑是斯洛文尼亚哲学史上最为辉煌壮丽的事件：它使我们这个蕞尔小邦在当地哲学的版图上占有一席之地。"[65]然而，只是通过齐泽克运用拉康和黑格尔的工具来分析南斯拉夫的解体，才达到了这个目的。这也使齐泽克跻身于世界知识分子之列。[66]尽管齐泽克仍然局限于知识圈和学术圈，但他能用(西方的)自我来解释(东方的)他者，并因此引人注目：

> 我认为这在一定程度上是一个完美的契机。因为随着铁幕落下，机会来了，斯拉沃热大获成功，某些东欧地区崛起。每个人都在等待来自东欧的消息。有个大“东欧”，我们对它一无所知，突然有一天，从那里传来了消息。令人惊讶的是，出现了一个极其博学的人物，他对结构主义和后结构主义的理解比当时任何一个西方人都要深刻。使人惊诧的是，突然间，这个东方开始顶嘴了。这并不像是“快来接受西方方式的教育”，实际上是在反驳，而且他比我们其他人懂得更多。所以，这是一个完美的历史契机，因为在西方人那里，东欧是个非常模糊的想象。比如，“这些人是干什么的，他们是谁呀，他们的脑子里都装了些什么玩意？”这也与齐泽克的奇特性有关，可以说与他真正的表演天赋有关，他能把表演天赋与严肃的概念解析融为一体。[67]

齐泽克能够谈论（和撰写）有关结构主义的话题，同时又坚守黑格尔哲学，因而创造了一套西方知识分子虽然能够听懂但又无法完全理解的行话或方言。而且，因为与欧洲、苏联和世界的政治变化的语境密切相关，齐泽克坚持的立场是，既支持这一变化，又批评这一变化。这种把东方与西方融合，把法国观念和德国观念会通的做法，使齐泽克能够与当时的大多数知识潮流进行不同程度的交流和合作，同时又在研究中和现实生活中表明并保持自己的独特立场。[68]因此，齐泽克对南斯拉夫解体的分析是他作为全球知识分子崛起的第一个迹象。用伊恩·帕克的话说：“南斯拉夫社会的概念架构能够维持这些不同的意识形态倾向，但随着国家开始解体，官僚主义统治下的生活肌质中的故障线（fault lines in the texture of life）开始成为战斗的前线。就在那时，我们看到了南斯拉夫的不可能之条件开始作为齐泽克把黑格尔、拉康和马克思熔为一炉的可能性之条件发挥作用。他不仅使之合法化，也对之进行批判。”[69]

公民社会与另类文化：从朋克①到 NSK②

继政治张力和知识张力之后，20 世纪 80 年代斯洛文尼亚文化舞台上的主要张力出现在新兴的公民社会和更激进的另类文化之间。更激进的另类文化通过其挑衅性和创新性的表演震撼斯洛文尼亚社会，在报纸和街头引起了唇枪舌剑的激烈辩论。与在政治方面一样，也是出于同样的原因，在文化方面，“铁托领导下的南斯拉夫也不像其他东欧集团国家”[70]。它拥有充满活力和丰富多彩的公共话语，吸收了东方和西方的各种知识源泉。

斯洛文尼亚文化舞台上的主要表演者是由诗人、作家、视觉艺术家、舞台表演者、音乐家和画家组成的团体，他们通常组成集

---

① 朋克（punk），诞生于20世纪70年代中期的最原始的摇滚乐。从其内容看，它一般由一个简单悦耳的主旋律和三个和弦组成。从其生产过程看，它未经过唱片工业的策划和包装，具有鲜明的原生态特色。从其意义看，它是青少年发泄不满和表示抗议的工具，具有极强的反叛特征。总之，它不太讲究音乐技巧，追求思想解放和反抗主流文化是它最重要的特质。参与者众多，最终形成所谓的“朋克运动”。

② NSK，Neue Slowenische Kunst（新斯洛文尼亚艺术）的缩写。它貌似一个艺术团体，但自称“国家”，总部位于卢布尔雅那。它在斯洛文尼亚宣布独立一年后的1992年宣布“建国”，自称是“时间的国度”，没有国民和领土的概念。齐泽克是NSK的大使。

合体或形成运动（或者组成政党，但这种情形很少发生）。[71] 齐泽克的知识文化介入将他定位为另类文化的一部分。他早期的公共介入是与“哦嗬团体”（OHO Group，1966—1971）等文化与知识前卫集合体的发展同步进行的。以发现事物的本质后引发的惊愕效应——“哦！”（oh!）——命名，该团体的艺术家们尝试了新的形式，并与几位知识分子合作，其中的某些新形式仍在形成中。例如，在1969年，那时尚在大学读书的齐泽克就在《问题》的“哦嗬编目”（OHO-Katalog）版上发表了两篇实验性的文章。后来，他在20世纪80年代的文本中把“过度认同”（overidentification）之类的概念与各种艺术团体的表演联系起来，从而赋予它们崭新的挑衅性含义，并使新社会运动①和科学/知识运动②联系起来。[72] 但应该指出，从政治到知识，从知识再到文化，并非一个线性的过程。这些位点（loci）和过程是相互交织的，只有精确地辨析它们之间的差异，才能解释它们的综合性关系（synthetic relations）。在南斯拉夫内的不同国家，随着社会变化和政治变化的发生，知识分子在特定

---

① 新社会运动(new social movements, NSMs)，指西方20世纪60年代以来发生的反战运动、反核运动、少数民族民族主义运动、女性权利维护运动、动物权利维护运动、激进主义宗教运动、生态保护运动等。因为与旨在发泄不满和追求切实物质利益的“旧”社会运动不同，故称“新”社会运动。

② 科学/知识运动(scientific/intellectual movements, SIMs)，并非真正的“运动”，而是由斯科特·弗里克尔(Scott Frickel)和尼尔·格罗斯(Neil Gross)在《科学/知识运动通论》(“A General Theory of Scientific/Intellectual Movements”)一文中提出的一个概念。他们两人在综合了观念社会学、科学社会学和有关社会运动方面的文献后，开始探讨知识景观(intellectual landscape)得以形成的动力机制问题。他们关心的问题是：在何种社会条件下，科学/知识运动才能形成、发展并获得认可和拥有制度的稳定性(institutional stability)？

时期采取了各不相同的立场。[73] 琼斯·欧文（Jones Irwin）和海伦娜·莫托（Helena Motoh）注意到，当时的知识分子期刊也“活跃在20 世纪 80 年代初另类文化运动的下一个巨大浪潮中，可以把这种巨大浪潮系统地划分为三个相互关联的潮流：朋克运动、FV 112/15 和 Laibach/NSK”[74]。

朋克运动是斯洛文尼亚的第一个 NSK。它在 20 世纪 70 年代出现时，只是一种青年亚文化。受英国朋克乐队影响，斯洛文尼亚的青年人于 1977 年创办了杂种乐队（band *Panktri*）。朋克革新了文化代码（cultural codes），“不仅引入了独立的社会生活这一概念，而且证明了这是完全可能的，并为形成一种新的社会语言和政治语言创造了条件”[75]。在他们创作了一些公开批评社会的歌曲——如《同志们，我不相信你们》和《全面革命（……不能解决问题）》——后，当局开始审查、取缔、压制甚至起诉参与社会运动的人。多拉尔和齐泽克参与的一个重大事件是 1981 年的“纳粹朋克事件”(Nazi-punk affair)，当时一个年轻的团体因涉嫌组建民族社会主义党而被捕入狱。[76] 就在此时,《问题》集团和朋克集团建立了紧密联系。事实上，早在这次事件发生之前，当纳粹主义和法西斯主义在知识界被广泛讨论时，多拉尔就已经在研究这个话题了。写完学士学位论文《马克思主义在分析法西斯主义时存在的矛盾与替代这种分析法的替代物》(“Contradictions and Alternatives in Marxist Analyses of Fascism”)后，他于1978年在《问题》期刊上首次发表了有关这个话题的论文。随后，该文被扩展成一本题为《法西斯统治的结构》(*The Structure of the Fascist Domination*）的专著，于 1982 年出版。[77]

两年后，卢布尔雅那的西格蒙德·弗洛伊德学派（Sigmund Freud School）组织召开了一次研讨会，会议论文后来以《精神分析中的哲学》（*Filozofija skozi Psihoanalizo*）为题结集出版。该书收入了齐泽克的《意识形态·犬儒主义·朋克》（“Ideologija，Cinizem，Punk”）一文，并将其列为专章。在这篇论文中，他补充完善了多拉尔（从1987年起①）对法西斯主义的阐释，同时将重点转移到自治体制之上。在齐泽克看来，对于批判朋克运动以及批判后来的艺术集合体 NSK 而言，此文既提供了背景，也提供了标靶。从语境的角度看，“1981 年，也就是纳粹–朋克丑闻爆发的那一年，这个新运动获得了空间，在《问题》期刊的专刊“朋克问题”（*Punk Problemi*）上展示了自己的风貌。在接下来的两年里，它又连续推出了两个特刊。第二个特刊是在 1982 年面世的，引发了一场特殊的骚乱，因为杂志的编辑们拒绝悄悄删改拟在该杂志上刊印的朋克乐队的部分歌词，而是用黑色矩形涂黑理应被删除的部分”[78]。（图 1.4）结果，该杂志的主编多拉尔被控为出版色情材料（暴露身体部位）提供便利，并被迫支付罚款。[79]

正如菲尔·科恩（Phil Cohen）正确地指出的那样，亚文化有一种潜在的社会功能，即表达和解决母文化（parent culture）中隐藏的或尚未解决的矛盾，尽管这种表达和解决“颇有些魔法的意味”[80]。虽然朋克亚文化（这个新社会运动）确实在 20 世纪 80 年代中期形成了一个另类网络，但它的大部分活动仍然处于地下状态，因为它的大多数参与者都是不到 18 岁的普通年轻人。学生和知识分子在那个阶段几乎全都袖手旁观，只有像齐泽克这样的年轻一代才发挥了重要作用。他们驳斥了从意识形态角度对另类文化的政治攻击，从而为其他参与者的崛起预留了开放的空间。只有一些最有才干的知

---

① 多拉尔从1978年起对法西斯主义进行阐释，见前页。——编者注

图 1.4　遭审查的“朋克问题”的第 3—4 页的部分内容，1982 年

来源：海伦娜·莫托（Helena Motoh），《朋克是一种症状》（“Punk Is a Symptom”），刊于《综合哲学》（*Synthesis Philosophica*），第54卷，第2期（2012年1月），第290页。https://hrcak.srce.hr/101721。

识分子（他们因“道德和政治言行不当”而被调离大学职位）积极参与另类文化的活动。从 20 世纪 70 年代开始的由偏离党的路线的人发起的立场清洗运动并没能阻止齐泽克和他的学派介入公共领域，他们依然通过其他独立的媒体渠道传播他们的观念。[81] 因此，随着官方媒体在 20 世纪 80 年代的土崩瓦解，就连中间一代的知识分子也开始积极参与，推动公民社会的形成。

由于警察的镇压未能压制公开的辩论和讨论，加上一些知识分子的支持或加入，民间的反抗势力日益壮大。因此，标志着社会反抗和文化反抗不断蔓延的第二个潮流终于到来，它就是 FV 112/15 团体的出现。这个艺术团体的代表人物大多是学生，而不是普通的年轻人。它的名字是随机选取的，以借用词词典《法国韦尔宾词典》（*France Verbine*）第 112 页第 15 行为名。正如多拉尔所言，虽然摇滚乐在 20 世纪 60 年代和 70 年代意义重大，但这支乐队却以朋克和新浪潮（new wave）等类型进行实验。他们接管了卢布尔雅那的一家迪斯科舞厅，从事混音音乐和视频制作，这个舞厅成为新的另类团体和另类观念的集散地。因此，“迪斯科 FV 及其活动还为新艺术类型的发展开辟了空间，尤其是为这一代艺术家开辟了空间：他们引入了视频艺术和涂鸦艺术，同时还探索艺术与色情的关系，并将色情材料引入艺术形式”[82]。该团体在同性恋权利等话题上与其他新社会运动合作，但直到“20 世纪 80 年代中期，才第一次组织了独立示威，撰写了大量请愿书、公开信和公开声明，举行了一些研讨会，女性主义者也出现在公众视野中。1984 年，同性恋者在卢布尔雅那组织了第一个同性恋文化活动周”[83]。

第三个文化潮流，可能在公众中最具影响力，也肯定与齐泽克的关系最为密切，它便是新的艺术集合体 NSK。它于 1984 年宣布成立，由新的音乐和跨媒体团体莱巴赫（Laibach，德语的“卢布尔雅那”）、画家团体欧文（IRWIN）和西皮翁·纳夕采姐妹剧院（Scipion Nasice Sisters Theatre），再加上几个部门组成。在当政者的眼中，NSK 最为危险，因为它故意使用纳粹标志，违反了战后南斯拉夫全面禁止纳粹行为的规定。就连在 1980 年出现的那些团体中的首个团体的名字——莱巴赫——也令人愤愤不平地想起“二战”期间德国对南斯拉夫的占领。在此之前的潮流，包括朋克和 FV 112/15，皆因其大众知名度、青年叛逆性、表演的形式、文类的选择、色情材料的使用以及与同性恋运动的联系，而彰显出颠覆性。与它们不同，莱巴赫和后来的 NSK“质疑艺术和意识形态的交织：它们在全新的语境中玩弄陈旧的符号，发明了所谓的新艺术运动，被称为‘退化主义’”[84]。这个团体招致了最激烈和最广泛的批评，甚至被禁止公演。之所以如此，是因为斯洛文尼亚公众本能地感觉到，让他们容忍纳粹徽章的淫荡使用，十分困难。然而，知识分子对此做了阐释，在这种阐释的调停下，该团体的地位没有变化，仍然是另类文化的重要组成部分。

在随后的 1986 年至 1989 年间，若干法律事件和文化事件对正在崩溃的政治制度提出了更加严峻的挑战。特别是，斯洛文尼亚青年动摇了南斯拉夫的两大神圣支柱：一大支柱与在铁托领导下的南斯拉夫人民军服役的荣誉有关，一大支柱与参加一年一度的青年接力赛（1945—1988）的荣誉有关。据说举办青年接力赛的目的是宣示铁托的座右铭——“兄弟情谊和同舟共济”。值得注意的是出现了传言，说有人用锯子毁坏了卢布尔雅那市中心的铁马（a clog），还张贴了海报。通过这种行为，斯洛文尼亚青年进行了“象征性的抗议，要求废除接力赛，引入平民形式的国民服务”[85]。通过刻意效仿纳粹艺术家理查德 · 克莱因（Richard Klein）的美学，即用一只鸽子代替南斯拉夫的国旗和德国的纳粹鹰，这张海报影射出希特勒和铁托之间若有若无、或隐或显的相似之处。由于海报的设计师触及了斯洛文尼亚社会的敏感神经，加上警方的威胁，这张海报和《青年》杂志为此出版的特刊被禁止发行。

还是在1987年，《新评论》出版了第57期，并在斯洛文尼亚的政治生活中引发了激烈辩论。这期杂志全力讨论斯洛文尼亚的民族问题。反对派知识分子亦置身其间，表达了非党派的看法。令人意味深长的是，与此前的情况不同（此前当局制裁、禁止甚至囚禁反对派期刊成员），这一次，斯洛文尼亚共盟中央委员会在获得劳动人民社会主义联盟主席的支持后，没有诉诸行政干预，而是转向与作者和编辑进行民主对话。这为随后几年出现的更加激烈和明确的反抗打开了方便之门。

尽管如此，进一步加剧已经紧张的公共局势的事件还是发生了，那便是JBTZ事件或（JBTZ事件后的）JBTZ审判。它指的是对《青年》杂志两位记者［亚内兹·杨萨（Janez Janša）和戴维·塔西奇（David Tasic）］、一位编辑［弗朗西·扎夫尔（Franci Zavrl）］和斯洛文尼亚籍的南斯拉夫人民军准尉［伊万·博尔什特内尔（Ivan Borstner）］的逮捕和审判。他们被指控的罪名是公开泄露军事机密，这实际上来自中央委员会关于逮捕持不同政见者的会议记录。对审判的抗争成了一个象征，象征着为社会全盘民主化所进行的战斗，而不再是释放四个人的区区小事。在无视公众愤怒的判决发生之后，集会和示威活动加剧，数以万计的参与者呼吁保护人民的权利。知识分子也不甘落后，齐泽克和其他32名知识分子公开退出政党："我一直是政党一员，直至1988年。到了那个时候，依然留在一个捍卫军国主义的政党里面，变得令人作呕。"[86]退出政党意味着该党和公民社会左翼派的关键性联系不复存在。

蕾娜塔·莎莉塞（Renata Salecl）在对卢布尔雅那学派与文化舞台的关系做立场性说明（positional account）时指出："斯洛文尼亚的拉康运动总是站在反对派一方。在20世纪80年代初，当新社会运动开始在斯洛文尼亚发展时，只有拉康学派为新社会运动团体提供了理论支持。”[87] 这种理论支持确定了齐泽克学派的定位：它迎合公众对变革的渴望，特别是年轻一代对变革的渴望。年轻一代接触到了各种各样的知识来源，并深受其影响。然而，这种定位并非简单的一边倒，一味地反对国家或某些保守派。这种定位还来自公众内部。在公众内部，有些人试图扩大变革，而不是只把变革当成向资本主义的单一转移来接受。因此，该学派的立场对文化反对派的多元知识起源做出了反应："斯洛文尼亚的反对派运动有两个截然不同的起源。一方面是民族主义知识阶层，民族主义诗人，探寻民族的根源，等等。他们的哲学参照物是海德格尔。另一方面是与新社会运动相连的老派新左翼（old New Left）的残余，这里的新社会运动包括和平运动、人权运动等等，极其重要的是，还包括朋克运动，如莱巴赫乐队。正是通过朋克，多元的反对（pluralist opposition）才赢得了大众。它是某种类型的政治性的大众教育，我们支持它。”[88] 斯洛文尼亚文化中这些貌似相互矛盾的元素是政治舞台上发生的动乱所导致的直接结果，因为许多社会行动者都想设定新文化的基调。为了更加清楚地说明这种违反直觉的情形，齐泽克直言不讳地说："在斯洛文尼亚，公民社会等于右翼分子。在美国俄克拉何马城爆炸案①后，人们突然发现疯子无处不在。”[89] 正如我们前面看到的那样，一旦铁幕拆除，出现的不只是优异的、进步的社会力量，还有社会

---

① 1995年4月19日，27岁的美国青年蒂莫西·麦克维（Timothy McVeigh）将一辆装载7000磅炸药的卡车停在联邦大楼托儿所的窗下。一分钟后这辆车自动引爆，俄克拉何马城九层高的政府工作大楼被炸，造成168人死亡，600多人受伤。这次爆炸事件被视为发生在美国本土的一场严重的恐怖主义事件。1997年，美国联邦法庭判处麦克维死刑，并于2001年执行。

对抗（social antagonisms）的淫荡的、阴暗的一面，即族裔民族主义（ethno-nationalism）。这就是为什么即使是公民社会的公共领域也没有对之立即提出批评，更没有始终反对的原因之所在。

这个学派拥有的知识工具被一些文化运动用来持续不断和竭尽全力地反对和重新解释形势的局限性。有时候，在这个充满悖论的时代（此时制度已经开始进行自我批判），阐释也必须把自己暂时悬置起来，以便使形势更加明朗，而不是通过削减意义的多重性而把形势遮蔽起来。因此，电影和政治之间的个人联系和专业联系，与齐泽克的意愿相对应——他想做个电影导演，却变成了哲学家。正如他慷慨激昂地指出的那样，"电影仍然大道至简，就像对弗洛伊德而言，梦是通往潜意识的必经之路一样"[90]。由于在现代社会中，文化主要是公民社会的一部分，而不是国家的一部分，所以公开的表演性（public performativity）对知识介入和艺术介入都至关重要。

因此，无论怎么说都不会高估斯洛文尼亚新社会运动在这个过渡时期的重要性。有些人甚至把它们与康德笔下的法国大革命相提并论，因为它们都被视为回忆、指明、预示的符号，也就是说，是人类向着美好方向进步的历史标志，这符号可由这些事件所激发的热情来追溯。然而，如果没有卢布尔雅那学派那样的科学 / 知识运动在知识和实践方面的大力支持，这两个运动的影响力和成效似乎都不会那么大。在拉斯特科 · 莫奇尼克之后，这一分析已经表明，齐泽克和他特定的拉康-黑格尔派的定位一道，脱胎于斯洛文尼亚政治-知识景观的一个独特特征，因为它是与另类文化与公民社会的异乎寻常的关系相伴而生的，尤其是与年轻一代知识分子与另类文化（无论是朋克还是FV 112/15或NSK）的几乎罕见的关系相伴而生的。正如莫奇尼克回忆的那样："拉康的介入是决定性的，它使我们能够以一种在理论上卓有成效的方式重新表述之前似乎已经陷入绝境的理论。针对陷入绝境的理论，我首先提出了让我们走出绝境的拉康的概念，然后对这一绝境做积极的重新表述。”[91] 将理论介入作为一种政治实践的考虑，使卢布尔雅那学派把持续创造新的联系和立场（从形式主义到结构主义和精神分析）作为自己的立场。[92] 这个学派对文化领域的持续介入，对 NSK 的表演的阐释，维持了自身的立场：作为知识分子，他们既在理论上与学生互动，又在实践中与公众沟通。帕维尔·甘塔尔（Pavel Gantar）注意到，公民社会和另类文化之间的复杂关系将产生甚至超越国家独立的影响力。[93] 多拉尔这样概括他的学派经历的这段不可思议的成长时期：

> 当时有一个含义非常宽泛的标签，不知怎么搞的，我们全都聚焦在这个标签之下，那标签便是“另类”①。我的意思是，在公众的眼中，这也是一种自我命名。另类并不必然意味着拉康派，我们是另类的一部分，另类意味着 NSK、莱巴赫、朋克、艺术中的先锋运动、戏剧中的先锋，这在当时是非常重要和非常优异的。这是一个异乎寻常的时间段，可以把这个“另类”标签强行贴到制度、政党以及政党的行事方式上。还出现了另类媒体，出现了至今依然存在的学生电台。它是另类媒体,《青年》杂志也是另类媒体。在《青年》杂志上可以读到在国家报刊上永远读不到的东

---

① “另类”(the alternative)更具体的含义应是“另一种选择”“另一个选项”或“另一个替代性方案”,没有什么褒贬色彩。但在汉语中,“另类”指另外的一类,多指有个性、有特点、反传统、独树一帜、特立独行的人或事物。

西。利用所有这些属于另类媒体的传播渠道与公众沟通，做得非常成功。斯拉沃热是个了不起的公众人物，作为一个演讲者，他很是滑稽。……他喜欢作秀，也想成为脱口秀演员。当第一次总统选举时，他竞选总统职位，结果名列第五。所以说，他几乎功成名就。所以说，他已经在公众面前抛头露面，有了公众形象。[94]

要想追溯这些表演和定位的踪迹（这些表演和定位是由齐泽克即将进行的知识介入完成的），审视这个学派自身的发展是颇有裨益的。首先要审视卢布尔雅那学派三巨头的根基，即该学派的前身。三巨头，除了多拉尔和齐泽克，还有阿伦卡·祖潘契奇。她是多拉尔和齐泽克的学生。据她说，齐泽克的介入“非常有效地腐化了她”，以至于她在1985年决定不再学习自然科学，转而学习哲学。因此，在她对那个形成时期的宝贵回忆中，她揭示了齐泽克表演的最重要的特征，那便是，他卓有成效的机智与普通知识分子徒劳无益的犬儒主义大相径庭：

当这一切在20世纪80年代开启的时候，对我来说，还有一件非常有趣的事情，那就是审视当时的公共知识分子和我们阵营之间的差异。当时的公共知识分子自诩为圣人或智者，对文化或别的什么东西提供明智的建议和分析。相形之下，我们阵营工作的方式非常不同。那是非常有趣的。你只要在电视上看到那些向观众说话的人摆出的姿势，就会明白那是怎么一回事。斯拉沃热上过电视，他甚至出来竞选总统，但他从来不像某些人那样装腔作势：“好吧，看着我，我受过良好的教育，我机智过人，我聪明绝顶，让我来告诉你，你应该思考什么问题。”他从来不摆出那种“我比你知道得更多，让我来告诉你该怎么做”的姿势。[95]

阿伦卡·祖潘契奇否定了帕特里克·巴特所谓的“权威型知识分子”和拉康所称的“理应知情的主体”① 的知识分子立场，然后解释了齐泽克的公共吸引力的来源，强调这个来源与当时其他哲学家对公众产生吸引力的来源的天壤之别：

长期以来，每个人都在玩“反讽性的敬而远之”（ironic distance）的把戏，所以严格说来，这似乎没有什么颠覆性可言，但它真的具有颠覆性。齐泽克马上看到了这一点，

---

① “理应知情的主体”（the subject supposed-to-know），源于法语“sujet supposé savoir”，是拉康在1964年界定“移情”（transference）时提出的一个术语。在拉康看来，所谓移情，就是把“知识”或“知晓”归诸某个主体。他说：“理应知情的主体出现在哪里，哪里就会出现移情。”拉康认为，在做精神分析时，真正启动精神分析过程的，是被精神分析者的假定：他假定精神分析师无所不知，无所不晓，能够治好他的疾病。但实际上，精神分析师几乎一无所有，一无所是，他所有的资源，他所有的本领，都来自被精神分析者的无意识。齐泽克频繁地使用这个术语，但在他那里，“理应知情的主体”几乎与精神病医师或精神分析师没有什么关系，专指任何发挥这种功能的人，尤其是所谓的“主人”（master）。说“somebody is supposed to know something”一语两义：一方面，“某人知道某事”处于人们的预料之中，人们对此深信不疑，这时，它处于无意识的层面，属于未经反思的直觉领域；另一方面，“某人知道某事”又暗示我们，某人理应知道某事，但这只是一种不假思索的“假设”而已，实际上他并不知道，这时，它处于意识的层面，是理性反思的结果。

> “那时”的公共知识分子却没有看到。他们说：“哎，这个很奇怪，他们乏善可陈，他们只是翻来覆去，他们是法西斯主义者。”人们不知道该怎么办，这正是他们的有趣之处。因此，就一个人说话的方式而论，对我来说也是如此，一旦我有机会接受某种政治访谈，或被要求做某种政治访谈，我希望我能自发地忠实于这个传统，永远不玩“好吧，现在我活了一把年纪，见多识广，所以现在我可以告诉你怎么做”的把戏。[96]

齐泽克把反讽（irony）和犬儒主义（cynicism）转变为妙语连珠（witticism）和忠诚精确（fidelity），对社会政治坐标做了重新定位，使之超越了积极（政党）的反对或消极（异见者）的反对。他创造了一种思维方式，即跳出僵局，站在僵局之外思考问题，因而以某种方式对公众的肯定和否定进行叠加。是批判？是的。是反讽？不是。他不犬儒，这使他成为一个古怪（但诚实）的批评家，不仅将他置于执政党的对立面，还使他成为公民社会的反对者。在政治解体日益加剧的情况下，随着介入的数量和种类的逐渐增加，这种叠加定位变得越来越开放。

参加莱巴赫和 NSK 的艺术家的立场是复杂的，因为如同阿莱什·艾尔加威茨（Aleš Erjavec）所言，“他们不仅解构了后社会主义文化和历史，也解构了西方艺术体系将艺术家视为不对称的异域大他者（exotic Other）的愿望”[97]。与此相应，齐泽克通过一系列关联性概念（related concepts）来定位他的知识介入：（1）朋克对症状；（2）莱巴赫对过度认同（overidentification）；（3）文化对犬儒主义。对每对关系的描述更加生动地展示了齐泽克的介入和表演性。

首先，作为“朋克问题”的编辑，多拉尔和齐泽克秉持的立场再次允许他们对公共话语既持赞同又持不赞同的态度。他们赞同那些声称朋克运动是一种症状的人的说法，但他们不赞同这些人赋予症状一词的含义，他们要通过理论而不是单凭常识来认真对待症状问题。他们在他们自己所做的阐释性介入（interpretive interventions）中，反对主流批评所提供的症状性解读（symptomatic reading）。例如，1981 年，齐泽克在为“朋克问题”撰写的社论中，以一种新颖独特的方式使用症状概念，提供了与众不同的诊断，“这标志着社会政治现实、艺术界和批评期刊之间的关系开启了全新的篇章”[98]。根据齐泽克的分析，“症状以一种变态的形式（perverted form）重新返回我们被压抑的真理之中。……朋克真正地表现了‘常态’的被压抑的一面，从而‘解放’了这一面，引入了陌生化的距离（defamiliarizing distance）”[99]。然而，这种距离并不是犬儒式的，犬儒距离让症状保持沉默，而不是让它开口说话。齐泽克顺应公众对心理学、自我和主体性的兴趣日益增长，利用这种叠加定位，与客观的教条主义理论决裂，因为这种教条主义理论禁止马克思发明的主观症状（subjective symptom）开口说话。他采纳了一种“正统拉康派”的观点：“我们需要在弗洛伊德和拉康的语境中解读马克思主义的症状（Marxist symptom），这正是我在我的文本中陆陆续续所做的事情。我们告诉阿尔都塞派，我们支持德里达派；我们告诉德里达派，我们支持阿尔都塞派；但我们跟着拉康走，单独选择了拉康。为什么这样做？因为他允许我们鱼与熊掌可以兼得，而不是一山不能容二虎。”[100]其次，齐泽克和多拉尔先在知识–哲学领域内把“正统”和“非正统”的立场进行叠加定位，然后证明，对于一个能够自我批评的犬儒主义政权（或主体）的运作来说，过度认同是更加危险的，因为过度认同揭露了这样的政权（或主体）的内在矛盾，而不是仅仅站在不同（通常是道德）的立场上，从外部加以反对。过度认同者（overidentifiers）——那些过于严肃地看待“事情”（如符号性权威）的人——并没有运用犬儒的智慧来保持伪批判的距离（pseudo-critical distance），反而对社会符号秩序（sociosymbolic order）构成更大的威胁，因为他们实际上在证明，政权不是它所自称的那个样子。更确切地说，这相当于一个新的社会成员坚持故意违反不成文的规则，以暴露成文规则的非一致性。正如伊恩·帕克所言，“蓦然回首，现在可以将 NSK 这一现象看作‘齐泽克的一些论点的戏剧化’，但在 20 世纪 80 年代，这是‘另类社会的语言’”[101]。来自 NSK 的激进主义者确实参加了齐泽克的讲座，但他们坚持认为是莱巴赫首先使用了过度认同的方法，然后齐泽克才将这个团体的所作所为进行了理论化。因此，过度认同成为意识形态批判（ideology critique）的艺术策略和知识策略中最容易辨识的对立方法（oppositional methods）之一。[102]

最后，齐泽克在他 1984 年以斯洛文尼亚语发表的《意识形态·犬儒主义·朋克》的文本中将犬儒主义和文化联系起来。它借鉴了德国哲学家彼得·斯洛特迪克（Peter Sloterdijk）[103]的《犬儒理性批判》（*Critique of Cynical Reason*，1983），并把它与拉康的主体性一词融为一体。1983 年 6 月莱巴赫在电视上做了煽动性的演出，然后被控犯有法西斯主义罪行。齐泽克就是从这里起步的。海伦娜·莫托声称齐泽克的文本“解释了莱巴赫的表演对电视观众和评论家产生影响的机制：惟妙惟肖地模仿意识形态的仪式，而不是通过讽刺或批判与之保持距离。这种行为正是体制所不允许的。意识形态不要求个人对仪式坚信不疑，但期待他一味地顺从，永远不承认他们的怀疑”[104]。在这个文本中，齐泽克引入了斯洛特迪克有关犬儒意识（cynical consciousness）的三元组（triad）：朴素的意识形态—原初犬儒主义（kynicism）—现代犬儒主义（cynicism）①。如果说第一种立场是对意识形态的信以为真，第二种立场是在幡然醒悟之后对意识形态的拒斥，那么犬儒化的当代主体（cynical contemporary subject）则是在心理上拒斥意识形态，在行为上相信意识形态。正像齐泽克表达的那样，犬儒主义者完全知道他所信奉的意识形态是虚假不实的，但仍然趋之若鹜。或者借用后来成为拉黑体的早期表达形式来说，“反射已经包含在其立场中”[105]。

关于莱巴赫的演出，齐泽克把对它最初的（伪）批判性反应（即把它的演出视为对极权仪式的反讽性模仿）与一种潜在的关切联系起来：如果它的演出真的意在对极权仪式做反讽性模仿呢？据说，提出这种关切是为了引出一个保守的问题：如果公众对莱巴赫模仿的东西信以为真，怎么办？然后，这一推论被人拿来与齐泽克对莱巴赫的演出和公众的即时反应的解释做了对比。齐泽克意在表明，莱巴赫之所以“使体制大感‘沮丧’，恰恰是因为它不是在做讽刺性的模仿，而是对它过度认同——通过展示体制背后的淫荡的超我（obscene superego），过度认同悬置了它的功效”[106]。

---

① 一般而言，原初犬儒主义指古希腊犬儒学派第欧根尼的犬儒主义，即严肃认真的犬儒主义。它主张放弃一切私有财产，不再寻求欲望的满足，只需要一本书和一条狗，即可孑然一身、了无牵挂地行走天涯。现代犬儒主义则大不相同，它因为对社会感到厌倦，对制度感到绝望，所以主张苟且偷生，得过且过，对一切都冷眼旁观，或者最多冷嘲热讽一番。稍后，齐泽克把犬儒主义与“犬儒化的当代主体”联系起来，说他们“一边在心理上拒斥意识形态，一边又在行为上追随意识形态”，却不造成所谓的“人格分裂”，因为在追随意识形态时“因为他们所做的，他们不知道”。

莱巴赫和 NSK 颠覆了国家的意识形态，因为它们所做的正是这个犬儒政权阻止其人民做的事情，即严肃认真地看待它的意识形态。政权渴望人民与其保持“安全”距离。因此，“在这里，过度认同意味着拒绝保持距离，意味着对占据统治地位的符号形式（symbolic forms）照单全收，并通过不断的重复，通过对其战术冲击力的反射考量（reflexive considerations），使国家的反应近乎崩溃”[107]。齐泽克在自己关于这类文化表演和艺术表演的著作中，把过度认同视为“打破政权的辩护者和不经意的忠诚反对派之间的僵局的一种方式，它粉碎了‘异见’的策略，因为这‘异见’的策略似乎只在为政权提供不在场的证据，为之辩解而已。在整个 20 世纪 80 年代，人们关注的主要焦点是国家仪式（state rituals），到了 90 年代，NSK 建立了自己的大使馆和领事馆”[108]。然而，朋克运动采取另一种策略。为了揭露政权的犬儒性质，朋克运动首先使用挖苦（sarcasm）和反讽（irony）的犬儒战术来揭露虚伪的统治仪式。不过齐泽克在文章中还提到了朋克运动在实践中采用的另一种策略：把对（已经丧失的）本真性（authenticity）的每一次追寻——就像嬉皮士运动或民族主义右翼分子所做的那样——都视为空洞的姿态或滑稽的姿势，并一一揭露之。朋克们的立场，他们的姿势，反映了这种表演的本真性（performative authenticity）的不可能性和逃避的虚假性，因此“直面自治制度这个犬儒性分裂主体，使其能够摆脱对制度的自动运作的习惯性服从”[109]。

阿列克谢·门罗（Alexei Monroe）对莱巴赫和 NSK 做了广泛的研究并出版了著作。最近，齐泽克为他的著作撰写了序言。在那里，齐泽克将精神分析理论、表演和如今的后现代社会联系起来：“弗洛伊德在《释梦》的题记中提到了‘acheronta movebo’①，即搅动地下世界。这就是‘搅动地下世界’的含义，即把它作为意识形态批判的一种实践：不是直接改变律令的外在条文，而是对其淫荡的虚拟性补充（virtual supplement）予以介入。这正是莱巴赫在整个 20 世纪 80 年代所做的事情：他们的表演没有将（南斯拉夫的自治社会主义）这种外在的意识形态置于理性的批判之下，或以犬儒的、反讽的方式将其颠覆，而是直接展示支撑着（南斯拉夫的自治社会主义）这种外在意识形态的意识形态幻想（ideological fantasies that sustained it）这个潜在的矛盾混合物。正是这一点使他们不堪忍受。”[110]他把这种技巧运用于当下，从而证明它对当下的适用性。他问道：“今天如何找到类似的步骤：在我们这个犬儒性的、‘后现代的’意识形态世界里，是否还有让莱巴赫式的介入容身的空间，或者，这种介入一经出现，是否会立即被‘收编’、中和？”然后，他又令人惊讶地把这一点与来自我们当前全球记忆中的另一个名闻遐迩（或臭名昭著）的流行场景——美国士兵在阿布格莱布监狱羞辱伊拉克囚犯的照片——联系起来。针对小布什总统做出的意识形态性的回应（小布什谴责这些照片，因为它们背离了美国的价值观念），齐泽克断言，这没有背离美国已经构成的价值观念，相反，它构成了美国的价值观念。所以说，“[乔治 · w.] 布什错了：我们在看到这些照片时得到的……恰恰是对‘美国价值观念’的直接洞察，是对一种淫

① 此语出自维吉尔《埃涅伊德》第七卷第312节“Flectere si nequeo superos, Acheronta movebo.”。大意谓“如果我不能震撼天堂，那我就制造地狱”或者“如果我不能感动天堂，那我就搅动地狱”。这里的“Acheronta movebo”（moving the underground）有“大闹地狱”或“大闹冥间”的意思。弗洛伊德引用此语，显然是把“无意识”视为“地狱”或“冥间”。

荡快感之核（core of the obscene enjoyment）的直接洞察，维系着美国的生活方式的，正是这种快感之核”[111]。他最后的结论是，“正是在这里，需要一种莱巴赫式的介入：直接展示这种淫荡的补充，直接展示这种野蛮的奇观，正是这种野蛮的奇观维系着我们的文明。……今天，莱巴赫给我们提供的教益比以往任何时候都更加中肯：只有与幻象之核（fantasmatic core）直接对抗，才能真正把我们从它的魔掌中解放出来”[112]。这种形式的知识介入，即通过引用日常生活实例来阐明某个话题及其与意识形态的关系的论证方式，将成为齐泽克表演的标志性动作。

南斯拉夫的政治解体与斯洛文尼亚的民主化

铁托于1980年5月4日去世。那时南斯拉夫的国债已经高达200亿美元。到了第二年，通货膨胀率高达45%。除此之外，还有两件事情影响了南斯拉夫联邦的解体：西方20世纪80年代初期的经济衰退和苏联政治解体的开始。因此，这个时期——20世纪80年代初期——的特点是：“南斯拉夫文化工作者和知识分子开始批评现行政策，支持政治多元化，要求开放禁忌性的话题，并且日益看重社会生活中的民族组成部分。”[113]一个主要问题是族裔民族主义（和犹太人的形象）的崛起。随之而来的是，南斯拉夫的不同地区要求自决。例如，1981年3月11日，科索沃的首府普里什蒂纳出现学生示威，他们要求建立“科索沃共和国”。[114]

加上整个20世纪80年代在知识上的开放，斯洛文尼亚经历了一个政治多元化的过程，发生了几次大规模的示威，示威群众要求（不同种类的）变革。在这种背景下，南共联盟的团结首次受到威胁，出现了裂痕，南斯拉夫作家及其协会之间的裂痕尤其明显。因此，新的紧张局势加剧了东西方的分裂，因为关于南斯拉夫前途的两种相反的立场之间出现了分裂：一种立场主张“单一制”（塞尔维亚和黑山），一种立场主张“邦联制”（斯洛文尼亚和克罗地亚）。具有超凡魅力的塞尔维亚政治家斯洛博丹·米洛舍维奇在塞尔维亚共盟中央委员会第十八次会议上强烈谴责了实施联邦制的想法。

还有一个事件吸引了齐泽克的政治注意力和知识注意力，那便是米洛舍维奇 1987 年对科索沃的访问。作为一个精心挑选出来的创伤的特定的回溯性构成（specific retroactive formation of a chosen trauma），它是促使塞尔维亚民族主义形成的转折点。正如伊恩·帕克所言，米洛舍维奇“由于有了这个经历而脱颖而出，他摇身一变，成了全新之人，披上了塞尔维亚民族主义的铠甲”，随后“决定将 1389 年（与土耳其人作战）的战斗英雄拉扎尔的遗体运送到塞尔维亚的村庄和城镇，以供展览。于是，存活了几个世纪的‘被精心挑选出来的创伤’再次被赋予生命。就这样，20 世纪 80 年代发生的事件被用来重新激活与‘创伤化的自我形象’（traumatized self-images）相关的‘意动’（affects）——本是一种紧张的身体状态，却被我们体验为不同的情感”[115]。对往昔的事件进行加工改造，只从中寻找引发现在的创伤性结果（traumatic effect）的原因，这类似于弗洛伊德对精神分析症状（psychoanalytic symptom）的分析。齐泽克会通过拉康对弗洛伊德的阐释，将他本人和南斯拉夫的局势予以语境化，并将运用拉康对弗洛伊德的阐释，证明这种享受［这种享受源自对已经失去的有机共同体意识（organic sense of community）的怀旧向往］不仅是意识形态性的，而且从病理学上说，也是任何意识形态产生诱惑力的先决条件。

1989 年至 1991 年的风云变幻见证了政治多元化的断断续续。最重要的是，政党和联盟（如斯洛文尼亚民主协会、斯洛文尼亚社会主义民主协会和斯洛文尼亚绿党）是通过将民间抗议转化为政治立场而形成的。随后又举行了多党选举和关于斯洛文尼亚主权的公民投票。[116] 为了确立斯洛文尼亚的领土、经济和政治主权，还制定了更多的法律、法规和公告。

尽管齐泽克是“半异见人士”，而且没有工作，但他在 20 世纪 80 年代后半期开始积极参与政治活动。在此之前，异见人士和批判型的知识分子均为海德格尔派，然而齐泽克的团队与他们中的任何人都关系一般。因此，齐泽克为自己的政治参与设定了一个非常有限的目标：“只是防止斯洛文尼亚变成另一个克罗地亚或塞尔维亚那样的国家。在那些国家中，巨大的民族主义运动支配着国家的一切。在这一点上，我们成功了，斯洛文尼亚是一个国家，但那里有更加分散的地域感，而且民族主义的诱惑已经烟消云散。所以这不是根本性的政治参与。”[117] 到了 1990 年底，齐泽克所在的自由民主党在选举中败给了代表性更加广泛的斯洛文尼亚民主反对派（DEMOS）这一联盟。随之而来的是，在 1991 年作为一个国家的南斯拉夫正式解体，人们预期国际社会将承认斯洛文尼亚的独立，同时预期该地区的种族冲突将会加剧。

齐泽克的介入——包括那时在报纸和期刊上发表文章、出版数种著作和在电视上露面——意味着他在知识上和政治上都被定位为一个积极参与当地事务的公共知识分子。似乎就在他的政党没有被选为由四名成员组成的主席团后，他做出了一个决定：他的知识介入将会成为政治介入。正如他所言，“要认真研究理论还是严肃地从事政治活动？我必须做出选择”。至于他那输掉的选举，他回忆道："和过去的执政党一样，自由［民主］党现在是反对派集团的一部分。但是，使得自由［民主］党能够发挥独特作用的，正是我们对斯洛文尼亚新兴的这种民族的–有机的民粹主义（national-organic populism）的对抗。我们的目标是促进多元主义，提高对生态问题的认识，并捍卫少数民族的权利。这就是我们所代表的那种自由主义传统。我们代表的，不是自由市场体现出来的、弗里德里希·哈耶克宣传的那种纯粹的资本主义价值观。"[118] 齐泽克试图直接介入政治，并将他的理论付诸实践，这不仅涉及个人相对于他人或党派的定位，而且涉及概念性定位（conceptual positioning），因为概念处于不断变化的公共生活的核心地带。因此，他坚持说："我们参与了一场斗争，以重新表述'自由主义'这个漂浮的能指。在整个斯洛文尼亚，这个词与摆脱主流意识形态统治的想法联系在一起。谁能成功占领这一意识形态领域是极其重要的，事实上右翼人士非常热心于此。"[119] 在蕾娜塔·莎莉塞看来，自由民主党的无能与绿党有关，绿党最终成为中间偏右的斯洛文尼亚民主反对派联盟的一部分。也许这种无能是齐泽克和绿党之间的个人恩怨造成的。她提到，一旦斯洛文尼亚民主反对派掌权，它就会建立"和以前一样的体制"，因为"虽然在 1989 年底东德和罗马尼亚政权更迭之前，斯洛文尼亚民主反对派非常强大，足以被当作反对派来对待，但只是在这些事件发生之后，他们才真正看到了赢得政权的可能性。无论是我们自己，还是当时的执政党，都没有预见到这种情况的发生，但现在真正的政治问题很简单，就是如何活下去"[120]。

南斯拉夫时期，与塞尔维亚和黑山等其他加盟共和国不同，斯洛文尼亚的独特之处在于，左翼反对派和自由反对派在政治上和思想上都更有组织，这要归因于它与西方的接触和交往。此外斯洛文尼亚还是加盟共和国中最富有的、种族同质化程度最高的共和国，同时也是人口数量最少的[①]。斯洛文尼亚的反对派建立在更坚实的知识基础上，拥有数十种充满活力的期刊，种族分裂性最弱，它的根基并不只是以大学为中心建立起来的小团体。该组织处处为由极右翼民族主义者组成的反对派设置障碍，并把公众的注意力从他们身上移开。然而，齐泽克参与的这种反对并没有设法阻止一种反常局面的形成，正是借助于这种反常的局面，资本主义意识形态霸占了政治舞台。之所以这么说，是因为它允许围绕被压抑的社会创伤形成多种多样甚至相互矛盾的立场。齐泽克利用自我定位将自己与意识形态霸权区分开来，他解释道：

> 即使对执政党来说，主要的经济参考点也是撒切尔夫人，是芝加哥学派。就我个人而言，在这个方面，我是个实用主义者。如果有效，为什么不可以小试牛刀？但我们至少应该认识到，新自由主义经济学并非中立的技术工具，用拉康的话说，某些主体性立场（subject positions），这些立场就铭刻在它的内部。我们这些自由派人士（We Liberals）是唯一反对这种做法——通过采用“中立”的、技术上有效的措施来对经济进行所谓的“去意识形态化”——的政治力量。可悲的是，即使执政党也认为这种撒切尔夫人式或米尔顿·弗里德曼式的经济学在意识形态上是中立的，不涉及任何阶级立场或主体立场。[121]

① 当时斯洛文尼亚并不是南斯拉夫中人口数量最少的。——编者注

正是因为这个缘故，齐泽克的政党没有引起公众的共鸣也就不足为奇了。它无法与其他政党和知识团体建立强有力的联系和联盟，而这些政党和知识团体将最终组成赢得选举的斯洛文尼亚民主反对派联盟。年轻气盛的齐泽克口若悬河，理论高强，但没有什么说服力。这就是齐泽克在 1990 年的选举中以第五名的成绩落选的原因，但他“并没有太当回事”。他自己解释说：“就政治职位而言，我对从事任何文化政治（cultural politics）之类的工作都不感兴趣。唯一让我感兴趣的是——又要说老故事，但不是开玩笑——要么做内政部长，要么做特勤局局长。”[122]齐泽克对政治的直接参与就此宣告结束，但这也为他即将开始的从图书到电影的知识介入清除了障碍。通过这些知识介入，齐泽克一直公开地保持着他与政治的联系。

齐泽克在一系列早期的英文国际出版物中把他的综合知识方法（synthetic intellectual approach）应用到政治中，以之分析当代的意识形态现象和美学现象。[123]齐泽克在他的《东欧的基列共和国①》（*Eastern Europe's Republics of Gilead*）中运用拉康的“盗窃他人的享受”（theft-of-enjoyment）概念来直面南斯拉夫解体和民族主义兴起的问题。[124]（情感上和身体上的）自我的缺失可以通过他人的过度享受或过剩享受（excessive or surplus enjoyment）来解释，并通常这

---

① 基列共和国（Republic of Gilead），来自加拿大小说家玛格丽特·阿特伍德（Margaret Atwood）于1985年出版的反乌托邦小说《使女的故事》（*The Handmaid's Tale*）。它提供了这样一个故事背景：美国的民主政府已被推翻，一个严格的宗教政权取而代之，并将其重新命名为基列共和国。女人被剥夺了基本权利，沦为生育的工具。任何具有生育能力的女性都要重新接受教育，成为他人家中的“女仆”，代替无法怀孕的女主人生儿育女。很显然，齐泽克以此为典故，说明东欧当时可能陷入的僵局。

种解释来消除。齐泽克把南斯拉夫作为个案来研究，把对该个案的分析从“巴尔干的落后”推广到20世纪80年代的美国意识形态和“晚期资本主义”，展示了民族性（nationality）是如何“建立在自己讲述的神话之上的，这些神话讲述的是，其他民族如何剥夺了它的享受中极其重要的一部分（vital part of enjoyment），声称倘若没有失去这一部分，它就可以充实地生活下去（live fully）”[125]。齐泽克的分析（对西方人）讲述了民族对抗（national antagonism）是如何通过正当化（justification）和合法化（legitimization）而被构建起来的，被卷入南斯拉夫国家机器及其询唤形式（forms of interpellation）的。齐泽克借助于路易·阿尔都塞和埃内斯托·拉克劳等著名知识分子——这些知识分子的著述在与拉康存在从属关系的领域中早已成为著名的参考文献——的理论，确立了这种政治–知识（甚至是心理）的联系，同时他又修正了他们的立场，以便使之适应他确立的黑格尔框架（Hegelian framework）。鉴于阿尔都塞与拉康存在的爱恨交加的知识关系，以及与自我的公共关系（public relation to the self），阿尔都塞的询唤概念在这个定位过程中是至高无上的：“我们不妨假设阿尔都塞的询唤概念给我们提供了主体化的主要形式（main form of subjectification）。癔症意味着，通过询唤产生的认同没有成功。……美国人现在所说的‘边缘病例’①并不是什么全新的东西，它只是另一种形式的认同失败（failure of identification）而已，也就是癔症而已。”[126]

在南斯拉夫那种情形下，当西方在享受东欧的“民主再造”时，同样的对抗形式——这是资本主义组织所必不可少的——实际上被

① 边缘病例（borderline case），又译“疑似病例”和“非典型病例”。

重新引入了。[127]结果，"'极权主义'的盖子被掀开，我们看到的不是西方热切期待的民主欲望的'自发'喷发，而是更多的种族冲突，这些冲突建立在不同的'盗窃他人享受的窃贼'（thieves of enjoyment）的构建之上：仿佛在华丽的外表之下，大量的'病态'幻象闪闪发光，等待着它们大显身手的时刻的到来"[128]。齐泽克谈到了这些悖论性的状况："在过去的 10 年到 15 年间，权力已被去意识形态化（de-ideologization），马克思主义者通常比非马克思主义者更像异见人士。西方从未报道过的是，从中受益的是贝尔格莱德的分析哲学家们（analytical philosophers）。他们肯定不是马克思主义者。当局公开支持分析性的科学哲学（analytical philosophy of science）。他们向权力结构传递的信息甚是明确：'我们在做工具性的科学研究工作。我们对你没有危险。你离我们远点，我们也不会找你的麻烦。'"[129]齐泽克认为，在这种悖论性的状况下，需要更多的异化，即与作为有机共同体的新资本主义政权所怀有的破坏性幻想保持批判性的距离。因此，正如伊恩·帕克指出的那样，齐泽克与现有的实践（existing practice）产生了共振，并把它理论化："呼吁在国家和公民社会之间保持'距离'，这重复了齐泽克在资本主义被重新引入之前就一直在大声疾呼的东西。他在 20 世纪 80 年代倡导的抵抗策略已被用来争夺地方官僚机构和对斯洛文尼亚共盟的控制。"[130]沿着政治的、知识的和文化的路线，他对语言和表象的敏锐感受推广了"这样的观念即通过对语言的这种去神秘化，可以把自治描绘成直接民主的一种形式"[131]。齐泽克后来将这一过程与西方的政治正确文化（culture of political correctness）相联系，将其视为一种符号性委婉语（symbolic euphemism），认为它的出现是以牺牲真正的社会变革为代价的。这与西方形成了错综复杂的关系。斯洛文尼亚在知识上从西方汲取甚多，但在政治上又对西方保持批判的态势。与西方形成的这种错综复杂的关系，铭刻在齐泽克带领的卢布尔雅那学派的生成过程之中。关于该学派的国际知名度，多拉尔回忆说：

> 我觉得这是作为一个代号发明出来的。我们最初被称为卢布尔雅那（拉康）学派。这是个代号，尤其在美国，这是一种便捷的称号，它告诉人们，“有一群来自卢布尔雅那的人，他们将要谈论拉康了”。显然，这是最为便利的品牌，人称卢布尔雅那拉康学派。这正中我们下怀。我们持完全开放的心态。我们只是不明白，人们为什么坚持要以某种方式给我们贴个标签。有一次，我们开玩笑说，人们使用这个标签，斯拉沃热也喜欢这个标签，但只是把它当成一个笑谈。不知怎么搞的，它竟然流行起来。这是一个想象出来（而非真实存在）的称号。[132]

南斯拉夫的政治崩溃不是一次性事件，它经历了漫长的衰败过程。事实上，“早在斯洛文尼亚和克罗地亚于 1990 年①宣布独立之前，这个国家就已经寿终正寝了，但作为一个国际法律实体，依然存在”[133]。这个过程导致了文化层面和知识层面的崩溃，消解了当代公众对诸如“什么崩溃了？”和“我们将走向何方？”等问题的看法的意义。通过挖掘这些公共关切（public concerns）的碎片化情绪，齐泽克建立了一种独特的混合型叠加定位，并将它引入

---

① 斯洛文尼亚和克罗地亚均于1991年从前南斯拉夫独立。

当地的知识领域和政治领域。他的介入性叠加定位（interventional superpositioning）是通过对形势做具体“症状性解读”来实现的。他的介入性叠加定位是双重的批判：既是对陈旧过时的执政党的批判，也是对新近兴起的资本主义改革者的批判。受更广泛的欧洲语境和 1968 年“五月运动”的精神影响，齐泽克对报纸、期刊和公共事件的早期介入（1972—1973）与新兴公民社会以及艺术界的发展交相辉映，同时为“迷失”的一代发声。通过赋予“迷失”以新的内涵（说这是重塑斯洛文尼亚的机遇），他还重新界定了向资本主义这一社会转型的意义，并将某些人眼中的悲惨的集体创伤（catastrophic collective trauma）与对美好的新未来的希冀联系起来。无论就形式而言，还是就内容而论，这一举措还将在全球语境内重演。

只有在这样的本土背景下，齐泽克作为全球知识分子的崛起才具有社会学的意义。他确立了自己的叠加定位，同时又对影响学术研究的不断变化的政治形势做出了反应。他的知识介入——期刊、文章、诗歌和图书——以一种与文化感伤（cultural sentiments）共振的方式展示了这种叠加定位，并为直接的政治参与铺平了道路。然而，由于他的叠加定位既支持又反对国家变革，他受到了来自不同立场的人们的鞭挞，导致了他在社会方面和知识方面做出牺牲：

> 我做了一件事情，几乎令我失去所有的朋友，这是任何优秀的左翼人士都不会做的。那就是，我全力支持斯洛文尼亚执政党。因为这个，我所有的左翼朋友都恨我，当然他们也恨所有的右翼分子。自由民主党所做的，简直就是一个奇迹。五年前，我们是新社会运动的残余，如同女性主义团体和生态保护团体。那时，所有人都认为我们会

> 成为“消隐的中介物”。我们采取一些佯装堕落但又非常不错的措施，现在我们是最强大的政党。我认为，把斯洛文尼亚从其他加盟共和国的一党制的命运中拯救出来的，正是我们的政党。这些共和国要么像在克罗地亚那样由右翼主政，要么像在塞尔维亚那样由左翼掌权，但无论如何，他们都以维护国家利益的名义实施霸权统治。在我们这里，形势是真正多样化、多元化的，对外国人完全开放（当然也会出现一些临界状况）。但是走向真正的多元社会，这一点还没有发生变化。[134]

通过分析斯洛文尼亚在20世纪80年代发生的政治变化和文化变化，可以得出两个主要结论。第一个结论是，斯洛文尼亚在南斯拉夫联邦中的地位独一无二。无论是与西方强权相比，还是与东方大国相较，都是如此。南斯拉夫与苏联保持距离，这为西方影响力的长驱直入铺平了道路，但那里的一切仍然在马克思主义框架内进行。从铁托与苏联最初的决裂开始，南斯拉夫的特立独行就使它走上了与东方大国和西方强权的摩擦之路。南斯拉夫知识分子借助于异化等概念，将注意力从物质基础转到心理-情感的感染（psychological-emotional affects）上。这些进展使得南斯拉夫中的每个共和国可以建立自己的非教条主义的马克思主义（nondogmatic Marxism）。斯洛文尼亚缺乏强烈的哲学取向，这为进行知识实验提供了肥沃土壤。因此，在齐泽克和多拉尔等年轻学者的带领下，结构主义被引入了一个主要受马克思和海德格尔影响的领域。在这个领域中，执政党受马克思影响，反对派被海德格尔侵袭。

第二个结论是，斯洛文尼亚的独特地位为输入西方（特别是法国和德国）的观念和文化提供了便利，这些观念和文化是通过介入性的刊物和网络呈现出来的。我们看到，从 20 世纪 60 年代开始，一系列的批判性期刊相继问世，但很快被官员查封。尽管如此，还是形成了一种“期刊文化”。在这种文化中，知识分子和公众都认为期刊是社会–知识论争或政治–文化介入的场所。当局把这一切都视为对自身的威胁。尽管执政党一直试图查封这类期刊，但由此形成的文化已经生根发芽，并在铁托执政的衰微时期转化为新社会运动和科学 / 知识运动。关键性的联系是在这一时期建立起来的：这些联系在斯洛文尼亚内部是艺术家（如 NSK）和知识分子（如莎莉塞和多拉尔）之间的联系，在斯洛文尼亚外部则是齐泽克、莫奇尼克、德里达以及米勒之间的联系。

知识融合就起源于那时。它以一种与政治息息相关的方式把高深理论和通俗文化融为一体，如今已成为卢布尔雅那学派的标志，而该学派的形象代言人就是齐泽克。他早年在斯洛文尼亚的介入非常重要，因为通过那时的介入，他在斯洛文尼亚担任期刊的编辑，创建团队和建立合作关系。不仅如此，他还进入了全球性的英语世界。他能做到这一点，在于他用这种新方法直面南斯拉夫的政治解体问题。利用西方的理论术语和学术舞台向西方解释东欧的隐晦难解的情形，是使西方媒体和学术界得以知晓“齐泽克”这个名字的导火索。在他解释南斯拉夫解体的事件时，他得到了西方知识分子的认可，并被定位为在某种程度上与后结构主义的思想路线密切相关的拉康式思想家。随着他的名字与拉康的名字成为同义词，他在全球的定位变得更加清晰。鉴于拉康自身的定位尚有问题，齐泽克的定位亦复如是。这个定位过程出现在 20 世纪 80 年代斯洛文尼亚的特定语境之中。随着齐泽克主要在英国和美国的表演（包括数字表演）的不断更迭和扩展，这个定位过程还会继续下去。他的介入在范围和广度上的增加，将是下一章的研究重点。

注　释

[1]格蕾琴·巴克:《相似:斯洛文尼亚社会中的仿像与自我》,奥克兰:加利福尼亚大学出版社,2020年,第28页。

[2]1982年10月11日至12日举行的研讨会标志着理论精神分析学会(也被称为"卢布尔雅那学派")的成立。这一事件被记录于《问题》"讨论"特刊第4—5期(1983年)。

[3]伊恩·帕克(Ian Parker):《斯拉沃热·齐泽克:批判性引论》(*Slavoj Žižek: A Critical Introduction*),伦敦:普鲁托出版社,2004年,第11页。

[4]见托马兹·马斯特纳克(Tomaž Mastnak):《社会的内爆:超越激进民主》("The Implosion of the Social: Beyond Radical Democracy"),收入托马兹·马斯特纳克和拉多·丽卡(Rado Rika)编:《主体与民主》(*The Subject and Democracy*),卢布尔雅那:自由出版社,1988年,第113—125页。

[5]关于斯洛文尼亚公民社会的重点讨论,见塔季扬娜·拉卡尔(Tatjana Rakar)、托马兹·德泽兰(Tomaž Deželan)、森卡·弗尔比察(Senka Š. Vrbica)、津卡·科拉里奇(Zinka Kolarič)、马泰亚·纳戈德(Mateja Nagode)和安德烈亚·泽尔纳克-梅格利奇(Andreja Črnak-Meglič):《斯洛文尼亚的公民社会》(*Civil Society in Slovenia*),卢布尔雅那:国家与大学图书馆,2011年。

[6]杰弗里·亚历山大语,见哈康·拉森(Håkon Larsen):《作为社会研究的文化社会学:与杰弗里·亚历山大对话》("Cultural Sociology as Social Research: A Conversation with Jeffrey C. Alexander"),刊于《社会学杂志》(*Sosiologisk Tidsskrift*),第22卷,第1期(2014年1月)。

[7]萨布丽娜·拉梅(Sabrina P. Ramet):《巴尔干的巴别塔:从铁托去世到米洛舍维奇垮台,南斯拉夫的解体》(*Balkan Babel: The Disintegration of Yugoslavia from the Death of Tito to the Fall of Miloševič*),第4版,伦敦:左页出版社,2002年。

[8] 见米莎·格兰尼（Misha Glenny）:《南斯拉夫的灭亡：第三次巴尔干战争》（*The Fall of Yugoslavia: The Third Balkan War*），纽约：企鹅出版社，1992年。

[9] 姆拉登·多拉尔接受本书作者个人访谈时所言，2017年4月24日，小间咖啡馆（Le Petit Café），卢布尔雅那。

[10] 琼斯·欧文（Jones Irwin）和海伦娜·莫托（Helena Motoh）:《齐泽克和他的同时代人》（*Žižek and His Contemporaries*），伦敦：布鲁姆斯伯里出版社，2014年，第15页。

[11] 同上，第15页。

[12] 姆拉登·多拉尔接受本书作者个人访谈时所言，2017年4月24日，小间咖啡馆，卢布尔雅那。

[13] 齐泽克接受本书作者个人访谈时所言，2017年4月25日，卢布尔雅那。

[14] 同上。

[15] 同上。

[16] 见费德里科·西库雷拉（Federico G. Sicurella）:《后南斯拉夫语境中作为民族代言人的知识分子：批判性话语研究》（"Intellectuals as Spokespersons for the Nation in the Post-Yugoslav Context: A Critical Discourse Study"），博士学位论文，兰开斯特大学，2015年。

[17] 伊恩·帕克:《斯拉沃热·齐泽克：批判性引论》，第13页。

[18] 见阿道夫·比比奇（Adolf Bibič）:《斯洛文尼亚多元主义的形成》（"The Emergence of Pluralism in Slovenia"），刊于《共产主义和后共产主义研究》（*Communist and Post-Communist Studies*），第26卷，第4期（1993年12月），第367—386页。

[19] 姆拉登·多拉尔接受本书作者个人访谈时所言，2017年4月24日，小间咖啡馆，卢布尔雅那。

[20] 同上。

[21] 齐泽克:《"缝合"：四十年后》（"'Suture'：Forty Years Later"），收入彼得·霍尔沃德（Peter Hallward）和诺克斯·佩登（Knox Peden）编:《精神分析手册与当代法国思想》（*The Cahiers pour l'Analyse and Contemporary French Thought*）第2卷《概念与形式》（*Concept and Form*），伦敦：左页出版社，2012年，第147页。

[22]拉斯特科·莫奇尼克（Rastko Močnik）:《后现代主义与另类》（"Postmodernism and the Alternative"），收入兹登卡·巴多维纳茨（Zdenka Badovinac）等人编:《从〈资本论〉到资本的NSK》（*NSK from Kapital to Capital*），卢布尔雅那出版社，1985年；马萨诸塞州坎布里奇：麻省理工学院出版社，2015年，第118—134页；斯蒂娜·莱昂（Stina E. Lyon）:《何种影响？公共知识分子、国家和公民社会》（"What Influence? Public Intellectuals, the State and Civil Society"），收入克里斯蒂安·弗莱克和安德里亚斯·赫斯编：《知识分子和他们的公众：社会科学的视角》，英国法纳姆：阿什盖特出版社，2009年，第69—88页。

[23]翻译的第一次浪潮出现在20世纪60年代，当时翻译了仍然存在部分争议的存在主义作家萨特和加缪的著作。不过，最重要的翻译浪潮始于1970年，当时翻译了霍克海默、马尔库塞、阿尔都塞、胡塞尔、海德格尔、索绪尔、德里达的著作，还有奥威尔的《动物庄园》，以及尼采的《悲剧的诞生》。《悲剧的诞生》是第二次世界大战后的首次翻译。后来又翻译了福柯、德勒兹、瓜塔里、阿多诺、葛兰西、巴利巴尔的著作，还对弗洛伊德、拉康和阿兰-米勒做了完整系统的翻译。见鲍里斯·韦茨雅克（Boris Vezjak）:《斯洛文尼亚的黑格尔主义简介》（"Hegelianism in Slovenia: A Short Introduction"），刊于《大不列颠黑格尔学会公报》（*Bulletin of the Hegel Society of Great Britain*），第17卷，第2期（1996年），第 1—12页；海伦娜·莫托:《朋克是一种症状：80年代斯洛文尼亚哲学与另类文化的交集》（"'Punk Is a Symptom': Intersections of Philosophy and Alternative Culture in the 80's Slovenia"），刊于《综合哲学》（*Synthesis Philosophica*），第54卷，第2期（2012年1月）：第285—296页。

[24]姆拉登·多拉尔接受本书作者个人访谈时所言，2017年4月24日，小间咖啡馆，卢布尔雅那。

[25]同上。

[26]伊恩·帕克:《斯拉沃热·齐泽克：批判性引论》，第12页。

[27]见拉斯特科·莫奇尼克:《从民族到认同》（"From Nation to Identity"），刊于《校区》（*School Field*），第13卷，第6期（2002年），第81—98页。

[28]齐泽克接受本书作者个人访谈时所言，2017年4月25日，卢布尔雅那。

[29]同上。

[30]同上。

[31]齐泽克和格伦·戴利（Glen Daly）:《与齐泽克对话》（*Conversations with Žižek*），剑桥：政体出版社，2004年，第29页。

[32]齐泽克接受本书作者个人访谈时所言，2017年4月25日，卢布尔雅那。

[33]斯洛文尼亚1969年建立的学生电台（Radio Študent）在传播观念方面发挥了重要作用。另见托马兹·马斯特纳克：《斯洛文尼亚的公民社会：从反对派到当权派》（"Civil Society in Slovenia: From Opposition to Power"），刊于《比较共产主义之研究》（*Studies in Comparative Communism*），第23卷，第3—4期（1990年秋冬季），第305—317页。《青年》杂志是第二次世界大战后专为年轻读者创办的周刊，在20世纪80年代中期成为民主公民社会（democratic civil society）的论坛。

[34]姆拉登·多拉尔接受本书作者个人访谈时所言，2017年4月24日，小间咖啡馆，卢布尔雅那。

[35]齐泽克接受本书作者个人访谈时所言，2017年4月25日，卢布尔雅那。

[36]齐泽克和格伦·戴利：《与齐泽克对话》，第24页。

[37]托尼·迈尔斯：《斯拉沃热·齐泽克》，伦敦：劳特利奇出版社，2003年，第8页。

[38]姆拉登·多拉尔接受本书作者个人访谈时所言，2017年4月24日，小间咖啡馆，卢布尔雅那。在卢布尔雅那学派确立自身立场的过程中，特别是在齐泽克的定位形成过程中，拉斯特科·莫奇尼克无疑是关键人物。他于1969年至1970年间在巴黎学习，1975年又在符号学家阿尔吉尔达斯·格雷马斯（Algirdas J. Greimas）的指导下攻读博士学位。正如凯特琳·塔克·索伦森（Kaitlyn Tucker Sorenson）所言，"莫奇尼克把某些法国结构主义和符号学文本带回斯洛文尼亚，也把某些斯洛文尼亚思想家送到了巴黎。最值得注意的是，莫奇尼克将齐泽克介绍给德里达，这个事件本身在卢布尔雅那学派的历史上构成了另一个关键性时刻"。见凯特琳·塔克·索伦森：《体验即装置：在卢布尔雅那学派邂逅俄国形式主义》（"Experience as Device: Encountering Russian Formalism in the Ljubljana School"），刊于《斯拉夫评论》（*Slavic Review*），第79卷，第1期（2020年春季），第91—114页。

[39]齐泽克和格伦·戴利：《与齐泽克对话》，第28—29页。

[40]姆拉登·多拉尔接受本书作者个人访谈时所言，2017年4月24日，小间咖啡

馆，卢布尔雅那。

[41]齐泽克接受吉尔特·洛文克（Geert Lovink）访谈时所言，见其《公民社会、狂热迷信和数字现实》（“Civil Society, Fanaticism, and Digital Reality: A Conversation with Slavoj Žižek”），刊于《C理论》（Ctheory），1996年，https://journals.uvic.ca/index.php/ctheory/article/view/14649/5529。

[42]同上。

[43]齐泽克接受本书作者个人访谈时所言，2017年4月25日，卢布尔雅那。

[44]齐泽克的硕士论文于1976年以塞尔维亚-克罗地亚语发表，标题为《记号·能指·书写》（“Znak, Oznacitelj, Pismo”）。

[45]凯特琳·塔克·索伦森：《体验即装置：在卢布尔雅那学派邂逅俄国形式主义》。

[46]姆拉登·多拉尔接受本书作者个人访谈时所言，2017年4月24日，小间咖啡馆，卢布尔雅那。

[47]同上。

[48]尼洛·考皮（Niilo Kauppi）：《法国知识贵族：后萨特时代的制度转型和符号转型》（*French Intellectual Nobility:Institutional and Symbolic Transformations in the Post-Sartrian Era*），纽约：纽约州立大学出版社，1996年。

[49]姆拉登·多拉尔接受本书作者个人访谈时所言，2017年4月24日，小间咖啡馆，卢布尔雅那。

[50]同上。

[51]同上。

[52]见拉斐尔·萨索沃（Raphael Sassower）：《公共知识分子的价格》（*The Price of Public Intellectuals*），伦敦：帕尔格雷夫·麦克米伦出版社，2014年。

[53]例如，齐泽克和多拉尔的博士生导师博日达尔·德本贾克（Božidar Debenjak）就是一个具有超凡魅力的讲授者。他讲授黑格尔的《精神现象学》，只使用自己的译文。

[54]姆拉登·多拉尔接受本书作者个人访谈时所言，2017年4月24日，小间咖啡馆，卢布尔雅那。

[55]《原样》（*Tel Quel*）是总部设在巴黎的一个团体出版的期刊（出版于1962—1980年），主要发表与结构主义和解构主义密切相关的先锋派文学批评文章。

见尼洛·考皮：《一个先锋派的形成：〈原样〉》（*The Making of an Avant-Garde: Tel Quel*），纽约：德古意特出版社，1994年。——作者注。《原样》还被译为《太凯尔》和《泰凯尔》。它来自尼采的一句话：“我想拥有这个世界，按照它本来的样子。”这句话译成法文就是：“Je veux le monde et le vieux tel quel.”该期刊培养了大批重要的思想家、理论家、批评家、文学家、艺术家乃至科学家，因而影响了法国文化的发展。——译者注。

[56] 凯特琳·塔克·索伦森：《体验即装置：在卢布尔雅那学派邂逅俄国形式主义》。

[57] 齐泽克和格伦·戴利：《与齐泽克对话》，第30页。

[58] 齐泽克接受本书作者个人访谈时所言，2017年4月25日，卢布尔雅那。

[59] 见齐泽克：《固有的越界》（“The Inherent Transgression”），刊于《文化价值》（*Cultural Values*），第2卷，第1期（1998年3月），第1—17页；杰森·格列诺斯：《自我越界与自由》（“Self-Transgression and Freedom”），刊于《国际社会哲学与政治哲学评论》（*Crispp*），第6卷，第2期（2003年6月），第1—20页；杰森·格列诺斯：《作为自由的羁绊的自我越界性享受》（“Self-Transgressive Enjoyment as a Freedom Fetter”），刊于《政治研究》（*Political Studies*），第56期（2008年10月），第679—704页。

[60] 姆拉登·多拉尔接受凯特琳·塔克·索伦森访谈时所言，2016年1月7日，卢布尔雅那。

[61] 为了使这一定位变得更加明确，齐泽克断言：“正是由于这个缘故，我非常坚定地认为，下列两方存在分裂：一方是福柯和德里达（尽管他们也很不相同），一方是拉康。如果我们在‘清除假象的冲动’这一意义上理解现代主义，那么解构（deconstruction）就是现代主义最极端的一种形式。在这个广义的层面上，尽管哈贝马斯和拉康存在差异，但他们的大方向是一致的：就自由的可能性而言，接受某些限制，放弃某些乌托邦式的状况（utopian conditions）。应该改造先前已经使用的分类的方式。……但我不同意哈贝马斯理解现代主义的方式：他总是把现代主义与后现代主义的辩论联系起来。在我看来，现代主义坚持反异化（disalienation）这个乌托邦，而后现代主义则承认，你必须接受分歧（division），把它视为获得自由的代价。正是从这个特定的意义上说，哈贝马斯是一个后现代主义者，只是他不自知而已。”见彼

得·杜斯(Peter Dews)和彼得·奥斯本(Peter Osborne):《拉康在斯洛文尼亚》("Lacan in Slovenia"),刊于《激进哲学》(*Radical Philosophy*),第58期(1991年夏季),第26页。

[62]齐泽克和格伦·戴利:《与齐泽克对话》,第33—34页。

[63]同上,第36页。

[64]由贝尔格莱德哲学与社会理论研究所发布。

[65]尤雷·西莫尼蒂(Jure Simoniti):《黑格尔哲学在斯洛文尼亚的再实现》("The Slovene Re-actualization of Hegel's Philosophy"),刊于《哲学与社会》(*Filozofija i Društvo*),第26卷,第4期(2015年),第783页。

[66]见齐泽克:《东欧的基列共和国》("Eastern Europe's Republics of Gilead"),刊于《新左翼评论》(*New Left Review*),第183期(1990年9—10月),第50—62页。

[67]姆拉登·多拉尔接受本书作者个人访谈时所言,2017年4月24日,小间咖啡馆,卢布尔雅那。

[68]最近,齐泽克在与学生阿贡·哈姆扎(Agon Hamza)合著的《从神话到症状:科索沃问题》(*From Myth to Symptom: The Case of Kosovo*)中再次使用了同样的框架。见《从神话到症状:科索沃问题》,普里什蒂纳:集体唯物辩证法出版社,2013年。另见肖恩·霍默(Sean Homer):《斯拉沃热·齐泽克与激进政治》(*Slavoj Žižek and Radical Politics*),伦敦:劳特利奇出版社,2016,第3—10页。

[69]伊恩·帕克:《斯拉沃热·齐泽克:批判性引论》,第27页。

[70]肖恩·希恩(Sean Sheehan):《齐泽克:迷途指津》(*Žižek: A Guide for the Perplexed*),伦敦:连续出版社,2012年,第9页。

[71]见托马兹·马斯特纳克:《论社会运动的灵魂:近距离审视齐泽克的远方来信后的几点评论》("On the Soul of Social Movements: A Few Remarks from Up Close on Žižek's Letter from Afar"),收入兹登卡·巴多维纳茨等人编:《从〈资本论〉到资本的NSK》,卢布尔雅那,1987年;马萨诸塞州坎布里奇:麻省理工学院出版社,2015年,第177—182页;《从新社会运动到政党》("From the New Social Movements to Political Parties"),收入詹姆斯·西米(James Simmie)和何塞·德克莱瓦(Jose Dekleva)编:《动荡中的南斯拉夫:自治之

后》(*Yugoslavia in Turmoil: After Self-Management*)，纽约：平特出版社，1991年，第32—58页；《公民社会与法西斯主义》(“Civil Society and Fascism”)，收入兹登卡·巴多维纳茨等人编：《从〈资本论〉到资本的NSK》，马萨诸塞州坎布里奇：麻省理工学院出版社，2015年，第280—289页。

[72] 见斯科特·弗里克尔和尼尔·格罗斯：《科学/知识运动通论》，刊于《美国社会学评论》，第70卷，第2期(2005年4月)，第204—232页。

[73] 见乔治·康拉德(George Konrad)和伊万·塞勒尼(Ivan Szelenyi)，安德鲁·阿拉托(Andrew Arato)和理查德·艾伦(Richard E. Allen)译：《走在夺取阶级权力路上的知识分子：对知识阶层在社会主义中的作用所做的社会学研究》(*The Intellectuals on the Road to Class Power: A Sociological Study of the Role of the Intelligentsia in Socialism*)，纽约：海伦·沃尔夫和库尔特·沃尔夫出版社，1979年；肯尼迪·迈克尔(Kennedy D. Michael)，《批判知识分子的构造：波兰医生、和平活动家和民主的公民社会》(“The Constitution of Critical Intellectuals: Polish Physicians, Peace Activists and Democratic Civil Society”)，刊于《比较共产主义研究》，第23卷，第3—4期(1990年秋季和冬季)，第281—301页；乔治·康拉德和伊万·塞勒尼：《后共产主义社会中的知识分子和统治》(“Intellectuals and Domination in Post-Communist Societies”)，收入皮埃尔·布迪厄和詹姆斯·科尔曼(James S. Coleman)编：《用以研究变革社会的社会理论》(*Social Theory for a Changing Society*)，纽约：罗素·塞奇基金会出版社，1991年，第337—372页。

[74] 琼斯·欧文和海伦娜·莫托：《齐泽克和他的同时代人》，第29页。关于对莱巴赫/NSK的第三个潮流的集中考察，见阿列克谢·门罗(Alexei Monroe)：《审问机器：莱巴赫和NSK》(*Interrogating Machine: Laibach and NSK*)，马萨诸塞州坎布里奇：麻省理工学院出版社，2005年；伊恩·帕克：《齐泽克、NSK、马克思主义、精神分析和国家：欧洲的犬儒主义与对资本主义和官僚主义的抵抗》(“Žižek, NSK, Marxism, Psychoanalysis and the State: Cynicism and Resistance to Capitalism and Bureaucracy in Europe”)，刊于《齐泽克研究国际杂志》，第6卷，第1期(2012年)，第 1—21页；西蒙·贝尔(Simon Bell)：《莱巴赫和NSK：对后极权主义欧洲中的东西方连结的美化》(“Laibach and the NSK: Aestheticising the East/West Nexus in Post-Totalitarian Europe”)，刊

于《文化》(*Култура*)，第4期(2014年11月)，第105—114页。

[75] 托马兹·马斯特纳克：《斯洛文尼亚的公民社会：从反对派到当权派》，刊于《比较共产主义之研究》，第23卷，第3—4期(1990年秋冬季)，第306页。

[76] 见齐泽克：《历史与重复：何以"真理脱胎于误认"》("History and Repetition: How 'Truth Arises out of Misrecognition'")，收入兹登卡·巴多维纳茨等人编：《从〈资本论〉到资本的NSK》(1982年)，第35—49页；《意识形态·犬儒主义·朋克》("Ideologija, Cinizem, Punk")，收入兹登卡·巴多维纳茨等人编：《从〈资本论〉到资本的NSK》(1984年)，第96—113页。

[77] 见姆拉登·多拉尔：《在以马克思主义分析法西斯主义时出现的若干问题和矛盾》("O Nekaterih Vprašanjih in Protislovjih v Marksističnih Analizah Fašizma")，刊于《问题》，第16卷，177期，"讨论"特刊(1978年)，第49—111页；姆拉登·多拉尔：《法西斯统治的结构：马克思主义对法西斯主义的分析和意识形态理论本身存在的问题》(*Struktura Fašističnega Gospostva: Marksistične Analize Fašizma in Problem Teorije Ideologije*)，卢布尔雅那：DDU大学出版社，1982年。

[78] 海伦娜·莫托：《朋克是一种症状：80年代斯洛文尼亚哲学与另类文化的交集》，第290页。

[79] 姆拉登·多拉尔：《大权在握的精神分析：论法西斯主义、马克思主义和海报丑闻》("Psychoanalysis in Power: On Fascism, Marxism and the Poster Scandal")，收入兹登卡·巴多维纳茨等编，《从〈资本论〉到资本的NSK》(1987年)，第168—171页；姆拉登·多拉尔：《从结构主义到拉康——对姆拉登·多拉尔的访谈》，收入琼斯·欧文和海伦娜·莫托：《齐泽克和他的同时代人》，第93—112页。

[80] 菲尔·科恩(Phil Cohen)：《亚文化冲突与工薪阶层社区》("Subcultural Conflict and Working-Class Community")，刊于《当代文化研究中心工作底稿》(*CCCS Working Papers*)，第2期(1972年)，第5—53页。

[81] 见梅普尔·拉茨萨(Maple Razsa)和安德烈·库尔尼克(Andrej Kurnik)：《齐泽克家乡的占领运动：直接民主和化成之政治》("The Occupy Movement in Žižek's Hometown: Direct Democracy and a Politics of Becoming")，刊于《美国民族学者》(*American Ethnologist*)，第39卷，第1期(2012年5月)，第238—258页。

[82]海伦娜·莫托:《朋克是一种症状:80年代斯洛文尼亚哲学与另类文化的交集》,第288页。

[83]托马兹·马斯特纳克:《斯洛文尼亚的公民社会:从反对派到当权派》,第310页。

[84]琼斯·欧文和海伦娜·莫托:《齐泽克和他的同时代人》,第32页。

[85]"海报丑闻"中的"海报"指的是1987年获胜的比赛海报,由NSK设计部制作。它以"国家艺术家"的身份揭露了政权的真实面目,引起了一场全国性的公愤,最终导致比赛停赛。之所以如此,是因为它设计的拟纳粹徽章被认为是在批评铁托的个人崇拜。见杜尚·尼卡克(Dušan Nećak):《铁托治下南斯拉夫衰亡年表(1980—1991年)》("A Chronology of the Decay of Tito's Yugoslavia 1980—1991"),刊于《民族性研究》(*Nationalities Papers*),第21卷,第1期(1993年春季),第178页。

[86]斯图亚特·杰弗里斯(Stuart Jeffries):《写作的人生:斯拉沃热·齐泽克》("A Life in Writing: Slavoj Žižek"),刊于《卫报》,2011年7月15日。

[87]蕾娜塔·莎莉塞(Renata Salecl)是齐泽克的第一任妻子。她是斯洛文尼亚的哲学家、社会学家和法学理论家。她在卢布尔雅那和其他地方担任研究和教学职务。和齐泽克、多拉尔一样,她也是理论精神分析学会的创始人。见彼得·杜斯和彼得·奥斯本:《拉康在斯洛文尼亚》,刊于《激进哲学》,第58期(1991年夏季),第26页。

[88]托马兹·马斯特纳克:《论社会运动的灵魂:近距离审视齐泽克的远方来信后的几点评论》,收入兹登卡·巴多维纳茨等人主编,《从〈资本论〉到资本的NSK》(1987年),第178页。

[89]齐泽克:《公民社会、狂热迷信和数字现实》。

[90]同上。

[91]拉斯特科·莫奇尼克:《我们是如何为理性的胜利而战的,以及当我们获胜时发生的事情》("How We Were Fighting for the Victory of Reason and What Happened When We Made It"),收入琼斯·欧文主编:《一个非老兵反思》(*A Non-veteran Reflection*),斯洛文尼亚皮兰:皮兰海岸画廊出版社,1993年,第88页。

[92]见齐泽克:《为什么说莱巴赫和NSK并非法西斯主义者?》("Why Are Laibach

and NSK Not Fascists?”)，收入《从〈资本论〉到资本的NSK》(1993年)，第202—204页；《莱巴赫的启蒙》(“The Enlightenment of Laibach”)，收入兹登卡·巴多维纳茨等人编：《从〈资本论〉到资本的NSK》(1994年)，第205—212页。

[93]帕维尔·甘塔尔(Pavel Gantar)：《有关斯洛文尼亚公民社会的讨论》(“Discussions on Civil Society in Slovenia”)，刊于吉吉·格拉齐亚诺(Gigi Graziano)和阿道夫·比比奇(Adolf Bibič)编：《公民社会·政治社会·民主》(*Civil Society, Political Society, Democracy*)，卢布尔雅那：斯洛文尼亚政治科学协会出版社，1993年，第350—365页。

[94]姆拉登·多拉尔接受本书作者个人访谈时所言，2017年4月24日，小间咖啡馆，卢布尔雅那。

[95]阿伦卡·祖潘契奇(Alenka Zupančič)接受本书作者个人访谈时所言，2017年4月26日，卢布尔雅那，斯洛文尼亚科学和艺术学院。

[96]同上。

[97]阿莱什·艾尔加威茨(Aleš Erjavec)：《后现代主义与后社会主义状况：晚期社会主义时期的政治化的艺术》(*Postmodernism and the Postsocialist Condition: Politicized Art under Late Socialism*)，伯克利：加州大学出版社，2003年，第96页。

[98]海伦娜·莫托：《朋克是一种症状：80年代斯洛文尼亚哲学与另类文化的交集》，第299页。

[99]齐泽克：《社论》(“Editorial”)，刊于《问题》，第19卷，第205—206期(1981年)，第27页。

[100]齐泽克语，见琼斯·欧文和海伦娜·莫托：《齐泽克和他的同时代人》，第132—135页。

[101]伊恩·帕克：《斯拉沃热·齐泽克：批判性引论》，第32页。

[102]见杰夫·鲍彻(Geoff Boucher)：《不轻易吸收外人参加的意识形态小圈子：对拉克劳、墨菲、巴特勒和齐泽克的批判》(*The Charmed Circle of Ideology: A Critique of Laclau and Mouffe, Butler and Žižek*)，墨尔本：Re.Press出版社，2009年。

[103]彼得·斯洛特迪克(Peter Sloterdijk)，当代德国哲学家、公共知识分子，长期

以来一直批判自由民主体制。尽管他有这种右翼倾向，齐泽克还是频繁地援引其著作。

[104] 海伦娜·莫托：《朋克是一种症状：80年代斯洛文尼亚哲学与另类文化的交集》，第292页。

[105] 齐泽克：《意识形态·犬儒主义·朋克》，收入兹登卡·巴多维纳茨等人编：《从〈资本论〉到资本的NSK》(1984年)，第113页。

[106] 齐泽克：《为什么说莱巴赫和NSK并非法西斯主义者？》，收入兹登卡·巴多维纳茨等人编：《从〈资本论〉到资本的NSK》(1993年)，第202—204页。

[107] 伊恩·帕克：《斯拉沃热·齐泽克：批判性引论》，第32页；另见伊恩·帕克：《关于过度认同的真相》("The Truth about Over-identification")，收入保罗·鲍曼(Paul Bowman)和理查德·斯坦普(Richard Stamp)编：《齐泽克的真相》(*The Truth of Žižek*)，伦敦：连续出版社，2007年，第144—160页。

[108] 伊恩·帕克：《斯拉沃热·齐泽克：批判性引论》，第32页。

[109] 齐泽克：《精神分析中的哲学》(*Filozofija skozi Psihoanalizo*)，卢布尔雅那：DDU大学出版社，1984年，第124页。

[110] 齐泽克：《拷问实在界》(*Interrogating the Real*)，伦敦：连续出版社，2007年，第xiii(13)页。

[111] 同上，第xv(15)页。

[112] 同上。

[113] 杜尚·尼卡克(Dušan Nećak)：《铁托治下南斯拉夫衰亡年表(1980—1991年)》，第176页。

[114] 国际危机小组：《国际危机小组科索沃春季报告》，1998年3月1日，https://www.refworld.org/docid/3ae6a6ec4.html。

[115] 伊恩·帕克：《斯拉沃热·齐泽克：批判性引论》，第25页。

[116] 阿蒂拉·阿格(Attila Ágh)：《中欧和东欧政党的议会化：匈牙利议会的党纪，1990—1996年》("The Parliamentarization of the East Central European Parties: Party Discipline in the Hungarian Parliament, 1990—1996")，收入肖恩·鲍勒(Shaun Bowler)、大卫·法雷尔(David M. Farrell)和理查德·卡茨(Richard S. Katz)编：《党纪与议会政府》(*Party Discipline and Parliamentary Government*)，哥伦布：俄亥俄州立大学出版社，1999年，第167—188页。

[117]琼斯·欧文和海伦娜·莫托:《齐泽克和他的同时代人》,第132—135页。

[118]齐泽克和格伦·戴利:《与齐泽克对话》,第49页。

[119]齐泽克语,出自彼得·杜斯和彼得·奥斯本:《拉康在斯洛文尼亚》,第28页。

[120]蕾娜塔·莎莉塞语,出自彼得·杜斯和彼得·奥斯本:《拉康在斯洛文尼亚》,第29页。

[121]齐泽克语,出自彼得·杜斯和彼得·奥斯本:《拉康在斯洛文尼亚》,第32页。

[122]同上,第50页。

[123]就他自己而言,多拉尔借用弗洛伊德的关键性的“西诺莱利”(Signorelli)事件和拉康有关这个事件的结构性格言(structural maxim),并以之为框架来分析南斯拉夫的解体。见姆拉登·多拉尔:《无意识是像南斯拉夫那样被结构起来的》(*The Unconscious Is Structured as Yugoslavia*),刊于《青年》(*Mladina*),1989年9月29日出刊,第15—30页。——作者注。有关“西诺莱利”事件,参见弗洛伊德,《日常生活心理病理学》第一章“专有名词的遗忘”。该章涉及“错误记忆”(wrongly remembered)、“名字替代”(substitutename)和“误置”(displacement)等重要问题。弗洛伊德说他忘记了“西诺莱利”的名字,并称这是一个“偶发事件”。这个名字与“性”有关,所以他不愿意谈及,于是把有关它的一切统统赶出“意识”,将其压抑,这才造成了遗忘、替代和误置等奇怪现象。关于“无意识是像南斯拉夫那样被结构起来的”,它显然是对拉康的名言“无意识是像语言那样结构起来的”(the unconscious is structured like a languege)的模仿或戏仿。——译者注。

[124]齐泽克在1989年写过一篇论文,题为《享受之灌木丛:何以通俗文化可以用作拉康理论的引论》(“The Undergrowth of Enjoyment: How Popular Culture Can Serve as an Introduction to Lacan”)。在这篇文章中,齐泽克扩展了拉康的框架,不仅用它分析和批判政治意识形态,而且用它分析和批判通俗文化意识形态(pop-culture ideology)。随后,政治学家在研究民族主义时拣起了齐泽克的“盗窃他人的享受”(theft-of-enjoyment)的想法。见杰森·格利诺斯(Jason Glynos):《意识形态的掌控:对意识形态理论的拉康式研究》(“The Grip of Ideology: A Lacanian Approach to the Theory of Ideology”),刊于《政治意识形态杂志》(*Journal of Political Ideologies*),第6卷,第2期

(2001年),第191—214页;扬尼斯·斯塔夫拉卡基斯(Yannis Stavrakakis)和尼科斯·赫里索洛拉斯(Nikos Chrysoloras):《(我没有得不到的)享受:拉康理论和对民族主义的分析》[“(I Can’t Get No) Enjoyment: Lacanian Theory and the Analysis of Nationalism”],刊于《精神分析·文化·社会》(*Psychoanalysis, Culture & Society*),第11期(2006年7月),第144—163页。

[125]齐泽克:《东欧的基列共和国》,第54页。

[126]齐泽克语,出自彼得·杜斯和彼得·奥斯本:《拉康在斯洛文尼亚》,第50页。

[127]见约翰娜·博克曼(Johanna Bockman)和吉尔·埃亚尔:《作为经济知识实验室的东欧:新自由主义的跨国根源》(“Eastern Europe as a Laboratory for Economic Knowledge: The Transnational Roots of Neoliberalism”),刊于《美国社会学期刊》,第108卷,第2期(2002年9月),第310—352页。

[128]伊恩·帕克:《斯拉沃热·齐泽克:批判性引论》,第28页。

[129]齐泽克语,出自彼得·杜斯和彼得·奥斯本:《拉康在斯洛文尼亚》,第25—26页。

[130]伊恩·帕克:《斯拉沃热·齐泽克:批判性引论》,第28页。

[131]齐泽克语,出自彼得·杜斯和彼得·奥斯本:《拉康在斯洛文尼亚》,第26页。

[132]姆拉登·多拉尔接受本书作者个人访谈时所言,2017年4月24日,小间咖啡馆,卢布尔雅那。

[133]杜尚·尼卡克:《铁托治下南斯拉夫衰亡年表(1980—1991年)》,第173页。

[134]齐泽克:《公民社会、狂热迷信和数字现实》,1996年。

第 2 章

如果你首战失利，千万别泄气：拉黑体初试啼声

齐泽克在20世纪80年代被定位为斯洛文尼亚语境中的公共知识分子，这为他在90年代介入其他知识语境奠定了根基。在这个时期，他以一种独特的表演方式，借助于特定的团队关系和网络关系，对社会问题——包括理论问题和实践问题——做出反应。这些共同促进了他的定位，并确立了其定位的有效性。到了这个时候，齐泽克已是成熟的当地知名知识分子，拥有由多拉尔和莎莉塞这样的同事组成的团队，还与雅克-阿兰·米勒（在法国）和埃内斯托·拉克劳（在英国和南美洲）建立了全球合作网络，通过《问题》等期刊和"文选（Analecta）丛书"在当地公共领域占据了重要位置。

正是在从斯洛文尼亚本土语境转向更加广阔的欧洲语境的过程中，齐泽克作为一种国际现象脱颖而出。无论在形式上还是在内容上，他对"后法典时代"新兴的数字状况（digital conditions）都做出反应并与之翩翩起舞。[1] 在20世纪90年代末，这一点已经变得非常明确。但在刚刚开始之时，20世纪80年代遗留下来的问题仍然触目皆是。在一系列的知识介入中，齐泽克一边处理主体这一概念，一边完成了他对社会层面分析和在个人层面分析的叠加定位。此外，他对高深与低俗的叠加定位，即把高深（知识）的理论与低俗或流行的（公共）文化相结合，促进了他对欧洲知识领域的介入。他的这一举动还使他被定位为牺牲型知识分子，他也拒绝接受大师、精神分析师或“理应知情的主体”的定位。所有的大师、精神分析师或“理应知情的主体”现在都是陈旧过时和江河日下的“权威型知识分子”的变体。他坚持将高深理论和高深概念与通俗文化和政治融合起来，这在他于 1991 年接受的访谈中再次得到了明确的强调。英国《激进哲学》（*Radical Philosophy*）杂志在对他进行采访时，借助于政治的语境化和知识的语境化对他做了如下描述：

> 中欧和东欧最近发生的政治动乱导致了一个显著的结果，那就是各类新理论思潮的形成。这些思潮往往把在西欧人看来完全不同的思想流派糅在一起。如今，人们可以遇见年轻的苏联哲学家，他们对法兰克福学派和解构主义的兴趣与他们对新自由主义经济学的强烈倡导完美地匹配在一起。人们还可以遇见东欧的社会学家，他们对马克思主义和一党制国家所做的福柯式批判又因为他们对私有化政治（politics of privatization）的深刻怀疑而趋于弱化。在这些崭新的糅合中，最复杂和最有趣的综合是把“拉康主义、黑格尔主义、马克思主义”糅在一起。它是由处于南斯拉夫最西端①的斯洛文尼亚卢布尔雅那大学的斯拉沃热·齐泽克和他的同事们发展起来的。[2]

斯洛文尼亚把自身定位为“最西端”，这为齐泽克提供了一个框架，使他把自己定位为新知识综合（new intellectual syntheses）的

① 严格说来，斯洛文尼亚并不处于南斯拉夫的最西端，而是处于最北端，与奥地利接壤。克罗地亚的部分疆界比斯洛文尼亚还要靠西一些。

一部分。这种综合出现在 20 世纪 80 年代不断变化的政治语境和 90 年代的全球化语境中。齐泽克用西方理论术语和诸如《新左翼评论》(*New Left Review*)之类的渠道向西方人解说东方，此举开始使他被置于杰出知识分子的位置。为了解释和证明齐泽克的这个独特的混合属于叠加定位，我把目光转向欧洲知识界，把它视为一个语境，齐泽克在 20 世纪 90 年代的知识扩张就发生在那个语境之中。本章的具体论点是，齐泽克通过对各个知识领域的一系列知识介入成了杰出的知识分子，同时创造了一种与多个学科的专业术语相对应的叠加定位语言（superpositioned language），使他的思想适用于并吸引了各式各样的知识读者，并与这些读者的众多兴趣和众多关切产生共鸣。这些丰富多彩的知识领域包括心理学、精神分析、马克思主义、批判理论、社会学、电影理论、文学、文化研究和政治神学。他以表演性和修辞性的语言（performative and rhetoric language）讨论将这些领域交叉重合时出现的问题，把这些领域所秉持的不同立场编织起来，同时又创造自己的立场，因此与不同的知识受众（intellectual audiences）密切相关。

齐泽克是带着实质性的关系（substantial relationships）登上欧洲舞台的，这些关系后来影响了他作为全球知识分子的崛起。其中最重要的是他的斯洛文尼亚共和国科学大使的国际身份（他自 1991 年起出任此职）、他创立的卢布尔雅那学派、他的队友姆拉登·多拉尔和阿伦卡·祖潘契奇、他出版的“文选丛书”和《问题》等几种期刊，以及他与埃内斯托·拉克劳、雅克–阿兰·米勒等人的关系网。[3] 但是，倘若没有卓有成效的表现，没有特定的语言手段和修辞手段来维系和执行，上述关系不会持续太久。而且，关系会随着时间和空间的变化而变化。知识分子会改变自己的立场，也会根据自己与他人的关系来改变自己的定位。或者说，其他人可能会改变立场，这也会迫使自己做出相应的改变。因此，这里所展示的是，在发生变化时，这些关系通过定位和重新定位才得以维系。作为一名当地的公共知识分子（1982 年至 1989 年），齐泽克只在当地用斯洛文尼亚语出版过著作。就其总体表现而言，即使把 1982 年之前的那十年囊括其中，也就是说，即使从 1972 年算起（他在那一年出版了第一部斯洛文尼亚语著作），他总共出版了 12 部斯洛文尼亚语著作，只有一本英语著作，即 1989 年出版的《意识形态的崇高客体》。然而，这部著作使齐泽克的知识介入发生了转变。正如多拉尔所说的那样：

> 斯拉沃热的写作发生了重大转变。他用斯洛文尼亚语出版了第一部著作《差异之痛》，过程极其艰难。那时是在 1972 年。斯拉沃热竭尽全力，想在法国出版，但最终他与［雅克–阿兰·］米勒的关系走向破裂，未能将此书付梓。后来［斯拉沃热］在线条出版社（Éditions Lignes）出版。它没有引起任何反响，因为对于他的所作所为而言，这是一个怪异的举动。1989 年之后，斯拉沃热的注意力完全放在英文著作的出版上，这是从生产的意义上说的。这些年来，我们在这里出版过的斯拉沃热的任何著作，都是他首先用英文写成，然后我们请他将其译成斯洛文尼亚语的。[4]

这段文字涉及若干方面，语意丰富，从网络关系及其对知识生产的实际影响，到齐泽克的著作在法国没有引起反响的原因，应有尽有。但就目前而言，我们要注意的是，它暗示我们，齐泽克的整体知识生产已经转向英语。从 1990 年到 2000 年，齐泽克出版了 15

部英文著作（其中 4 部与人合著），但只有 8 部是以斯洛文尼亚语出版的（从英语翻译而来）。在知识内部领域和公共知识领域（public intellectual arenas）中，80% 的英文著作由左页出版社出版，另外 20% 由劳特利奇出版社、杜克大学出版社和麻省理工学院出版社推出。如此惊人的高产，绝大多数知识分子（也许）需要倾其一生才能企及。因此，就表演的定位（performative position）而言，分析齐泽克从斯洛文尼亚语转向英语的原因是非常重要的。这一转变的结果是他跻身于英语世界。与此同时，随着互联网的出现，英语已经成为全球化语言。鉴于英语作为一种全球化语言所拥有的主导地位，从知识出口的角度看，用英语——而非斯洛文尼亚语——著书立说，更适合于翻译和传播。[5] 这尤其适用于那些把法语立场和德语立场叠加起来的著作，且与欧洲神圣三位一体（European Holy Trinity）产生共鸣。本章将考察这个过程是如何（以及在何处）发生的，着重关注三个要素：语境、关系和表演。我首先要处理的问题是：齐泽克 1982 年以法语撰写的博士学位论文，它在 1988 年的出版，以及它的命运——未能在法国获得认可。然后我将解释，何以同一份手稿得以在 1989 年成功出版，并成为齐泽克的英语介入（English intervention）的开山之作。首先分析这种创构性的介入（formative intervention）本身，然后分析由此引发的一系列全球性知识介入（图 2.1）。

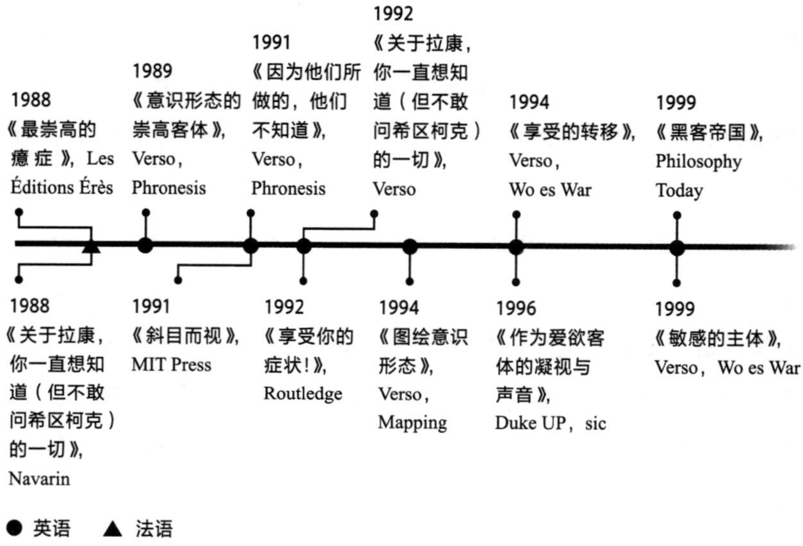

图 2.1　齐泽克的创构性知识介入，1989—2000 年

何以齐泽克在法国失利

齐泽克与法国——包括法国的理论、思想家和大学——关系密切。多年以来，他与阿兰·巴迪欧（Alain Badiou）、雅克·朗西埃（Jacques Rancière）、克劳德·勒弗（Claude Lefort）、艾蒂安·巴里巴尔（Étienne Balibar）和让-克洛德·米尔纳（Jean-Claude Milner）等法国著名知识分子保持着对话。这可能会让人得出这样的结论：如果有什么因素促使齐泽克从斯洛文尼亚这个蕞尔小邦登上了全球知识舞台，那就是他与法国的（这一）关系。然而，齐泽克在法国很少受到关注，对他的少许接受并没有推动他做任何重要的知识定位。的确，“齐泽克虽然目前在英美学术圈享有卓越的知名度，但相

对而言，他在法国的存在稍显灰暗”[6]。法国对他的拒斥让他更加专注于用英语写作，渗入英语为媒介的全球市场、学术界和各种公众。鉴于他有独特的表演才能，加之数字全球化的进程，他投身于英语世界这一行为使他成为一个杰出的全球知识分子。但在这里，让我们首先回顾一下他在法国的经历。

帮助齐泽克与法国建立联系的，是斯洛文尼亚社会学家和活动家拉斯特科·莫奇尼克。在卢布尔雅那完成本科学业后，莫奇尼克前往巴黎攻读硕士学位，并在那里与德里达建立了联系。德里达是他众多老师中的一个。到了 20 世纪 70 年代初，莫奇尼克将齐泽克介绍给德里达。就在不久之前，也就是 1969 年，姆拉登·多拉尔也首次前往巴黎，那时 1968 年的“五月运动”尚且余波未了：“我看到了 1969 年的巴黎，那时 1968 年的痕迹历历可数，清晰可见。在我进入哲学系前，他们没有擦除那些标语、那些涂鸦。……他们把我们带到一个宿舍，（17 世纪的）圣让德赛（Saint Jean de Sey）曾在那里安寝，现在我们要睡在那里。那个宿舍有个巨大的涂鸦，上面写着‘尽情享受’（jouir sans entraves）。这是 1968 年的口号，最初的口号，写在我到巴黎后第一夜就要入住的那个大楼里。这是在冲我尖叫，冲一个初来巴黎的 18 岁年轻人尖叫。这个口号就摆在你的面前。开始时就是这样。”[7]多拉尔回忆说，对他影响深远的那一年是 1980 年，当时他“纯属巧合”地再次赢得一项法国助学金，得到了在巴黎完成学业的机会。位于樊尚（圣但尼）的实验大学①接受了多拉尔，那里聚集了令人热血偾张的巴黎知识分子，如拉康、德勒兹和巴迪欧。依多拉尔之见，他非常幸运地亲耳聆听了法国结构主

---

① 樊尚（圣但尼）的实验大学，即巴黎第八大学。

义者们举办的讲座。之所以这样说，是因为 1980 年是一切都如火如荼的最后一年。这一切随着他们中的许多人——如巴特、萨特、拉康和福柯等——的匆匆辞世而终止。这些讲座对公众影响深远。对此多拉尔以实例解释说："为了拉康，他们租用了巴黎最大的报告厅——法学院的报告厅，那里可以容纳大约 1100 人，只有提前两个小时抵达，才能挤得进去。福柯有所不同，他有大约 400 人前来聆听，只需要早到一个小时。那里存在着等级差异。知识明星的璀璨星光如今已经荡然无存。"[8]

齐泽克与米勒的独一无二的私人关系和专业关系已经在 20 世纪 80 年代初建立起来。那是在巴黎第八大学，他是米勒的博士生和教学助理。不仅如此，他后来还成了米勒的患者，接受米勒的精神分析。在将他的对外关系与其他斯洛文尼亚知识分子的对外关系做比较时，他解释道：

> 其他人即使要出国，也是去别的地方，去德国，去讲英语的世界，等等。我认为，想去法国的人并不多。不多，不多，真的不多。与米勒主持的拉康学派（Millerian Lacanianism）的联系，与弗洛伊德事业学派（Ecole de la Cause Freudienne）的联系，是我们所特有的。但是，没过多久，到了 20 世纪 80 年代末，我们遇到了麻烦，陷入了困境。因为对我们而言，他的取向过于倾向于临床治疗。……这就是为什么我们受到强烈攻击的原因。我们在 80 年代——或 70 年代末——与法国拉康派建立联系时，进展不太顺利，也是因为他们不喜欢我们的哲学取向。他们意在壮大他们的运动。他们想让我们回国开展临床性的精

神分析。我们无意于此。我们至死都是哲学家。[9]

在这里，我们可以理解，何以齐泽克的干预——以及他作为知识分子所秉持的立场——被法国学术界拒之门外。具体说来，我们可以细细辨识有关拉康派精神分析的两种立场。对齐泽克而言，拉康是重建德国观念论——尤其是重建黑格尔——的必由之径，是摆脱马克思主义–海德格尔派僵局（Marxist-Heideggerian deadlock）的"康庄大道"，是以柏拉图的"理式"（idea）来确定当今文化方位的一种方式。根据知识介入模型（图 0.2），此举开启了干预的第一步：利用过去的伟大人物，并将他们与当前的紧迫问题联系起来，以便对未来进行全新的解读；在此基础上，介入者从知识领域转入公众领域。齐泽克把拉康定位为哲学思想的一个源泉，因而把他带到了诊所之外。然而，在米勒看来，拉康首先是（他的岳父和）拥有临床精神分析实践经验的理论家。实践（米勒和精神分析）与理论（齐泽克和哲学）的对立定位，使两者之间的裂痕日趋扩大，其产生的实际效应超出了齐泽克的惊恐症的首次发作[10]："米勒拒绝出版齐泽克求学期间撰写的博士论文，这使它最终（在 1988 年）由埃雷斯出版社（Les Éditions Érès）出版。这家出版社对理论精神分析和临床精神分析均有强烈的担当，专注于人文科学的出版。该书以《最崇高的癔症——黑格尔关口》（*Le plus sublime des hysteriques—Hegel passe*）为题，收入'离线点（Point Hors Ligne）丛书'。此书当时影响甚微，眼下已经绝版。"[11]

米勒是一个颇有争议的人物，没有显赫的学术职位或地位，并且与许多不尊重他的法国知识分子（拉康派及其他人）意见相左，因此来让他充当他本来也不愿意充当的保证人，不仅无益，反而有害。此外，在书名中将黑格尔列为主要的知识参照物，在法国没有引起多少强烈的共鸣，因为法国甚至连一个“黑格尔派”都没有，而且法国和德国互不服气，凡事较量。[12]在那个时期，尤其是在福柯之后，巴黎的知识分子潮流是充当专家之类的“具体知识分子”（specific intellectuals），持与黑格尔的泛逻辑主义格格不入的反黑格尔立场。一个较早的例证是阿尔都塞在 1962 年发表的一篇影响深远的论文《矛盾与多元决定》（“Contradiction and Overdetermination”）。在这篇文章中，他对黑格尔进行了激烈的批判，试图将他的思想与马克思的思想剥离开来。

正如齐泽克承认的那样，他的“第一本法语著作（不包括那本专论希区柯克的论文集[13]）是《最崇高的癔症》。我想说，该书有三分之二的内容与《意识形态的崇高客体》重合。虽然该书的出版并非一败涂地，但也没有产生任何严肃的影响力。所以你可以理解，何以事情是那样的阴差阳错，因为有些东西，在这里轰轰烈烈，在那里却是一片沉寂”[14]。尽管如此，齐泽克的法语介入确实在知识舞台上留下了些许痕迹，但其痕迹主要留在了较低级别的学术圈子里。我们在这里开始看到齐泽克的牺牲型立场（sacrificial position）的出现：失之于学界，得之于公众。他将其描述为“工人阶级的团结：学术水平越低，就越受欢迎。我听到的都是同样的故事：我的拥趸是研究生，而不是顶尖的教授。我对此颇感欣喜”[15]。即使到了今日，距他在法国出版首部著作已经过去了 30 年之久，他在法语世界中的地位依然暧昧不明。他只有一小部分著作被译成外语，而且出版过程反复无常：每个出版社只出版了他的一到两本著作。这些出版社包括法雅出版社（Fayard）、弗拉马里翁出版社（Flammarion）、法兰西大学出版社（PUF）、阿姆斯特丹出版社

（Amsterdam）和克莱梅出版社（Climats）。依亚格娜·奥尔塔泽夫斯卡之见，“法国的出版业已经认识到他的重要性，但不知道应该把他摆放在什么位置，这可以从他迄今为止至少在八家出版社那里出版过著作的事实得以证明”[16]。因此，某种形式的定位——齐泽克的叠加定位——在某些语境中可能是有用的和成功的，但在另一些语境中可能劳而无功。

齐泽克在斯洛文尼亚、法语世界和英语世界中进行的介入各不相同。如果加以比较，不难发现某些明显的差异。这些差异与空间、时间、风格和速率关系密切。在空间方面，斯洛文尼亚缺乏成熟的精神分析共同体，这使齐泽克和他的卢布尔雅那学派能够更自由地表演、著书立说和授业解惑，而不会受到来自其他精神分析对手的批判攻击。除了知识介入，他的文化介入和政治介入引起了斯洛文尼亚公众的广泛共鸣，并使他在社会中占据举足轻重的地位。但在法国，既定的哲学共同体和精神分析共同体拥有悠久的传统，囊括了从拉康到萨特再到阿尔都塞等享誉全球的风云人物。[17]这些既定的共同体不只是知识性的存在，不仅扎根于学术界，而且存在于公众之间。在那里，作为一种文化，哲学和精神分析是随着法国理论（French theory）在 20 世纪 60 年代的出现和传播发展起来的。[18]总之，与斯洛文尼亚相比，法国的知识（即哲学和精神分析）空间和公共（即文化和政治）的空间层次更加分明，等级更加森严，更加有章可循，一成不变。与英国相比，也是如此，但其原因并不相同。[19]

法国没有齐泽克的容身之地，巴黎尤其如此，因为那里耸立着知识分子的先贤祠。此外，齐泽克的叠加定位使得对他的著作进行分类和标识变得困难重重。这也是为什么在没有米勒的帮助下，齐泽克只能通过一家籍籍无名的专业出版社——线条出版社——出版其博士论文的原因。这个出版社大力推广把文学、艺术和哲学熔为一炉的知识分子的著作，如无法归类的巴塔耶的著作。它是被列入“离线点丛书”中的一种出版物，而“离线点丛书”作为丛书，主要为临床从业者和从事人文学科、社会科学研究的知识分子提供精神分析概念。它当然不是最为一以贯之的整体，没有迫切的目标、需求和方法，这使得对新的知识介入进行产品定位、品牌确立和市场营销变得更加艰难。[20]鉴于那里的精神分析强烈依附于临床医学，鉴于那里的哲学空间等级分明，“在法国公众眼中，齐泽克对精神分析的应用必定类似于野狐参禅。在法国，拉康的理论与临床实践的关系极为密切，而齐泽克眼中的拉康不仅与临床实践无关，还被强行与马克思和黑格尔结盟，目的就是对当代文化进行政治化的解读”[21]。这种迥然不同的知识空间建构，即把斯洛文尼亚、法国、英国和美国嫁接起来的知识空间建构，是与知识气候（intellectual climate）问题或知识时机（intellectual timing）问题相伴而生的。

正如洛朗·让皮埃尔（Laurent Jeanpierre）所言，1968 年“五月事件”后，法国对马克思的不满与日俱增，不再把马克思当成解决资本主义问题的灵丹妙药。这是主人叙事（master narratives）的衰落，是对“宏大”哲学问题的唾弃。当时，将哲学化的拉康与政治化的黑格尔联系在一起无异于逆水行舟。除了这些空间上和时间上的语境决定因素，我们还应该加上齐泽克独特的风格。他独特的风格也是他被法国拒之门外的原因之一。[22]齐泽克使用的熟语（idiom）和修辞性语言（rhetorical language）似乎并没有引起法国学术界和公众的共鸣。法国的学术界和公众可能对文本实验并不那么热情，他们更依赖于传统的学术书写方式：“把拉康化的黑格尔和非临床性的拉康混为一谈，似乎还不足以令人忧心忡忡，……学科界限所特有的语境逻辑，对哲学论证展示井然有序和肃穆庄重的品质的期望，对于政治介入写作（politically engaged writing）的普遍祛幻，对理论折中主义的心存疑虑，都不是好兆头，不利于齐泽克被法国人接纳。”[23] 说到风格，齐泽克的混杂语（hybrid language），他对黑格尔所做的非正统（唯物主义）的解读，对拉康公式和拉康著述的毫不妥协的采用，以及他冷酷无情的“剪切粘贴”的著述方法，这一切都使人疲惫不堪。因此，“存在一种真正的风险：这些不受控制的情感涌动可能会使读者情绪失控。使读者情绪失控，并不是在激发富有创造力的好奇心这个意义上说的，而是在引发愤怒的拒绝这一意义上说的”[24]。在法语语境中，尤其如此。

这样的语言游戏是由频繁出现的新造词语和口语词语，大写的字母和斜体的字母，以及为了抬高自己身价而频繁提及名人、讲述笑话、列举例证和提出反问构成的。这些语言游戏在写作中或通过写作呈现出明显的表演性，创造了一种超文本性的、使人情绪失控的阅读品性。齐泽克介入的速度（rate of interventions）使得他的表演更难被人理解，因为他优哉游哉地从一个学科跳到另一个学科，用一套专业术语替代另一套专业术语，援引无数的文化参考文献和哲学理念。即使是他公开表明的雄心壮志——从共产主义起步——也足以令人生畏和心生抗拒。在法语语境中，他的风格没有立足之地，也无法激发人们的欲望。这促使他在另一个语境（即英语环境）中进行第二次全球性尝试。

由不同的出版社、著作标题、著作前言等因素呈现出来的不同的语境构架（contextual framing），为他几乎如出一辙的介入创造了更适用和更诱人的版本。这意味着，内容相同，但语境不同。在英国语境中，《意识形态的崇高客体》是作为拉克劳和墨菲的后马克思主义研究的一部分问世的。拉克劳和墨菲于1985年出版了《霸权与社会主义战略》。几年过去了，这种研究在学术界仍然具有强劲的影响力。这并不意味着齐泽克的研究规划只被理解为后马克思主义的规划。但它拥有一个易于辨识的起点，而这是法语世界或法国所欠缺的。正如肖恩·霍默（Sean Homer）所言："齐泽克（用英语重写）的著作的问世可谓适逢其时。在东欧，'实际存在的社会主义'① 的历史性崩溃和西方马克思主义的消解似乎已成定局，虽然还没有彻底完成。这时，后现代主义和后马克思主义的知识潮流最为突飞猛进和得意扬扬。"[25] 这种政治上和知识上的后马克思主义时机，在英国接受《意识形态的崇高客体》和在法国拒斥《意识形态的崇高客体》的过程中，都发挥了重要作用。

为叠加定位做担保：拉克劳为齐泽克作序

20世纪80年代后期，在由哲学家、批判理论家和马克思主义社会学家组成的学术界中，有一个迫切需要解决的问题：谁是主体？特别是，谁是革命的主体？谁是解放的驱动者？苏联解体后，"无产

---

① "实际存在的社会主义"(actually existing socialism)，勃列日涅夫时代在东欧集团国家和苏联流行的短语，指那个特定时期东欧集团实施的、具有东欧集团特色的苏联式计划经济体制。这些东欧集团国家声称，虽然它们实行的政策与苏联的社会主义并不完全相同，但鉴于他们的生产力水平较低，所以他们实施的政策是切实的，也是可行的。这个短语源于苏联，后来成为东欧集团国家描述自身的政治经济制度及其社会模式的委婉语，并被广泛采用。它并无自嘲和反讽之意。

阶级”这个主观指涉物（subjective referent）就变得面目模糊起来。随着知识环境和政治环境的日新月异，这种模糊不清更是变本加厉：世界目睹了苏联的解体，随之而来的是官方哲学的替代品的消失，以及对资本主义的威胁的解除。与此同时，新兴的资本主义形式已经与古典的、福特式的、中央集权化的资本主义大异其趣。新式去集权化的、崇尚技术文化的后工业资本主义——“新自由主义”的资本主义——使公共领域脱胎换骨，把它变成了数字空间。到了 20 世纪 90 年代，随着哲学和哲学体系的衰落，随着作为社会科学家的专业专家（specialized expert）的崛起，随着计算机化、数字化公共领域的出现，知识介入的语境和表演发生了巨变。

能够直接面对业已缺失的（马克思主义）主体这个知识问题和政治问题的著作并不多见：一旦不能把工人等同于无产阶级，后者就开始丧失其作为政治变革主体的身份。阿兰·巴迪欧的《主体理论》（*Théorie du Sujet*，1982）就是其中之一，拉克劳和墨菲的《霸权与社会主义战略》（1985）也是如此。他们两人都想阐明后马克思主义的主体观，为 20 世纪末的革命主体探寻新的身份。以英文出版的《霸权与社会主义战略》在全球产生了最为有效的冲击力。齐泽克陷入了这个理论困境和实践僵局。他是在第一个系列的全球性介入时陷入这个困境和僵局的。他的第一个系列的全球性介入将他定位为全球性的知识分子。该系列包括诸如著作之类的创构性介入（formative interventions），其中一些著作后来被称为《齐泽克集萃》（*The Essential Žižek*），以丛书的形式推向市场，但也包括访谈、评论、文章、谈话和电影。[26] 通过所有这些著述，齐泽克置身于一个复杂的定位过程之中，这为他后来成为全球公共知识分子提供了条件。

齐泽克在1989年出版了他的处女英文著作《意识形态的崇高客体》，将他的知识介入与当时面临的问题联系起来。这使他登上了全球知识的舞台。在那里，英语是知识全球化的主导形态。我们还要记住，该书并非天才或狂人的心血来潮、一蹴而就之作，相反，它是齐泽克等人长期而广泛地采取行动的结果。重要的是，齐泽克确立了一种语言，这种语言创造了一种符指化的身份（signifying identity），我们可以以集群的形式（a clustered fashion）把这种符指化的身份与某些立场和观念关联起来。他是通过把黑格尔的语言和拉康的语言编织成我所谓的“拉黑体”达到这个目的的。作为一种言语行动（speech-acting）和言语表演（speech-performing）的形式，这种语言成了齐泽克品牌的能指（the signifier for the Žižekian brand）。这是一种在法语世界中被严厉拒绝，但在英语世界中被广泛接纳的语言。关于这一点，齐泽克是这样回忆的：

> 在20世纪70年代中期，我结识了埃内斯托·拉克劳，他策划了我的第一本书，策划了《意识形态的崇高客体》。然后在70年代中期举办的一个大型拉康代表大会上，我结识了琼·柯普洁（Joan Copjec），她策划了我的下一本书，这本书卖得很好，现在还在销售。它就是《斜目而视》。就这样，我上道了。从那时起，我想出版什么就出版什么。我认为，这只是将拉康应用于政治和通俗文化，还带有一点左翼的扭转（leftist twist），因为你知道，存在着文化研究（这个领域），它分析通俗文化，等等，但没有人把文化研究与拉康和精神分析联系起来，与主体性联系起来。这是新生事物，但要赋予它这种拉康式的扭转（Lacanian twist）。这一

> 招果然奏效。而且见效之快令人难以置信。我很抢手——不过一两年的时间，一切都变了。我记得那本书，就是《斜目而视》，它立即被重印，被翻译成其他语言。[27]

对其他学科和立场——从精神分析和哲学到社会和个人——的叠加，对于齐泽克的新语言——拉黑体语言——的创造和传播至关重要。在“主体消亡”[28]的时代，这种把社会事务与主体性相关联的做法，意味着出现了一种新的思维方式，即以新的参与方式（engaged way）思考我们这个时代。这种参与方式允许读者或听众绕过常见的（非批判性的）犬儒立场[29]，将自己纳入作为一种参与性的认同机制（a participatory mechanism of identification）的分析中。这与足球迷或音乐迷依附于运动员或表演者的做法并无差异。

《意识形态的崇高客体》问世于 1989 年这个转型时期和多事之秋，由伦敦左页出版社（Verso）付梓。该出版社成立于 1970 年，当时主要出版和发行《新左翼评论》。它把自己打造成了左翼性、国际性、受人欢迎、精通营销的公司，与传统的大学出版社截然不同。那时拉克劳已经与它合作推出了一套名为“实践智慧”（Phronesis）的丛书。作为介入的一部分，这套丛书的内文本（peritext）借助于时间和空间的定位来展示其意图和雄心。它传达出与当下同步的信号，在开篇的描述中宣称：“如今人们普遍认为，左翼方案危在旦夕。”接下来，它扩展了自己与全球的相关性：“新的对抗已经出现，不仅出现在发达资本主义社会，而且出现在东欧集团和第三世界。”它从政治域（the political）转向知识域（the intellectual），提到了在用以应对危机的正确理论策略上存在的分歧。它对两种立场做了甄别。一方面，“有些人认为，当前对理性主义和普遍主义的批判危及民主方案的根基”。另一方面是“实践智慧”的立场，它认为：“对本质主义的批判是一个必要条件，只能具备了它，才能理解现阶段民主政治所特有的社会斗争领域的日益扩大这一现象。对本质主义的批判是当代理论中最重要的诸种趋势——如后结构主义、维特根斯坦后期的语言哲学、后海德格尔派的阐释学（post-Heideggerian hermeneutics）——的汇合点。”

因此，《意识形态的崇高客体》在这个框架内被定位，与这套丛书的目标——使“这些理论发展和左翼政治对话”——完全一致。这种反本质主义的立场被称为“实现左翼新愿景的必要条件”，被用来与当时的全球政治形势和知识形势产生共振。如此一来，《意识形态的崇高客体》成了对全球性知识领域的知识介入。拉克劳本人在几个知识分子圈子里都有身份，还担任过几个职位，被视为后马克思主义者、法国和南美拉康精神分析学家、阿根廷政治家和（话语理论方面的）欧洲社会科学家。他的妻子尚塔尔·墨菲（Chantal Mouffe）也是一位公认的学者。她先在纽约的哥伦比亚大学任职，后在伦敦的威斯敏斯特大学（University of Westminster）和巴黎的国际哲学公学院（Le Collège International de Philosophi）做教授。鉴于他们对拉康有共同的兴趣，拉克劳邀请齐泽克主讲“意识形态和话语分析”的研究生课程。该课程是在埃塞克斯大学政府系内开设的，那时拉克劳在那里担任有关政治理论课程的高级讲师。

齐泽克之所以在国际舞台上崭露头角，不仅是因为拉克劳将其著作纳入自己在左页出版社出版的丛书，而且因为拉克劳毅然为他的《意识形态的崇高客体》提笔作序。这是一种定位担保行为，拉克劳借此将自己已经确立的全球知识分子的显赫地位（或称社会文化资本）赋予齐泽克。通过沿着现有的、可识别的解读叙述（narrative of reading）来定位《意识形态的崇高客体》以及齐泽克，拉克劳在该书的序言中开门见山地做了内文本定位（peritextual positioning）。这里的“解读叙事”中的“解读”是指通过黑格尔的辩证法和拉康的主体论对当下的解读。在三个长长的段落之后，也就是在拉克劳对拉康的精神分析做了定位之后，齐泽克的名字才首次出现。拉克劳给拉康的精神分析贴上了“一个伟大的知识传统”的标签，认为（他自己和）齐泽克支持这个传统，属于这个传统的一部分。

一个伟大的知识传统的另一个作用，是它能够有效地影响已经分化的知识潮流。在该书序言中，拉克劳既在地理的意义上又在知识的意义上对拉康进行定位，认为无论在法国，还是在拉丁美洲，拉康的取向（Lacanian orientation）都是临床性和实用性的，但在盎格鲁–撒克逊国家，拉康与理论上的“文学—电影—女性主义”这个铁三角联系密切。[30]这种联系之所以可能，是因为盎格鲁–撒克逊国家——尤其是美国——较早地接受了拉康的思想。它们接受拉康，是通过电影杂志《银幕》(*Screen*）和女性主义研究所做的部分翻译——如杰奎琳·罗斯（Jacqueline Rose）自 1982 年开启的《阴性之性》(*Feminine Sexuality*）的研究——完成的。正如亚格娜·奥尔塔泽夫斯卡所言：“齐泽克的独特贡献在于他的政治信誉、他的幽默俏皮、他的轻松欢快和他的教学天赋，在于他对后期（1960 年后）拉康的强调。那时拉康的关注点——驱力（the drive)、行为（the act)、原乐（*Jouissance*）以及实在界（the Real）——正是英语世界中的批评家所不太熟知的。”[31]

由于结构上和历史上的原因，与以英语为母语的国家相比，法国“各种知识潮流之间保持着更大程度的分庭抗礼”[32]。但在以英语为母语的国家，拉康与“后结构主义”这面大旗的关系更为密切。[33] 正如凯瑟琳·刘（Catherine Liu）和德万·贝利（Devan Bailey）所回忆的那样，与法国理论在盎格鲁–撒克逊世界的重新发现相呼应，“随着理查德·麦克西（Richard Macksey）于 1966 年在约翰斯·霍普金斯大学组织的题为‘结构主义之争’（The Structuralist Controversy）的学术研讨会的召开，理论在美国迅猛发展。雅克·拉康、雅克·德里达和罗兰·巴特席卷了巴尔的摩。对法国思想新形态的真正的兴高采烈，导致了杰弗里·高尔特·哈珀姆（Geoffrey Galt Harpham）所谓的‘既危险又充满魅力的氛围’。他是在回顾当时的情形时做此描述的。当时，人文学科的入学人数达到顶峰，人文学科所涵盖的领域的增长和扩张也在战后达到了高潮”[34]。正如 1978 年 1 月 22 日的《密歇根日报》（*Michigan Daily*）在论及拉康的《著作集》的英译本时所言：“弗洛伊德只有在英国才享有他在美国享有的那种地位，但在法国，另一个人占据着心理学大师的位置。他叫雅克·拉康。”[35] 凯瑟琳·刘和德万·贝利将法国理论在美国的兴起与学科扩张这一语境联系起来，因为在美国，人文学科回应了公众对高等教育的日益增长的需求。在二十世纪七八十年代，随着廉价航空旅行大行其道，法国理论成了“连接哲学、文学批评、语言学和人类学的方法论”，把“一丝不苟的细读与高度戏剧化的文字游戏——包括书面性的和口头性的修辞表演——结合起来”[36]。人文学科的扩展和对拉康或法国理论的兼容并包，并非没有遭受批评，有些人认为这是对拉康或法国理论的全面接管。[37] 因此，定位齐泽克与法国理论的关系，也依赖于在法语语境和英语语境中，法国人和英国人对拉康的业已分化的定位。

如前所述，《新左翼评论》也是这么做的。它在战后英国，在公共知识领域，帮助制造了“知识空白”（intellectual vacancies）。这些空白迫切需要一个沉浸在外国理论中的非母语人士前来填补。《新左翼评论》为实施公共知识干预开辟了一个切实可行的场地，而伦敦当代艺术学院（London Institute of Contemporary Arts）则深化了《新左翼评论》所做的工作，成功地举办了每周一次的对谈会和座谈会，为外国理论家提供了广受欢迎的英语平台，供他们阐述自己的看法。在 20 世纪 80 年代，这一活动尤为成功。齐泽克在 1989 年介入英国之后，在那里受到热情的款待，证据便是他在 1992 年首次现身于伦敦当代艺术学院。[38] 1979 年创办的《伦敦书评》（*London Review of Books*）也为介于学术和文化产业之间的理论写作（theoretical writing）开辟了空间。1997 年 11 月，英国著名知识分子特里·伊格尔顿（Terry Eagleton）的一则评论进一步把齐泽克推向公众。与此不谋而合的是，自 1982 年成立以来，英国的一家公共服务电视台——第四频道（Channel 4）——不定期地放映对德里达等知识分子的采访，还播放有关文学理论的纪录片。齐泽克在英国成功地推销了他的“拉黑体”，这可能导致的一个结果是，第四频道在 1993 年的深夜播出了拉康主讲的一系列讲座，当时的观众不少于 25 万人。[39]

对于拉克劳为《意识形态的崇高客体》所写的序言来说，这样的知识语境是非常友善的。他追踪拉康的谱系，把齐泽克列入这个谱系，而较少涉及法国理论中较有争议性的旗帜问题。[40] 据介绍，第一代“老式”拉康派——如奥克塔夫·曼诺尼（Octave Mannoni）、莫德·曼诺尼（Maud Mannoni）和塞尔日·勒克莱尔（Serge Leclaire）——关注的是符号界（the symbolic）。这是拉康提出的一个概念，它曾在他的教学中期发挥重要作用。第二代较为年轻，由米歇尔·西尔韦斯特（Michel Silvestre）和米勒组成。他们关注实在界（the Real），这是拉康后期教学的重点之所在。此外，拉克劳还提到了拉康思想中的另外两个取向：由赫尔曼·朗（Hermann Lang）领衔的德国阐释学和由阿尔都塞和佩舍主导的马克思主义结构主义。只有到了这个时候，拉克劳才离开了此前对拉康精神分析的定位，阐明使齐泽克及其著作具有鲜明个性特征的因素。他运用拉康主义、后马克思主义、后结构主义的实践智慧框架（frame of Phronesis），并通过那个独特的对立，即拉丁美洲／法国临床性立场与盎格鲁-撒克逊的文学性立场的对立，来定位齐泽克及其卢布尔雅那学派。“在斯洛文尼亚的理论家们看来”，拉康的范畴没有明确的临床性维度或文学性维度，“只被用于反思，而这种反思本质上是哲学性和政治性的”[41]。这一立场貌似是本质主义，但重要的是，拉克劳指出了“两大特征，正是这两大特征，揭示了这个学派的品格”[42]。

第一个显著特征是齐泽克坚持引用经典哲学文本，提及经典哲学作者；第二个特征是反复涉及意识形态-政治领域。其实，拉克劳在这里描述了知识介入从过去到现在的发展过程（图 0.2）。他解释说，齐泽克将过去的伟大人物——如“柏拉图、笛卡儿、莱布尼茨、康德、马克思、海德格尔、盎格鲁-撒克逊分析传统，尤其是黑格尔”[43]——与现代现象联系起来。这些现代现象从意识形态和语言到极权主义和民主，无所不包。我认为，齐泽克就是这样通过将自己置于（有关民主、语言等）的持久的理论僵局之中，来实施内部知识介入（intraintellectual intervention）的。正如拉克劳自己所承认的那样，“这并不意味着已经彻底达成共识：在我们看来，斯洛文尼亚学派最初在拉康理论和后结构主义之间画了一条过于泾渭分明的分界线；关于他们对黑格尔的解读，我们也持有某些保留意见”[44]。尽管如此，在把拉克劳和墨菲的方案与卢布尔雅那学派的方案拉开一定距离之后，拉克劳承认后者“代表了欧洲知识界最具创新性和最有前途的理论方案之一”[45]。来自拉克劳等享誉世界、人脉广泛的学者的知识担保，（在一定程度上）是使《意识形态的崇高客体》成为齐泽克的首次创构性介入的原因。

然后拉克劳描述了斯洛文尼亚的拉康式语境，把它与法国、拉丁美洲和英美国家的语境加以对比。在审视他们的大量著作后，他注意到，斯洛文尼亚的拉康派的知识取向与他们的政治参与，两者关系非常紧密。拉克劳提到了《青年》周刊（这在第一章中已做描述），说它是“这场运动最重要的喉舌”，而齐泽克则是《青年》周刊主要的政治专栏作者。鉴于沟通拉康派知识分子和公众之间的渠道日益拓宽，“拉康理论是斯洛文尼亚追求的主导哲学方向”[46]。

值得一提的是，拉克劳为《意识形态的崇高客体》的读者提供了一些指导，或者用他的话说，“为阅读这本书提供了一系列建议”[47]。他这样做，原因很简单，而且这原因和齐泽克在法国出师不利的原因密切相关：“读者很容易对它的文类感到困惑，并迷失方向。”[48]如果没有一个范畴化的文类（categorized genre），那就很难在知识内部领域上确立作者的方位。然而，正确的框架和分期，正确的方向，确实可以抵消分类带来的麻烦。读者被告知——这几乎可以说是一种警告，他们现在拿在手中的“肯定不是经典意义上的著作”[49]。拉克劳为它提供了框架，这主要表现在，他提到《意识形态的崇高客体》并不是按照某个既定方案，进行系统的论证，但它也不是一部论文集。相反，它是“一系列的彼此相互映射的理论介入，并不按循序渐进的论证过程进行，而是……在不同的话语语境中不断地重申其观点”[50]。拉克劳让读者做好心理准备，因为他们将遇到异乎寻常的风格，即罗兰·巴特所谓的“作家文本”（writerly text）的风格。拉克劳还这样框定它，说它邀请读者置身其间，让读者“亲自动手，给作者所从事的话语繁殖（discursive proliferation）火上浇油”[51]。如果这还不够诱人，还不能令人兴奋，那么这本书的基本论点就只与潜在读者（potential reader）有关，因为它是围绕主体这一概念构成的。

根据拉克劳的框定，“本书的基本论点是，不能把‘主体’这一范畴化约为‘主体的立场’（positions of subject），因为在主体化之前，主体是匮乏之主体（subject of lack）。这个基本论点是在第一章中明确阐明的，随后的每一章都在一个新的话语语境中重申这一基本论点”[52]。在一个显而易见的叠加定位案例中，齐泽克的介入被框定为新颖的邀约（innovative invitation），无论在内容（主体）还是形式［申述（iteration）］方面都是如此：“本书还包含着一个隐含的邀请——邀请读者打破理论语言与日常生活语言之间的屏障。”[53]再说一次，这种［既作为分期又作为控告（incrimination）的］框定所强调的是高（high) 与低（low）的叠加定位，但这一次是理论语言和公众使用的日常生活语言的叠加定位，而理论语言被认为是精英的语言，为专家所独有。提供这两种看似对立的修辞参照点（rhetorical reference points），标志着公共知识分子的介入正在进行：知识分子可能会觉得，正式的理论语言更加有用，也更加诱人；但公众可能会觉得，日常语言更易于理解。这是介入的转移，即从知识内部领域向公共知识领域的转移。拉克劳将这种介入与当时的理论僵局——结构和主体的二元性——相对照，认为这样的新颖阅读或许能够提供一种新的方式，用以针对民主体制陷入的政治僵局。此外，拉克劳还提到了齐泽克在书中处理的语言问题（如描述主义、命名和意义），将齐泽克定位为这样的知识分子：他与人文学科和社会科学领域中日益增长的话语性、表演性和语言学趋势息息相关，同时暗示，该书中使用的语言是兼收并蓄和充满魅力的。

在序言中，拉克劳沿着特定的知识轴和政治轴，述行性地（performatively）定位齐泽克。读者被告知，“对于任何有兴趣探寻一种理论视角，并透过这个视角致力于在后马克思主义时代建设民主社会主义政治事业的人来说，这是必读之书”[54]。当然，这种叠加定位也包括以相关方式对他人的定位。拉克劳强调，齐泽克把（介于高级与低劣之间的）所有层面上的、用以执行这种介入的修辞手段都做了叠加定位：

1. 引用的层面（经典的和前沿的）：他同时引用古典哲学家的著述和当代政治人物、艺术人物的言论。这意味着，他被做了这样的定位：无论是在知识领域还是在公共领域，他都是与之密切相关的。

2. 诉求的层面（一般的和特定的）：提出有关集合主体性（collective subjectivity）或社会主体性（social subjectivity）的一般诉求，但又以个体的方式，为了特定的主体——即本书的普通读者——提出这一诉求。叠加定位就是在这个过程中完成的。

3. 语调的层面（主观的和客观的）：齐泽克在语言的特点是使用熟语，显得怪异（idiosyncratic）和特立特行。这也是一种邀请，邀请读者参与反复申述这个创造性的过程。他努力使自己的语调变得主观，但又以抽象的形式来捕捉事物客观的一面。

4. 形式层面（在语义方面和句法方面正式的和非正式的组装）：拉克劳指出，齐泽克的著作不是那种典型的知识介入。和他的语调一样，“齐泽克的介入”（Žižek's intervention）的形式主要是联想性的、非正式性的，但作为一部著作，它保持了某种正式性（formality）。在正式性和非正式性之间变来变去，将成为齐泽克特有的标志。

5. 隐喻的层面［有关事实和虚构的概念性意象（conceptual imagery of fact and/or fiction）］：从歌剧到电影，齐泽克涉及的文化内容极为丰富，有鉴于此，齐泽克将事实和虚构叠加起来，并站在新颖独特的立场上，开辟了事实和虚构彼此相互阐明的空间。

因此，用罗纳德·雅各布斯和埃莉诺·汤斯利的话说，齐泽克开始频繁和交替使用多种修辞风格，包括"制造具体论争""制造道德论争""提出问题""重新框定"和"提供信息"。他还依赖于既直接（亲身经历）又间接（客观专业）地向权威提出诉求。事实证明，当"大众媒体以及它所促成的公众传播正在渐渐充当社会权威的独立基础"时，这种做法是非常有效的。[55]

拉克劳对齐泽克其人、其书和卢布尔雅那学派的定位，为知识读者提供了一条阅读齐泽克的途径，并让这些读者沿着某些现存的思想和分裂的线索将其定位。倘若没有这种符号资本的担保和移情（transference），读者就无法在知识内部领域中识别之，更无法确定其方位。只有在这一联系建立起来之后，齐泽克才能通过他的著作这个实际文本，开启其知识个性化的征程。要想理解这个进程是如何开启的，要想知道《意识形态的崇高客体》是如何使齐泽克一跃成为全球知识分子的，有必要仔细阅读该书。

表演型的全球介入

据齐泽克回忆："《意识形态的崇高客体》引起了爆炸，即使到了现在，这依然是个奇迹。这倒不是因为黑格尔，而是因为以拉康的概念分析意识形态。我很幸运，在正确的时间、正确的地点出版了正确的著作。”[56]但齐泽克这本著作究竟有何“正确”之处，使其成为迄今为止他著作中引用率最高的著作？[57]答案可以通过分析该书的“引言”找到。该书“引言”是拉黑体的典范，它展示了黑格尔与拉康——或者哲学与精神分析——的交织：（1）大量引用，既有经典性的，也有前沿性的；（2）既一般又特殊的诉求；（3）主观语调与客观语调的混合；（4）正式的和非正式的组装；（5）事实与虚构的隐喻性融合（metaphoric fusion）。因此，从“引言”开始，这些拉黑体的特征（如由反复使用的大写形式和斜体形式所表明的特征）在整个齐泽克语料库（Žižekian corpus）中随处可见。

在《意识形态的崇高客体》“引言”的第一段，也就是紧随拉克劳的担保性序言之后，齐泽克以这样一句话开篇：“在哈贝马斯专门处理所谓‘后结构主义’问题的著作《现代性之哲学话语》（*Der philosophische Diskurs der Moderne*）中，有一个事关拉康名字的奇怪细节。”[58]通过引用另一本著作，提及另一位作者，该书的第一句话将当代欧洲的两种知识传统——德语传统和法语传统——拉在一起。齐泽克就是这样开启了自己的航程。一边是他自己，一边是与哈贝马斯和后结构主义的联系，他把这两者关联起来，开始了他对英国世界 40 年的远征。这两种传统被叠加起来，创造他的拉黑立场（Hegelacanese position）。而且在这里，在起步之地，齐泽克频繁使用一种修辞策略，以发出邀请——他提出了一个问题：为什么会有人拒绝直面拉康？

为了开始与读者讨论这个问题，齐泽克提到了其他 14 位知识分子。他们全都具有一定的全球认可度和地位，全都是欧洲人或身处欧洲。这 14 位知识分子顺序如下：哈贝马斯、拉康、黑格尔、马克思、尼采、海德格尔、巴塔耶、福柯、列维-施特劳斯、弗洛伊德、荣格、拉克劳、墨菲和德里达。这个知识材料（intellectual material）被当场做了实地测试，然后被打包，再用拉克劳这样的知名知识分子加以包装（此前不久，也就是在 1985 年，他与《霸权与社会主义战略》的作者之一尚塔尔·墨菲一道进行过知识介入）。[59] 因此，出于特定的修辞原因，略提知名人物以抬高自己的身份，这一行为已经完成。它表明，齐泽克有了自己的知识介入模式。这种重复后来被视为自我抄袭和跨界混搭。它还表明，定位——或者说叠加定位——正在发生。作为一种修辞手段，提及那些名字就像提及知识地图上的节点。在这幅地图上，每一个这样的名字都代表着一个学术立场或学术地位（从精神分析到哲学、文学和人类学），代表着介于保守主义和激进主义之间的不同的政治立场或政治地位。每一个这样的名字都是撒向读者的诱饵，创造了一个定位陷阱——即使只认识这个列表中的一个名字，你也会立即被整个齐泽克式的图绘（Žižekian mapping）所吸引。有了这个图绘，叙事便开始以既建构论点又演示论点的方式呈现。

然而，大概是为了不让读者迷惑不解，齐泽克围绕着一本书——哈贝马斯在 1985 年出版的《现代性之哲学话语》——来定位所有的引用，定位他自己。在他看来，这本书象征着和体现了“占据了当今知识界前台的那场大论争”[60]。通过引用通俗文化——柯南·道尔系列侦探小说中的人物夏洛克·福尔摩斯，齐泽克转移了论争的中心，把读者带到了这个大对体场景（Other scene）：“哈贝马斯与福柯之争，掩盖了另外一种对立、另外一场论争，一场在理论上意义更为深远的论争。这就是阿尔都塞和拉康之争。”[61] 让我们来拆解一下在前两段文字中所进行的这种叠加定位。首先，具体而言，正如知识介入模型所规定的那样，齐泽克在知识内部领域上所做的这种自我定位是通过识别一个理论僵局来实现的。在斯洛文尼亚的语境下，这是通过将过去的人物（如柏拉图和黑格尔）与现在的（民主政治和极权主义）问题联系起来实现的。此外，哈贝马斯和福柯代表着什么？作为“占据了当今知识界前台的那场大论争”，他们论争的焦点何在？最后，为什么这场论争掩盖了另一场论争，以至于要让读者在众多论争中看到这一场论争？

如今，尤尔根·哈贝马斯“成为享誉世界的社会理论家、哲学家和最重要的欧洲公共知识分子已经超过 50 年”。其实早在 1989 年，他就已是举足轻重的欧洲知识分子，被称为法兰克福学派的第二代传人。[62] 作为阿多诺和霍克海默的学生，他不再像他的老师们那样对社会持悲观失望和公开批判的态度，而是主张采用更积极的交往方式（communicative approach），并因此而闻名遐迩。他对语言的态度引起了齐泽克的注意。哈贝马斯的《交往行为理论》（1984 年第 1 卷）被引用近三万次，这使他被定位为与社会息息相关的知识分子，因为他引发了社会科学对语言的日益重视。马克思主义以唯物主义的方式处理社会政治问题，哈贝马斯则由此出发，提出了一种更加积极的方式，即主张将语言定位为人与人之间的交往中介。哈贝马斯希望以语言的理性话语性（rational discursivity）为基础，在德国等地建设更加民主的社会。这在一定程度上是他在西方名声大震的原因：他这样做，能使东方——即东德——更加接近西方的民主世界。哈贝马斯允许民主思想家们庇护语言这个中介，庇护理性主义，以便为人类规划更加美好的（人性）愿景。尽管他对语言的强调与当时人文学科和社会科学的知识潮流完全一致，却与法国对语言和话语所做的日甚一日的批评背道而驰。法国认为，语言和话语将权力关系融入现实，进而使人们各奔东西。法国与语言结成的这种消极性或批判性关系，还被解构主义、后结构主义和后现代主义之类的公认的思潮所共享。对齐泽克来说，这导致了这样的定位：令哈贝马斯和福柯捉对厮杀。至此，整个政治领域和知识领域都可以根据各自与这场语言论争的关系来图绘：语言究竟是好是坏？它促进了理性主义，还是强化了压制？

读者甚至还没来得及确定自己的立场，论争的场所就已经变换、脱位并转移到另一个场所，即阿尔都塞和拉康所处的场所。这里出现了叠加定位的四重轴，而且齐泽克立即把它与《意识形态的崇高客体》的重要贡献——主体——联系起来。齐泽克做了黑格尔式的转变，即从（德国立场和法国立场）“之间”转到（法国立场）“之内”：“为什么阿尔都塞与拉康的对立被哈贝马斯与福柯的对立取而代之？不可忽视的是，这里存在着四种不同的伦理立场，同时又存在着四种不同的主体观。”[63]哈贝马斯的积极一面在于他“普遍、透明、互为主体的共同体理想。他的主体是陈旧的超验反思的主体”[64]。与这种积极的视境相反，福柯一方则存在着“一种对普遍主义伦理学的反抗。对普遍主义伦理学的反抗导致了伦理学的某种美学化：每个主体都必须在没有普遍法则支撑的情形下，建立自己的自我掌控模式”[65]。齐泽克向我们展示了他通往他自己的新型叠加定位的途径，同时与阿尔都塞和拉康的另类知识论争结盟：“哈贝马斯和福柯是同一枚硬币之两面。真正的突破是以阿尔都塞为代表的，是以他对下列事实的坚守为代表的：某种裂痕（cleft）、某种裂缝（fissure）、某种误认（misrecognition）是人类境遇的基本特征。真正的突破是以下列论点为代表的：有人以为意识形态可能终结，这种想法本身就是地地道道的意识形态性的想法！”[66]借助于这句话，齐泽克坚称，意识形态是持久的存在，尽管在知识上和政治上出现了“意识形态的终结”[67]。

从“哈贝马斯—福柯”轴转向“阿尔都塞—拉康”轴，这是引人注目的知识论争大转移。通过这一转移，齐泽克完成了从意识向无意识立场的过渡。对哈贝马斯和福柯来说，语言是主体识别自己的方式，是对主体自身的意识和有关主体自身的意识（conscious to and of itself），无论是好［对哈贝马斯的自我理性（self-rationality）来说］还是坏［对福柯的自我管制（self-regulation）而言］，都是如此。不过，在阿尔都塞看来，特别是在拉康看来，语言把无意识设定为正常的社会政治场所和伦理场所。此外，阿尔都塞比哈贝马斯——更不用说福柯了——更接近马克思。阿尔都塞在 1947 年完成了他的硕士学位论文《论黑格尔的思想内容》（“On Content in the Thought of G. W . F. Hegel”），后来出版了若干颇具影响力的著作，如《保卫马克思》（*For Marx*，1965）、《读〈资本论〉》（*Reading Capital*，1965）和《意识形态国家机器》（*Ideological State Apparatuses*，1971）。他被强劲有力地定位为新马克思主义者。他试图在马克思主义和结构主义之间架起桥梁。《意识形态国家机器》被视为 20 世纪马克思主义的重大突破。在这部著作中，阿尔都塞相当明确地涉足拉康和无意识。他试图以拉康有关无意识的结构语言学理论来解释马克思主义的虚假意识（false consciousness）概念。他为此专门创造了影响卓著的“询唤”（interpellation）一词，并试图用它解释人类主体变成个体的过程（becoming-individual of the human subject），即主体被转化为资本主义个体（capitalist individuals）的过程。通过审视阿尔都塞的这些著作，齐泽克从阿尔都塞那里得到了哈贝马斯和福柯没有说过的东西，即先有假想性的认同过程（imaginary process of identification），后有对自我的符号性建构

（symbolic construction of the self）。在一个越来越关注心理学之“我”（I）的时代，他这种对“我”（I）所做的建构和知识阐发极其符合公共利益，也直接影响到每一个自我（self）。

齐泽克对社会和个人的叠加定位是通过创造主体的位置来实现的（主体既是集合性的，又是单一性的）。它是通过将高级和低劣、理论和文化相结构，借助于围绕着语言形成的知识分歧和围绕着代议制民主形成的政治分歧来完成的。主观性的责任效应（subjective effect of responsibility）是在读者一方创造出来的，读者被迫卷入论争，被迫参与其中，并在论争中站队。因为拉康的精神分析是通往无意识主体的，所以社会性事务（包括政治事务、文化事务和伦理事务）已经铭刻于主体自身；因为社会性事务已经铭刻于主体自身，所以允许读者站在远方亲自参与这些问题：“从这个角度看，主体是通过某种误认构成的。通过意识形态的询唤这一过程，主体作为接受者，在意识形态事业的询唤中‘认出’了自己。意识形态询唤这一过程必定暗含着某种短路，暗含着那种‘我早已如此’的幻觉。这正如米歇尔·佩舍所言（佩舍为我们提供了询唤理论的精装版），这种幻觉不乏喜剧效果，因为它造成了这样一种短路：‘难怪你作为一个无产者被询唤，你本来就是一个无产者嘛。’”[68] 齐泽克展现了自己的立场，这与阿尔都塞将这种认同渲染为询唤（rendition of this identification as interpellation）的做法形成了对比。他沿着拉康的无意识路线，重新阐述了马克思主义的意识形态观念。此举使他能够被定位于马克思主义传统之内，并因此成为积极介入社会的、具有全球影响力的激进思想家，尽管他处理的问题是主体及其情感，这又使他成为一个特殊的马克思主义者。齐泽克成了一个马克思主义者，他的马克思主义成色足以使他与学术界内外的马克思主义者惺惺相惜；与此同时，他又是一个非马克思主义者，他的非马克思主义成色足以使他引起其他的知识潮流的注意。在他看来，“与通常的‘后马克思主义’的反本质主义相比，拉康的精神分析迈出了更具决定性的一步。‘后马克思主义’的反本质主义确信特定斗争具有不可化约的多元性。换言之，‘后马克思主义’的反本质主义表明，对一系列的等价物的清晰说明，总是依赖于社会–历史进程的绝对偶然性。拉康的精神分析使我们能够在把握这种多元性时，把这种多元性视为对同一个‘不可能的–实在界的内核’的众多回应”[69]。齐泽克在做这个断言时，既与左翼对话语性构成（discursive formation）所持的批判立场——据此立场，主体或社会是话语的效应［（effect of discourse）］——产生共鸣，又与对左翼的这一立场所做的批判遥相呼应（这听上去可能比较保守）。根据对左翼的这一立场所做的批判，并非一切皆为语言游戏。齐泽克就是这样一边站在左翼和右翼的、被人公认的共同立场上，一边摇摆于左翼和右翼之间，或直接超越左翼和右翼的。他也是这样被定位于既有又无（both and none）的、令人无法理解的量子叠加状态。他对拉康的实在界这一概念的坚守，使他的定位个性化，使他区别于其他左翼思想家（如拉克劳、巴特勒、哈贝马斯和福柯等），因为这些思想家关注的是符号界而非实在界。

尽管如此，齐泽克还是向拉克劳致敬，因为他至少认可了这个实在界，并把它运用于社会分析：“拉克劳和墨菲的功绩在于，在《霸权与社会主义战略》中，他们把自己的社会场域理论建立在这样的对抗观上，建立在对原初‘创伤’的承认上，建立在对不可能的内核的承认上。不可能的内核抵抗符号化、整体化和符号整合。”[70]就这样，齐泽克在批判性的话语–语言立场与通常由右翼采纳的现实主义立场之间架起了桥梁。福柯和德里达等法国思想家对黑格尔和马克思敬而远之，转向了塑造社会的符号机制（symbolic mechanisms that shape society）。保守派对此的反应是，反对他们和他们的符号立场，捍卫超越符号建构的现实主义内核（realist kernel that is beyond symbolic constructions）。这就是马克思主义者没有立足之地的原因，是马克思主义衰落和被稀释的原因。在美国尤其如此，因为在那里，文化马克思主义（cultural Marxism）比现实主义–科学主义更占主导地位。齐泽克展示了这些立场之间存在的短路：他接受了符号建构主义（symbolic constructivism）的某些部分，但同时保留了实在界的不可建构的内核（Real nonconstructible kernel），把它视为他的分析的关键一环。如此一来，他绕过了整个知识领域，创造了一个会产生直接政治后果和伦理后果的新立场。说得更具体些，齐泽克将马克思主义有关异化、对抗、拜物教和革命的观念与拉康有关分化、实在界、幻象和行为的观念联系起来。这种联系相当于一种逾越知识内部领域的叠加定位。齐泽克承认，一旦把拉克劳和墨菲的后马克思主义激进化与寻常的或“传统的”马克思主义立场联系起来，他的知识介入不仅会产生全球性的政治后果，而且会产生全球性的文化后果和生态后果：

> 因此，必须从某种悖论性的角度来审视他们使用的“激进民主”一词：就纯粹的、真正的民主政治而言，民主政治恰恰是非“激进”的；与此相反，它的激进品格意味着，只有看到民主政治的“激进的不可能性”，我们才能拯救民主政治。在这里，我们可以理解，我们是如何走到传统马克思主义立场的极端对立面的：在传统的马克思主义那里，全球性的解决方案——革命——是有效解决所有具

> 体问题的前提条件；而在这里，对每个具体问题的临时性、暂时性的成功解决，都承载着对全球性的激进僵局、不可能性的承认，承载着对根本对抗的承认。[71]

只有到了这个时候，即在分别与拉康和马克思相关联之后，黑格尔才作为他的资助者正式亮相；只有到了这个时候，他才真正创造了属于自己的品牌，创造了生成性的拉黑体语言（generative language of Hegelacanese）。这里的"生成性"是指他的拉黑体把他的表演转换成了自成一体的文类（genre），一种可以重复、重述并因此易于传播的、通用的"保留曲目"。生成性语言被断定为这本著作（以及齐泽克本人）的论题："对对抗的认可，最为始终如一的模型是由黑格尔的辩证法提供的。"[72]然后，齐泽克讲了一个有关军队的笑话，说有一个士兵在宵禁时间开始之前，就过早地射杀了某个行人，因为这个士兵知道，这个行人住在很远的地方，无法在宵禁开始之前赶回家中。借助这个笑话，齐泽克将自己置于一系列批评黑格尔的人的对立面（从阿尔都塞到福柯和哈贝马斯），说他们就像那个士兵，在得到黑格尔的"绝对知识"之前，过早地将其射杀。这么说，是因为"他们对黑格尔的批评只能用来驳斥他们自己对绝对知识的偏见"[73]。使黑格尔与拉康结盟，在《意识形态的崇高客体》设定的三重目标和结构中体现得淋漓尽致，这令人想起拉康有关心灵的实在界—符号界—想象界这个三元一体结构，也令人明白，它与黑格尔的三元一体辩证法结构（triadic dialectics structure）遥相呼应。[74]该书的三重目标是，介绍拉康的精神分析，重返黑格尔，努力建立意识形态理论。然后，该书的"引言"是以这样的语调结束的：作者在主观上"相信"，这些目标之间存在着相互关联性。

“‘拯救黑格尔’的唯一方式是借助拉康，对黑格尔及黑格尔遗产进行拉康式的解读也会为意识形态研究开辟新的途径，同时允许我们把握当代意识形态现象（如犬儒主义、‘极权主义’、民主政治的脆弱身份），而不落入任何种类的‘后现代主义’陷阱（诸如我们生活在‘后意识形态’社会里之类的话语），成为其牺牲品。”[75] 从知识的角度看，齐泽克被做了这样的定位：与拉康和黑格尔结盟，与福柯和哈贝马斯对阵，同时对马克思和阿尔都塞保持模棱两可的态度。这种定位随后被转入政治领域和公共领域：齐泽克被定位为激进的、批判性的左翼知识分子，但又在某种程度上对许多左翼禁忌进行反击，发起挑战。通过承诺用精神分析的语汇解释社会现象，齐泽克实际上在人类生存境遇的问题上提供了更加广泛的哲学洞视，建立了一个供人积极参与的平台（而不是生产了某个产品）。这个平台将读者囊括其中，把读者视为与作者生活在同一个世界上的主体，从而允许读者沉思默想，思考他或她在这个共享的经验世界上占据怎样的位置。这种介入就是一种邀请，它邀请读者创造新事物，无论这新事物是文本性的还是概念性的，是个人性的还是社会性的。这种作为邀请的介入立即成为政治的和知识的思想实验。他使用的语言，包括许多用大写字母组成的词语和许多斜体词语，都先于网络超文本语言（language of hypertextuality），也预示了网络超文本性语言的出现。它允许情感充斥文本或贯穿文本。言简意赅、不动声色的传统学术写作往往要求尽可能地非主观化，要求不动声色和袖手旁观。与此不同，齐泽克努力插入、强化情感元素，激发和煽动情感，并通过（在形式上）自我重复，（在内容上）使用相同的笑话、例子和反问句，夸大其词地放大情感元素。这将很快成为他的独门绝技。

这就是他的第一部英语著作要以一个问题开篇的原因。从结构上看，该书的三部分中（这三部分令人想起辩证法），第一部分的标题是“症状”，第一章则提出了问题：“马克思如何发明了症状？”这个问题完全是用来定位的。[76]首先，它邀请读者踏上探索之旅，去勘探精神的险恶地貌，从而把自己纳入这个画面。其次，它与日益流行的心理学用语发生共振。最后，它出乎意料地转向了马克思主义。在以这种方式构建自己的研究时，齐泽克把流行心理学的个人话语与革命性的马克思主义的社会话语叠加在一起。此外，他对左翼和右翼立场的叠加，创造了他本人在知识上和政治上的“第三条道路”。[77]他站在左翼马克思主义者一边，却透过后马克思主义的视角明察一切，因此，他与批评马克思主义的人携手同行。他与批评马克思主义的人携手同行，却不是因为这些人所采取的极右翼、极保守的立场。他还把现代主义的立场和后现代主义的立场叠加起来，因为他批评这两者的片面性。无论在形式上还是内容上，他的《意识形态的崇高客体》都堪称精心杰作，展现了新颖独特的思维模式。他向传统的写作和论争方式发起挑战，并展示了（过去的）知识分子与（现在的）政治和伦理之间的崭新联系。

然而，齐泽克的拉黑体不得不再次启用，以便使这种语言令人肃然起敬。为此，齐泽克借助于拉克劳的“实践智慧”丛书出版自己的著作。但到了 1994 年，他与左页出版社合作，推出了自己主持的丛书，题为“本我在哪里”（Wo Es War）①。1996 年，美国的杜克

---

① “Wo Es War”，出自弗洛伊德的《精神分析新论》(*New Lectures on Psychoanalysis*) 中的 “wo es war, soll ich werden”(本我在哪里，自我就必须去哪里)。

大学出版社推出了另一套名为“原文如此”（sic）的丛书，同时他还发表了一系列文章，这使他的表演网络（performative networking）从欧洲扩展到了美国。他随后利用《意识形态的崇高客体》的成功，通过更多的出版物演练自己的立场。这些出版物包括《斜目而视：透过通俗文化看拉康》（1991 年）和《享受你的症状！拉康在好莱坞内外》（1992 年初版，2001 年再版）。所有这些著作都对主流文化做了精湛分析，同时激活了原乐（享受）、症状和实在界等概念。在这些介入中（图 2.1），齐泽克巩固了他那特有的拉黑体，在一个由对知识问题、政治问题和文化问题的一系列介入构成的叙事中将之呈现得淋漓尽致。

作为知识介入的叙事

重要的是，齐泽克是参照他那个时代的主要知识潮流来为自己定位的。这些知识潮流包括解构主义、后结构主义和后现代主义，但也包括分析哲学。所有这些知识潮流都认为，对于人类的生存而言，语言至关重要，尽管它的表现形式变化多端。由于这个原因，齐泽克在进行创构性介入时花费了大量的空间–时间（space-time）来处理语言问题，特别是言语行为理论（speech-act theory）、表演性（performativity）和描写主义（descriptivism）的问题。1990 年，作为最后拍板的人，他在拉克劳的《对于我们时代的革命的新思考》（*New Reflections on the Revolutions of Our Time*）中撰写最后一章，题为“超越话语分析”（“Beyond Discourse-Analysis”）。在这一章中，他超越了话语理论中常见的持批判态度的左翼立场。这种左翼立场把现实化约为符号。虽然他超越了这种左翼立场，但没有退回右翼的前批判的现实主义（precritical realism）的窠臼。

毫不奇怪，齐泽克以拉克劳和墨菲自 1985 年以来开始的介入为阿基米德参照点（Archimedean point of reference）。通过他们的介入，齐泽克完成了他本人的叠加定位。首先，有一种普通的解读，根据这种解读，《霸权与社会主义战略》"通常被视为'后结构主义'政治的尝试，它要把'后结构主义'的基本观念转化为政治方案。根据'后结构主义'的基本观念，根本不存在超验的所指（transcendental Signified）；所谓的'现实'，只是话语的建构而已；每个既定的同一性，包括主体的同一性，都是偶然性的差别关系所产生的效应（effect of contingent differential relations），等等"[78]。在做了这种自发的知识定位和政治定位之后，齐泽克通过普通的视角来解读。这种解读通常引发的批评是："语言是用来充当语言之外的权力关系的媒介的，我们不能把所有的现实都溶化成一种语言游戏，等等。"[79]读者马上就要面对这些对立，即普通解读和普通批判的对立。齐泽克反对这种定位，他认为："这样的解读漏掉了《霸权与社会主义战略》的基本维度。通过这个维度，该著作或许提供了现代社会理论中最根本的突破。"[80]现在，兴趣和期待以及定位的独特性，都已经被创造出来。

在一个持续关注个性和自我的世界里，没有人想被人当成普普通通、貌不惊人的平头百姓，终生与普通的解读或普通的批判为伍。因此，齐泽克在这里激起的问题是，现代社会理论中"最根本的突破"究竟是什么？齐泽克提供的答案突显出他的方案和拉克劳的方案存在的拉康式的姻亲关系："《霸权与社会主义战略》的真正成就具体体现在'社会对抗'这个概念中：不能把所有现实都化约为某种语言游戏，社会符号领域是围绕着某种创伤性的不可能性，围绕着某种不能被符号化的裂缝建构起来的。简而言之，拉克劳和墨菲重新发明了拉康的‘作为不可能的实在界’（Real as impossible）这一概念，把它打造成了一个拿手的工具，以之进行社会分析和意识形态分析。”[81]就这样，齐泽克把自己与他那个时代的主要知识问题——语言——联系起来，同时他还大力推进普通的立场，使之超越它现有的（符号界）局限。以当下的话语分析形式重新阐述马克思主义的意识形态批判（实践），这再次允许齐泽克使他的拉黑体成为叠加定位后的众声喧哗（superpositioned heteroglossia），允许他同时以多种语调、语音和方言说话。在这次介入之后不久，他又出版了几部专著和几部论文集，还拍过几部电影。所有这些都是合作项目，是齐泽克团队的合作和运作的实质性成果。[82]

齐泽克在第二部英文著作《因为他们所做的，他们不知道》①（1991年）中更新了他在《意识形态的崇高客体》中所持的立场。[83]正如齐泽克回忆的那样："我的第二本书（比第一本书）在理论上更加充实，但不出所料，它并不怎么受人追捧，因为那里面没有多少淫荡笑话，等等。很多事情都取决于环境。"[84]虽然该书的主标题呼应了基督在十字架上的临终遗言和马克思对意识形态的定义，但副标题已经暗示出它已经确立的叠加定位："作为政治因素的享受（Enjoyment as a Political Factor）。"处理这种主观享受的生产（production of subjective enjoyment）与政治的、全球的形势之间

① 此书书名原文为"For They Know Not What They Do"，中文版译为《因为他们并不知道他们所做的：政治因素的享受》。因为本书书名来自《圣经》典故，所以有必要保留它的"神圣"意味。这样不仅能够帮助我们理解齐泽克的"政治神学"的蕴含，还能"享受"他一以贯之的高超的修辞手段。

的关系，也是拉黑体的鲜明标志。由于这种情绪化的语言包含了笑话，齐泽克干脆“一不做二不休”，舞台表演般地解释了他新立场的确立过程：“那个著名的笑话可以形象地阐明本书的背景。有个犹太人，名叫拉比诺维奇，想移民国外。移民局的官员问他为什么这样做，拉比诺维奇回答说：‘理由有两个。第一，我担心当权者会丧失政权，那样一来，新政权会把旧政权的罪行强加于我们犹太人，让我们承担罪责。’但是，移民局官员打断了他：‘这纯粹是胡说八道，我们的政权会千秋万代，永不消亡！’‘嗯，’拉比诺维奇平静地回答说，‘这正是我移民国外的第二个理由。’”[85]

齐泽克努力使自己的知识叠加定位适用于当时——即 1989 年之后——的政治形势和公众形势（political and public situation），这是通过颠倒这个笑话的两个支点完成的。在这个笑话的更新版本中，作为典型的异类，犹太人害怕的不是旧政权的消亡（和其后的繁荣），而是它的繁荣（和其后的消亡）。线性的解读（linear reading）会断言，这种颠倒一如既往，毫无变化，但依据齐泽克的思辨性的黑格尔式解读（speculative Hegelian reading），这种（时间上的）颠倒改变了一切。他解释说，在《意识形态的崇高客体》出版时，这个笑话仍然很有效。不过，“本书补充了《意识形态的崇高客体》所做的分析。补充其分析的方式是努力阐明那个理论机制，那个能使我们把握由拉比诺维奇笑话的怪异命运揭示出来的历史转变的理论机制：随着‘实际存在的社会主义’在东欧坍塌，享受以挑衅性的民族主义和种族主义重现人间的形式轰然爆发”[86]。他没有庆贺旧政权的衰亡和民主政治的崛起，相反，与此形成鲜明对比的是，他在民主政治的核心地带发现了此后不久被称为巴尔干战争的根源。当权的右翼面临着失败的命运，左翼在庆祝民主自由的降临，而齐泽克通过同时批评双方这一叠加定位，来进行知识介入。

在齐泽克看来，一种罪恶——旧官方哲学——被消灭，另一种罪恶——民族-民主的自由幻想（national-democratic illusion of freedom）——就会降临。正如该书的标题所示，这种介入还增加了另一个方面，正是这个方面使齐泽克与更多的公众产生共鸣，而不是只与专家、学术知识分子遥相呼应。通过暗中承认基督（以及后来的马克思）所宣称的民众的无知，齐泽克把神学引入了知识领域和政治领域，而这两个领域通常与宗教是风马牛不相及的。如此定位宗教，本来与更广泛的牧师公众和神学家息息相关，现在则与黑格尔和拉康勾连起来。黑格尔以其哲学神学（philotheology）声名显赫，其声名显赫的程度，甚至到了取代上帝的地步；拉康是一位虔诚的天主教徒，与犹太教密切相关，对精神分析和神学之间的关系一清二楚。曾经有个学生追问拉康，他的精神分析治疗是否相当于宗教的忏悔，拉康做了回答。齐泽克重复了拉康的回答，说："这是本书书名的目的之所在——精神分析比基督教更加严厉：无知不是得以宽恕的充分理由，因为它承载着一个隐含的享受之维。如果一个人不（想）知道，只一味在自己的符号宇宙的空白中享受，那就没有天父出来原谅他，因为这些空白避开了父亲之名（Name-of-the-Father）的权威。"[87] 简而言之，无论是在临床之内还是临床之外，精神分析都对主体（一个人或一个社会）提出了这样的要求：不仅要对自己所说过的话（或知道的事）负责，而且要对未曾说过的话（或未曾知道的事）负责。如此一来，即使是宗教读者也能在齐泽克的著作中找到一个清晰而"扭曲"的参照点。齐泽克在做反思性的自我定位时承认，该书带有它在被孕育时所处的语境的痕迹，因此它是故意把两者混为一谈的：

> 然而，与其说使本书"别具风味"的是它的内容，不如说是阐明这些内容时所处的方位（place of enunciation）。本书内容为 1989—1990 年冬季学期在南斯拉夫卢布尔雅那所做的讲座，这些讲座是在连续六周的周一完成的。它是用来充当拉康的入门课程的，由斯洛文尼亚理论精神分析学会组织，针对的受众是"友好中立"的知识公众，他们是推动民主进程的动力。换言之，演讲者远远没有占据"理应知情"的主人的位置，而是扮演着精神分析接受者（analysand）的角色，向由他的公众组成的精神分析师（analyst）表露心迹。讲座是在那几个月的独特氛围中进行的：那是激烈的政治动荡时期，处在举行"自由选举"的几周之前，当时所有的选择似乎都有可能，是将下列三者熔为一炉的"短路"的时期：政治激进主义、"最高级"的理论（黑格尔、拉康）、"最低劣"的通俗文化中毫无限制的享受。这是一个独特的乌托邦时刻。那时候，民族主义-民粹主义联盟在选举中获胜，一个新的"恶棍时代"（scoundrel time）不仅已经结束，而且变得越来越无影无踪，像"消隐的中介物"一样，从人们的记忆中被彻底抹去。……虽然这些讲座现在已经变得"井井有条"，但在它们的身上，还保留着它们当初诞生时所处的嘈杂环境的诸多痕迹。这些痕迹被有意保留下来，作为一种纪念——纪念它们被阐明时所处的那个独特时刻。[88]

因此，干预的内容在形式上保留了一些东西，那就是斯洛文尼亚在 20 世纪 90 年代的过渡时期所经历的政治上的——同时也是知识上的——开放性。此外，齐泽克的自我定位揭示了他作为牺牲型知识分子的立场。与权威型知识分子不同，他不认同大师，也不站在“理应知情”的主体的立场上发话，而是小心翼翼地拒绝这种立场。从这个意义上说，他当众“自杀”，毁掉了自己（作为哲学家）的社会形象。他类似于对话型和嵌入型的知识分子（dialogical, embedded intellectual），完成了主体性贫困（subjective destitution）这一行为。正是通过这种行为，他拒绝了理应将他与他的受众或公众截然二分的立场。这就提出了一个与齐泽克密切相关的、久久挥之不去的问题：如何严肃对待一个并不严肃对待自己的人？

他在（他的）这套丛书中做的下一个介入则更多地涉及文化而不是政治。此举将他定位为“极其时髦”（hippest）的知识分子，令其与时代和潮流同步。[89]《斜目而视：透过通俗文化看拉康》（1991年）在结构上与他在此前出版的哲学–政治著作略有不同。它更像一本教科书。从其介入的角度看，它意在成为专供知识读者阅读的通俗读物。与《意识形态的崇高客体》和《因为他们所做的，他们不知道》的三元一体结构类似，该书也由三大块或三部分组成，但主要是把他此前已经发表或出版的著述打包出售。然而，该书的每一部分都被分解成一口就能吞下的一小块，把它们组合起来，构成了类似于“拉康与当代文化之读本”之类的东西。因此，该书的政治色彩较弱，知识色彩较浓，旨在为对演化中的文化客体（evolving object of culture）感兴趣的学生和专业学者提供便利，令其更易于阅读。

在《享受你的症状！》（1992年）和《关于拉康，你一直想知道（但不敢问希区柯克）的一切》①（1992 年）中，齐泽克转而援引经典文化著述，以便将他的拉黑体不仅应用于政治，而且应用于通俗文化。他这样做的原因是，意识形态——即我们在茫然无知时的所作所为——已经作为资本，大量投入文化产品之中。电影、小说和其他文化产品，甚至电视节目和广告，都为齐泽克提供了大量的文化材料，供他从意识形态角度予以分析。这些分析与当时的学术语境交相呼应。正是借助于这样的语境，文化研究正在成为社会科学的新前沿。这两本书都不是在大学出版社出版的（尽管属于学术系列）。这样做，是为了在保持专业品质的同时，更容易为形形色色的公众所接受。在转向文化的这个过程中，齐泽克开始涉及精神分析和真正哲学之外的其他知识科目。[90] 他从事电影和文化研究，吸引这样的读者：他们有哲学之外的学术背景，但又没有明确的政治动机。在做这些介入时，齐泽克运用了他所有的关键性的修辞手段：提问题、讲笑话和举例子。特别是关于举例子，作为文化的问题，他列举的例子——从电视广告到好莱坞电影——都是有效的哲学论证工具。大多数哲学家和知识分子都低估了例子的价值，而这种倾向可以追溯到康德，因为康德把例子视为“判断力的学步车”（go-cart of the judgment）。[91] 然而，对齐泽克来说，例子是传播观

---

① 本书原名为“Everything You Always Wanted to Know about Lacan（But Were Afraid to Ask Hitchcock）”，中文版译为《不敢问希区柯克的，就问拉康吧》。在西方，作为书名，“Everything You Always Wanted to Know about X (But Were Afraid to Ask)”俯拾皆是，泛滥成灾，谈论的都是俗不可耐的庸常话题，或略带隐秘色彩（如“性”）的话题。齐泽克以此为名，讲述极其艰深的拉康理论，也是一种叠加定位行为，且充满了戏仿意味。齐泽克每一部著作的标题都值得密切关注。

念的主要手段。正如托德·麦高恩（Todd McGowan）所言，在齐泽克的著作中，例子具有概念的地位，因为“它是表现思辨的同一性——同一性和非同一性的同一性（the identity of identity and non-identity）——的载体。思辨的同一性是黑格尔的伟大哲学发现”[92]。齐泽克并不赞同那个普遍的知识倾向，即紧抓论点，拒绝例子。在齐泽克看来，“一个论点就是一个例子，只是它还没有意识到自己就是一个例子而已”[93]。齐泽克频繁地举例，其要义在于，例子“揭开了一个论点的无意识，而在无意识中，矛盾占据主导地位”[94]。他并不认为作为修辞手段的例子劣于哲学家高尚的思想和抽象的概念。[95]相反，来自日常生活的例子是哲学的具体化。就这样，他卓越地回应了柏拉图有关后现代的、未经审视的人生的观念①。

齐泽克引用好莱坞电影和希区柯克电影等经典产品，将目标对准了主流文化的心脏。鉴于他坚持对以日常文化为化身的主流意识形态做精神分析，这个目标不应该令我们惊讶。而且从知识的角度看，这些介入为马克思主义的意识形态研究以及拉康式的文化研究贡献良多，其功甚伟。现在，一旦将这些方法扩展到新的案例，他的知识叠加定位不仅立即立足于精神分析或哲学，而且立即扎根于文化研究和电影研究。通过编选有关论述希区柯克电影的论文集，齐泽克建立了与美国知识分子的知识联系。在这些美国知识分子中，最引人注目的是弗里德里克·詹姆逊（Fredrick Jameson）、埃里克·桑特纳（Eric Santner）和琼·柯普洁。通过这些联系，双方立

① “柏拉图有关后现代的、未经审视的人生的观念”（Plato's Idea of a postmodern examined life），可能指柏拉图笔下的苏格拉底的那句名言：“未经审视的人生，是不值得过的人生。”（The unexamined life is not worth living.）

场达成一致。

《图绘意识形态》① 是另一部编选论文集，它对齐泽克的定位产生了重大影响，使他成为具有全球影响力的重要知识分子。[96] 这种介入将齐泽克置于批判理论、马克思主义、文学和社会学的知识传统之内。作为编选者，齐泽克扮演了“意识形态概念最新展览”策展人的角色，将意识形态概念的马克思主义蕴含扩展到精神分析和社会学领域。撰稿人是来自不同时期和不同学科的不同知识分子，其中包括阿多诺、塞拉·本哈比（Seyla Benhabib）、拉康、阿尔都塞、米歇尔·佩舍、特里·伊格尔顿、戈兰·瑟伯恩（Goran Therborn）、罗蒂、布迪厄、詹姆逊，当然还有齐泽克本人。借助于这份跨学科的国际明星名单，齐泽克不仅将自己与他们关联起来，而且以全新的方式定位意识形态概念。在同一年，也就是 1994 年，齐泽克获得了与左页出版社合作出版他自己的丛书的机会。这正如他解释的那样：“‘本我在哪里’丛书代表着对拉康的某种解读，它是哲学性的，但同时就其政治取向而言，它又打破了标准的文化研究的局限。我最大的抱负是使我身边的人，尤其是我的斯洛文尼亚朋友阿伦卡·祖潘契奇和姆拉登·多拉尔，能在国外出版他们的著作。这是我想出版这套丛书的另一个原因。但基本方向是从哲学上解读拉康，外加这个特定的政治扭转（political twist）。为此，我需要出版一套丛书，以开发一个方向明确的、连贯一致的方案。”[97] 通过明确引证弗洛伊德的著述[98]，这套丛书为齐泽克提供了一个知识场所，使他

---

① “图绘意识形态”的原文是“Mapping Ideology”，意谓“绘制意识形态地图”，即绘制一张地图，标明不同意识形态所处的方位。这当然是隐喻性的说法，是齐泽克经常采用的修辞手段之一。

能够采取既与人通力合作又单打独斗的方式，发展他的拉黑体，使之成为连续不断和连贯一致的表演。该丛书的开篇语表明了它（以及齐泽克）的知识定位和政治定位："Wo es war，soll ich werden——本我在哪里，自我就必须去哪里——是弗洛伊德版的知识启蒙的目标。确立这个目标本身就是一种解放性的行为。在如今资本主义晚期这种状况下，还有可能实现这个目标吗？如果今天的'本我'是信奉实用主义-相对主义的新诡辩主义者（pragmatic-relativist New Sophists）和新纪元蒙昧主义者（New Age obscurantists）遵守的法则，那么什么东西将出现在本我现在所处的位置？这套丛书的理论前提是，拉康的精神分析和马克思主义传统的爆炸性结合，将引爆一种活力十足的自由（dynamic freedom），而这种自由能使我们质疑资本流通的先决条件。"[99] 在这里，齐泽克把自己与弗洛伊德和启蒙运动关联起来，但又将自己做了这样的定位，即反对晚期资本主义语境下产生的两种主要知识倾向：实用主义和新纪元①。如此一来，通过引证弗洛伊德的著述和将弗洛伊德与当代政治形势关联起来，往昔与现在的联系再次变得一目了然。正如知识介入模型所暗示的那样，齐泽克发现了一个理论僵局，即这样的问题：如何在一个特殊的、相对主义的环境中安置普遍性（instate the universal）？然后，

① 新纪元（New Age）是二十世纪八九十年代在西方（特别是美国）大肆扩张的众多宗教信仰和宗教活动的统称。这些信仰和活动具有高度的折中性和非系统性，因而难以定义。其追随者认为，通过信奉这些信仰或参与这些活动，他们能够达到肉体、心灵、神灵的高度统一。它大量地借鉴神秘学传统（esotericism），同时掺杂了神智学（theosophy）的内容，还与20世纪50年代的UFO宗教、60年代的反文化运动密切相关。进入21世纪后越来越被排斥，如今已走上穷途末路。

他为解决这一僵局独辟蹊径。以新颖独特的方式把拉康和黑格尔结合起来，应该能对未来做出新的解读，因为它包括了资本在前一个阶段的变化。在那个阶段，批判思想①仍然停滞不前，无法动员大众实施自我解放。

因此，在“本我在哪里”丛书收入的第一部著作即他的《享受的转移》②中，他继续发展他独特的思想形式，将之运用于女性和因果关系。在女性主义理论兴起之时，他对女性气质、性和“典雅之爱”（courtly love）高谈阔论，这使他成为一位适时地参与社会事务、与社会紧密联系的思想者。值得注意的是，该书以一种异乎寻常的修辞性的自我定位之举，附上了一段名为“选边”（Taking Sides）的自我采访。齐泽克在那里自问自答，并为读者提供了他藉之回答这些问题的“幕后”思考过程。自我采访一开始，他就回答了这样一个问题：何以主体性贫困是（一无所知的）精神分析师必须采纳的立场，而与（洞察一切的）主人分道扬镳？齐泽克采纳的立场是前者的立场，他成了分析全球社会及其症状的精神分析师。[100] 主人是“理应知情的主体”，他采纳的立场与精神分析师采纳的立场截然相反，因而是权威型知识分子的范例。他居高临下、趾高气扬地对他的患者或公众耳提面命，谆谆教诲。他认同自己所扮演的角色，进

---

① “批判思想”（critical thought），指法兰克福学派主导的批判理论（critical theory）。

② 《享受的转移》（*The Metastases of Enjoyment*），中文版译为《快感大转移》。为了保持本书译文的一致性，此处译为《享受的转移》。需要说明的是，此“转移”（metastase）非彼“转移”（transfer），它是医学用语，是“转移性疾病”中的“转移”。说“享受的转移”，实际上是说“享受”也是一种类似于癌症的疾病，也会转移到身体的其他部位，并造成致命的伤害。由此可见，齐泽克实在是精于隐喻之道，书名起得非同凡响。

而把社会秩序玩弄于股掌之间。主人的享受是通过为病人或公众做出某种虚假的牺牲获得的。不过，齐泽克的主体性贫困"与另一个关键的黑格尔-拉康母题（Hegelian-Lacanian motif）密切相连，这个母题便是'牺牲掉牺牲'（sacrifice of the sacrifice）"[101]。通过采纳精神分析师的立场，齐泽克牺牲了主人的虚假牺牲：主人享受着他的形象，一个痛苦的个体的形象，即他为了更大的（病人和公众的）利益而工作，孜孜不倦，勤勤恳恳，任劳任怨。这种主观性享受（subjective enjoyment）被隐藏在有关牺牲的种种说辞之后。我们从西方当代官员那里得到的就是这套说辞：他们声称，为了国家，他们放弃了一切，但与此同时却获得了超额的利润和额外的享受（surplus enjoyment）。

在将自己置于反对这种假牺牲的立场上之后，齐泽克解释了他转向通俗文化的原因：通俗文化是充斥着意识形态和幻想的物质"材料"。我们将我们与现实结成的符号性关系投射到那里，使之以物质的形式呈现出来。因此，正是在那里，我们可以明察我们的社会症状。然后，他参与了对德里达、海德格尔和福柯等出类拔萃、名满天下的知识分子进行定位的过程。他强调，拉康的立场与这些人的立场有天壤之别。拉康的立场以建设性的、虚怀以待的方式，为其追随者留下广阔的空间。例如，拉康描述了民主社会中持续存在的潜在暴力，包括性别歧视、种族主义和民族主义；描述了从父权制到犬儒主义的转变过程，发现了晚期资本主义中的权力形态的转变。这是一种概念性的转变（conceptual shift），崇尚自由的女性主义-后殖民主义理论对此完全视而不见。权力已经从主人—父亲—领袖的权威形象转变为愤世嫉俗的犬儒形象，不再以陈旧的强制方式发号施令，而是作为一种（基于知识的）享受发挥作用。所以老板也是朋友，父亲也是弱者，领导也是愤世嫉俗的犬儒主义者。在这种新型权力形态中，满足于保持犬儒距离的批判已经落入当权者之手，成为其玩物。也就是说，如果领袖并不严肃地对待自己，那么，嬉皮笑脸地揭露他（和他的罪行）就不是一种真正的批判姿势。这种洞察力是齐泽克于十年前在谈及斯洛文尼亚 NSK 的艺术演出时建立起来的。那时，斯洛文尼亚 NSK 的艺术演出将自己的批评立场从犬儒主义转化为过度认同。齐泽克以这种洞察力确立了他专门分析"后现代主体性"的精神分析师的地位。根据他对"后现代主体性"的分析，人人天生都是犬儒主义者，说起话来，不以表象为真实，但一旦行动起来，却以表象为真实，严重依赖于由犬儒距离维持的语言表演力（linguistic performative power）。[102] 正如齐泽克以实例证明的那样：

> 当被问及对美国的态度时，斯洛文尼亚后朋克群体莱巴赫的回答是："和美国人一样，我们信仰上帝；但和他们不同，我们并不信任他（Him）。"（当然这里暗指印在美钞上的铭文①。）只要上帝是大他者之名（the names of the big Other）中的一个，这种悖论性的陈述就会非常充分地证明

---

① 印在美钞上的铭文是"In God We Trust"(对上帝，我们还是信任的)。莱巴赫信仰上帝，是想让他发挥大他者的功效；但不信任他，是因为他们已经洞察他发挥大他者功效的隐秘机制。这就像西方信奉基督教的家长，他们信仰上帝，让自己的孩子相信存在着圣诞老人，但实际上他们信仰上帝也只是为了让孩子相信存在着圣诞老人，或者达到诸如此类的目的(如为社会的道德伦理行为提供宗教的支撑)。只是有时候，连他们自己都没有意识到这一点，所以又存在着"人格分裂"。

> 拉康对语言这个大他者的态度是正确的：拉康派并不是只承认享受的犬儒派，他还指望大他者发挥功效，虽然他并不信任它，因为他知道，他现在正与之打交道的是表面秩序（order of semblance）。[103]

重要的是，对拉康立场的这一断定，既是知识性的（站在拉康一边，反对那些批评普通知识的人），又是政治性的（站在更激进的批判形式一边）。“犬儒主义是意识形态的倒影”，这在他主持的左页丛书的下一部著作《除不尽的余数》（*The Indivisible Remainder*）中得到了进一步的发展。他在那里深入研究了德国观念论和量子物理学，并不断引用拉康的著作。[104]对科学，尤其是对物理学的介入，开辟了一条道路，供更多的读者与齐泽克接触，尽管这些读者并不熟悉太多的哲学内容。齐泽克对德国观念论的研究并不仅限于黑格尔，因为如果止步于黑格尔，他的总体方案将受到限制。因此，除了黑格尔，他还研究康德和谢林。这一举动将他定位为与非黑格尔派关系密切的知识分子。

一年后，齐泽克又进行了一次异乎寻常的定位，出版了一部他与早已作古的谢林合编的著作。[105]此举确立了他在德国哲学领域的权威地位。该书没有在欧洲的左页出版社付梓，而是在美国的密歇根大学出版社出版。在不断扩大他在美国市场占有率的那段时间，齐泽克还与杜克大学出版社推出了合作丛书。这套丛书名为“原文如此”。该丛书的总序宣称，这套丛书“代表着最为基本的精神分析解释：没有对深层的、隐藏的意义的发现，只是让人们注意到在此之前出版的出版物的可丢弃性（原文如此）①”[106]。它把自身的语境性（contextuality）和关系性（relationality）演示为“与弗洛伊德领域的不同联系”。在那里，“每一部著作都为某个正在进行理论战斗、文化战斗和意识形态–政治战斗的特定领域提供了一揽子拉康式的介入”[107]。然后齐泽克这样进行了他的叠加定位：首先，他说这套丛书既非“多元主义”，又无“社会敏感性”；其次，他断称，“它无视任何形式的正确性，但重视理论自身内在的正确性”[108]。因此，尽管齐泽克以极其详尽的、批判性的方式分析日常生活实践，但还是把理论视为终极赌注，批评左翼和右翼，认为它们全都缺乏（作为思想的）理论。

这种叠加定位在他于 1997 年出版的“本我在哪里”丛书之一《幻象的瘟疫》② 中具有更加明确的知识性。在该书中，齐泽克甫一开篇，就引用通俗文化的实例，并把它与拉康的无意识联系在一起：“无意识是暴露在外的，并不隐藏在任何遥不可及的深处，或者借用电影《X 档案》中那句名言：‘真相就摆在那里。’”[109] 然后，通过

---

① “可丢弃性（原文如此）”，原文为“litterality [sic]”。“litterality”为新造词，意谓“可丢弃性”，同时又暗指“literality”，即字面性、字面意义。从20世纪60年代的法国结构主义开始，玩弄这种文字游戏已经成为学术研究的新秩序和新规范。

② 《幻象的瘟疫》（*The Plague of Fantasies*），中文版译为《幻想的瘟疫》。为了保持本书用语的一致性，译为《幻象的瘟疫》。“幻象”（fantasy）是拉康精神分析中极其重要的范畴。一般而言，幻象是生动的形象或画面，是幻想的产物而非幻想过程本身。它充满情感却缺乏逻辑性，其功能在于缓解压力和激发创造力。但它同时具有病理学的特征，如极度的妄想，与现实的严重脱节。在精神分析中，幻象是用来满足无意识的愿望和冲动的心理画面、梦境等。拉康和齐泽克都对此做过大量精辟论述。

回忆拉康对当代知识分子所做的两种类型——傻瓜和无赖——的区分，他反对两种知识立场，从而确立了自己的立场：

> 简而言之，右翼知识分子是无赖，是墨守成规的人，他们把既定秩序的存在视为支持既定秩序的证据，并嘲笑左翼的乌托邦计划，说它必定导致灾难。左翼知识分子则是傻瓜，是宫廷小丑，他们公开揭露既定秩序的虚假不实，但他们言说的方式又悬置了其言辞的表演效力（performative efficiency）。如今在东欧社会主义崩垮后，无赖是自由市场的新保守主义倡导者，残酷地拒绝一切形式的社会团结，说什么社会团结是感情用事，结果会事与愿违。傻瓜则是解构主义的文化批判者，他们依赖自己那套注定会"颠覆"现存秩序的顽皮程序，实际上却充当了现存秩序的营养剂。[110]

齐泽克的叠加定位是以十分寻常的方式昭示天下的：先是识别对立、二重性或二分法；然后告诉我们，这个对立、二重性或二分法实际上是一枚硬币之两面，借助穿越幻想（traversing the fantasy）这一行为的实际主观效应来理解它们。"精神分析帮助我们打破'傻瓜—无赖'这一恶性循环的方式，就是揭露它潜在的力比多经济（libidinal economy）——力比多利润，或称额外的享受，它支撑着这两种立场。"[111] 他同时拒绝这两种立场，拒绝它们在知识上和政治上所代表的东西，用拉黑体创建他自己的新立场。他在"本我在哪里"丛书发起的下一个介入是《敏感的主体》（1999 年）。在提出另一个黑格尔式的三元一体结构之前，该书的"引言"延续他以往的知识-政治定位。他显然是在引用马克思主义文献，宣称："一个幽灵在西方学术界游荡，……笛卡儿式主体的幽灵。所有学术力量都联合起来，结成了神圣同盟，以驱除这个幽灵。……新纪元蒙昧主义者……，后现代解构主义者……；哈贝马斯式的交往理论家，……海德格尔式的存在之思的倡导者……；认知科学家……和深层生态学家①……；批判的（后）马克思主义……以及女性主义者。"[112]齐泽克引用普通而又经典的知识文献，绘制了一张标明这些立场各自方位的地图。他发现，这些立场因为忽视笛卡儿式主体而变得问题重重。拉康式的扭转加上引用马克思主义文献，再加上笛卡儿的传统，结果就是，这个主体，这个大名鼎鼎（或臭名昭著）的"我思"，本质上是无意识性的主体，而非意识性的主体。不过，在进行知识性-政治性的自我定位时，该书"引言"指出："虽然本书的基调是哲学性的，但它首先是一种积极的政治介入，旨在解决了一个迫在眉睫的难题，即我们如何在我们这个全球资本主义及其意识形态猖獗的时代，在这个自由-民主的多元文化主义时代，制定一个反资本主义的左翼政治方案。"[113]这种自我定位，本是对抗普通知识潮流的、积极介入社会斗争的知识定位，却变成了一种叠加定位，即把右翼-资本主义立场和多元文化主义的左翼-自由主义立场叠加

① 深层生态学家（Deep Ecologist），即专门研究深层生态学的专家。深层生态学是一种环境哲学。根据这一哲学，自然界是一个复杂的生态系统。在这个系统中，任何生物的存在都依赖于其他生物的存在。人类对自然界的干预或破坏不仅危及构成自然秩序的所有生物，而且危及人类自身。所以人类必须不仅要改变自己的自然观，而且要改变自己与自然的关系：不能仅仅看重自然对人类的有用性，还要看到自然本身固有的内在价值。

起来。齐泽克引用昔日伟人笛卡儿的著作，并围绕着它荡平了当今的知识界，但揆诸实际，他的立场已经吸纳了所有其他的立场，同时又拒绝了这些立场独有的推论（exclusive reasoning）。一边是对往昔文献的引用，一边是当今全球政治语境的展望，他把它们联系起来，对全球性问题予以回应，并对未来做新颖的解读。从叠加定位的角度看，齐泽克并不反对多元文化主义或人权，只是认为这些东西不能成为左翼反资本主义全球方案的根基。[114]

这一立场并不是仅仅以书本形式的知识介入展示出来的。齐泽克发表学术文章，始于20世纪80年代末，在整个90年代，他都是笔耕不辍。但发表这些学术文章的机构都是些边缘性和本地性的机构，因此很少引人注目。他竭尽全力，把讲义转化为著作，绕过在学术期刊发表文章的限制，并以此展示他对整个建制学术机构的立场。当大多数学者把讲义转化为文章，再从文章转化为著作时，齐泽克把第一阶段与第三阶段串联起来，制造了一个短路。他对著作这种形式的情有独钟，使他很快进入数字时代知识生产的核心地带。在那里，图书的出版实际上更容易一些。他还树立了严肃的或古典的、一般性的和全球性的知识分子形象，与专家型知识分子大相径庭。专家型知识分子专注于基于话题的期刊文章，而这些期刊文章又源于自己预先设定的专业知识。我们在此再次看到了齐泽克的牺牲型立场。他的文章在学术界不断升值，但产出备受限制，只好把讲义转换成著作，这在其他学者从学术的角度看来，无疑有损他的“严肃性”。然而，如果齐泽克的目标是触及全球公众，那么作为一个通用化、多样化、并不计较特定的学术利益或民族主义利益的集合，著作是比期刊文章更有效的传播渠道。如果再与报纸文章、电影和网上露面相结合，传播就会变得更加高效。所以，在使用其他形式的知识介入之前，齐泽克开始把所有这些形式混合起来，并拿它们来做实验。职是之故，能够扩大受众范围和产生巨大影响的重要文章，处理的都是诸如文化和政治之类的通俗事务，而不是理论问题和哲学问题。比如，他频繁接受采访，把接受采访视为解释自己的观念的渠道，并以更加非正式的方式，将自己的想法置于具体的语境之中。他参与的《批判意识：知识分子访谈录》（*A Critical Sense: Interviews with Intellectuals*）一书，由彼得·奥斯本（Peter Osborne）编选，于 1996 年由劳特利奇出版。该书（在封底上）将他定位为“当今最重要的思想家”之一。另一个范例是《拉康墨迹》（*Lacanian Ink*）杂志，该杂志后来更名为网站：Lacan.com。杂志和网站都是由阿根廷人何塞菲娜·阿耶萨（Josefina Ayerza）分别于 1990 年和 1997 年与他人合作创建的。从那时起，它作为一个早期的国际中心和数字中心开始运作，旨在向美国推送拉康的思想。它主推米勒、齐泽克以及其他拉康派知识分子的文章。就这样，在他人的资助下，齐泽克开始在网上崭露头角。

通过评论政治和文化等公共问题，他的介入在更多的公众那里引发了强烈共鸣。这在他对流行电影《黑客帝国》所做的评论中表现得淋漓尽致。[115] 该电影于 1999 年 3 月 31 日首映，恰逢一个特殊的文化时机。随着新千禧年的到来和智能数字技术的兴起，《黑客帝国》触及了许多哲学观念和宗教观念，从柏拉图的洞穴寓言到路易斯·卡罗尔的《爱丽丝漫游奇境记》，均在此列。通过对它进行评论，齐泽克被定位为极具悟性的知识分子，他与时俱进，能把自己与全球公众的利益和关切联系起来。在这方面，齐泽克的第一次介入是他于 1999 年 10 月 28 日在一次国际研讨会上，以一场专论《黑客帝国》的公开讲座的形式完成的。这次研讨会是在德国卡尔斯鲁厄艺术与媒体中心（Center for Art and Media in Karlsruhe）召开的。作为不断重复表演的“保留曲目”的一部分，他的讲座后来变成了一篇文章。该文章先是发表于《今日哲学》（*Philosophy Today*）杂志，后被收入题为《黑客帝国和哲学》（*The Matrix and Philosophy*）的论文集，并被翻译成意大利语、西班牙语、希伯来语、土耳其语、韩国语等多种语言。值得注意的是，齐泽克丰富多彩的干预并非始于电影本身，而是始于观众的立场，从而将读者带入对话，同时对知识分子和白痴进行叠加定位：“当我在斯洛文尼亚一家电影院里观看《黑客帝国》时，我得到了一个天赐良机，坐在了这部电影的理想观众——即一个白痴——身旁。一个年近而立之年的男子坐在我的右侧，他对这部电影是如此的投入，以至于他自始至终都在大呼小叫：‘哇，我的天哪，所以说根本没有什么现实嘛！’这令其他观众不胜其烦。我绝对更加喜欢这样天真的投入，而不喜欢伪深奥的知识性解读，这种解读常常把精致的哲学的或精神分析的概念辨析投向这部电影。”[116]齐泽克使自己与对这部电影的自发知识化（spontaneous intellectualization）保持距离，与大多数并非知识分子的观众或读者惺惺相惜，同时激发了他们的求知欲。这种不认同知识分子的举动，无异于对知识立场的批判。正如罗伯特·塞缪尔斯（Robert Samuels）所言：“齐泽克在他论证的第一阶段所采取的修辞策略是，改述学者们在这个特定问题上做出的各种常见的（错误）解读。在《黑客帝国》这种情形下，这个特定的问题便是该电影的终极意义。这个开场白让齐泽克有机会把众多不同的读者拢在一起，并向他们证明，何以他们全都错得离谱。”[117]就这样，他开辟了一个知识空间，但他是从另一个位置，一个非知识性的有利位置（nonintellectual vantage point）开辟这个空间的：“尽管如此，理解《黑客帝国》产生的知识性吸引力，还是轻而易举的。这岂不是说，《黑客帝国》是一部充当了某种罗夏测试①的电影，它启动了普遍化的认可过程，就像那幅众所周知的上帝画像，无论你从哪个角度审视，它似乎都在直视着你，你也能从任何一个方向看到他的直视？”[118] 齐泽克使用反问这一修辞手段，还是为了让读者身临其境。然后，一边是心理学和主体性，一边是虚拟现实之语境，他把这两者关联起来，与公众的情绪相呼应。正是公众的这种情绪，使《黑客帝国》成为划时代的大片。齐泽克利用了公众的兴趣，把它当成千载难逢的良机，借之以更加简明扼要的方式，传播他自己的拉黑体：“那么，‘黑客帝国’究竟是什么呢？简单地说，它是拉康所谓的‘大他者’，是虚拟的符号秩序，是用来为我们建构现实的网络（network that structures reality for us）。”[119] 由此开始，读者实际上都是通过来自《黑客帝国》（及其续集）以及其他电影、小说和戏剧等关键性例证来了解拉康的（看不见摸不着的）“大他者”概念所发挥的功能的。[120]

到了齐泽克在 1999 年评论《黑客帝国》的时候，他已经强化了他与电影的联系。他曾两次在专门记录斯洛文尼亚集体艺术运动 NSK 及其下属团体莱巴赫和欧文的纪录片中出镜。尽管《莱巴赫：

---

① 罗夏测试（Rorschach test），即罗夏墨迹测试（Rorschach inkblot test），是由瑞士精神病医师罗夏（Hermann Rorschach，1884—1922）设计的，用以识别不同的人格类型。在这项测试中，在白纸上洒下不规则的斑斑墨迹，接受测试者因性格、人生经验与文化背景的差异，看到的图像亦不相同，因而可以根据他们看到的不同事物的图像，区分不同的人格类型。尽管没有任何具体的科学研究证明它是坚实可靠的，但还是被广泛应用于心理测试之中。

一部来自斯洛文尼亚的电影》（*Laibach: A Film from Slovenia*）和《火的预言》（*Predictions of Fire*）是作为边缘性电影拍摄的，并不面向广大的公众，但它仍然能使齐泽克初次尝试数字媒介和表演性的知识介入，将他的演技推向前台。[121]《火的预言》是由美国人迈克尔·本森（Michael Benson）制作的。该片于 1996 年在温哥华国际电影节上获得最佳纪录片奖，齐泽克也因此被北美观众所熟知。同一时期的第三部纪录片放大了这种表演效果，只不过这一次的主角是齐泽克本人，这使他成为人们探究的对象和兴趣的所在。在纪录片《爱你的症状，如同爱你自己！》①中，齐泽克承认他在西方的盎格鲁-撒克逊学术界地位尴尬："我们出版了有关希区柯克的著作，他们邀请我到加州大学伯克利分校讲学。那时，他们告诉我，他们邀请我去那里，邀请我的朋友去那里，是因为他们想向人们证明，我真的存在，如假包换。当时伯克利有个传言（这实际上是法国知识分子为了贬损斯洛文尼亚而编排的笑谈），说我们这些人压根就不存在。所以人们看到我们本尊，感到非常震惊。"[122]情形似乎是这样的，北美在接受齐泽克时心存疑虑，觉得一个边缘性的斯洛文尼亚思想家不可能写出如此博大精深的著作，说起拉康和希区柯克来头头是道。这促使他采纳了癔症式的演讲立场（hysteric position of speech），并且这样的立场将在未来许多年内伴随他的表演。然而，这有效地促使他利用一切可能的沟通渠道"证明"自己的存在。那是一部德国纪录片，是专为学术圈内的少数人设计的，只以他们为受众。尽管

---

① 《爱你的症状，如同爱你自己！》（*Liebe Dein Symptom wie Dich selbst!*），显然来自西方人耳熟能详的《圣经》故事。这里把《圣经》中"要爱邻舍如同自己"的"邻舍"改成了"症状"，因而充满了戏仿或反讽的意味。熟悉这个典故的人，看了这个片名都会发出会心的微笑。

如此，它还是帮助普及了齐泽克的观念。齐泽克用他那非常独特的表演技巧——说粗话、讲笑话、举例子和他用的反问句——传播了他的观念。

这部电影让他有机会把自己的观念、风格和方法带入实时数字公共领域。他站在镜头前，一本正经地扮演知识分子的角色，同时又做出反知识分子的举动，还声称他“讨厌那些自称真正教授的教授”[123]。齐泽克是以他那非学术性的自杀式、牺牲式的表演（nonacademic suicidal，sacrificial performance）而声名显赫的，这不仅是因为他的观念，还因为他的表演。他的表演看起来是那么滑稽，那么怪诞，同时又那么具有挑衅性。换言之，齐泽克进入了现代享受模式，这倒不是因为他的“所言”，而是因为他的“所行”。他的主观怀疑（subjective doubt）废黜了主人式的权威型或专家型知识分子的地位，甚至令人怀疑对话知识分子（dialogical intellectual）内心渴望的真正对话的可能性。[124]他的主观怀疑被用作一种牺牲性的修辞手段（sacrificial rhetorical device）。运用这种手段的目的在于与读者或观众的自我怀疑（我们真的是我们所呈现出来的那个样子吗？）产生共鸣，进而促使人们质疑自己的生存方式。如前所述，齐泽克并不借助于传统的哲学论文（philosophical treatises）进行知识介入，他的知识介入也在下列两者之间摇摆不定，仿佛两者是相互割裂的：一者是对当代精神文化（contemporary psychoculture）所做的哲学分析，一者是对当代哲学所做的精神文化分析（psychocultural analysis）。这种摇摆不定会使人怀疑齐泽克的哲学家定位，他也将在未来的几十年内被迫公开应对这种怀疑。然而，事实证明，这种怀疑是至关重要的，因为它维持着对齐泽克立场所做的多种多样的阐释。

注　释

[1]克林特·伯纳姆:《作为网络哲学家的齐泽克》,收入马修·弗里斯菲德和路易斯·威利斯编:《"齐泽克和媒体研究"读本》,伦敦:帕尔格雷夫·麦克米伦出版社,2014年。

[2]齐泽克语,见彼得·杜斯和彼得·奥斯本:《拉康在斯洛文尼亚》,刊于《激进哲学》,第58期,第25页。

[3]见贾米勒·卡迪尔(Jamil Khader)和莫莉·罗滕贝格(Molly A. Rothenberg)编:《现在的齐泽克:对齐泽克研究的当下透视》(*Žižek Now: Current Perspectives in Žižek Studies*),剑桥:政体出版社,2013年,第5页。

[4]姆拉登·多拉尔接受本书作者个人访谈时所言,2017年4月24日,小间咖啡馆,卢布尔雅那。

[5]这是因为以英语为第二语言的人(和翻译英语的人)远远多于以英语为母语的人。

[6]亚格娜·奥尔塔泽夫斯卡:《"很多事情都取决于环境":齐泽克在法国》,刊于《英语研究》,第1卷,第58期(2005年1月),第55页。

[7]姆拉登·多拉尔接受本书作者个人访谈时所言,2017年4月24日,小间咖啡馆,卢布尔雅那。

[8]同上。

[9]齐泽克接受本书作者个人访谈时所言,2017年4月25日,卢布尔雅那。

[10]见罗伯特·博因顿(Robert S. Boynton):《享受你的齐泽克》("Enjoy your Žižek"),刊于《通用语》(*Lingua Franca*),第8卷,第7期(1998年10月),第1—10页。

[11]亚格娜·奥尔塔泽夫斯卡:《"很多事情都取决于环境":齐泽克在法国》,刊于《英语研究》,第1卷,第58期(2005年1月),第55页。

[12]我在这里依赖的是热拉尔·热奈特(Gérard Genette)所做的区分。根据这一区分,"如果文本的收件人真的是读者,那么标题的收件人则是公众。……如果文本是供人阅读的对象,那么标题……则是被人传阅的对象,或者说——如果你愿意这么说的话——是谈话的主题"。见热拉尔·热奈特:《寄生文

本：阐释的门槛》(*Partext: Threshold of Interpretation*)，剑桥：剑桥大学出版社，1997年，第75页。此外，尼古拉斯·索伯恩(Nicholas Thoburn)也指出，“书名具有双重功能。它向读者介绍文本的主题，……但它也有助于将这本书推向市场”。见尼古拉斯·索伯恩：《反图书：论激进出版的艺术与政治》(*Anti-Book: On the Art and Politics of Radical Publishing*)，明尼阿波利斯：明尼苏达大学出版社，2016年，第ix(9)页。另见菲利普·卡雷拉·达·席尔瓦(Filipe Carreira da Silva)和莫妮卡·布里托·维埃拉(Monica Brito Vieira)：《图书中的政治：论观念的物质性》(*The Politics of the Book: A Study on the Materiality of Ideas*)，大学公园：宾夕法尼亚州立大学出版社，2019年，第10页。《论黑格尔在法国》(“On Hegel in France”)，收入迈克尔·凯利(Michael Kelly)：《黑格尔在法国》(*Hegel in France*)，英国伯明翰：伯明翰大学出版社，1992年。

[13] 见斯拉沃热·齐泽克和姆拉登·多拉尔编：《希区柯克》(*Hitchcock*)，卢布尔雅那：DDU大学出版社，1984年。

[14] 齐泽克和格伦·戴利：《与齐泽克对话》，剑桥：政体出版社，2004年，第41页。专论希区柯克的那一本，即《关于拉康，你一直想知道但不敢问希区柯克的一切》(*Tout ce que vous avez toujours voulu savoir sur Lacan, sans jamais oser le demander a Hitchcock*)，于1988年由巴黎的纳瓦林出版社(Navarin)出版。

[15] 齐泽克和格伦·戴利：《与齐泽克对话》，第40页。

[16] 亚格娜·奥尔塔泽夫斯卡：《“很多事情都取决于环境”：齐泽克在法国》，刊于《英语研究》，第1卷，第58期(2005年1月)，第58页。

[17] 见杰里米·埃赫内(Jeremy Ahearne)：《法国的知识分子、文化和公共政策：来自左翼的研究》，英国利物浦：利物浦大学出版社，2010年。

[18] 见弗朗索瓦·屈塞(François Cusset)：《法国理论：福柯、德里达、德勒兹有限公司是如何改变美国知识生活的》(*French Theory: How Foucault, Derrida, Deleuze & Co. Transformed the Intellectual Life of the United States*)，明尼阿波利斯：明尼苏达大学出版社，2008年；尼洛·考皮：《法国文化中的激进主义：20世纪60年代的法国理论社会学》(*Radicalism in French Culture: A Sociology of French Theory in the 1960s*)，英国萨里：阿什盖特出版社，2010年；安德鲁·科尔(Andrew Cole)：《理论的诞生》(*The Birth of Theory*)，芝加哥：芝

加哥大学出版社，2014年；约翰尼斯·安格穆勒（Johannes Angermuller）：《何以说法国没有后结构主义：知识分子一代的形成》（*Why There Is No Poststructuralism in France: The Making of an Intellectual Generation*），伦敦：布鲁姆斯伯里出版社，2015年。——作者注。弗朗索瓦·屈塞的《法国理论：福柯、德里达、德勒兹有限公司是如何改变美国知识生活的》，中文版译为《法国理论在美国：福柯、德里达、德勒兹公司以及美国知识生活的转变》，由河南大学出版社于2018年出版。——译者注。

[19]托尼·迈尔斯：《斯拉沃热·齐泽克》，伦敦：劳特利奇出版社，2003年，第8页；另见洛朗·让皮埃尔（Laurent Jeanpierre）和塞巴斯蒂安·穆斯巴赫-纳坦松（Sebastien Mosbah-Natanson）：《法国社会学家与公共出版领域：基于案例研究的思考（〈世界报〉，1995—2002年）》[“French Sociologists and the Public Sphere of the Press: Thought Based on a Case Study (Le Monde, 1995—2002)”]，收入克里斯蒂安·弗莱克和安德里亚斯·赫斯编：《知识分子和他们的公众：从社会科学的视角看》，英国法纳姆：阿什盖特出版社，2009年，第173—192页。

[20]保罗·泰勒（Paul A. Taylor）：《齐泽克的哲学过剩商标和知识分子的叛逆：罪恶的赌注、丑小鸭和神话中的天鹅》（“Žižek’s Brand of Philosophical Excess and the Treason of the Intellectuals: Wagers of Sin, Ugly Ducklings, and Mythical Swans”），刊于《齐泽克研究国际杂志》，第8卷，第2期（2014年）：http://www.zizekstudies.org/index.php/IJZS/article/view/829/834。

[21]亚格娜·奥尔塔泽夫斯卡：《“很多事情都取决于环境”：齐泽克在法国》，刊于《英语研究》，第1卷，第58期（2005年1月），第57—58页。

[22]洛朗·让皮埃尔：《即将到来的共产主义者……》（“D’un communiste qui viendrait ...”）。此文乃齐泽克《来自〈共产党宣言〉的讯息》（*Actualité du Manifeste du Parti Communiste*）一书的“编后记”。该书由巴黎的法雅出版社（Fayard）于2002年出版。

[23]亚格娜·奥尔塔泽夫斯卡：《“很多事情都取决于环境”：齐泽克在法国》，刊于《英语研究》，第1卷，第58期（2005年1月），第58页。

[24]同上。

[25]肖恩·霍默：《“这是政治经济学，笨蛋！”关于齐泽克的马克思主义》（“It’s

the Political Economy, Stupid! On Žižek's Marxism”)，刊于《激进哲学》，第109期（2001年7—8月），第8页。

[26]《齐泽克集萃》(*The Essential Žižek*)是对齐泽克早期四部著作的汇编，由左页出版编辑出版。有关这套汇编，请参阅的网站：www.versobooks.com/series_collections/10-the-essential-Žižek。

[27]齐泽克接受本书作者个人访谈时所言，2017年4月25日，卢布尔雅那。

[28]见阿格尼丝·海勒（Agnes Heller）:《主体的死亡》(*Death of the Subject*)，刊于《论题十一》(*Thesis Eleven*)，第1期（1990年1月），第22—38页。

[29]齐泽克曾对犬儒立场做过分析。有关对他这一立场的具体评价，见阿德里安·约翰斯顿（Adrian Johnston）:《犬儒派的恋物癖：斯拉沃热和信仰的动力机制》(“The Cynic's Fetish: Slavoj Žižek and the Dynamics of Belief”)，刊于《精神分析·文化·社会》，第9卷，第3期（2004年11月），第259—283页。

[30]埃内斯托·拉克劳（Ernesto Laclau）语，见斯拉沃热·齐泽克:《意识形态的崇高客体》(*The Sublime Object of Ideology*)，伦敦：左页出版社，1989年，第ix(9)页。

[31]亚格娜·奥尔塔泽夫斯卡:《“很多事情都取决于环境”：齐泽克在法国》，刊于《英语研究》，第1卷，第58期（2005年1月），第57页。

[32]埃内斯托·拉克劳语，见斯拉沃热·齐泽克:《意识形态的崇高客体》，第ix(9)页。

[33]顺便说一句，拉康攻击过所谓的“自我心理学”（该心理学假设存在着统一的自我），认为它是在美国占主导地位的心理学取向。有鉴于此，从心理学或精神分析到文学界，全都拒不接受临床性的拉康（clinical Lacan），并非空穴来风。事实上，早在1987年，也就是《意识形态的崇高客体》出版的两年前，齐泽克就发表过一篇论文，以他惯常的反问形式，使拉康远离后结构主义。

[34]凯瑟琳·刘（Catherine Liu）和德万·贝利（Devan Bailey）:《理论学徒：粉丝、学生、明星》(“The Apprentice in Theory: Fan, Student, Star”)，刊于《洛杉矶书评》(*Los Angeles Review of Books*)，2018年10月5日，https://lareviewofbooks.org/article/the-apprentice-in-theory-fan-student-star/。

[35]斯蒂芬·赫什（Stephen Hersh）:《拉康：弗洛伊德的激进回归》(“Lacan: A Radical Return to Freud”)，刊于《密歇根日报》(*Michigan Daily*)，

1978年1月22日，第3版，https://digital.bentley.umich.edu/midaily/mdp.39015071754498/156。

[36]凯瑟琳·刘和德万·贝利:《理论学徒：粉丝、学生、明星》。

[37]见大卫·沙姆韦(David R. Shumway):《文学研究中的明星制度》("The Star System in Literary Studies"),刊于《美国现代语言学协会会刊》(*PMLA*),第112卷,第1期,(1997年1月),第85—100页。

[38]斯拉沃热·齐泽克:《对话中的斯拉沃热·齐泽克和唐纳德·詹姆斯：会说话的观念》("Slavoj Žižek and Donald James in Conversation: Talking Ideas"),刊于《当代艺术学院》(*Institute of Contemporary Arts*),1992年4月3日,https://sounds.bl.uk/Arts-literature-and-performance/ICA-talks/024M-C0095X0843XX-0100V0.——作者注。上述网页查无此文,此文可在下列网页查阅：https://sounds.bl.uk/sounds/slavoj-zizek-and-donald-james-in-conversation-talking-ideas-1001419623220x000008.——译者注。

[39]罗德·斯通曼(Rod Stoneman):《那时第四频道很激进》("When Channel 4 Was Radical"),刊于《论坛杂志》(*Tribune Mag*),2020年6月3日,https://tribunemag.co.uk/2020/06/when-channel-4-was-radical。

[40]有关拉康谱系(Lacanian genealogy)的具体分析,请参阅洛伦佐·基耶萨(Lorenzo Chiesa)主编:《拉康与哲学：新一代》(*Lacan and Philosophy: The New Generation*),墨尔本：Re.Press出版社,2014年。

[41]埃内斯托·拉克劳语,见斯拉沃热·齐泽克:《意识形态的崇高客体》,第ix(9)页。

[42]同上,第x(10)页。

[43]同上,第xi(11)页。

[44]同上,第xii(12)页。

[45]同上。

[46]同上,第xi(11)页。

[47]同上,第xii(12)页。

[48]同上。

[49]同上。

[50]同上。

[51]同上。

[52]同上。

[53]同上，第xiii（13）页。

[54]同上，第xv（15）页。

[55]罗纳德·雅各布斯和埃莉诺·汤斯利：《意见空间：媒体知识分子和公共领域》，牛津：牛津大学出版社，2011年，第167页。关于齐泽克在法国和英国的接受程度的简明比较，请见埃利兰·巴莱尔（Eliran Bar-El）：《"如果你出师不利"：何以齐泽克在法国失利，在英国成功》（"'If at First You Don't Succeed'：Why Žižek Failed in France but Succeeded in England"），《英国社会学杂志》（*British Journal of Sociology*），第72卷，第 2期（2021年3月），第412—425页。

[56]齐泽克接受本书作者个人访谈时所言，2017年4月25日，卢布尔雅那。

[57]该书被引用高达10273次，占齐泽克著作总引用量的五分之一。值得注意的是，在描述影响时，引用数量比销售数量更加有效。学术书籍过于昂贵，所以会通过其他渠道（如扫描、pdf文档、图书馆、借阅）流通，而这样的流通是难以可靠地量化的。

[58]齐泽克：《意识形态的崇高客体》，第xxiii（23）页。

[59]正如致谢部分所承认的那样，该书的大部分内容已经在1987年至1989年之间在一系列（引人注目的）美国拉康学术会议或在当地报纸（如Vestnik IMS）上发布或发表。见斯拉沃热·齐泽克：《"病态的自恋"：作为一种社会强制的主体性之形式》（"'Pathological Narcissus' as a Socially Mandatory Form of Subjectivity"），收入克里斯多夫·拉施（Christopher Lasch）主编：《自恋主义文化》（*The Culture of Narcissism*），萨格勒布：前进出版社，1986年；《主体化前的主体》（"The Subject before Subjectivation"），刊于Vestnik IMS，第1卷，（1988年），第86—96页。

[60]齐泽克：《意识形态的崇高客体》，第1页。

[61]同上。

[62]马修·斯佩克特（Matthew Specter）：《哈贝马斯：知识传记》（*Habermas: An Intellectual Biography*），剑桥：剑桥大学出版社，2011年，第1页。

[63]齐泽克：《意识形态的崇高客体》，第2页。

[64]同上。

[65]同上。

[66]同上。

[67]见丹尼尔·贝尔(Daniel Bell):《意识形态的终结》(*The End of Ideology*),马萨诸塞州坎布里奇:哈佛大学出版社,1960年;弗朗西斯·福山(Francis Fukuyama):《历史的终结?》("The End of History?"),刊于《国家利益》(*National Interest*),第16期(1989年夏季),第3—18页。

[68]齐泽克:《意识形态的崇高客体》,第2—3页。

[69]同上,第3页。

[70]同上,第5—6页。

[71]同上,第6页。

[72]同上。

[73]同上,第7页。

[74]我们很快就会看到,齐泽克是怎样在三元一体结构之外,借助于第四种元素,为他的独特定位增加了另外一个维度。

[75]齐泽克:《意识形态的崇高客体》,第7页。

[76]齐泽克使用反问形式的其他例证,可见诸他的下列论文的标题:《何以说拉康不是后结构主义者》("Why Lacan Is Not a Post-Structuralist")、《通俗文化如何充当进入拉康世界的门径》("How Popular Culture Can Serve as an Introduction to Lacan")、《何以辩证法学者要学会数到四?》("Why Should a Dialectician Learn to Count to Four?")和《从欲望到驱动力:何以说拉康并不属于拉康派》("From Desire to Drive: Why Lacan Is Not Lacanian")。

[77]雷克斯·巴特勒(Rex Butler)和斯科特·史蒂芬斯(Scott Stephens)为下列著作所写的序言——齐泽克:《普遍的例外》(*The Universal Exception*),伦敦:连续出版社,2006年。

[78]齐泽克语,见埃内斯托·拉克劳:《对于我们时代的革命的新思考》(*New Reflections on the Revolutions of Our Time*),伦敦:左页出版社,1990年,第249页。

[79]同上,第302页。

[80]同上。

[81]同上。

[82]其中一项合作是他与朱迪斯·巴特勒和埃内斯托·拉克劳合著《偶然性·霸权·普遍性：当代左翼对话录》(*Contingency, Hegemony, Universality: Contemporary Dialogues on the Left*)，伦敦：左页出版社，2000年。顺便提一下，齐泽克在回忆往事时说过，促使他与左页出版社合作，进一步推进他的丛书的因素是：在出版“三人狂欢书”(triple-orgy book)之后，“拉克劳有个梦想，就是把我们所有的人拢在一起，其中有朱迪斯·巴特勒，有我，还有他，由他来统领，这样我们就不再群龙无首。但是很显然，我们各自坚守各自的立场，于是分崩离析，各奔东西”。齐泽克在接受本书作者个人访谈时所言，2017年4月25日，卢布尔雅那。

[83]虽然这些著作的某些章节以前以论文的形式发表过，但由于受到付费阅读模式的保护，这些论文很难进入公共流通领域。图书——尤其是由左页或劳特利奇这样知名的出版社出版的图书——就不会面临这样的问题，而且更易于在市面上流通。然而，期刊文章虽然难以获得，但比图书易于理解。在资本主义语境下更是如此，因为(读书的)时间过于稀缺。因此，拥有两个渠道意味着公众更容易获取，也会增强知识的影响力。

[84]齐泽克和格伦·戴利：《与齐泽克对话》，第40—41页。

[85]斯拉沃热·齐泽克：《因为他们所做的，他们不知道：作为政治因素的享受》(*For They Know Not What They Do: Enjoyment as a Political Factor*)，伦敦：左页出版社，1991年，第1页。

[86]同上，第1—2页。

[87]同上，第2页。

[88]同上，第3—4页。

[89]海伦·布朗(Helen Brown)：《斯拉沃热·齐泽克：世界上最时髦的哲学家》(“The World’s Hippest Philosopher”)，刊于英国《电讯报》(*The Telegraph*)，2010年7月5日，https://www.telegraph.co.uk/culture/books/authorinterviews/7871302/Slavoj-Zizek-the-worlds-hippest-philosopher.html。

[90]蒂姆·迪恩(Tim Dean)：《作为症状的艺术：齐泽克与精神分析批评的伦理学》(“Art as Symptom: Žižek and the Ethics of Psychoanalytic Criticism”)，刊于《辩证批评家》(*Diacritics*)，第32卷，第2期(2002年)，第20—41页。

[91]见康德：《纯粹理性批判》(1787年)，剑桥：剑桥大学出版社，1998年，第174—

267页；西奥多·阿多诺：《辩证法导论》(*Introduction to Dialectics*)，剑桥：政体出版社，2017年，第68—70页。

[92]托德·麦高恩(Todd McGowan)：《例证的优先级：电影研究中的思辨同一性》("The Priority of the Example: Speculative Identity in Film Studies")，收入马修·弗里斯菲德和路易斯·威利斯编：《"齐泽克和媒体研究"读本》，第71页。

[93]同上，第70页。

[94]同上，第73页。

[95]理查德·斯坦普：《另一个示范案例：齐泽克的例证逻辑》("'Another Exemplary Case'：Žižek's Logic of Examples")，收入保罗·鲍曼和理查德·斯坦普编：《齐泽克的真相》，伦敦：连续出版社，2007年，第171—176页；托马斯·比布里歇尔(Thomas Biebricher)：《理论家们的实践：作为公共知识分子的哈贝马斯和福柯》("The Practices of Theorists: Habermas and Foucault as Public Intellectuals")，刊于《哲学与社会批评》(*Philosophy and Social Criticism*)，第37卷，第6期(2021年6月)，第709—734页；本特·弗莱比约(Bent Flyvbjerg)：《哈贝马斯和福柯：公民社会的思想家？》("Habermas and Foucault: Thinkers for Civil Society?")，刊于《英国社会学杂志》，第49卷，第2期(1998年6月)，第210—233页；本特·弗莱比约：《让社会科学变得重要》(*Making Social Science Matter*)，剑桥：剑桥大学出版社，2001年，第66页。

[96]见斯拉沃热·齐泽克：《图绘意识形态》(*Mapping Ideology*)，伦敦：左页出版社，1994年。

[97]齐泽克和格伦·戴利：《与齐泽克对话》，第40—41页。

[98]在弗洛伊德看来，无论在理论上还是在实践中，精神分析的目标都是让我们意识到无意识的运作。这个目标是以下列口号为标志的："本我在哪里，自我就必须去哪里。"也就是说，要用意识性的自我取代无意识性的本我。

[99]斯拉沃热·齐泽克：《享受的转移：论女性与因果性》(*The Metastases of Enjoyment: On Women and Causality*)，伦敦：左页出版社，1994年，丛书序言。

[100]见卡斯滕·巴格·劳斯滕(Carsten Bagge Lausten)和亨里克·约克·比耶尔(Henrik Jøker Bjerre)：《政治主体：斯拉沃热·齐泽克的政治哲学》(*The Subject of Politics: Slavoj Žižek's Political Philosophy*)，加州彭里斯：人文电子书出版社，2015年。

[101]斯拉沃热·齐泽克:《享受的转移:论女性与因果性》,第170页。

[102]这一思路稍后将被扩展,用来批判性地分析离当下更近的现象,如政治正确现象。

[103]斯拉沃热·齐泽克:《享受的转移:论女性与因果性》,第208页。

[104]斯拉沃热·齐泽克:《除不尽的余数:论谢林及相关问题》(*The Indivisible Remainderr: An Essay on Schelling and Related Matters*),伦敦:左页出版社,1996年,第198—208页。

[105]斯拉沃热·齐泽克和弗里德里希·威廉·约瑟夫·谢林(F. W. J. von Schelling):《自由的深渊/世界的世纪》(*The Abyss of Freedom/Ages of the World*),安娜堡:密歇根大学出版社,1997年。

[106]蕾娜塔·莎莉塞和斯拉沃热·齐泽克编:《作为爱欲客体的凝视与声音》(*Gaze and Voice as Love Objects*),北卡罗来纳州达勒姆:杜克大学出版社,1996年。

[107]蕾娜塔·莎莉塞和斯拉沃热·齐泽克编:《作为爱欲客体的凝视与声音》,扉页。

[108]同上。

[109]斯拉沃热·齐泽克:《幻象的瘟疫》(*The Plague of Fantasies*),伦敦:左页出版社,1997年。

[110]同上,第56页。

[111]同上。

[112]斯拉沃热·齐泽克:《敏感的主体:缺失的政治本体论中心》(*The Ticklish Subject: The Absent Centre of Political Ontology*),伦敦:左页出版社,1999年,第1页。

[113]同上,第4页。

[114]见斯拉沃热·齐泽克:《多元文化主义,或跨国资本主义的文化逻辑》("Multiculturalism, or, The Cultural Logic of Multinational Capitalism"),刊于《新左翼评论》,第1卷,第225期(1997年9—10月),第34—51页;斯拉沃热·齐泽克:《反对人权》("Against Human Rights"):《新左翼评论》,第34期(2005年6—7月),第115—131页。

[115]见斯拉沃热·齐泽克:《黑客帝国,或性倒错的两面》("The Matrix, or, The

Two Sides of Perversion”)，该文于1999年10月28日在德国卡尔斯鲁厄艺术与媒体中心国际研讨会上发布，https://www.lacan.com/zizek-matrix.htm；齐泽克：《黑客帝国，或，好莱坞的马勒伯朗士》(“The Matrix, or, Malebranche in Hollywood”)，刊于《今日哲学》，第43期(1999年)，第11—26页；齐泽克：《黑客帝国，或，性倒错的两面》，收入威廉·欧文(William Irwin)主编：《黑客帝国和哲学》(*The Matrix and Philosophy*)，伊利诺伊州珀鲁：公开法庭出版社，2002年，第240—266页。

[116]齐泽克：《黑客帝国，或性倒错的两面》，第240页。

[117]罗伯特·塞缪尔斯(Robert Samuels)：《齐泽克的修辞性的黑客帝国：后现代学术写作的症状性享受》(“Žižek's Rhetorical Matrix: The Symptomatic Enjoyment of Postmodern Academic Writing”)，JAC，第22卷，第2期(2002年春季)，第339页。

[118]齐泽克：《黑客帝国，或性倒错的两面》，第240页。

[119]同上，第244页。

[120]见齐泽克在其《当今时代，意识形态重装上阵》(“In These Times, Ideology Reloaded”, 2003)中对美国人的介入。它借用了电影《黑客帝国》续集《黑客帝国：重装上阵》(*The Matrix Reloaded*, 2003)的片名，https://www.lacan.com/Žižekloaded.htm。

[121]见下列电影中的齐泽克：《莱巴赫：一部来自斯洛文尼亚的电影》(*Laibach: A Film from Slovenia*)，由丹尼尔·兰丁(Daniel Landin)和彼得·韦茨雅克(Peter Vezjak)执导；《火的预言》(*Predictions of Fire*)，由迈克尔·本森(Michael Benson)执导。

[122]齐泽克语，见由克劳迪娅·维尔克(Claudia Willke)和卡塔琳娜·霍克(Katharina Hocker)执导的纪录片《爱你的症状，如同爱你自己！》(*Liebe Dein Symptom wie Dich selbst!*, 1996)，0:00:50—0:01:36。

[123]同上，2:35。

[124]齐泽克在其“保留曲目”中重复得最多的一个笑话是：他确实喜欢对话，尤其喜欢柏拉图晚期时的那种对话。在那里，一方滔滔不绝，另一方偶尔插话，表示赞同(也就是说，这根本不是“真正”的对话)。

第 3 章

走向全球：叙述（创伤性的）当下

对于齐泽克来说，20 世纪 90 年代是理论创新和著作出版的年代，是扩展人际关系和建功立业的年代。本章拟对 2001 年（以“9·11”事件为背景）至 2011 年（“阿拉伯之春”）之间的十年进行深入研究。齐泽克在 21 世纪初的介入为充分理解他的叠加定位进程提供了必不可少的启示，因为（根据知识介入模型，见图 0.2）他即将从知识内部（学术）领域走向知识外部（公共）领域，从对历史文献的旁征博引走向关注当下事务，从关注当下事务再走向对未来的前瞻。他是通过重新阐明一个实际的僵局——即对资本主义的批判——来实现这一转变的。与弗里德里克·詹姆逊的“作为社会象征行为的叙事”（narrative as a socially symbolic act）相呼应，齐泽克对当下的叙事为一般公众提供了连贯一致又多种多样的平台，以对当下生存状况进行另类的批判性理解。此举最终把齐泽克定位为积极介入社会事务的全球公共知识分子。[1]

齐泽克的拉黑体曾被用于备受争议的全球公共事件，如“9·11”事件、2008 年全球金融危机和“阿拉伯之春”，现在以独特的数字传播方式运作，并引发全球公众的共鸣。重要的是，齐泽克把颇具挑衅性的意义赋予“9·11”事件造成的全球文化创伤，并因此成为公众认可的重要公众人物。齐泽克继续讲述对全球普通公众具有吸引力的全球事件。然而，通过在各种公共——政治和文化——领域重复其“保留曲目”，齐泽克还让人看到了他丰富多彩的知识定位；通过将自己暴露于这样的定位（这定位是通过对他的著作进行评论和批评性评估形成的），齐泽克还参与了若干公开辩论，这些辩论使他在网络时代刚刚开始的时候成为百事通哲学家①。因此，本章将从各种知识分子和普通公众对他的反应入手，分析他形形色色的介入。

对齐泽克的反应：介于接受和拒绝之间的再生产

2001 年至 2011 年，齐泽克出版了 18 部英文著作和 12 本合编著作，斯洛文尼亚语著作只出版了 6 部。这表明，他已经转而面向全球（和说英语的）公众。此外，我们可以看到，齐泽克在知识界引起了共鸣，因为在此期间，专论齐泽克思想的著作上升至 27 部，此外还有 50 余篇有关他的文章面世。[2] 对他的如此关注表明，他作为一个全球知识分子的定位卓有成效，因为那时还没有一个知识分子得到过如此长篇大论的反应。[3] 齐泽克还扩大了他在出版方面的人际关系，在此期间与全球范围内约十家主要出版社合作，其中有大学（杜克大学、麻省理工学院、芝加哥大学、哥伦比亚大学）出版社，也有非大学出版社［如左页（Verso）、连续（Continuum）、劳特利奇

---

① 百事通哲学家（go-to philosopher），即无所不知、无所不通、大家逢事必问的哲学家。就齐泽克而言，现在世界上无论发生什么大事，媒体都想征询他的意见，他逢问必答，绝不倨傲自尊。

（Routledge）、政体（Polity）]。

约翰·汤普森（John Thompson）曾对出版业在过去 30 年间发生的变化做过权威性的研究。他报告了三大发现：首先是出版社和读者之间的关系变得日益直接；其次是数字革命导致了内容和媒介的脱钩；最后是发生了“隐性的革命”，受其影响的是出版过程，而不是作为出版产物的图书。数字革命始于 20 世纪 80 年代，那时许多人预测，图书将会灭绝。与此相反，汤普森发现，数字革命会使图书得以永生，因为它给图书提供了新兴的数字格式——电子图书。如他所言：“随着互联网在 20 世纪 90 年代的兴起，随着信息和通信技术结合得日益紧密，随着能够接入高速网络的个人电脑和移动设备的日益普及，不仅改变供应链、后台办公系统和生产流程变得可行，彻底改变消费者（即读者）获取图书的方式，改变图书存在的形式，甚至改变图书的读者与作者之间相互关联的方式，也变得可行了。”[4]

正如出版理论家迈克尔·巴斯卡尔（Michael Bhaskar）指出的那样，出版不能脱离内容。[5]但是，随着新型电子阅读器的发明，数字革命在 21 世纪初爆发。随着数字革命的爆发，内容生产者（content producers）面临着前所未有的新问题。他们试图不惜一切代价避免注意力的匮乏，而不是内容的稀缺。有趣的是，在这场争夺读者注意力持续时间（readers’ attention span）的竞赛中，学术出版社在适应竞赛方面处于领先地位。学术出版社熟悉早期数字化的形式，与商业出版社相比，它们推出的专业著作少而精，但价格高，这使得他们的产品更适合于数字印刷。此外，随着出版领域的数字革命愈演愈烈，进入该领域的门槛越来越低，许多新的参与者能以自助出版或众筹出版的形式进入该领域。传统的出版模式是以线性传播模式（unilinear model of communication）为根基的，而现在的出版社不得不依赖对话形式的信息流和传播流（information and communication flow），并与读者进行更加密切、更加直接的接触。只有这样，他们才能“出版书籍，并把希望通过或围绕图书的形式进行交流的作家和读者联系起来”[6]。或者，用一家大型贸易公司的首席执行官的话说：“数字化转型的本质在于，我们必须更加以读者为中心。作为出版社，我们必须更加关注消费者。”[7]

印刷图书依然占据85%左右的美国图书市场。约翰·汤普森认为，印刷书籍之所以经久不衰，部分原因在于它与以屏幕为基础的数字文化截然不同。具体来说，印刷书籍能够顾及不同用户的体验，满足我们这个时代的两大需求：切断网络联系的愿望，控制时间的能力。此外，他还提醒我们：“我们不应低估印刷书籍在帮助培养某种批判文化和知会文化①方面的重要性，这种文化对我们所谓的充满活力的公共领域至关重要。”[8]齐泽克是一位思想家，他的内容是极度数字化的，他的生产速度是无与伦比的，他的文本具有复制—粘贴的特质，而且越来越多的媒体关注他那稀奇古怪而朗朗上口的名字。因此，齐泽克会成为一个数字信号——而非模拟信号——时代出类拔萃的知识分子。[9]他的著作还把众多文类（genres）和领域（circles）融为一体，而这些文类和领域多年以来特立独行，在美国尤其如此。到了齐泽克那里，它们既是学术–科学的，也是文学–知

① “知会文化”（informed culture），管理学术语，指管理和操作系统的人对决定系统整体安全的人力、技术、组织和环境等因素有最新的了解，是系统的管理者和操作者共有的理解方式、行为模式、实际做派和价值观念的集合。但在这里，作者指的是获取、理解、分析和组织各类知识、信息的能力，以及对待知识、信息的态度等因素的集合。

识的。[10] 即使透过学术出版这面棱镜来看，齐泽克的文本也是双重性的：既有（正在逐年减少的）学术专业著作的品质，也有（正在蓬勃发展的）教科书出版物的风采。他笔耕不辍的当然是学术专著，但他的出版速度极快，这使得出版社不得不重复出版他的著作，对待他的著作就像对待教科书一样：永远处在变化之中，永远在增加内容，永远需要更新版本。这样的生产是重要的文化努力和知识努力的结果，因为如此一来，书籍成了“唾手可得的媒介，个人可以通过这种媒介提供持久而深入的分析。……可以为在其他媒体上进行的介入提供信息和刺激辩论”[11]。

从更加通俗的意义上讲，介入指从外部进行的突然中断，用以干扰被介入者的正常程序。因此，当某人的好友认为某人的行为具有破坏性，并想改变此人的行为时，他们会安排进行介入。实践介入和知识介入具有相似性。这种相似性表明，可以把介入理解为一个事件，即正在发生之物，而非已成之物，其影响的大小介于最大和最小之间。介入的最大效果是彻底改变被介入者，介入的最小效果是依然如故，没有留下任何变化的蛛丝马迹。与定位理论的效果词汇（vocabulary of effects）相一致，齐泽克的表演性和生成性的知识介入所产生的这些效果，是我们必须关注的，因为只有这样，才能评估他作为全球公共知识分子崛起的价值。多拉尔在谈到《意识形态的崇高客体》时，回忆起当初建立的网络关系是如何帮助齐泽克在全球扩张的：

他在 1989 年的成功恰逢当时政权的垮台。他是第一个在私下表达不满的人，第一个对东欧集团、苏联体制及其运作方式和权力做出解释的人，因为他身在其内，了解内

> 情。对于大多数西欧社会学家、社会科学家来说，东欧是异域部落。因为斯拉沃热的书在20世纪90年代的美国立即走红，所以在90年代初他首先立即收到了邀请，前往美国各地。埃内斯托［·拉克劳］在那个时候很有地位，他给齐泽克作序，还是很有成效的。[12]

我们在前一章中已经看到，齐泽克是如何利用他在法国、英国和美国建立的人际关系，创办那个具有强烈左翼政治倾向的拉康派和黑格尔派知识分子团体的。他的一系列介入，他的重复性表演和标志性表演，以及他的写作风格和演讲风格，使他获得了全球知名知识分子的地位。尽管如此，他一直把自己定位为反知识分子（anti-intellectual）：他多次发表言论，反对伪知识主义①，拒绝接受他人授予的“权威型”“专业型”和“对话型”知识分子的名号。此外，他的表演与学术传统并不完全相符：他把晦涩深奥的概念和至为简单的日常语言、日常例证融为一体，并由此形成了自己的风格。他最偏爱的知识介入形式——著作——使他对当代学术界那种设置付费门槛的（paywalled）、等级森严的期刊文化敬而远之。在与那些作为“理应知情的主体”的普通知识分子拉开距离时，齐泽克已经开始处于牺牲型知识分子的位置。苏格拉底曾因腐化雅典青年而丢掉性命。齐泽克的牺牲与此类似，但他的牺牲是以学术羞辱的形式，以数字

---

① 伪知识主义（pseudointellectualism），并非真正的“主义”，而是这样一种做派：本来胸无点墨、才疏学浅，却使用某种为人不齿的卑劣手段（如使用连自己都不甚了然的复杂语句或抽象概念制造浑水摸鱼的效果），使自己看上去博学多才、见多识广，并以此维护自己的权威，进而谋取不正当利益。

化的方式完成的。一边是媒体，一边是学术，权衡利弊，难以两全：如果一个知识分子在介入公共领域的同时仍然活跃在知识内部领域，那他将失去专业公信力。对于齐泽克来说，学术界拒绝了他，因为他并非郑重其事、一丝不苟的学者。这正如阿伦卡·祖潘契奇在反思过去时所说的那样：

> 学术界和其他［领域］一样……有各种各样的内讧，不仅有嫉妒，还有权力斗争。我猜，有一些人，他们更乐意仰仗所有那些机构性的“优异证据”（proofs of excellence）——你随便怎么称呼它吧——并与之结盟。这些“优异证据”都是经典性的学术参照物——你的行为方式、你发表论文的期刊、你使用的语言等等。喜欢依赖这些东西的人经常嫉妒其他的写作风格的成功。当然，特别是在那个时候，这些类型的文章被拒绝接纳，因为有人认为这些文章与哲学毫无瓜葛。这种类型的文章的追随者越多，影响力越大，他们就越是会说：“这只是民粹主义的写作，与严肃的研究风马不接。”[13]

由于不愿意按照学术游戏的规则参与学术游戏，也不愿意接受普通的学术出版等级制度，齐泽克并不进行普通的知识表演。说白了，他在讲色情笑话和粗俗笑话时，是在以“我们中的一员”的身份吸引公众，因而显得不像文质彬彬的知识分子。尽管作为全球知识明星，他星光灿烂，但对其思想所做的学术研究却甚是不足。这么说的证据可以在开放课程大纲（Open Syllabus Project）中找到。“打开课程的黑箱”（Opening the curricular black box），这个项目提供了110万个（英语）教学大纲的开放访问。[14]截至2019年，布迪厄出现了14910次，他被引用最多的著作《区隔》①出现了2918次，得分为91分。相形之下，齐泽克著作众多，但总共出现了1206次，他的《意识形态的崇高客体》只出现了377次，得分仅为13分。有趣的是，他更多地出现在英语文学系而不是哲学系。这种学术边缘化还反映在对齐泽克的追随者进行的一项调查之中：很少有人是“在课堂上”第一次知道他的（18%），更常见的是“通过朋友和家庭成员”（25%）或“在一本书、一篇文章和一次谈话中”（37%）知道他的。

值得注意的是，被引用超过2000次的《新话语理论：拉克劳、墨菲和齐泽克》（*New Theories of Discourse: Laclau, Mouffe, and Žižek*）是最早将齐泽克列为研究对象的两本书之一。正是这本书，将他定位为全球知识分子。随着知识分子和公众对“话语”这一概念的兴趣日益浓厚，雅各布·托尔芬（Jacob Torfing）将齐泽克定位为新话语理论的代表性人物，有效地把齐泽克与当时的各种理论问题关联起来。第二本以齐泽克为研究对象的著作是《齐泽克读本》（*The Žižek Reader*），它同样出版于1999年。很少有知识分子能够获得这样的殊荣：从自己的著作中精挑细选，最后出版读本。以这种形式出版的著作是面向大众的。精选的文本为深入了解一个知识分子的思想提供了捷径，在实用的和不太理论化的语境中尤其如此。读本能够将知识分子定位为知识内部领域的核心人物。重要的是，《齐泽克读本》将一个形单影只的知识分子带到了公众面前，满

---

① 《区隔》，指布迪厄的《区隔：对品味判断的社会批判》（*La Distinction: Critique sociale du jugement*）。

足了当时日益增长的需求——使知识外部领域多样化。这不仅对齐泽克有利，也正中出版社的下怀。《齐泽克读本》由剑桥大学的伊丽莎白·赖特（Elizabeth Wright）和埃德蒙·赖特（Edmond Wright）编选，由声望显赫的布莱克威尔出版社出版。该书封底进行了知识定位，因为它宣称："《齐泽克读本》不仅每一部分中都对个别摘录做了细致解释，而且以总体概述的方式把这些摘录联系起来，并在拉康框架内图绘齐泽克思想的转变。"[15]然后，两位编选者承认，齐泽克在女性主义这个话题上做了叠加定位："那些在女性主义之后论述女性的论文为女性主义提供了弹药。这些弹药的来源出人意料，但处在对拉康解读的范围之内。这些解读与女性主义者对拉康的模棱两可的接受完全相反。"[16]从这个意义上说，齐泽克既认可女性主义，又认同女性主义，但他在认可和认同女性主义时采取的立场是绝大多数女性主义者目前不会采取的立场。的确，齐泽克在给《齐泽克读本》所做的反思性序言中阐述了他那个寻常可见的叠加定位模式：既否定左翼的立场，又否定右翼的立场，还否定普通知识分子和公众采取的立场，同时创造他独一无二的、所谓的"破釜沉舟"的牺牲型叠加定位。让我们看看这是如何运作的。

齐泽克从一个普通的文化例证开始，这例证便是电影《泰坦尼克号》（1997 年）。他把我们的注意力引向影片最后一幕。船撞冰山后，露丝对出身卑微的情人杰克信誓旦旦地说："没有什么能把我们分开！我永远不会放弃你！"但实际上，她却任他沉入冰冷的深海。于是这一幕"完美"地例证了拉康的下列断言：要想获得符号性权威的身份，"承载这一身份的血肉之躯就必须付出死亡——甚至被人谋害——的代价"[17]。齐泽克坦言："当我亲爱的朋友……找到我，提议编选《齐泽克读本》时，我的第一反应是：值得编选读本的作者，其地位必定会大幅提升，而他也要为此付出代价。他要付出的代价不就是要把他当成行尸走肉的活死人，而不再被视作有血有肉、生老病死的实体吗？这是不是说，至少在某种程度上，我的一个重要方面不得不遁入‘往昔’这个黑暗的深渊？”[18]齐泽克知道，占据这个牺牲型的位置，等于默许自己变成活化石。但他同时意识到，可以借此良机，通过接纳一个知识的摊位（intellectual stands），澄清他与各个学派之间的关系：“（两位编选者）迫使我面对一个令我不快但又无法回避的问题：眼下，解构主义与认知科学、法兰克福学派传统与海德格尔现象学传统、新纪元蒙昧主义和新历史主义，都在逐鹿中原。面对这场理论乱象，我会采取何种立场？”[19]公众普遍认为他属于后现代派，齐泽克对此做出回应。借此回应，他回答了他在上面提出的问题：“在某些学术著作撰写者的冷漠的风格之下，读者偶尔会瞥见所谓活泼的个性。与这些人写出的陈词滥调不同，我总是认为，作为几本书的作者，我的著作的过度的、强迫性的‘诙谐’肌质（texture）只是极度寒冷之物的外壳，只是某种思想路线的‘机械’部署的外壳。我的思想沿着它自己的道路踽踽而行，对所谓的人类思虑（human considerations）呈现出来的病态全然漠不关心。就此而言，我一直很同情巨蟒剧团①，他们过度的幽默还揭示了一种潜在的立场——对生活的极度厌恶。”[20]在发出下列宣言时，他对学术界的知识生活的厌恶变得再清楚不过了：“因此，如果眼前的读本能够破釜沉舟，成功地焚毁把我与当今学术界中的霸

① 巨蟒剧团（Monty Python），英国六人喜剧团体，人称“喜剧界的披头士”“英国黑色幽默的鼻祖”，以超现实的幽默表演著称，为观众提供过很多荒诞不经却又精彩纷呈的段子。

权趋势（hegemonic trends）连接起来的最后一座桥梁，并迫使它的读者以独立的方式看待我的著作，那我就会做好付出代价的准备，采纳活死人的身份，做一个活死人。”[21] 以这样的举动，齐泽克既接受又拒绝权威型知识分子的地位，在享受其普遍和一般的身份的同时，拒绝其精英主义和排他性。

除了《新话语理论：拉克劳、墨菲和齐泽克》和《齐泽克读本》发挥的积极作用，齐泽克在 20 世纪 90 年代末被全球接受还与公众和受众扮演的积极角色有关，尤其与其他知识分子从中斡旋有关。这些知识分子把齐泽克定位于某种知识立场和政治立场上。作为知识的受众，这些斡旋人——编辑、出版人、采访者和评论家——帮助确立了齐泽克的公众形象。因此，在 21 世纪初，齐泽克被定位为这样的全球知识分子：他既与作为批判（as critique）的话语（分析）的理论僵局发生共振，又与志在建设崭新的未来主义社会愿景（futuristic vision of society）的实际——包括政治的和公众的——僵局产生共鸣。

斯图亚特·霍尔（Stuart Hall）的接受理论承认公众和受众发挥的积极作用，认为受众可能采取三种立场：“支配-霸权”的立场、“斡旋”的立场和“反对”的立场。对齐泽克的“支配-霸权”定位是通过《齐泽克读本》之类的介入实现的。在这种类型的介入中，在破解齐泽克的信息时，很少发生误解或误传的现象。霍尔解释说，这个立场“将使传播的观念得到最好的理解，尽管由于阶级结构和权力问题的存在，也可能会造成某种程度的摩擦”[22]。然而，对齐泽克的接受并不是一个非此即彼、是非分明的问题。要想获得持久的定位，千姿百态的接受优于一花独放的接受。在齐泽克这种情形下，“支配-霸权”的立场会严格根据他的原话接收和破译他的信息。

但除了支配性的立场，还有“斡旋”和“反对”的立场。[23]这两种立场采纳了齐泽克的部分信息，并以有所偏袒或出乎意料的方式对其进行破译，从而使齐泽克在知识内部领域和公共领域都有了不同的定位。齐泽克的信息随后以各种各样的方式，在不同的程度上被再加工和再生产。

“斡旋”立场的产生一般与齐泽克本人的无法辨认的立场有关。因为齐泽克对自己做了叠加定位，所以，无法清晰地确认他的立场。这一方面使公众难以培养独特的读者品质，无法像浪漫主义者崇尚天才那样对他顶礼膜拜，另一方面又允许他的观点和表演有多重的和进化的发展。[24]除了无法辨认，“斡旋”的立场还有第二个特征，而且在公众的眼中，这个特征推动了他的立场的发展。这个特征便是，他的介入采取了重复的形式（repetitive form）。特里·伊格尔顿曾在《伦敦书评》上三次发文，评论齐泽克在1997年进行的介入。在其中的一篇评论中，他说齐泽克的叠加定位——总是要么两者全选，要么两者全弃——既是优点也是缺点：

> 齐泽克著述甚丰，到了令人心生敬畏的地步；齐泽克多才多艺，到了令人眼花缭乱的程度。他能在同一段文字里，从黑格尔跳到侏罗纪公园，从卡夫卡跳到三K党。但是，如同拉康所谓的充斥着幻象的日常现实世界掩盖了一成不变的实在界之核一样，齐泽克无比华丽的话题列队在一本又一本著作中循环往复，穿插运行，但说来说去，说的都是同一个主题。他广泛的兴趣几乎充满了喜剧性，但这背后却隐藏着一种强迫症一般的重复。他的著作，颇令人产生弗洛伊德所谓的“诡异”之感，让人觉得既熟悉又

> 陌生，既有令人拍案惊奇的创新，又有令人“似曾相读”（déjà lu）的陈腐，充满了独树一帜的深刻见解，彼此之间又循环往复。[25]

对齐泽克的“崇高的重复”（sublime repetition）的另一则评论也唤起了这种“似曾相读”之感。根据该则评论，“似曾相读”不仅是指导性的譬喻，而且是齐泽克的著作导致的结果。黛安娜·伊拉姆（Diane Elam）认为，“公平地说，《意识形态的崇高客体》中最具重复性的时刻（most repetitious moments）也是最佳的时刻”[26]。不过，她也指出了在阐明齐泽克立场时会遇到的一个难题：“齐泽克试图把崇高限制在意识形态这一层面。倘说这一企图已经失败，那也是因为，与崇高相比，这种企图本身似乎出于更具意识形态色彩的动机。这是一种奇异的情感，它能证明，在“意识形态”和“崇高”这两个术语之间存在着不可思议的裂痕。”[27]和她一样，丹尼丝·吉甘特（Denise Gigante）把齐泽克定位于拉康传统之内，并特别把齐泽克的模棱两可的立场与他所谓的“批判性的自我创造”（critical self-creation）联系起来：

> 与他的精神导师雅克·拉康等人一样，他采取了一种跨越哲学、心理学、文学、政治、电影和通俗文化之间的界限的理论立场。但齐泽克的独特之处在于，他与其他文学理论家彻底决裂的地方在于，这些理论家持有某种立场，或者持有任何假装具有一些观念性内容（notional content）或批判性真理（critical truth）的立场，而齐泽克则没有立场。他最近大批量发布的批评性文本……描述了一个几乎

> 无法确定的杂交性批判性身份（hybridized critical identity）。他没有把跨学科的文本和事件引入他自己的理论视角，而是发挥了“消隐的中介物”的功能，调和各种理论观点。[28]

丹尼丝·吉甘特把齐泽克的叠加定位——即由他人的立场组成的立场——说成是“没有立场”。这表明，齐泽克不得不为自己的定位过程付出代价。可以说，齐泽克的“斡旋”立场是围绕着他的模棱两可确立的。我们在爱德华·奥尼尔（Edward O’Neill）的《对斯拉沃热·齐泽克的终极分析》（“The Last Analysis of Slavoj Žižek”）中发现了同样的看法：

> 在没有任何检验方法的情况下，作者采用了一系列令人眼花缭乱的、极具娱乐性且常常令人发狂的修辞策略，意在欺骗、恐吓、惊呆、惊倒、迷惑、误导、压垮读者，一言以蔽之，意在强制读者接受。他提供了一个又一个例子，但使它们成为例子的原则本身却不予提供。……一个概念用另一个概念来界定，而这个概念又以同样的方式被界定，以此递进，直到无穷。被解释的内容与用以解释这一内容的手段以一种循环往复的方式混为一体。这种做法是如此的醒目，以至于可以把它视为阐释实践（practice of interpretation）中的新奇手法和技术创新。概念被“应用”，但概念的被“应用”是没有边界的。无论是就概念本身而言，还是就概念“应用”的范围而论，都是如此。论点和对论点的阐释都是匆匆忙忙地一笔带过的，而不是耐心地概括出来的。到最后，纯粹的修辞力量代替了精心的论证。[29]

尽管齐泽克的著作——或者说风格——存在这些问题，奥尼尔仍然将齐泽克置于他的团队和网络之中。正是借助于奥尼尔的团队和网络，齐泽克的介入才得以进行：“他与朱迪斯·巴特勒和埃内斯托·拉克劳合写了一本书，并为另外三本书写了前言、引论、后记等。他选编或与人合编了另外四本书，还有一本即将出版。而且，有些令人费解的是，甚至还要出版一本《齐泽克读本》——以防人们难以读到齐泽克的著作。的确，读者可能知道齐泽克，想不知道他，还真不容易。”[30] 和奥尼尔一样，通过回顾齐泽克被引用次数最多的著作《意识形态的崇高客体》和《斜目而视》，约翰·莱希特（John Lechte）维持了一种“斡旋”的立场，尽管他宣称：“应该阅读齐泽克的著作。”[31] 虽然莱希特承认齐泽克有效地运用了拉康的精神分析理论，但他批判齐泽克在语言方面秉持的立场：“最后，下列问题表明，齐泽克关于元语言的主张仍然缺乏至关重要的研究思路。这个问题就是，如果拉康确实表明元语言——客体化（objectifying）——既是不可能的又是不可避免的……那我们从哪个立场出发，才能真正知道这一点？”[32]

“斡旋”的立场复制了齐泽克立场的某些部分。与“斡旋”的立场不同，“反对”的立场拒绝接受首选的解读（preferred reading），偏爱自己的解读。就齐泽克那种情形而言，它通常触及理论①的立场，特别是法国理论的立场。关于理论在美国的接受，大卫·沙姆韦（David R. Shumway）批判性地描述了在人文学科中运行的明星制度（star system）。这种明星制度具有与好莱坞相同的经典特征。[33]

---

① 这里“理论”（theory）指欧洲大陆现代哲学学说，尤其指法国的结构主义、后结构主义和精神分析理论，以及德国的批判理论。

凯瑟琳·刘和德万·贝利最近在《洛杉矶书评》(*Los Angeles Review of Books*)上发表评论，对此做出了解释：“明星制度的标志性特征是二元性的明星—粉丝关系，这种关系指导着更加广泛的制度性连接(institutional nexus)的运作，从举办宣传活动、接受采访、印制广告、电视转播到电影制作，莫不如此。好莱坞明星溢出了电影形象的框架，以持续的明星人格(star personality)投射出亲密的关系的可能性。”[34] 这被描述为从机构权威(institutional authority)到人格权威(personality-invested authority)的转变。在大众媒体和名人文化(celebrity culture)的影响力日益强化的背景下，“明星的二目逻辑(dyadic logic of stardom)钻进了象牙塔”[35]。一旦学术会议通过电视传播并以数字的形式流通，这些学术会议就会把知识介入转化为艺术名家的精湛表演，并为之提供公共舞台。这样一来，德里达“对行动的解构”变成了“人格即建构”(personality is construction)，对理论的批判变成了对理论家进行批判的一种方式。旨在反对齐泽克的“反对立场”就是这样发展的。

尽管这一立场将在下一章(和未来十年)中被强调或重视，但早在21世纪初，齐泽克就已经确认，(拉康)理论因其与公共语境和知识语境关系不佳而问题重重。他在《介于文化研究与认知主义之间的拉康》(*Lacan in Between Cultural Studies and Cognitivism*)中对拉康进行叠加定位时说：“我们今天正在目睹争夺知识霸权的斗争，争夺的一方是后现代–解构主义的文化研究，另一方是认知主义者对‘硬’科学的推广，即所谓的‘第三类文化’(Third Culture)。争夺的焦点在于，谁将占据‘公共知识分子’这个通用地位

（universal place）。”[36] 这场斗争首先通过所谓的德曼事件①引起了一般公众的注意，然后在索卡尔事件②中达到了高潮。在德曼事件中，反对德曼的人努力证明，解构主义具有原法西斯主义的非理性主义倾向（protofascist irrationalist tendencies）。[37] 在文化研究中，“理论”通常指文学批评或电影批评、大众文化、意识形态研究等等。有人越来越多地使用科学话语（“大学话语”），以便借助于意识形态，废黜主体的地位。齐泽克对此（以及由此带来的危险）深有体会：“当然，尽管退回到权威性的预言话语（authoritarian prophetic discourse）是威胁文化研究及其固有的诱惑的危险之一，但我们仍然应该关注一个问题，即认知主义立场是如何成功地、轻而易举地使制度性的、学术性的大学话语（university discourse）的框架成为知识自由的所在地（locus of intellectual freedom）的。”[38] 这里反对的不仅是理论采纳的立场，还有齐泽克对理论的具体运用。

---

① 德曼事件，即保罗·德曼事件。保罗·德曼（Paul de Man，1919—1983）是比利时解构主义文学批评家及文学理论家，法国解构主义理论的倡导者，耶鲁学派的奠基人，曾任教于康奈尔大学、哈佛大学和耶鲁大学。在他去世后，有人揭发，他在第二次世界大战期间为一份比利时通敌报纸撰写了200余篇文章，其中有几篇文章对驱逐犹太人以及剥夺犹太人选举权持有毫无异议的接受态度。于是舆论哗然，纷纷严加谴责，酿成了所谓的“德曼事件”。但也有人证明，他曾经“窝藏”过犹太钢琴家及其丈夫，还经常与比利时抵抗组织成员会面，并非“铁杆”的纳粹拥趸。

② 索卡尔事件（Sokal affair），又称索卡尔恶作剧。1996年，物理学家艾伦·索卡尔（Alan Sokal，1955—）写了一篇充斥着“左翼暗号的杂烩、阿谀奉承式的参考、无关痛痒的引用、完完全全的胡扯”的“学术”论文，投稿给以审稿严谨著称的文化研究杂志《社会文本》，结果成功发表。此事一出，学界哗然，纷纷“揭露”后现代、解构主义、左翼文化的“欺诈本质”。此文后来成为嘲讽后现代、解构主义、左翼文化的“保留曲目”。

根据美国哲学家诺亚·霍维茨（Noah Horwitz）的反对立场（即“与斯洛文尼亚人相反”的立场），“即便齐泽克对黑格尔的理解正确无误，经齐泽克阐释的（貌似拉康化的）黑格尔和黑格尔化的拉康也与拉康的实际立场不相符。把拉康所谓的主体变成黑格尔所谓的自我意识，这样的企图恰恰是一个危险的症状：它将排除精神分析在介入思想和文化时具有的特异性”[39]。霍维茨把拉康的立场和黑格尔的立场区分开来，因为在他看来，在拉康那里，主体的分裂发生在意识和无意识之间，而在黑格尔那里，主体的分裂发生在普遍和特殊之间。以他之见，认定黑格尔和拉康之间存在着某种联系，这本身是难以成立的。他为此反对齐泽克所做的主要的叠加定位。他甚至引用拉康的原话来为他自己辩护，还警告说，把拉康打扮成德国终极唯心主义者黑格尔是危险的。因此，他否定了齐泽克对黑格尔的解读，即把黑格尔解读为唯物主义者；他依赖于对黑格尔的典范定位（canonical positioning），即把黑格尔理解为唯心主义者。霍维茨宣称，与在拉康那里不同，在黑格尔那里，无意识并不是“像语言那样建构起来的”。说这话时，他的反对意见最为鲜艳耀眼，光彩夺目。把黑格尔和拉康区别开来，这种区分据说阻止了齐泽克对黑格尔和拉康进行叠加定位的举动，因为齐泽克实际上忽视了这两位思想家的真实思想，只是一味把他自己的理论强加于他们两人而已。

这种形式的反对更加宽泛地把齐泽克的定位与德法理论对立起来，把他与德法知识传统和英美知识传统的长期论争对立起来。虽然英美传统被认为更务实，更不晦涩，但是它们的认识论还是反映在其追随者的表演风格中。2001 年，克里斯多夫·汉隆（Christopher Hanlon）认为齐泽克和乔姆斯基之间存在着不可避免的冲突：“与乔姆斯基的怀疑（suspicions）相对应的最佳对应物，完全可以在斯拉沃热·齐泽克的著作中找到。齐泽克对拉康理论的狂热背书是极其复杂的，尽管他的背书展示了令人惊叹（通常也是十分幽默）的清晰性。”[40]齐泽克对这两种立场的叠加定位，将在他们之间的一系列数字通信中得以证明，也会在后来得到解释。不过，为了使齐泽克在公众中的地位得到进一步的巩固，一种阐释（该阐释后来成了对当今诸种事件的叙述）将齐泽克定位为一个与更多的公众息息相关，与更多的关切产生共鸣的全球公共知识分子。

到了 21 世纪初，齐泽克已经通过“支配”“斡旋”和“反对”的立场被定位，这有助于他进行总体性的介入运动。这种多元化的定位让他在知识内部领域站稳了脚跟，同时也为他打开了通往知识外部领域的大门。因此，到了“9·11”事件发生时，齐泽克已经蓄势待发，要对这一事件提供全球性的渲染，同时还要让众多群体为之喝彩。

全球性创伤的意义：“9·11”事件和反恐战争

与其他事件不同，2001 年 9 月 11 日对纽约世贸中心的袭击真正标志着 21 世纪的到来。它引发了一波又一波涉及全球的法律后果、政治后果、社会后果和经济后果。在此事件之后，以美国为首的几个西方国家发动了一场全球性的“反恐战争”。这一事件还引起了知识界的关注。这表现在全球顶尖级的知识分子，包括乔姆斯基、鲍德里亚、保罗·维利里奥和齐泽克，纷纷撰文，做出回应。[41]“9·11”事件被视为全球性的文化创伤，也被齐泽克等人用来在知识–理论上（intellectually-theoretically）和政治–舆论上（politicallypublicly）表明自己的立场。[42]

根据杰弗里·亚历山大的文化创伤理论，创伤是由承载群体①经历的一个社会过程。在这个过程中，承载群体将道德意义赋予暴力性事件和争议性事件。[43]承载群体为这些事件提供了一种叙事，从而触及社会群体的身份和记忆。该理论的重点放在了社会状况以及公共表演上。公共表演把象征意义赋予文化创伤，再依据文化创伤，确定某些事件、价值观念和集体能动者（collective agents）的地位。亚历山大解释说："集体创伤的文化建构是由个人的痛苦经历和苦难经历点燃的，但用来界定苦难的，是对集体身份的威胁，而非对个人身份的威胁。"[44]同样，在介入"9·11"事件时，齐泽克站在对这一痛苦事件做出激烈反应的全球广大受众面前，扮演了（知识分子这个）承载群体的发言人的角色。亚历山大补充说，文化创伤的成功构建依赖于文化上的二元性分类（好人与坏人、救世主与毁灭者），从而创造一种新型的主人叙事（master narrative）："在某种意义上，这只是在讲述一个新故事而已。不过，与此同时，故事的讲述过程却是复杂的、多价的符号过程（multivalent symbolic process），是充满偶然性、富有争议性甚至高度两极化的符号过程。为了让更广大的受众相信他们也因为某段经历或某个事件而遭受了创伤，承载群体需要开展意义的创造工作，并且必须成功，不能失败。"[45]在文化创伤的语境中，成功的知识介入必定涉及四个方面：事件导致的苦难、遭受苦难的受害者、与之有关的受众，以及肇事者需要承担的责任。

---

① 承载群体（carrier groups），即遭受创伤并承载创伤的群体。这里的创伤既包括肉体上的创伤，也包括精神上的创伤。

齐泽克通过一系列文本和公开露面开展他对“9·11”事件的介入。他首先为独立运作的、非营利性的美国左翼在线杂志《当今时代》（*In These Times*）撰稿，然后在久负盛誉的印刷杂志《南大西洋季刊》（*South Atlantic Quarterly*）上发文，最后把五篇文章汇编成书，取了《欢迎来到实在界这个大荒漠》（*Welcome to the Desert of the Real*）的标题，交给左页出版社出版。[46] 事实上，我们在这里可以看到日益增长的网络文化与齐泽克发展轨迹中的这个特殊转折点之间的联系，因为这本书的早期版本是从 2001 年 9 月 14 日开始，通过电子邮件列表（Listservs）——尤其是网络时钟（Nettime）——非正式地传播开来的。在该书中，齐泽克引用《黑客帝国》（以及他最近对它的分析），阐明他对这一创伤性事件的叠加定位。该书的标题让人想起《黑客帝国》中的反抗运动的领袖墨菲斯（Morpheus），想起那个场景：他欢迎主人公尼奥（Neo）进入真正的现实①，即实在界这个大荒漠（the desert of the real）。尼奥意识到，那里的现实并非真的现实，而是由黑客帝国建构起来的符号性现实②，然后恍然大悟。然后，齐泽克以他惯有的反问风格，运用他反复使用的“倘若……又将如何”的修辞手法，发出质疑：“9 月 11 日在纽约发生的

① 这里所谓的“真正的现实”(the real reality)，指赤裸裸的现实，即消除一切想象、幻象、梦幻、符号、价值和意义的现实。这里的真实不是一般意义上的真实，而是拉康意义上的真实。一般意义上的真实是形容词(real)，拉康意义上的真实是名词(the real或the Real)。为把两者严格区分开来，拉康意义上的真实一般译为“实在界”，以与一般意义上的真实区别开来。

② 尼奥理解的“真正的现实”还是我们普通人理解的现实，而非墨菲斯和拉康理解的“真正的现实”。

事情岂不是与此如出一辙？”[47]齐泽克认为，这个问题的答案的要义在于强调理论在灾难时期的重要性。只有强调理论的重要性，我们才能知道，如何把意义赋予这些创伤性事件。齐泽克以一种主观性和包容性的语气，再次恳请读者反思自己的立场。他还通过引用前沿影片（《黑客帝国》）和经典理论（拉康著作），把“9・11”事件与数字全球化这一语境联系起来，把“9・11”事件与数字全球化导致的新政治经济形势联系起来。齐泽克以好莱坞电影为隐喻，并利用逻辑说服（logical persuasion）的技巧，确立了一种文化叙事，进而创建了自己的立场：“当我们被引入‘实在界这个大荒漠’时，我们看到了双子塔坍塌的景象和镜头，这只能令我们想起无数好莱坞灾难片中出现过的最惊人的场景。不可思议的事情一直是幻想的对象。在某种程度上，美国得到了它的幻想之物，这一点最令人叹为观止。”[48]关于这个事件，存在两种普通的立场，一种是“很好：我们罪有应得”，一种是“很糟：我们遭受了飞来横祸”。与这两种立场相反，齐泽克引入了无意识，并把无意识视为某种意识形态的意外后果，进而阐明了他本人的叠加定位。他暗示我们，美国人下意识地（unknowingly）渴望遭受这一创伤。他依据这一主张，确立了具有挑衅性的立场，一个既惊人又诱人的立场。他这样解释他的意义构建：“归根结底，双子塔象征着数字化的第一世界与第三世界这个实在界大荒漠之间的彻底隔绝。……每当我们遇到如此纯粹邪恶的外部（purely evil Outside）时，我们应该鼓足勇气，牢记黑格尔给我们提供的教益：我们应该在这种邪恶的外部中，看到我们自身的最为纯粹的本质。”[49]就这样，他把这个事件转译成了拉黑体，于是受害者和加害者的界限变得模糊不清，责任也要由受害者和加害者共同承担。一边是黑格尔和拉康之类的往昔人物，一边是当前的政治事务和伦理事务，齐泽克把两者联系起来，进而对公共领域进行知识介入。然后，他以反意识形态的方式（counterideological manner）分析现在，并将现在与受害者和加害者可能的未来联系在一起，为受害者和加害者创造了一个共享的空间："我们还不知道这个事件会在经济、意识形态、政治和战争方面产生什么样的后果，但有一件事情是确凿无疑的，即直到现在，美国一直认为自己是一个可以免遭这种暴力袭击的孤岛，只会在电视屏幕上隔岸观火，现在却身临其境。那么问题来了：美国人是决定进一步巩固自己的地盘，还是决定冒险出击？"[50]穿越"美国是一个孤岛，它没有其他世界具有的种种问题"这一幻象后，就会认识到自身的脆弱性，而创伤恰恰源于这一认识，即美国人和其他人一样脆弱。在与作为符号性幻象的非可能性时刻（the impossibility point of the symbolic fantasy）的实在界相遇之后：

> 美国有两个选择。它可以坚守甚至强化其极端不道德的态度，追问"为什么这种事情会发生在我们身上？这样的事情不应该发生在这里"。这将导致对外部更多的进攻，自己表现得也像受害妄想狂一样，大肆宣泄。美国还可以最终冒险穿越那道把它与外部世界隔离开来的幻象性屏障（fantasmatic screen），抵达实在界这个大荒漠，迈出早就应该迈出的一步，即从"这样的事情不应该发生在这里"走向"这样的事情不应该发生在任何地方"。对于［乔治·w.］布什来说——对于今天所有的美国人来说，也是如此——"爱你的邻舍"意味着"爱穆斯林"。否则"爱你的邻舍"这句话毫无意义。[51]

齐泽克以不同的形式，在不同的媒体上多次重复这一论点。这使他的表演得以持续，也使他的立场成为共同参考点，人们借助于它，来理性地理解这类全球性的集体文化创伤的意义。齐泽克在他的同名著作中框定了这一论证路线（line of argumentation），将其视为某种情形的隐含的真相。他在这样做时，使用了他“保留曲目”中的标志性的部分，即那个“红墨水缺货”的笑话。根据这个笑话，在美国或西方，“我们‘感到自由’是因为我们缺乏表达我们不自由的语言”[52]。这是一个经典政治笑话，讲的是一个东德工人被派往西伯利亚，他写信回来说，那里唯一缺少的是红墨水，而红墨水则是批判性著述的手段。① 这个经典政治笑话是一条知识的途径（intellectual pathway），只有踏上这条途径，才能理解意识形态是如何控制和审查用以批判意识形态的那些手段的。这种洞察力与齐泽克对斯洛文尼亚局势的分析相辅相成。在斯洛文尼亚，在旧政权解体后，批判完全沉浸于资本主义的（经济、政治和教育）制度，并因此土崩瓦解。

---

① 齐泽克是这么讲这个笑话的：一个德国劳工在西伯利亚觅得一份工作。他知道，从那里写信回国，必定无法逃过审查官的法眼，于是与朋友约定：“我们建立一套密码：如果我写给你的信是用普通蓝墨水写的，那我信上说的一切都是真的；如果是用红墨水写的，那就是假的。”一个月后，朋友收到了他的第一封来信。信是用蓝墨水写的：“这里的一切都奇妙无比：商品琳琅满目，食品极其丰富，公寓宽敞，暖气也很充足，电影院里放映的全是西方大片，还有很多漂亮女孩，可与她们眉来眼去。只有一样不好——红墨水缺货。”齐泽克2011年10月9日在纽约祖科蒂公园（Zuccotti Park）里参加“占领华尔街”的抗议活动时，曾带领抗议民众大声朗诵这个笑话。中间不断出现笑场，使严肃的抗议活动不再那么严肃，给他的知识介入活动打上了非常另类的标签。

现在，齐泽克将这一洞察力应用于全球性、数字性和创伤化的语境。作为“9 · 11”事件丛书之一种，他的著作《欢迎来到实在界这个大荒漠》在左页出版社出版。出版方宣称：“鲍德里亚、维利里奥和齐泽克潜入电视评论、政治正统观念和文化正统观念以及‘出租引语’① 的权威意见这个海平面之下，追根究底，细心探察，提供了三部极具原创性和可读性的著作。既可以把它们看作迷人的引论，从中了解他们各自方案的方向；还可以把它们视为富有洞察力的批判，即对目前正在发生并日益明朗的事件的批判。本丛书旨在帮助读者理解‘9 · 11’事件的哲学意义，同时不会对目前传播的主流观点置之不理。”[53]

对齐泽克的介入的评论进一步推进了他的定位过程，也触及了他的介入的表演性修辞元素（performative rhetorical elements）。托德 · 斯隆（Tod Sloan）在剖析齐泽克的风格和表演时，将其描述为“自由联想的地缘政治之旅”，其中包括“对当代左翼的自欺（mauvaise foi）的关切，以及对革命伦理、巴尔干政治、巴以冲突和欧洲潜力——欧洲作为美帝国主义的制衡力量所拥有的潜力——的沉思”[54]。斯隆强调齐泽克的定位，认为他是一个与广泛公共事务密切相关的全球性知识分子。斯隆还复制了他在“9 · 11”事件上秉持的立场，并将其与大众的反应联系起来：“一些人评论说，9 月 11 日的现实入侵，粉碎了美国人‘美国刀枪不入’的幻想。对齐泽克来说，情形几乎正好相反。在 9 月 11 日之前，美国人就生活在这

① “出租引语”（rent-a-quote），指这样一种现象：为了换取报酬或增加曝光率，进而提升知名度，某些专家或学者——通常是所谓的“百事通”学者——随时准备就几乎任何话题向任何媒体提供评论或发表意见。

样的‘现实’中：恐怖袭击和第三世界的贫困只是作为虚构的电影和电视新闻画面存在着。至于其他地方的真实人群是否经历过这些袭击和贫困，他们漠不关心。恐怖袭击带到他们面前的是这些幻想，而不是那些现实，它撞向了集体的‘现实’，因此产生了似曾相识之感（在电视上反复播放世贸中心大楼倒塌的画面时，这种感觉只会更加强烈）。”[55]

通过重复齐泽克对这一事件所做的精神分析阐释以及公众对这一事件的普遍反应，斯隆扮演起了调解人的角色，对齐泽克的立场和公众的立场进行调停。与此同时，他与后者的做法——普遍地转向心理学，用心理学解释创伤——产生了共鸣。他与齐泽克的分析相呼应。根据齐泽克的分析：“美国人对‘9・11’事件的体验变得更加复杂，因为那些生活在人工构建起来的虚拟宇宙中的人产生了‘重返实在界’（return to the Real）的冲动，尽管这种冲动是创伤性的——虽然他们不能亲口承认，但依然为之所迷。”[56]在齐泽克对创伤的解释中，这种痛苦超出了那些在肉体上遭受攻击的人表现出来的症状，而且所有忍受当前状况（即全球资本主义）的人，都在忍受这样的痛苦。此外，受害者不仅只是美国人，还包括所有居住在数字公共空间这种虚拟现实文化中的人。借助这种看法，齐泽克把创伤的实际受害者与生活在全球性西化世界中的更加广泛的受众联系起来，而且这些受众曾经认为，自己才是“文明冲突”的更加广泛的受害者。[57]

重要的是，齐泽克对这一事件的阐释拓宽了责任这一概念的外延，使其不仅包括直接肇事者，而且包括那些促成和参与其共同幻象——和谐数字安全港的幻象（fantasy of a harmonious digital safe haven）——的人，以及推广这一幻象的人。在拓宽了责任概念的外延后，齐泽克用它来分析本真行为（authentic act），把本真行为视为作为主体的读者理应承担责任并相应地采取行动的实际方式。本真行为的这一方面正是地位协商（positional negotiation）的起步之处，因为它涉及如何对待暴力的立场问题，与理论发挥的实际（和公共）作用有关。正如斯隆所言："如果理论能在它与世界历史的关系中发挥效力，那就是在某种严肃的斗争中发挥效力，即在与有关我们需要承担的责任的问题上进行的严肃斗争中发挥效力。关键并不在于，我们一定要同意齐泽克的观点（的确，有些人会说，他已经近乎鼓励极端主义和不负责任的行为）；关键在于，我们要把这样的辩论，以及对意识形态效应（ideological effects）的更深刻的理解，带进我们研究的前沿地带。"[58]

此外，围绕着"9·11"事件的意义，洛伦·格拉斯（Loren Glass）对一系列知识介入做了综合性的评述，并将其发表在《历史唯物主义》（*Historical Materialism*）杂志。该文指出：

> 只有齐泽克（虽然与其他两人的研究相比，他的研究更加冗长和烦琐）对"本真道德行为"（authentic ethical act）在应对当代发展方面具有的可能性保持了某种谨慎乐观的态度。……此外，齐泽克甚至提出了一个更加宏阔的政治计划，一种地缘政治性的拒绝行为（geopolitical act of refusal）："左翼应该问心无愧地借用统一欧洲的口号，以之抗衡美国化的全球主义。"[59]

齐泽克赞同（梅尔维尔的）“巴特尔比政治”①，把它视为一种积极的伦理拒斥（ethical refusal），说它打断了寻常的重来复去的例行程序。因此，齐泽克把思维和行动进行叠加定位。这暗示我们，存在着一种承担责任的形式：所有受美国化的全球主义影响的人，也就是说，基本上所有的人，都要承担责任。[60]齐泽克允许抗拒者或批判者设想共同的战线，恳请人们把承担责任视为一种不同的思考方式和行动方式。所以，尽管齐泽克认为美国人在“9·11”事件后在道德上感到困惑（美国人不知道为什么自己会有这种矛盾心理并感到难以理解）[61]，但齐泽克“并没有过多地处理‘9·11’事件的现实，而是处理有关它的概念”。他说：“要理解9月11日究竟发生了什么，唯一的出路就是把它置于对抗全球资本主义这一语境之内。”[62]齐泽克要认定的是概念上的罪犯而不是现实中的罪犯，因而超越小布什总统及其政敌使用的“要么朋友，要么敌人”的语言。这正如彼得·勒库拉斯（Peter Lecouras）所指出的那样：“总统有责任用丝毫不加掩饰的道德术语来描述这一事件，进而解除美国人民心中的任何困惑。鲍德里亚、齐泽克和维利里奥所做的事情与小布什总统完全不同；他们指出，这个国家对这起骇人事件负有集体责

---

① “巴特尔比政治”（Bartleby politics），齐泽克独创的短语。如前所述，巴特尔比是美国19世纪作家赫尔曼·梅尔维尔（Herman Melville）创造的一个人物形象。他的名言是：“我还是不干为佳。”在齐泽克看来，“我还是不干为佳”（I would prefer not to）是一种拒绝，但它不会导致无所作为或玩世不恭，反而是一种积极的政治行为：巴特尔比政治是脱离传统的“反抗”政治或“抗议”政治的另类政治。说它是另类政治，是因为传统的“反抗”政治或“抗议”政治寄生于它“反抗”或“抗议”的事物，而巴特尔比政治则不再寄生于它要“反抗”或“抗议”的事务，从外部开辟了崭新的空间。

任。”[63] 集体责任是源自集体的（但实际上又是主观的）“对实在界的激情”（passion for the Real），“对实在界的激情”会“导致与之相反的结果，即出现戏剧性的奇观”[64]。

一边是虚拟现实和数字媒体，一边是“9·11”创伤性事件，把两者联系起来加以阐释，这一路线显然引起了许多人的共鸣，因为它既出人意料又富有成效。谷歌的词频统计器提供了追踪齐泽克的介入效果和对他的多样化接受的一条途径。正如谷歌的数据所显示的那样（图 3.1），在 1989 年至 2001 年间，齐泽克在英语图书语料库中以较高的出现频率而获得了较高地位。但在 2001 年之后，齐泽克的出现次数又有了急剧的增加。我认为，齐泽克对“9·11”全球性创伤的阐释引起了公众对这一事件的意义的探索，这强化了知识分子和公众与齐泽克的联系。

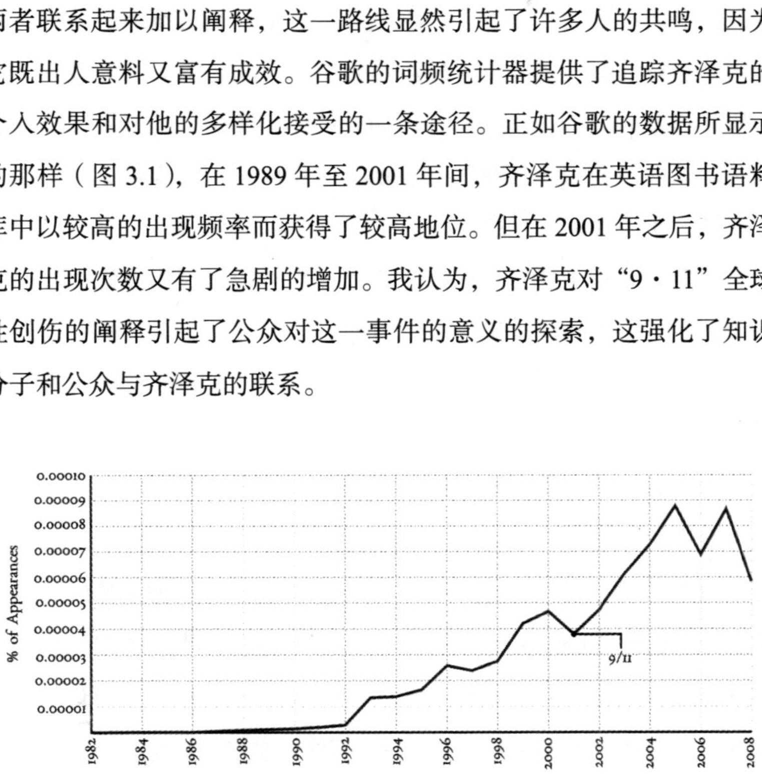

图 3.1　英语著作中提及的齐泽克，1982—2008 年

齐泽克1982年至2008年在英语图书中被提到的次数在“9·11”事件后有所增加。来源：谷歌词频统计器（Ngram Viewer），2018年8月19日。

随着公众对网络的兴趣日益浓厚，网络已经成为将日常生活中的个人创伤与集体创伤联系起来的一个耀眼的参照点。洛伦·格拉斯注意到齐泽克惯有的挑衅风格：“齐泽克使用众多的反问句，其中之一是，‘国际恐怖组织难道不是大型跨国组织的淫荡替身吗？’”[65]齐泽克将大公司中流行的实际赞助与它以破坏性恐怖集团的形式促成的意外（因此也是实在界）所导致的后果联系起来，从而表明，普通消费者和大公司是同谋，他们一起制造了他们遭遇的最为糟糕的噩梦。情形似乎是这样的，如果没有齐泽克的介入，“实在界”这个概念将一直不为公众所知，因为齐泽克“几乎以其一己之力在他的英语受众中普及了这个概念，还为文化研究学者提供了理论兵工厂，供其积极投身于当代世界”[66]。

然而，并不是所有的人都喜欢齐泽克把创伤当作理论武器的一部分来使用。例如，剑桥大学一位资深哲学家在被问及有关齐泽克的问题时，指出了齐泽克对知识责任的使用——或者更确切地说——误用：“齐泽克完全不负责任，他赢得大量的追随者，在少年儿童中尤其如此。他滥用自己的影响力，陶醉于颠覆和创伤，这些都是不负责任的。”[67]理查德·沃林（Richard Wolin）说得更加具体。他在回顾对“9·11”事件的知识介入时，依据对知识领域的经典图绘（canonical mapping），注意到了下列两者的分歧：一者是建设性（积极）的哈贝马斯，一者是解构性（消极）的德里达。因为德里达批判西方的理性（Western reason），沃林将他定位为海德格尔的追随者。然后在对20世纪的语境做出回应时，他声称：“作为［专业化分工的］结果，公共哲学领域已被抛弃，让位于所谓的左翼海德格尔派，即让·鲍德里亚、斯拉沃热·齐泽克和保罗·维利里奥这些人。他们成功地填补了公共哲学留下的空白，报了一箭之仇。”[68]在批判对“9·11”事件所做的消极的、破坏性的——说它具有破坏性是因为它具有纳粹分子的行为色彩——解读时，沃林把主观的语气（subjective tone）和积极的修辞（engaged rhetoric）视为对西方的厌恶之源："使得所谓左翼海德格尔派的介入如此令人憎恶的原因是，他们的言辞大多停留在幸灾乐祸的层面上。……与这种（将美国视为技术摩洛克①的）观点相一致，齐泽克和鲍德里亚在自己的小册子中对奥萨马•本•拉登于 2001 年 9 月制造的'神圣惊奇'流露出几乎不加掩饰的欣喜之情。"[69] 尽管如此，齐泽克借助文化手段对"9・11"创伤所做的知识化，仍然把他定位为全球公共知识分子，帮助横跨全球化世界（globalized world）的读者创造意义。引人注目的是，它甚至激发人们沿着齐泽克的路线重新审视"文化创伤"一词："在我们当前这个时代，数百万人在经济上处于贫困状态，大部分财富和成就掌握在少数人手里，这改变了亚历山大对文化创伤的原初定义，也使我创造了'资本主义创伤'一词。可以把它与弗朗茨・法农（Frantz Fanon）所谓的'暴力'和齐泽克所谓的'系统性暴力'并置一处。"[70] 把这三者联系起来，使之等量齐观，这促进了齐泽克的普及，使他成为从知识（叠加定位）上理解全球政治和主体性以及通俗文化和哲学的源泉。

推广齐泽克：
在媒体与学术之间做非此即彼的取舍

2002 年之后，全球公众对齐泽克的兴趣迅猛增长。齐泽克有了

---

① 摩洛克（Moloch），上古近东地区崇拜的一位神明。此神与火祭儿童有关。古代文献提及他，通常会同时提及火祭儿童之事。传统对此巧合的解释是，儿童是祭品，在摩洛克神前被活活烧死。

既定的知识立场（尽管其立场非常复杂），在进行介入时，无论在形式上还是内容上，都采用了他独创的拉黑体。形式方面，首先是书籍——包括他写的书、写他的书以及他与别人合写或合编的书，其次是报纸文章、期刊评论、采访录像和电影演出。这种干预的效果表现在齐泽克的普及上。这使他在知识外部领域功成名就，但学术界对他的批评也日益增多。

2001 年之前，专论齐泽克的著作只有两部，且由同一家出版社出版。从那时起，专论他的著作以平均每年两部的速度递增，并且有十余家出版社置身其中。这些专著沿着两条路线——知识和政治——定位齐泽克。在知识方面，这种定位的进行既依据他本人的立场（支持拉康和黑格尔，反对福柯和哈贝马斯），又依据与他匹配的学科（从文化研究到文学、神学、媒体和哲学）。[71] 在政治方面，这意味着剖析他的政治立场、政治理论和政治方案。[72]

这些涉及齐泽克的文本以多种多样的形式呈现出来，包括采访、介绍和他的理论在各个领域的应用。这些文本合在一起，齐心协力地推广齐泽克，使他成为与诸多受众和众多学科息息相关的全球公共知识分子。[73] 尤其重要的是，在由政体出版社于 2003 年推出的“当代关键思想家”（*Key Contemporary Thinkers*）丛书中，齐泽克首次正式亮相，成为这套丛书的研究对象，与维特根斯坦和凯恩斯等著名知识分子比肩而立。丛书的封底这样描述对齐泽克的接受——“被誉为现代最重要的跨学科思想家”。莎拉·凯（Sarah Kay）在 2003 年出版的《齐泽克：批判性引论》（*Žižek: A Critical Introduction*）一书的序言中，成功地预见到了齐泽克研究这个“等候区”（field-in-waiting）。针对齐泽克的风格，她还指出：“齐泽克的著作是一种独特的匆忙拼凑（hectic omnium gatherum），这使读者很难把握某些特定的主题。”[74]她先把齐泽克的著作按主题分类，然后依据分类来组织她自己的著作，因而创造了齐泽克式的思想正典（Žižekian canon of thought）。她还为读者提供了齐泽克术语汇编，此举无异于将齐泽克的拉黑体编入法典，使其更易于理解和传播。

在概述了文化、哲学、精神分析和伦理学的主题后，莎拉·凯解释了齐泽克的政治观，强调了他自“9·11”事件以来一直都在推进的责任概念。她后来还引用了齐泽克在“9·11”事件发生后不久接受采访时的谈话，强调了他对公共领域进行的知识介入的现状和未来的联系（present-future link）：“我们面临着挑战，需要重新考虑我们的坐标体系。我希望这是这个悲剧性事件的一个良好结果。我们不仅要用它来做更多同样的事情，而且要思考我们的世界到底正在发生怎样的变化。”[75]莎拉·凯接着说：“他最近的著作可能不属于能让世界变得更加美好的那种形式的符号性**活动**。但如果这些著作能让我们直面真实，激发我们重新思考我们的整个处境，那么它们就属于一种政治**行为**。”[76]在齐泽克被列为“当代关键思想家”仅一年后，政体出版社就在其“对话丛书”中出版了另一本关于他的介绍性著作《与齐泽克对话》（*Conversations with Žižek*）。该书汇集了他接受的五次采访的内容，提供了从“幕后”审视他的一个视角，证明了他作为一个知识分子，其立场是值得我们深入了解的。该书还揭示了他私人的、非正式的一面，有助于更加真切地认同他的著作、动机和欲求。

2002 年 7 月 23 日，齐泽克作为对当前政治事务、理论问题、文化产品和科学创新进行介入性评论的叙述者，在《卫报》上首次发表专论左翼列宁主义遗产的文章，在知识分子和公众之间架起了一座桥梁。[77]这次介入本是为一部德文版的列宁传记所写的书评，但他把该书与当前全球政治僵局联系起来。这种定位——把自己定位为东西方专家——使他能够接触到众多的公共媒体。除了在报纸上进行介入（这种介入一直都在进行，因为那时他刚刚在《伦敦书评》上发表了一篇关于生物遗传学的文章），他还周游世界，负责筹建各地的拉康学派，力挺强劲的拉康式政治左翼。[78]诸如《如何解读拉康？》（*How to Read Lacan*？）之类的介入，将他定位为专为审视世界和人类主体（human subject）提供新颖视角的权威，因为他的这些介入与占主导地位的心理学话语和全球数字语境产生共鸣。诸如《伊拉克：破碎的壶》①之类的介入与不断变化的全球政治语境交相呼应。联合演出——如与埃里克·桑特纳和肯尼斯·莱因哈德（Kenneth Reinhard）合著《邻居：政治神学三探》（*The Neighbor: Three Inquiries in Political Theology*），与克莱顿·克罗克特（Clayton Crockett）和克雷斯顿·戴维斯（Creston Davis）合编《黑格尔与无限：宗教、政治与辩证法》（*Hegel and the Infinite: Religion*，*Politics*，*and Dialectic*）——将齐泽克定位于各个学科的交集之处，并使他在全球范围内建立起关系网。[79]

齐泽克的知识个性化是通过他自诩的代表作实现的。为了引人注目，出版社在《视差之见》（*The Parallax View*）的封底上把它描述为“齐泽克多年以来最重要的理论著作”[80]。该书是由麻省理工学院出版社推出的“短路丛书”之一，出版社为它搭建的舞台和对它的框定（framing）使它具备了公信力。《视差之见》开启了齐泽克的实验之路：他试图超越他先前对黑格尔和拉康的解读，凸显他自己的关键概念。这些概念包含和容纳了他的完整思想体系。“视

① 《伊拉克：破碎的壶》(*Iraq: The Broken Kettle*)，原文如此，且多次出现，疑为作者记忆有误，因为关于“伊拉克”和“壶”，齐泽克似乎只有一部《伊拉克：借来的壶》(*Iraq: The Borrowed Kettle*)。

差”是齐泽克对他的叠加定位的称谓，指不断重复和修正其他的立场（other positions）这个创造性过程。[81] 给自己的表演模式打上金光闪闪的品牌，有助于推广齐泽克不断变化的定位，并为一些公众提供了单一参照点，供其把握齐泽克完整的知识库藏。

对于齐泽克这些著作的评论可谓五花八门，但都把他与他的若干知识语境和政治语境——如“黑格尔改革”或拉康传统——联系起来。他们几乎全都关注他最受欢迎的元素，即他的风格。这种风格甚至在他的普通文本中也得以传播。泰德·史密斯（Ted Smith）在他为《邻居：政治神学三探》撰写的评论中，对来自这样一位笔耕不辍的作者的皇皇巨著的意义表示怀疑。[82] 弗里德里克·詹姆逊在他为《伦敦书评》撰写的评论中说：“视差的立场是反哲学的立场，因为它不仅避开了哲学的系统化，而且把‘哲学的系统化是不可能的’作为核心论题。”[83] 特里·伊格尔顿在为《免费图书馆》（*Free Library*）撰写的评论中称：“齐泽克是那种罕见的作者品种——他既明晰又深奥。如果说他有时难以理解，那也是因为他的想法盘根错节，观念错综复杂，而不是因为他那怡然自得的风格。事实上，他的风格轻轻松松地消解了这位超级巨星理论家的自命不凡。”[84] 阿德里安·约翰斯顿（Adrian Johnston）在为《辩证批评家》撰写的评论中认为，在齐泽克那里，风格既是分析的方法，也是写作的方式，它受到拉康及其理论的强烈影响：“拉康的风格甚是怪异，其方式令人难以理解。无论是在口语方面，还是书面语方面，他都以这种方式宣讲其教义。拉康的怪异风格是他用来培养抱负远大的未来精神分析学家的教学技术的一部分。……去积极参与精神分析，即使在学习精神分析时也要如此。”[85] 齐泽克把拉康带出诊所，使之走向公众，超越其预期的实用临床框架。这时，他提供了一个极具吸引力的方法，让精神分析从头到尾、从内到外都在他的介入下进行。因此，齐泽克把黑格尔和拉康的教学洞察力（pedagogical insight）扩张至全球，延伸至全球公众，使他们能以数字和文本的方式受益。

齐泽克利用他在美国的人脉，于2003年在麻省理工学院出版社推出了他的第三套丛书，名为“短路”。这套多人合作的丛书以反问句和隐喻性的概念意象（metaphoric conceptual imagery）描绘自身，继而对丛书自身及其编者进行定位：“当电网中出现错误连接时，就会发生短路。当然，从电网正常运行的角度来看，这样的连接是错误的。但短路带来的冲击力不正是批判性解读的最佳隐喻之一吗？……这套丛书的首要前提是，拉康的精神分析是短路的最优工具。因此，这并非专论精神分析的新丛书，而是一系列‘弗洛伊德领域的电网联系’——对艺术、哲学、神学和意识形态进行拉康式的简洁介入。”[86]这种描述凸显了齐泽克的标志性风格，即对其他文本、作者和立场进行叠加定位。该套丛书还把自己定位为一系列拉康式的知识介入，它要走出知识内部领域，步入公众高度关注的领域，如宗教和文化。基于麻省理工学院作为科学权威的高公共价值（high public value）和高公众认可度，齐泽克在这套丛书中的率先介入——《木偶与侏儒：基督教的变态内核》（*The Puppet and Dwarf: The Perverse Core of Christianity*）——对两个最具吸引力的社会话语宗教和心理学进行了叠加定位。[87]

该书的封底承认对齐泽克的定位，说他是“学术摇滚明星”“理论狂人”和“我们中最大胆的知识分子之一”；如此赞美，等于把他等同于苏格拉底，这只有在和拉康做了十年精神分析之后才有可能。在该书的引言“被称为神学的木偶”中，齐泽克再次引用从马克思到本雅明等众多思想家的经典著作，并把他们与现代性和宗教之类的当下事务联系起来。他把现代性定义为一种社会秩序，认为正是这种社会秩序把宗教简化为特定的文化领域。在对现代性做此界定之前，他颠覆了本雅明对观念和物质——或者说对唯心主义和唯物主义——的定位："如今历史唯物主义的分析正在凋零，仿佛只能偷偷摸摸地进行，很少被人提到它的本名，而神学之维（theological dimension）却在解构主义的'后世俗'弥赛亚转向（the 'postsecular' Messianic turn of deconstruction）的幌子下，被赋予了新的生命。有鉴于此，推翻瓦尔特·本雅明关于历史哲学的第一个论题①的时机已经成熟：被称为'神学'的木偶已经战无不胜。如果它踊跃为历史唯物主义服务，那它很容易适合于任何人。正如我们所知，今天，历史唯物主义已经形容枯槁，不得不退避三舍。"[88]通过这种独一无二的表演性阐述（performative articulation），齐泽克对马克思和他的反神学立场进行了叠加定位，明确反对庸俗唯物主义的立场，因为这种立场削弱了符号界的效力（efficacy of the symbolic）。因此，在宗教激进主义日益强盛和在伊拉克、阿富汗进行反恐战争这个特定的语境中，齐泽克直面基督教，不仅因为全球很多公众（重新开始）对宗教产生兴趣，而且因为这样做，可以使

---

① 本雅明的《历史哲学论纲》的第一个论题是这样的："据说有个机器人会下棋，而且出手必赢，对手走一步，它就应一步。一个身着土耳其服装、嘴叼水烟袋的木偶，端坐在棋盘前，棋盘放在一张大桌子上。一组镜子制造了这样的幻觉——无论从哪个角度看，桌子都是透明的。其实，一个驼背侏儒坐在里面。他是棋艺高手，用线牵动着木偶下棋。我们可以想象这个装置的哲学对应物。被称为'历史唯物主义'的木偶始终会赢。如有神学助它一臂之力，它就会战无不胜，可惜神学已经形容枯槁，已经难当此任。"

我们摆脱在信仰和知识上陷入的僵局。

与此同时，齐泽克独辟蹊径，借助新媒介，拓展自己的研究领域。2003 年，他介入美国零售商 A&F①，正式进入地地道道的流行文化。这让他以全球公共知识分子的身份接触到更广泛、更年轻的公众。十年后，一家名为批判理论（Critical-Theory）的网站这样描述他的这次介入：“斯洛文尼亚批判理论家斯拉沃热·齐泽克并不总是把业余时间花在与阿根廷模特喜结良缘或对马桶进行精神分析上。想当年，这位哲学家还在百忙之中为 A&F 的‘重返校园’特刊撰写过广告。A&F 一度试图在产品目录列表（product catalogues）的支持下发布软色情片，以吸引 14 岁的混球。还有一次，A&F 决定以身试法，把软色情片与斯拉沃热·齐泽克的漫话组合在一起，结果非常惊艳。”[89]从 1997 年到 2003 年，A&F 印制《A&F》季刊，将其视为一种文化宣言——“既是杂志又是目录列表”。[90]它在 2003 年推出的“重返校园”特刊以齐泽克为主角，以他与该刊前主编萨瓦斯·阿巴德思迪斯（Savas Abadsidis）的通信开篇。在这次通信中，这位前主编把齐泽克定位为具有叠加定位“行为”的哲学家。他写道：“亲爱的斯拉沃热，……我们以前从未邀请过哲学家为我们的图片撰写文本，所以你想怎么写就怎么写吧。我们在找你很拿手的、类似于‘卡尔·马克思遇见格鲁乔·马克思’②之类的东西！”[91]齐

① “A&F”，原文为“Abercrombie & Fitch”，指1892年创立于美国纽约的休闲服饰品牌。该品牌创意独特，且变化多端，其广告大多采用年轻人喜爱的音乐和体育运动项目，因而在青年人中影响巨大。

② 格鲁乔·马克思（Groucho Marx）是由一母同胞的喜剧演员组成的团队马克思兄弟会（Marx Brothers）中的一位。马克思兄弟会共五人，全都生于纽约市，犹太人后裔，常在歌舞剧、舞台剧、电影中演出，1905—1949年间风靡美国。五兄弟中，奇科（Chico）、哈珀（Harpo）和格鲁乔（Groucho）最为著名。

泽克回信说："亲爱的萨瓦斯，我的朋友！在这种疯狂的形势面前，我能做的，也就是这些了！请随意采用……或者不用，你也可以只用我的部分评论！"[92]

齐泽克的回答突出了他率性而为和大刀阔斧的性格，不像一般的哲学家或学者那样扭扭捏捏，亦步亦趋，因为这些人在法律上和情感上受限于自己的著述。这期特刊的第 4 页在暗示齐泽克的"马克思遇到马克思"是一种叠加定位后[93]，这样描述齐泽克："斯拉沃热·齐泽克是这样一个人，无论什么东西，他都能讲得头头是道。他是斯洛文尼亚人，操着浓重的东欧口音，精力充沛，会详细阐述拉康-马克思主义理论，也会告诉我们，何以他觉得美国女演员琳达·费奥伦蒂诺（Linda Fiorentino）这么性感。有时两者同时发生。大家普遍认为他是当今最重要的哲学家，但在 A&F，我们更喜欢把他看成是我们自己的无拘无束的学者。所以如果要咨询他，还有什么时候比在重返校园的时候更恰当呢！"[94]

虽然该期刊的开篇可能会让我们想起无所不谈的权威型知识分子，但它的其余部分却对这一立场做了直截了当的抨击，强调齐泽克的出身、体格、举止、眼界，尤其是他的怪僻。该期特刊把齐泽克视为一个悠然自得的学者，使更年轻的非学术公众熟知他的名字和思想。然而，艾拉·莱利-亚当斯（Ella Riley-Adams）在谈到目录列表的兴衰时回忆说："六年后，过于热情地关注性、冒犯他人、高昂的成本，三者合在一起，使该杂志被迫停刊。"[95]她开门见山地分析齐泽克在该杂志上说过的话："'有时看新闻，你甚至搞不清楚，什么是宣传，什么是新闻。……我看到了什么？一个真正的现代综合体。呸！为什么不同时吃块蛋糕呢？你可以同时拥有批判理论和裸体作品，并尽情享受，乐在其中！'他做得出神入化，而且他那乐观的心态似乎是每个内容营销人员的梦中渴望之物——你可以让你的新闻和你的营销相得益彰。但这句话也能告诉我们，它印在了期刊的哪一页上。"[96]这种类型的叠加定位，也就是对新闻和营销的叠加定位，使得齐泽克在A&F上把他的"保留曲目"（反问句、笑话和例子）与关键的理论概念（如欲望的客体或成因、行为和性）熔为一炉，并把它们作为公众热点话题呈现出来，以便让人们了解他的思想：

> 缺了戴眼镜的老师，这对裸体情侣就会双双变得笨手笨脚和懵然无知，无法继续表演下去。
>
> 欲望的客体（object of desire）隐藏在大腿后面，但欲望的真正成因（true cause of desire）是手臂上的十字架文身。难道我们还不明白，我们真的是在用记号（signs）做爱，而不是用身体做爱？这就是我们必须去学校学习性（sex）的原因。
>
> 性是无可逃避的——即使学习纯粹的数学，它也会萦绕在你的心头：如果两个物体相互撞击，那会释放多少能量①？或者，可不可以说，纯粹的数学比性本身还要性感？[97]

齐泽克选择了这种尴尬的介入，这有效地使他成为"为服装目

---

① 能量，原文为"energy"，除了能量，还有精力、活力、体力之意。两个物体相互撞击，也是性事的隐喻。

录撰写文案的国际知名知识分子”。当被《波士顿环球报》（*Boston Globe*）问及何以沦落至此时，齐泽克的回答是：“你真把我难倒了，我也不知道该如何回答是好。我完成这份作业，只花了十分钟，当时只是随心所欲地胡思乱想而已。我对理论感到绝望！一边是靠写这样的东西赚钱，一边是做全职的美国学者，并通过拍马溜须获得终身职业，如果让我挑选，我会高高兴兴地选择前者，为这样的期刊撰写文案。”[98]他还在别的什么地方说过：“我甚至不知道能否获得报酬，但我在五到十分钟内就写完了，做了些拉康式的评论等等，然后他告诉我，‘好吧，你的酬劳是一万美元，可以吗？’当然可以了，因为我当时根本就没指望得到报酬。”[99]这样的介入可能会把齐泽克定位为一个与公众息息相关的适逢其时的知识分子，但也可能把他定位为一个牺牲型的知识分子，被轻蔑地视作跳梁小丑，说他更具民粹主义色彩，而不是更受民众欢迎。

然而，齐泽克在 2003 年进行的介入颇为有效地激起了公众对日新月异的道德世界的关切。特别是，他的介入以疯狂的节奏进行，正好与当时深刻的全球变化保持同步。他醉心于影片和影院，这为他“上映”电影介入（cinematic interventions）铺平了道路。他的介入从他在电视上出镜开始，后来他在 YouTube 的短视频中频频露面。2004 年，他在巴里·诺兰（Barry Nolan）执导和主持的美国电视节目《夜拍》（*Nitebeat*）中亮相，该节目在 NBC 的 CN8 电视频道播出，居住在美国东北部的美国人都能看到。[100]这次出镜的目的是讨论他当时刚刚出炉的新作《木偶与侏儒》。我们在此再次看到媒体发挥的核心作用，这不仅因为媒体“是为准备投票或辩论的单个公民提供客观信息的供应商，而且因为媒体还会提供共同的文化储备，使慎思明辨成为可能（甚至令人向往）”[101]。诺兰介绍了齐泽克的情况，并把他定位为拉康派（对他名字的发音，他颇费踌躇，有些犹豫，但又把这种犹豫阐释为一个标志，即难以解读齐泽克的著作的标志）："雅克·拉康是法国精神分析学家，他把弗洛伊德说得像纯真的山谷女孩[①]。拉康关于自我如何运作的理论实在过于复杂，我一想到它就牙疼不止。……［齐泽克的著作］透过拉康的精神分析审视现代基督教。或者说，至少我是这么认为的。"[102]就齐泽克而言，他的名字的发音令人捉摸不定，对他的介绍也令人无所适从，但他在镜头前对这一问题的反应，在某种程度上展示了他的自我牺牲定位："我更喜欢你们读错（我的名字）。如果你们读对了，我反而会变得焦躁不安。"通过与自己名字的正确发音进行自我疏离（self-distanciation），齐泽克摒弃了权威型知识分子的孤芳自赏和自以为是，而这种孤芳自赏和自以为是通常是由名字承载的，通过名字纪念的。齐泽克没有一本正经地看待他的名字和他的自我（这样的一本正经通常都是由公众投射到他身上的，在当时那种情况下，是由主持人投射到他身上的），因而打破了人们对他的知识分子面具（persona of an intellectual）的想象性认同，粉碎了（公众）对他的下列幻象：他是个"理应知情的主体"。

在该节目中，齐泽克将自己塑造成公众中的一员，一个平易近人的思想者。他说，他的经验和观察可以在全球范围内分享，而且分享它，不需要接受权威性的精英教育，也不需要只有专业知识分

---

① 山谷女孩（Valley Girl），对美国洛杉矶圣费尔南多山谷地区富裕中产阶级年轻女性的称谓。她们通常都是金发女郎，智商不高，着装艳丽，喜欢炫耀性消费，操一口独特的加州方言，对知识学习和个人成就不屑一顾。也有人（特别是女性主义者）强调，这是针对女性的"刻板印象"，即具有贬义色彩的陈词滥调，与现实不符。

子才有的专业知识。因此，当主持人说“这是我读过的最深奥的著作”时，齐泽克对自己的著作做了宽泛的概括：“奇怪，因为恰恰相反，这本书的目标是让拉康重新成为一个甚至连你奶奶都能理解的人。”然后观众看到了一个典型的齐泽克式转移，即使特定的介入脱位，将其置于他的元论争这一语境之内。所谓元论争，就是讲述当下的情形以及其全球性症状（global symptoms）：“推动我写这本书的，还不是什么基督教，这本书的基本观念是：如今人们有一种共同的认识，那就是有些事情正在发生，我们需要更多的宽容，大家什么也不再相信了，意识形态的时代已经终结，消费实在过多，缺乏真正的权威。我想颠覆这些东西，但不是在‘捍卫权威’的意义颠覆它们，而是在‘证明正在发生的事情与此完全相反’的意义上颠覆它们。”[103]他以他的拉黑体，强调宗教在通过市场或教堂得以社会制度化（social institutionalization）之前，就已经确立了信仰的基要性（fundamentality of belief）。然后，他把流行的世俗立场和宗教立场进行叠加定位。[104]他在言语（speech）之中确定上帝的方位，把上帝视为在说话者和听话者之间存在的必不可少的一道鸿沟。这意味着，从使用语言的那一刻起，我们就分享了一个预先设定的神圣之维，并践行之。齐泽克的重叠定位创造并发展了他的立场，而他的这一立场既吸引了有宗教信仰的受众，又吸引了没有宗教信仰的受众。因为使用煽动性的标题和反问句——如《何以只有无神论者才有信仰》（“Why Only an Atheist Can Believe”）所示——受众对齐泽克的迷恋得到了进一步的激励。[105]齐泽克把有关上帝的神学问题与有关共同体的政治问题联系起来，把基督教的三位一体观念阐释为一种社会控制，正是这种社会控制把人们凝聚起来，从而构成了共同体。把神学问题与政治问题联系起来，使齐泽克得以创造他举世无双的政治神学，进而介入“邻居的烦恼之政治”（politics of neighbor trouble），并将其目标转向作为集体信仰——集体对于集体的信仰（collective belief in the collective）——的物质基础的共产主义。[106]

在做这些介入时，齐泽克以其惯有的方式进行重叠定位，这种方式后来成为一个著名的模因（famous meme），它便是：“如果事实正好与之相反呢？”（what if the opposite is true?）前面提到，他曾经接受过诺兰的采访。在那次采访中，他先是断言，公众频频发出缺乏权威之类的抱怨。对这种说法的否定通常是说，并不缺乏权威。但齐泽克把这些观点进行了叠加定位，用以表明缺乏权威本身就是更加邪恶的权威。他以某种方式展示这一立场，即把这一立场与当代家庭生活关联起来。他将“善良的老派父亲”与“宽容的后现代父亲”区分开来：在一个周日的下午，善良的老派父亲带着孩子探望祖母，他命令孩子必须安分守己，不可越雷池一步；宽容的后现代父亲则利用孩子的感情，煞费苦心地谆谆教导：“你也知道你的祖母有多么爱你，但你不必强迫自己，只在你真的渴望探望她时，再去探望也不迟。”齐泽克站在孩子的立场上，分析了权威采取的后意识形态形式：“这种表面上的自由选择暗藏着更加严厉的指令：你不仅要去探望祖母，还必须渴望探望祖母！”正如泰德·史密斯在评述齐泽克时所言，面对晚期现代生活的常见描述，齐泽克就是这样进行叠加定位，并构建自己的经典立场的：“生命政治（biopolitics）和自恋情结都承诺对晚期现代生活进行全面的描述。但这两者似乎是势不两立的。怎么可能同时存在过多的规训和过多的自恋呢？

怎么可能米歇尔·福柯和克里斯托弗·拉施①同时正确呢？面对这两种观点，齐泽克并没有允执其中，折中调和，而是以视差移位（parallax shift）的方式看待它们。他指出，它们是‘一枚硬币之两面’。”[107]他在 2004 年接受《夜拍》采访，使他触及更广泛的美国公众。他接受采访的轨迹，展示了他从电视到社交媒体，再从社交媒体到电影的公开曝光历程。他接受采访的视频被上传到 YouTube 上，并通过网络传播，还被插入纪录片《齐泽克！》（*Žižek!*），成为其中的一个场景。从 2004 年开始，齐泽克的电影介入（cinematic interventions）日益增多。作为对新社交网络和新社交媒体这个数字全球语境的反应，他的知名度进一步提高。数字全球化让我们明白一个道理：要想走红，就必须走向数字化，而走向数字化意味着视觉化。[108]通过诉诸有关生命政治、自恋情结和网络空间等普通公共知识话语，同时又超越这些话语，齐泽克使人们对他的思想形式产生了更加浓厚的兴趣。[109]他长期以来对电影的专业痴迷和个人陶醉，为他开辟了一条亲自主演电影的通途。

1996 年齐泽克曾在德国的一部边缘性纪录片中出镜。此后他出演的影片是《虚拟界之现实》（*The Reality of the Virtual*）、《齐泽克！》和《变态者电影指南》（*The Pervert's Guide to Cinema*）。[110]三部影片，

---

① 克里斯托弗·拉施（Robert Lasch，1932—1994），美国历史学家和社会评论家，曾任罗切斯特大学历史学教授。他以历史来证明美国的公司制度正在大规模侵蚀家庭和社区的独立性。他反对日益猖獗的消费主义，尤其反对他所谓的“自恋文化”。他著述众多，包括《美国的新激进主义》（1965）、《无情世界中的避风港》（1977）、《自恋文化：期望递减年代的美国生活》（1979）、《真实而唯一的天堂》（1991）和《精英的反抗和对民主的背叛》（1996）。《自恋文化：期望递减年代的美国生活》出人意料地成为畅销书，获得了美国国家图书奖。

其中后者最为成功，因为它展示了齐泽克在镜头前的进步。他原来只是一个“传声头像”（图 3.2），然后才进入纪录片，最后就公共问题——也就是电影——侃侃而谈。这些电影（通过重复）创造了齐泽克的经典“保留曲目”，此后这些曲目如影随形，追随他长达数年之久。在这些影片中，观众看到了他家厨房的布局，看到了他对“马桶即意识形态”的解析（图 3.3），看到了他对朱迪斯·巴特勒［操演性地（performatively）］追问“何谓瓶子？”的模仿，看到了那个“红墨水缺货”的常规笑话，看到了他与拉康的关系（即他对拉康的顶礼膜拜），看到了《夜拍》的采访，看到了他躺在自家床上追问“何谓哲学？”（图 3.4），看到了他对可口可乐所做的精神分析（可口可乐即欲望的客体成因），看到了苏联官方意识形态的意义，等等。

图 3.2 《虚拟界之现实》中的齐泽克

该片由本·赖特（Ben Wright）执导，2004年出品。01:47。

图 3.3　《变态者电影指南》中的齐泽克

该片由苏菲·费因斯（Sophie Fiennes）执导，2006年出品。43:46。这个画面嵌入了弗朗西斯·福特·科波拉在1974执导的影片《窃听大阴谋》（*The Conversation*）。

由苏菲·费因斯执导的《变态者电影指南》在烂番茄①上获得了88% 的支持率，与道格拉斯·亚当斯（Douglas Adams）的流行影片《银河系漫游指南》（*Hitchhiker's Guide to the Galaxy*）不相上下。它可能是齐泽克最成功的电影介入。该网站的"影评人共识"宣称："斯洛文尼亚哲学家斯拉沃热·齐泽克放弃了教科书式的说教，对电影以及人类对电影的情感反应做了妙趣横生的、追根究底的审视。"[111]这反映在电影本身的风格上。借助于这种风格，齐泽克被插入 20 世纪 30 年代到 21 世纪（从希区柯克到大卫·林奇）的著名影片中，

① 烂番茄（Rotten Tomatoes），美国一个致力于把电影评论、电影资料、电影新闻和老电影收集起来的电影网站，创办于1998年。其名称与观众在看到糟糕的舞台表演时往舞台上扔烂西红柿的传统做法有关。它除了提供专业影评者的评分，还让登录网站会员给予0—5星评分的制度。它的打分机制十分复杂，常常引发争议。

并成为这些电影的一部分。与此同时，他再三使用其拉黑体，用它分析电影真实场景蕴含的文化母题和政治母题。

图 3.4 《齐泽克！》中的齐泽克

该片由阿斯特拉·泰勒(Astra Taylor)执导，2005年出品。31:57。

在为《纽约时报》撰写的影评中，史蒂芬·霍尔登（Stephen Holden）认可了齐泽克对好莱坞和弗洛伊德的定位：他把好莱坞视为梦工厂，把弗洛伊德视为教师爷，弗洛伊德教我们如何解读电影的密码，探寻其真正的含义。霍尔登声称："看完《变态者电影指南》，你可能再也不能像从前那样观赏这些导演的作品了，仿佛这些电影制作人从弗洛伊德那里得到了如何将弗洛伊德的观念视觉化的秘诀。"[112] 由此可见，齐泽克与数字语境产生了强烈的共振。在数字语境中，视觉化是传播观念的最有效的方式。当视觉化思想（visualized thought）的内容是通俗文化时，尤其如此。此外，在认可齐泽克独特的重叠定位后，霍尔登指出："齐泽克先生和巫师有些类似。他不仅是扣人心弦的演说家（尽管带有浓重的东欧口音），而且是学术魔法大师和知识戏法大师。他的许多言论，尤其是那些根植于矛盾和悖论的言论，听上去都像是聪明的骗术。最让我们深情怀念的老师往往是那些一边开导我们，一边用带有怀疑意味的夸张手法逗我们开心的人。齐泽克先生就属于这种人。”[113] 齐泽克的表演所达到的主观效果，即“聪明的骗术”，是齐泽克在既有的各种立场之间持续地摇摆不定的结果。齐泽克的诱惑力类似于令人难以捉摸的魔术师的诱惑力，他把流行歌星的超凡魅力（charisma）和普通教师的平易近人集于一身。

彼得·布拉德肖（Peter Bradshaw）在《卫报》上发表的有关《变态者电影指南》的评论，同样捕捉到了齐泽克的书面表演和口头表演具有的令人轻松愉快的效果：“桀骜不驯的思想家和评论家斯拉沃热·齐泽克提供了一部影片，带我们踏上了极具娱乐性的、常常也是极其辉煌的现代电影之旅。”[114] 在以自己的参与式风格（engaged style）和主观化风格（subjectivized style）制造令人愉快的效果时，齐泽克运用他的电影，表演性地谴责知识性（客观化）的故作姿态，从而拒绝采纳“理应知情的主体”所采纳的立场。这种知识个性化行为（act of intellectual individualization）使他与某些法国知识分子无法相提并论，虽然这些法国知识分子也参与过与他们有关的电影拍摄。正如查尔斯·安德鲁斯（Charles Andrews）所言，齐泽克“忧心忡忡地谈到，专门记录知识分子生活的纪录片有一种倾向，即通过展示人人都有的常规弱点，将知识分子人性化①。说到

---

① 人性化（humanize），即平民化和庸常化。在齐泽克看来，站在“理应知情的主体”的立场上的知识分子都有些自以为是和装腔作势。只有在出镜的时候，才装得跟普通百姓似的。

这里，我们不禁想起最近那部有关德里达的纪录片，在那里这位解构主义之父竟然找不到自己的车钥匙”[115]。然而，这种实验性的电影表演也是要付出定位成本（positioning cost）的。正如南森·李（Nathan Lee）在《纽约时报》上评论这部电影时所言：“齐泽克究竟是真正的哲学家，还是博学多才和机智过人的补衣匠？学术界对此或有争议。但对于那些蜂拥而至、成群结队地前来聆听他演讲的普通观众来说，看到有人以伍迪·艾伦（Woody Allen）的《爱与死》（*Love and Death*）来解释有关差异的本体论（ontology of difference），觉得自己能够理解巧克力泻药‘几乎就是黑格尔所谓的对立统一’，就已经心满意足了。你再也不能像从前那样观赏《音乐之声》了，除非你把它视为虚拟界之现实（the reality of the virtual）。”[116]

因为要在媒体和学术之间做非此即彼的取舍，齐泽克牺牲了知识定位的“正当性”。除了这种牺牲，这部影片借助数字时代来定位齐泽克，因为数字时代让他变得更易于为公众接近和接受。例如，《齐泽克！》中有一个与他的特殊写作方式有关的场景，他在那里向我们展示了他的写作过程，仿佛是在向我们解释，何以他能以无与伦比的速度出版著作：“说到写作，我有个非常复杂的仪式。从心理上讲，让我正襟危坐，那是不可能的，所以我不得不欺骗自己。我煞费苦心地制定了一个简单易用的策略，至少对我来说非常有效：我草草地记下我的一些念头，但我通常会写得比较详细。……然后，到了某个时候，我会对自己说‘一切都已经准备就绪，现在只需要做些简单的编辑，然后万事大吉’。”[117]齐泽克从心理学的角度来看待自己，这已经表明，他与大众具有共同性，因为他和他们一样，都求助于心理学，从而达到理解自己的目的。他承认，他用联想的方式写作，并解释了他让“写作销声匿迹”的方式。对写作的这种战术定位，与网络时代无休无止的重复这一特点可谓绝配。在网络时代，即使不读书，照样可以做个堂堂正正的读者。[118]但是，正如他在影片结束时所解释的那样，这种心态损害了他的学术声誉。影片结束时，一个学生问他，何以他这么成功，尤其是在他经常痛批的美国：

> 咱们还是实话实说吧。就某个肤浅的层面而言，我相对受欢迎一些，但我和我的朋友们，你甚至无法想象我们在学术界是何等的人微言轻。为什么要把我描绘成只能靠笑话之类的东西才能活命的人？有这个必要吗？甚至连出版我著作的出版社也是这么想的。在左页出版社，他们总在暗示我："你只会开玩笑。"然后我告诉他们："好吧，现在我给你们一本书，列宁的书，那里不会有 [笑话]。"他们又开始责备我："等一下，笑话呢？笑话在哪儿？没有笑话，没人会买这本书的。"我几乎想说，让我受欢迎，就不能让人们拿我当回事。我觉得，出于这个原因，作为一个流行的喜剧演员或者别的什么，我有责任当众自杀。[119]

正如齐泽克所言，在媒体和学术之间做出非此即彼的取舍，选择媒体，放弃学术，要付出的代价就是使他变成了一个滑稽可笑的人物。拒绝权威型知识分子的定位，采纳"主体性贫困"的立场，这种做法被齐泽克称为"当众自杀"，即在理论的祭坛前，牺牲自己的公众形象。[120]勒内 · 勒米厄（René Lemieux）也注意到齐泽克的自我牺牲的定位：作为一个公共知识分子，他在媒体与学术的取舍中做出了牺牲。他说："[他] 想把自己从人们赋予他的公众形象中解脱出来：斯拉沃热·齐泽克成了一个媒体人物，他以前出入学术会场，现在则粉墨登场。事实上，媒体提高了他的知名度，但没有提高他的美誉度，没有提高他的学术声望，也没有深化他的思想。齐泽克之所以有这样的坏名声，是因为人们更多地谈论他的名气，而不是他的哲学。”[121] 齐泽克在媒体方面的获胜，在知名度和识别度方面的成功，是以牺牲他的学术声望为代价的。他在知识外部领域中获得的人气，瓦解了他在知识内部领域中的效力。在网络这个后法典的数字时代，随着视觉的重要性的日益增强和文字的重要性的日益衰微，齐泽克的重复性表演颠覆了他作为一个严肃学者所理应享有的学术尊严，但也把他的思想以极其有效的方式注入公共领域，使之作为一种文化譬喻（cultural trope）来传播和交流。弗朗索瓦·塞隆（François Théron）凸显出齐泽克“难以归类”的风格。正是这种风格，使他在数字语境中的表演产生了强烈的吸引力。他说：“他的写作过程就是来来回回地复制粘贴，不断地重复使用之前的著作、图书、介入时使用过的材料，总之就是用重新发现的材料写作。这种似曾相识之感，有时在阅读时能够感到。这倒不是因为出版社粗心大意，而是因为出于写作的需要。这样的写作每次都是为了通过组装其阐述（assemblage of its enunciation）而重新配置其自身被人接受的状况（reconfigure the situation of its own reception）：回溯性地表演交流的过程，或回溯性地表演黑格尔的辩证法。”[122]

这倒不是说，齐泽克已经完全脱离了知识内部领域。伦敦大学伯克贝克人文学院（Birkbeck Institute for the Humanities，BIH）于2004年成立，此后齐泽克一直担任其国际主任一职。成立该学院，旨在增强跨学科研究，促进公开辩论。因为注重推广新的思想，它有一个为期两周的著名课程班，名为伦敦批判理论暑期班，那里汇集了众多全球性知识分子。重要的是，它还拥有强大的在线影响力，配备了实时更新的播客频道，为全球公众提供众多讲座。[123]此外，自2006年以来，齐泽克一直担任欧洲研究生院（EGS）的教授。欧洲研究生院于1994年在瑞士成立，致力于“超越传统学科结构存在的诸多限制，同时激发能使学生获得受人尊敬和令人钦佩的学术学位的研究工作。欧洲研究生院试图介入全球语境，因为在全球语境内，教育越来越多地受制于工具性目的（instrumental ends），这有利于技术专长的发展，却阻碍基本问题的提出”[124]。作为一家颇具实验色彩的全球性大学，欧洲研究生院打破了教学与科研的寻常分工，努力促进教学，把教学本身视为一种积极的研究行为。[125]一群著名的知识分子——如乔治·阿甘本、朱迪斯·巴特勒、安东尼奥·奈格里——出现在由它举办的密集的电视讲座中。在此基础上，欧洲研究生院为知识分子提供了一个公共平台，供他们向公众传播其观念，并吸引潜在的学生。由于在YouTube上开设了频道，从2006年开始，欧洲研究生院和伦敦大学伯克贝克人文学院的视频在网络上疯狂传播，哲学课程的观看数量数超过了10万次，这同时扩大了齐泽克在全球的曝光率。在视觉和听觉的语境中，口头表演比书面知识传播更具吸引力，这已被我的调查所证明。在我的调查中，约四分之一（26%）的受访者承认，他们并不拥有齐泽克的任何著作；超过三分之二（69%）的人表示，齐泽克的在线视频，他们“至少看过10个”。他们成了齐泽克的读者，但他们不是通过阅读齐泽克的著作，而是通过观看他的讲座，透过数字页面——即屏幕——消费他的观念，从而成为他的读者的。

如果说这些介入巩固了齐泽克作为全球公共知识分子的地位，那么创立于2007年的《齐泽克研究国际期刊》（*IJŽS*）则巩固了他作为学术研究对象的知识分子的地位。作为对齐泽克多变的同时既被认可又被颠覆的公众形象的回应，《齐泽克研究国际期刊》通过下列断言对他重新定位："尽管荒诞不经的讽刺媒体将齐泽克描绘成'文化理论的猫王'和'马克思兄弟'，他还是将其并不深奥的学术研究应用于当代大众文化和当代大众政治，并在国际上引发了巨大兴趣。……为了避免［……］成为纯粹的圣徒传记，《齐泽克研究国际期刊》编委会和期刊自身将致力于研究齐泽克的著作对众多学科具有的实质性和挑衅性的蕴含。"[126]期刊不仅将齐泽克定位为思想家，还将他定位为其他人和其他学科的思想源泉。期刊使"齐泽克"成为一个品牌和一个立场，尽管他早已包含和构成了许多其他的品牌和立场。它把齐泽克对简单学科分类的蔑视变成了一种优势，借助这一优势，齐泽克可以在知识内部领域被来自不同学术领域的知识分子做进一步的多学科融合。在接受一位有意将齐泽克包装成大众消费品的记者的采访时，该期刊编委会的托尼·布朗（Tony Brown）指出：

> 齐泽克还活着，这使他有机会进行反驳。德里达曾经说过，他还没有真死，有人就开始把他当成死人对待，因为这些人早已摩拳擦掌，要把他的著作打包，然后引进。齐泽克总是抵制这种做法，反对封装他的著作，并迫使我们不停地思考。他随时准备向试图封装他著作的人发起挑战。因此，他在《齐泽克研究国际期刊》上的存在最令人惴惴不安，当然这是一种积极的惴惴不安。从知识的角度看，任何想把他一言以蔽之地加以概括的人都是在对他下狠手。既然齐泽克还生龙活虎地活着，他就有能力反击，阻止任何形式的封装、庆贺和盖棺论定。[127]

从著作到电影，包括一个读本和一个致力于推广其思想的期刊，齐泽克的知识介入可谓多姿多彩。通过这些知识介入，他那独一无二的拉黑体在 21 世纪的第一个十年进入了公众的视野。这种表演语言使其本身具备了可传播性和实用性，可以用来理解政治事件和文化产品，而且所有这些都是在毫无意义的后现代数字革命中持续地寻觅意义。齐泽克与公众对全球形势的共同关切产生了共鸣，同时提供了一种主人叙事，作为理解当下情形的依据。此外，他还提出了一种责任观。根据这种责任观，读者是当下状况的积极参与者。齐泽克的介入从知识内部领域转向知识外部领域，从过去—现在（民主理论陷入的僵局）转向现在—未来（批判实践陷入的僵局），此举奠定了他的全球性地位：他不仅是公共知识分子，而且是叙述（创伤性）当下的广受欢迎的叙述者，尽管他作为一名专业学者做出了牺牲。因此，当 2008 年金融危机袭来时，他已经做好了把这一全球性话题作为社会问题来分析的准备，不论人们是否愿意。

介于风险与机遇之间的当下：金融危机与“阿拉伯之春”

除了“9 · 11”事件的集体文化创伤，到目前为止，2008 年的金融危机和 2011 年的“阿拉伯之春”也被视为 21 世纪全球性的序幕。两者都导致了挥之不去的政治后果，比如移民危机、奥巴马卸任和特朗普上台、希腊退出欧元区和英国退出欧盟，以及随之而来的众多知识介入。

2008 年的金融危机正好发生在齐泽克的《论暴力》（*Violence*）一书出版之时。在该书中，他研究了当今全世界人民正在遭受的系统性和客观性的暴力的机制。[128] 作为对危机的回应，他出版了两本颇有影响力的专著，一本是《第一次作为悲剧，第二次作为笑剧》①，一本是《生活在末世》（*Living in the End Times*）。他还在报纸（如《伦敦书评》和《金融时报》）上发表了一系列文章，探讨危机的意义。[129] 除了这些著作和论文，齐泽克还提供了一个文本，该文本被制成了一个很受欢迎的动画短片，列入 RSA 动画系列（RSA Animate）。[130] 通过所有这些干预，齐泽克把意义赋予这些骇人听闻的事件，并将自己定位为（创伤性）当下的叙述者。他以其特有的修辞风格，运用其"保留曲目"（反问句、例子和笑话等），维持了下列两者的一致性：一是表演性的、重复性的知识介入行为，二是表演性的、重复性的政治介入行为。在这些介入中，他对公众对这些事件的寻常反应予以叠加定位，试图构建崭新的第三条道路。

他在《伦敦书评》上撰文指出，在激进主义的时代，思想占据首要地位。与此同时，他将自己置身于"要么挺身而出，要么作壁上观"的二分法之外，超越这一现实僵局："面对一场我们无能为力的灾难，人们往往会愚蠢地说'不要一味夸夸其谈，要有所作为！'。或许我们最近的作为有些过于泛滥，也许三思而行、一语破的的时机已经成熟。的确，我们经常坐而论道，而不是起而行之，

① 《第一次作为悲剧，第二次作为笑剧》（*First as Tragedy, Then as Farce*），此书名源自马克思。马克思在专论1851年的法国政变的《路易·波拿巴的雾月十八日》一文说过一个著名的警句："黑格尔在某个地方说过，一切伟大的世界历史事变和人物，可以说都出现两次。他忘记补充一点：第一次是作为悲剧出现，第二次是作为笑剧出现。""悲剧"和"喜剧"分别指拿破仑一世和拿破仑三世。见《马克思恩格斯选集》，第1卷，人民出版社2012年版，第 668页。

但有时我们起而行之，只是为了避免谈论和思考问题。就像有人做的那样，迅速砸出 7000 亿美元应对问题，而不是反思问题是如何造成的。”[131] 他将思想定位为行动的真正形式，进而认定，一种可能的未来会从他的介入中衍生出来：“所有这一切都表明，市场从来都不是中性的：它的运作总是受到政治决策的调控。真正的两难之境不是‘要不要国家干预’，而是‘要什么样的国家干预’。这才是真正的政治：努力做出界定，知道政府在何种条件下支配我们的生活。”[132] 齐泽克的语体表明，他知道这些媒体拥有什么样的普通受众。他以清晰明确、直言不讳的方式为普通的公众写作，极力避免引经据典。尽管如此，为了维护自己的知识立场，为了与没有理论功底的媒体人保持距离，他仍然使用了带有浓厚知识色彩的隐喻：

> “9·11”事件和当前的金融危机证明，历史正在重演。这样的历史事件第一次发生时是悲剧，第二次发生时是笑剧。小布什总统在“9·11”事件和金融危机发生后对美国人民发表的讲话，听起来更像是同一篇讲话的两个版本。两次讲话，他都提到了对美国生活方式的威胁，提到了采取迅速而果断的行动的必要性。两次讲话，他都呼吁暂时悬置某些美国价值观念（如对个人自由的保障，对市场资本主义的维护），以此拯救更有价值的东西。两次讲话的相似性源于何处？……金融危机使人们无法继续对全球资本主义显而易见的非理性视若无睹。[133]

齐泽克把“9·11”事件与金融危机联系起来，把它们设置为 21 世纪的全球性开局。他从自己的知识立场和政治立场出发，提供了对当下的叙述。他启用了元论争，为全球社会的快速变化提供意义。他依然坚持对权威型知识分子的排斥，一直羞于成为“思想工程师”（thought engineer），为早已存在的问题提供现成的解决方案。他在2009年接受《金融时报》采访时就证明了这一点：

> 这场危机预示着革命的到来吗？“不，不，并非如此。我是一个极其温和的马克思主义者，”他怅然若失地回答道，“我不是愈挫愈勇之人。我并不是说革命即将到来。我很清楚，任何老式的解决方案都已经过时。”然而，他坚持认为，金融危机扼杀了1991年苏联解体后大放异彩的自由乌托邦主义（liberal utopianism），以及所有关于“历史已经终结”的高谈阔论。2001年9月的恐怖袭击和金融危机打破了市场经济和自由民主能够解决所有问题的神话。[134]

齐泽克的元论争把他自己的亲身经历以及他对苏联解体的分析与当时的金融危机导致的困境联系起来，作为他反对弗朗西斯·福山关于历史已告终结的论断的一部分。2008年11月他在英国广播公司的《唇枪舌剑》（*HARD talk*）、2010年3月在荷兰的《背景光》（*Tegenlicht*）等公共电视频道上的出镜，使他对当下的叙述得到传播，也使他以公开和数字化的方式展示他那饱受争议的思想。[135]他频繁出入伦敦，得益于此，他以异乎寻常的方式接受演播室的邀请，参加那里的节目制作。在那里，他不仅做简明扼要的新闻分析，还担任过主要嘉宾，在长达一小时的热门节目里高谈阔论，重新进行他此前以书面形式进行的介入。

齐泽克在《第一次作为悲剧，第二次作为笑剧》一书中把书名中这个经典的马克思主义譬喻用作分析金融危机的发射平台。当时流行的二分法是：要么选择（作为冒险犯难的）金融投机，要么选择（作为补救措施的）的实体经济。他反对这个二分法中的任何"一分"。在此基础上，他开始对金融危机进行叠加定位。他指出，这个二分法中的"二分"相互串通，共同犯罪。他声称，我们不能仅仅拥有其中的"一分"而不拥有另外的"一分"："资本主义的悖论在于，你不可能把金融投机的脏水倒掉，同时保留实体经济这个健康的孩子。"[136]这种超级定位也是通过把他自己定位为其他著名知识分子的反对派来实施的："因此，毫不奇怪，2008 年的金融危机还促使雅克–阿兰·米勒以如此'建设性'的方式进行介入，以便防止恐慌的蔓延。……他那怪异的文本传达出来的信息非常清晰：让我们耐心地等待新的'理应知情的主体'降临。米勒的立场是纯粹的自由主义犬儒主义（liberal cynicism）的立场：我们全都知道，'理应知情的主体'是移情性的错觉（transferential illusion），但和那些精神分析师一样，我们只是在'私下里'知道这一点。我们应该公开地促成新的'理应知情的主体'出现，以控制恐慌情绪。"[137]

齐泽克反对这种犬儒智慧及其充满失败情绪的自由主义立场。他图绘现存的各种立场，对它们进行叠加定位，进而创造自己的立场。在这个基础上，他对当下的情形做了这样的概括："因此，我们可以建构一个由四种立场（或对意识形态的四种态度）构成的矩阵：（1）自由主义的立场；（2）犬儒恋物癖（cynical fetishist）的立场；（3）宗教激进主义恋物癖（fundamentalist fetishist）的立场；（4）意识形态批判的（ideologico-critical）的立场。毫不奇怪，它们构成了一个格雷马斯符号矩阵，其中四种立场沿着两轴分布：症状与恋物癖对阵，认同与疏离抗衡。"[138]图绘是一种有效的叠加技术，因为它撒下了一个“立场网”（net of positions），允许众多不同的读者在该网中自我定位。但一般而言，读者无法像齐泽克那样超越它。做过这样的图绘之后，齐泽克的有效表演将许多（立场）浓缩为一个（问题）：“今天唯一真正的问题是，我们是否赞同占主导地位的资本主义自然化（naturalization of capitalism），或者说，今天的全球资本主义是否包含着足以阻止其无限再生产的对抗？存在着四种形式的对抗：生态灾难这一迫在眉睫的威胁；与所谓的‘知识产权’密切相关的私有财产观念的非恰当性；新科技发展（尤其是生物遗传学）可能带来的社会–伦理问题；最后，新形式的种族隔离、新隔离墙和新贫民窟的出现。”[139]

对众多立场和四种对抗所做的图绘，为公众提供了用以捕捉齐泽克本人的立场和思想的捷径。它还把齐泽克与全球化世界的政治语境、文化语境和科学语境联系起来。除了文本性介入（textual interventions），齐泽克还在 2011 年 10 月 9 日参加了发生在纽约的名为“占领华尔街”的抗议活动。金融危机发生后，他以（祖科蒂）公园为舞台，在人群面前发表了慷慨激昂的演讲，进行全球性的公共知识介入。他的表演是古典性的表演：站在一个临时搭建的讲台上，周围是一群激情澎湃的抗议者和记录者。他的演讲首先被该运动自己的网站录像和传播，然后被《卫报》《华盛顿邮报》《观察家报》等媒体报道。他的演讲包括了与人群的问答环节。他在演讲中对斗争流露出悲怆之情，并把自己视为民众中的一员，称他们都是“获胜者”。他又一次讲起了那个有关红墨水缺货的笑话，并促使人们在抗议活动后的“第二天早上”进行更加积极的思考，只有这样做，才不会白费力气，以“不含咖啡因的抗议”① 告终。齐泽克在定位抗议人群时把他们纳入共产主义的谱系，尽管这是对共产主义的全新解读：他拒绝接受普通人理解的共产主义（即“1991 年体制崩溃”意义上的共产主义），而是围绕着对公地② 的关切重新认识共产主义的重要性。[140]

作为一种表演，齐泽克的干预有效地叙述了介于风险与机遇之间的当下。齐泽克对当下的叙述的确有效，证明其有效的例证之一便是别人对他的叙述所做的回溯性定位。2018 年，内森 · 格尔古德（Nathan Gelgud）以漫画的形式告诉我们，齐泽克预言 2008 年金融危机后必将出现民粹主义浪潮。他认为，齐泽克的《第一次作为悲剧，第二次作为笑剧》“把 21 世纪的首个十年框定为：始于 2001 年 9 月 11 日，终于金融危机”，并“预见了白人民族主义的兴起，这令许多人瞠目结舌”。（图 3.5）

---

① “不含咖啡因的抗议”（decaffeinated protest），齐泽克创造的众多妙语之一。在他看来，不含咖啡因的抗议不是真正的抗议，因为不含咖啡因的咖啡不是真正的咖啡，正如不含酒精的啤酒不是真正的啤酒，不含脂肪的冰激凌不是真正的冰激凌。不含咖啡因的抗议充其量是一场人畜无害的道德抗议。

② “公地”，源于英国经济学家所谓的“公地悲剧”（tragedy of the commons）。在他们看来，公地作为一项资源或财产，为每一个人所拥有和使用，且不能阻止他人拥有和使用，因此必然造成过度使用，进而造成资源的浪费和枯竭。齐泽克在这里强调的是“公地”，即人人皆可拥有和使用且无法阻止他人拥有或使用的资源和财产，与“悲剧”无关。

图 3.5　齐泽克漫画与 2008 年金融危机

出自内森·格尔古德(Nathan Gelgud):《斯拉沃热这样预测2008年金融危机后的未来》(“Here’s How Slavoj Žižek Predicted the Future Post-2008 Financial Crisis”), 2018年, https://www.instagram.com/gelgud/p/Bgo2n3bB88J/?hl=bg。图片左上角的文字是:“斯拉沃热·齐泽克预测2008年金融危机后的未来。”右上角的文字为:“危机的第一个直接结果不会是激进解放政治的形成,而是种族主义的民粹主义的崛起,是更多的战争,是最贫困的第三世界国家的贫困加剧,是所有社会内更大的贫富分化。”

在与朱迪斯·巴特勒和安东尼奥·奈格里等风行一时的知识分子共同参与了更多的电影介入后，齐泽克坐上了全球公共知识分子的第一把交椅，开始讲述2011年发生的“阿拉伯之春”事件。[141]该事件被许多知识分子和公众所瞩目。作为一场早于并推动了“占领华尔街”运动的民众运动，“阿拉伯之春”是一场全球性的政治事件，同时也创造了某些知识分界线。在一系列的书面介入和电视介入中，齐泽克叙述了“阿拉伯之春”。他站在抗议者一边，同时运用他反复使用的“保留曲目”，以他特有的表演方式，把“阿拉伯之春”与他的元论争联系起来。2011年2月10日，也就是在该事件正在进行之时，齐泽克在《卫报》上发表文章，以一种把引证过往资料和叙述当下事件相联系的定位方式，开启了他的知识介入：“人们不能不注意到埃及事件的‘奇迹’属性：一些几乎无人能够预测的事情发生了，这与专家们的意见背道而驰，仿佛起义不仅是社会原因导致的结果，而是某种神秘力量介入后的产物。我们可以以柏拉图式的方式，称之为有关自由、正义和尊严的永恒理式。”[142]齐泽克把这一事件框定为柏拉图所谓的理式（Platonic Idea）的实例，这已经对它做了知识化的处理。尽管这样，他还是把自己置于专家的对立面，让自己与一般（西方）公众比肩而立，与该事件保持（地理性的和概念性的）距离，远远地凝视这个光彩夺目的景观。在此基础上，他坚持一种普遍的立场，声称“起义是普遍有效的：处于世界各地的所有人都可以立即认同它，把握其意义，而不需要对埃及的社会特征做任何文化分析”[143]。对具有创伤性政治后果的全球性事件做这样的解读，势必允许人们超越埃及的特殊性，并通过自己的政治经历来理解这一事件。通过诉诸抗议者的主观感受，采纳他们在社会中的独特地位，同时又违背他们“正常”的常规特殊化，齐泽克确立了自己的普遍性定位。

大多数知识分子对该事件的反应——如让-皮埃尔·菲利乌

（Jean-Pierre Filiu）或杰弗瑞·亚历山大（Jeffery C. Alexander）对该事件所做的分析——都集中于“阿拉伯之春”的某个特定方面，齐泽克则提取、封装和传播一种普遍的立场。[144]齐泽克在其分析中通过解决实际的僵局，把当下的意义和未来的意义联系在一起：“在开罗的街头，有那么多人声称，这是他们有生以来第一次感到，自己真真切切地活着。他们这样说是有道理的。无论接下来发生什么，至关重要的是，这种‘真真切切地活着’的感觉不能被犬儒派的现实政治①遮蔽。”[145]对犬儒立场的拒绝与齐泽克先前对后现代犬儒主体（postmodern cynical subject）所做的批判性分析不谋而合。他再次把自己定位于源于美国总统的主要流行观念的对立面：“奥巴马总统把起义视为合法意见的表达，埃及政府必须认可，并表示欢迎。他在这里造成的混乱是彻头彻尾的：开罗和亚历山大的人群不希望他们的要求得到政府的认可，他们也拒绝承认政府的合法性。”[146]齐泽克既拒绝反“阿拉伯之春”的立场，又拒绝亲“阿拉伯之春”的立场。前者在全球右翼中畅通无阻，后者对该事件欢欣鼓舞；他们欢欣鼓舞，却是因为它缺乏革命的潜力。齐泽克想使革命处于鲜活的状态，让它像人民的精神（spirit of the people）那样生机无限。他既支持公众，又反对公众。支持公众，所以反对政治统治者和知识统治者；反对公众，所以谴责公众将创伤性事件予以常态化的习惯（将创伤性事件常态化实际上就是压抑创伤性事件）。与上述两种

① 现实政治（realpolitik），一个具有特殊蕴含的政治学术语：“现实政治”之所以是“现实”的，是因为它要求当政者以国家利益为内政和外交的最高法则。为达这一目的，执政者必须割舍自己的感情、道德、伦理、理想甚至意识形态。它源于19世纪的普鲁士王国，由当时的首相俾斯麦提出，一直沿用至今。

立场截然相反，齐泽克要求全球读者直面实在界，而实在界是抵抗任何符号化的，它处于任何符号化之外。这种要求所达到的效果，可从关于他不断增加的网络搜索量看出（图 3.6）。与《第一次作为悲剧，第二次作为笑剧》类似，齐泽克用以介入“阿拉伯之春”的著作《梦之危年》（*The Year of Dreaming Dangerously*）简明扼要。[147] 他最近出版的鸿篇巨制《捍卫注定失败的事业》（*In Defense of Lost Causes*）和《生活在末世①》是对全球意识形态–政治形势（ideologico-political global situation）的介入，长达四五百页。与它们不同，《梦之危年》对“阿拉伯之春”的介入则短小精悍，面对的是在时间和背景方面有阅读需求的一般公众。[148]

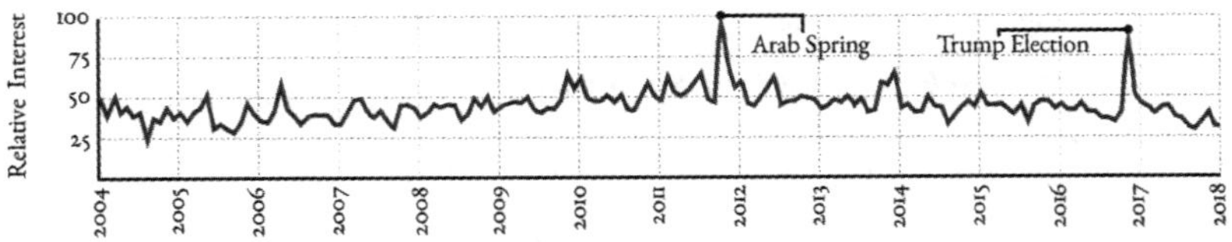

图 3.6　齐泽克搜索量的变化，2004—2019 年

随着时间的推移，关于齐泽克2004年至2019年在“阿拉伯之春”和特朗普选举期间的搜索量有所增加。来源：谷歌趋势搜索（Google Trends Search），2019年1月3日。

齐泽克在评述“阿拉伯之春”时，他的立场已被视为共产主义的立场，他的著作也被当作共产主义的著作来解读。[149] 根据他采取的普遍立场（universal position），在那本评述这一事件的短短的 135 页的著作的封底上，在对他做了一番诸如“一个伟大的煽动者”之

---

① “末世”是基督教用语，指通向审判日的终结时代。

类的赞美之后，他便以一种把东西方连接起来——即把“阿拉伯之春”和“占领华尔街”运动联系起来——的全球化方式叙述当下：“不妨把 2011 年称为‘梦之危年’。这一年发生了一系列骇人听闻的事件，令全世界措手不及。纽约、开罗、伦敦和雅典的抗议者走上街头寻求自我解放，而朦胧的幻象却使远至匈牙利和亚利桑那州的世界各地的种族主义民粹主义者摩拳擦掌，大肆杀人的凶犯安德斯·布雷维克[①]的杀戮行为则使形势达到了可怕的高潮。……2011 年发生的事件预示着新政治现实的出现。”[150]与他在《卫报》发表的文章相比，他的《梦之危年》以更加详细的形式开篇。他首先援引了马克思的“统治”（domination）概念和弗洛伊德的“梦的运作”（dream-work）概念，把作为原质的种族（ethnicity as a thing）这一问题引入通常被称为后意识形态性的语境之中。就在杰弗瑞·亚历山大和让-皮埃尔·菲利乌等知识分子依然局限于非主观的写作风格（nonsubjective style of writing）之时，齐泽克则站在抗议者的立场上，同时展望“阿拉伯之春”和“占领华尔街”运动的可能的未来。他是通过援引普通的文化产品——电视剧《火线重案组》（*The Wire*）——来达此目的的。这里的重点依然是知识介入运动的三个步骤：过去（马克思）、现在（那两大事件、《火线重案组》）、（即将到来的）未来（的迹象）。如此简洁的、明确的和全球性的表演，将齐泽克定位为一位积极参与全球公共事务的知识分子。结果，他

---

① 安德斯·布雷维克（Anders Breivik），挪威人，2005年加入挪威右翼政党——挪威进步党，2011年7月22日制造了震惊世界的挪威爆炸枪击案。他先是在奥斯陆的政府办公区引爆炸弹，炸死了8人。然后前往附近的一个小岛，枪杀了69名在那里参加暑期夏令营的人（遇难者大多是青少年）。事后他被判有期徒刑21年。

应邀在多个电视节目中出面解释他在全球政治动荡中采取的立场。2008 年，齐泽克出现在一个中左翼数字全球新闻媒体——《现在的民主！》（*Democracy Now!*）——的电视采访节目中，发表他对“伊拉克战争、小布什总统和反恐战争等问题”的看法。[151] 除了不停的公开介入（如接受采访，谈论他的趣味和介绍他对“9 · 11”事件的政治分析），他还现身于澳大利亚广播公司的《问答》（Q&A）节目，在一个名为“非常危险的问答”的专栏节目中放言高论。[152] 在这样的对话节目中，公众提出问题，专家回答问题。这一期专栏节目是悉尼在 2009 年举办的“危险观念节”（Festival of Dangerous Ideas）的一部分。参加该期节目的五人中，只有齐泽克是学界中人，其他四位皆为新闻记者。在这期节目中，齐泽克以他那著名的表演方式（开诚布公、通俗易懂、不拘礼节和朴实无华），回答了有关性、精神病、经济学、“阿拉伯之春”和维基解密等问题。当被问及他对中东局势的看法时，他以他常备的修辞工具来回答：从文化的角度引用别人讲过的笑话，这一次的笑话来自弗朗索瓦 · 特吕弗（François Truffaut）于 1973 年执导的影片《日以作夜》（*Day for Night*）；他把西方定位为男人，把东方定位为女人，男人想和女人上床，过了很长一段时间，女人才勉强答应，可男人刚刚宽衣解带，就被人抓了现行，前功尽弃，竹篮打水一场空。

齐泽克旨在揭穿西方自由主义犬儒派的伪善，西方人正是凭借着这种伪善支持（中东）民主的、世俗的革命——只要结果证明这些革命本身就是西方的革命，而不是别的什么东西，就大功告成了。正如他所言，“现在我们终于如愿以偿（达到了期望的目标，实现了不受宗教控制和极权控制的东方民众动员），结果却令我们惶恐不安！”[153] 齐泽克还通过强调爱（love）与革命这对（分别属于基督教和共产主义的）概念，把社会政治形势与个人的性爱情形联系起来。他还给他的“保留曲目”库增添了一些语句，“性（sex）就是借助物体自慰”便是其中之一。借助于这些形态的挑衅，齐泽克对批判的立场和保守的立场进行叠加定位：如果保守的立场支持传统和反对纯爱（pure love）和革命，而批判的立场支持多个性伴侣和倡导政治改革，那么一味地批判它们会使自己变成保守派。因此，在新近兴起的（所谓的）越轨性的性形式（transgressive sexual forms）和越轨性的政治形式（transgressive political forms）这一语境中，齐泽克反复提倡这样的爱（love）的观念：爱（love）令当今的主体胆战心惊，当今的主体不敢承认，没有坠落（情网）就没有爱，没有（对失败的）恐惧就没有革命。超越对“连续性和稳定性”的呼吁，逾越东方“对西方的激情”（变得像西方那样世俗和自由），无异于齐泽克的下列企图：他要创造一个新型的全球性的集合自我（a new global collective self）。

齐泽克对“阿拉伯之春”的定位得到了认可，但这种认可与期望的、预想的、占主导地位的认可有所不同。他是共产主义者，批评他的一些人认为，他对该事件的叙述是他共产主义议程的一部分，是在重复先前曾经发生过的错误，而没有重塑崭新的未来。例如，突尼斯哲学家迈赫迪·贝尔哈吉·卡西姆（Mehdi Belhaj Kacem）就把齐泽克对这一事件的分析与下列事实联系起来：东方的专制政权已经失败，不应重蹈覆辙，因为即使是马克思，也曾主张把共产主义建立在民主的基础上。卡西姆拒绝共产主义，选择民主政体，仿佛两者势同水火，绝不相容。他最后的结论是，“激进的时尚派”（radical chic）不仅对事件反应迟缓，甚至对它一无所知：“关于突尼斯革命，我从巴迪欧和齐泽克那里读到的东西绝对百无一用。突尼斯的哲学家们对我说，他们很是遗憾，因为德勒兹、福柯和德里达那样的人物已经撒手人寰。如果这些人物活到今天，他们会找到恰如其分的、能引起共鸣的词语来衡量这一事件。”[154] 从这句话中可以清楚地看到，齐泽克的知识定位是一个正在进行的过程。他的定位是以他的介入为根基的。他的介入包括介入的表现形式、修辞内容及风格，包括他与其他知识分子的关系，包括在特定的阐述语境（specific context of articulation）中使用的概念。这个正在进行的过程将发生意想不到的逆转：从对他的普遍接受转变为对他的广泛拒绝。

本章讨论了齐泽克在不同语境中进行的叠加定位。从中可以看到，他是如何扮演知识叙述者（intellectual narrator）这一牺牲型角色的。具体而言，他通过评论全球性事件，通过阐释全球性事件并赋予其新的意义，把创伤概念（notion of trauma）与理论和实践联系在一起。如此一来，他在自己的巅峰时期，表演性地利用了自己的：（1）通过各种媒介推广并为无数公众接受的拉黑体；（2）包括反问句、笑话和例子在内的供他反复使用的“保留曲目”；（3）叠加定位性的介入（superpositional intervention）所带来的享受效果（effect of enjoyment）；（4）与公众［对主体性（性与爱）、神学（上帝与信仰）和暴力（法律与战争）］的兴趣产生的共鸣。由于齐泽克的介入是在处于知识外部的公共领域进行的，所以其影响超出了学术界或任何封闭的知识分子圈子。通过他的数字的、印刷的和口头的表演，他的介入产生的影响已经波及全球公众，反复瓦解他的（权威型）知识分子的地位。

注　释

[1]弗里德里克·詹姆逊:《政治无意识:作为社会象征行为的叙事》(*The Political Unconscious: Narrative as a Socially Symbolic Act*),伦敦:梅休因出版社,1981年。另见热拉尔·热奈特(Gérard Genette):《叙事话语:论方法》(*Narrative Discourse: An Essay on Method*),纽约州伊萨卡:康奈尔大学出版社,1980年。

[2]詹姆斯·赫尔利(James S. Hurley):《真实的虚拟性:斯拉沃热·齐泽克与'后意识形态'的意识形态》("Real Virtuality: Slavoj Žižek and 'Post-Ideological' Ideology"),刊于《后现代文化》(*Postmodern Culture*),第9卷第1期(1998年):https://doi.org/10.1353/pmc.1998.0036;伊恩·帕克(Ian Parker):《齐泽克:模棱两可与摇摆不定》("Žižek: Ambivalence and Oscillation"),刊于《社会中的心理学》(*PINS*),第30期(2004年),第23—34页。

[3]莎拉·凯:《齐泽克:批判性引论》,剑桥:剑桥大学出版社,2003年;托尼·迈尔斯:《斯拉沃热·齐泽克》,伦敦:劳特利奇出版社,2003年;伊恩·帕克:《斯拉沃热·齐泽克:批判性引论》,伦敦:普鲁托出版社,2004年。

[4]约翰·汤普森(John Thompson):《图书战争》,英国剑桥:政体出版社,2021年,第15页。

[5]见迈克尔·巴斯卡尔(Michael Bhaskar):《内容机器:建立从印刷出版到数字网络的出版理论》(*The Content Machine: Towards a Theory of Publishing from the Printing Press to the Digital Network*),纽约:圣歌出版社,2013年,第5页。

[6]约翰·汤普森:《图书战争》,第483页。

[7]同上,第466页。

[8]约翰·汤普森:《数字时代的图书:英美学术出版和高等教育出版的转型》(*Books in the Digital Age: The Transformation of Academic and Higher Education Publishing in Britain and the United States*),英国剑桥:政体出版社,2005年,第11页。另见其《文化商人》(*Merchants of Culture*),英国剑桥:政体出版社,2010年。

[9]见阿尔弗雷多·茹瓦南(Alfredo Joignant)和毛罗·巴绍尔(Mauro Basaure):《危机和公共知识分子:从跨国知识领域到数字全球公共环线》("Crisis and Public Intellectuals: From the Transnational Intellectual Field to the Digital Global

Public Circuit”)，刊于《社会学指南》，第15卷，第5期（2021年5月）：https://doi.org/10.1111/soc4.12875。

[10] 关于这种区别的形成，见刘易斯·科泽：《知识分子与文化力量》，刊于《媒体、文化与社会》，第4卷，第5期（1982年7月），第262页。

[11] 约翰·汤普森：《数字时代的图书：英美学术出版和高等教育出版的转型》，第11页。

[12] 姆拉登·多拉尔接受本书作者个人访谈时所言，2017年4月24日，小间咖啡馆，卢布尔雅那。

[13] 阿伦卡·祖潘契奇接受本书作者个人访谈时所言，2017年4月26日，卢布尔雅那，斯洛文尼亚科学和艺术学院。

[14] 开放教学大纲项目（http://opensyllabusproject.org）旨在创建一个全球性的大型的大学课程教学大纲数据库。其内容主要来自美国过去十年的课程大纲，用于研究、教学和管理。在方法上，它以“教学分数”为衡量一门课程教学频率的数字指标。在教学大纲中，任何著作的出现（单次或多次）都被视为“教过”。总教学分数是根据“文本在全部收藏著作中被引用的排名”计算得出的。

[15] 伊丽莎白·赖特和埃德蒙·赖特：《齐泽克读本》，英国牛津：布莱克威尔出版社，1999年。

[16] 同上。

[17] 同上，第vii（7）页。

[18] 同上。

[19] 同上，第viii（8）页。

[20] 同上。

[21] 同上。

[22] 斯图亚特·霍尔（Stuart Hall）：《编码/解码》（“Encoding/Decoding”），收入西蒙·迪兰（Simon During）主编：《文化研究读本》（*The Cultural Studies Reader*），伦敦：劳特利奇出版社，1993年，第101页。

[23] 同上，第102—103页。

[24] 关于作为邪教的学术界，见安德鲁·马尔佐尼（Andrew Marzoni）：《学界即邪教》（“Academia Is a Cult”），刊于《华盛顿邮报》，2018年11月1日：https://

www.washingtonpost.com/outlook/academia-is-a-cult/2018/10/31/eea787a0-bd08-11e8-b7d2-0773aa1e33da_story.html。

[25]伊格尔顿在自己的著作中把知识分子与文化人物联系起来，把叶芝、艾略特和齐泽克相提并论，还插进了大卫·贝克汉姆的身影（当然，他也出现在封面上）。该著作再版后，他对齐泽克的评论传播得更加广泛。见特里·伊格尔顿：《享受！》（“Enjoy!”），刊于《伦敦书评》，第19卷，第23期（1997年11月），第7—9页；伊格尔顿：《特立独行之人：对菲什、斯皮瓦克和齐泽克等人的批判性评论论文集》（*Figures of Dissent: Critical Essays on Fish, Spivak, Žižek and Others*），伦敦：左页出版社，2003年。

[26]黛安娜·伊拉姆（Diane Elam）：《崇高的重复》（“Sublime Repetition”），刊于《表层》（*Surfaces*），第1期（1991），第6页。

[27]同上，第9—10页。

[28]丹尼丝·吉甘特（Denise Gigante）：《走向批判性自我创造观：斯拉沃热·齐泽克和“疯狂漩涡”》（“Toward a Notion of Critical Self-Creation: Slavoj Žižek and the 'Vortex of Madness”），刊于《新文学史》（*New Literary History*），第29卷，第1期（1998年冬季），第153页。

[29]爱德华·奥尼尔（Edward R. O'Neill）：《对斯拉沃热·齐泽克的终极分析》（“The Last Analysis of Slavoj Žižek”），刊于《电影-哲学》（*Film-Philosophy*），第5卷，第17期（2001年）：http://www.film-philosophy.com/vol5-2001/nl7oneill。

[30]同上。

[31]约翰·莱希特（John Lechte）：《〈意识形态的崇高客体〉和〈斜目而视：透过通俗文化看雅克·拉康〉》（“The Sublime Object of Ideology; Looking Awry: An Introduction to Jacques LacanThrough Popular Culture,”），刊于《论题十一》（*Thesis Eleven*），第34卷了，第1期（1993年2月），第191页。

[32]同上，第195页。

[33]大卫·沙姆韦：《文学研究中的明星制度》，刊于《美国现代语言学协会会刊》，第112卷，第1期，（1997年1月），第85—100页。

[34]凯瑟琳·刘和德万·贝利：《理论学徒：粉丝、学生、明星》，刊于《洛杉矶书评》，2018年10月5日。

[35]同上。

[36]斯拉沃热·齐泽克:《介于文化研究与认知主义之间的拉康》("Lacan between Cultural Studies and Cognitivism"),刊于《阴影(小客体):科学与真理》(*Umbr(a): Science and Truth*),第1期(2000年),第9页。

[37]见艾伦·索卡尔(Alan Sokal)和让·布里克蒙(Jean Bricmont):《时髦的废话》(*Fashionable Nonsense*),纽约:斗牛士出版社,1998年。

[38]斯拉沃热·齐泽克:《文化研究与"第三文化"》("Cultural Studies versus the 'Third Culture'"),刊于《南大西洋季刊》(*South Atlantic Quarterly*),第101卷,第1期(2002年冬季),第32页。

[39]诺亚·霍维茨(Noah Horwitz):《与斯洛文尼亚人相反:重返拉康,远离黑格尔》("Contra the Slovenians: Returning to Lacan and away from Hegel"),刊于《今日哲学》(*Philosophy Today*),第49卷,第1期(2005年),第25页。

[40]克里斯多夫·汉隆(Christopher Hanlon):《精神分析和后政治:采访斯拉沃热·齐泽克》("Psychoanalysis and the Post-Political: An Interview with Slavoj Žižek"),刊于《新文学史》,第32卷,第1期(2001年12月),第1页。

[41]托马斯·奥斯本(Thomas Osborne):《论调停者:知识社会中的知识分子与观念交易》("On Mediators: Intellectuals and the Ideas Trade in the Knowledge Society"),刊于《经济与社会》(*Economy and Society*),第33卷,第2期(2004年),第 430—447页。

[42]德里克·胡克(Derek Hook):《斯拉沃热·齐泽克,元理论与重返政治》("Slavoj Žižek, Meta-Theory and the Return to Politics"),刊于《社会中的心理学》,第29期(2003年1月),第67—70页。

[43]见杰弗里·亚历山大:《文化语用学:介于仪式和策略之间的社会表演》,刊于《社会学理论》,第22卷,第4期(2004年12月),第527—573页。

[44]杰弗里·亚历山大:《创伤:一种社会理论》(*Trauma: A Social Theory*),剑桥:剑桥大学出版社,2012年,第2页。

[45]同上,第17页。

[46]见斯拉沃热·齐泽克:《实在界这个大荒漠:这是幻想的终结吗?》("The Desert of the Real: Is This the End of Fantasy?"),刊于《当今时代》(*In These Times*),2001年10月29日;《欢迎来到实在界这个大荒漠!》("Welcome to the Desert of the Real!"),刊于《南大西洋季刊》,第101卷,第2期(2002年春季),

第385—389页；齐泽克：《欢迎来到实在界这个大荒漠：有关9月11日及相关日期的五篇论文》，伦敦：左页出版社，2002年。

[47]斯拉沃热·齐泽克：《实在界这个大荒漠：这是幻想的终结吗？》。

[48]同上。

[49]同上。

[50]同上。

[51]同上。

[52]同上。

[53]见左页图书网的"9·11"事件丛书介绍：https://www.versobooks.com/series_collections/34-9-11。——作者注。该网页已失效。但这段文字可在下列网址找到：https://www.versobooks.com/products/1811-ground-zero。——译者注。

[54]托德·斯隆（Tod Sloan）：《用意识形态理论应对"9·11"事件后的世界》（"Ideology Theory Tackles the Post-September 11 World"），刊于《理论与心理学》（*Theory and Psychology*），第14卷，第4期（2004年），第564页。

[55]同上，第565页。

[56]同上。

[57]见塞缪尔·亨廷顿（Samuel P. Huntington）：《文明的冲突？》（"The Clash of Civilizations?"），刊于《外交事务》（*Foreign Affairs*），第72卷，第3期（1993年夏季），第22—49页。

[58]托德·斯隆：《用意识形态理论应对"9·11"事件后的世界》，刊于《理论与心理学》，第14卷，第4期（2004年），第566页。

[59]洛伦·格拉斯（Loren Glass）：《恐怖主义有限公司》（"Terrorism, Inc."），刊于《历史唯物主义》（*Historical Materialism*），第16期（2008年1月），第221页。

[60]见斯拉沃热·齐泽克：《关于巴特尔比政治的札记：鸡的无知》（"Notes towards a Politics of Bartleby: The Ignorance of Chicken"），刊于《比较美国研究》（*Comparative American Studies*），第4卷，第4期（2006年），第375—394页。——作者注。"鸡的无知"是齐泽克常讲的一个"段子"：某人得了精神病，总是觉得自己是一粒玉米。他被送进精神病院，医生终于治好了他的病，他也明白了，自己不是一粒玉米。可他刚一出院，就惊恐万分地跑了回来。医生问他怎么回事，他说他在门外看见一只鸡。医生开导他："你都知道

自己不是一粒玉米了，还怕它干什么？”他说：“我是知道我不是一粒玉米了，但那只鸡知道吗？万一它不知道，把我吃掉，怎么办？”齐泽克想告诉我们，“知道”不等于“相信”，“我相信”不等于“别人也相信”，“我相信”不等于我相信“别人也相信”。这里说明两个道理：无意识是极其复杂的，它不是铁板一块；主体（subject）不是单个的，任何主体都是“互为主体”（intersubject），任何主体性（subjectivity）都是“互为主体性”（intersubjectivity）。——译者注

[61] 彼得·勒库拉斯（Peter Lecouras）：《“9·11”事件、批判理论与全球化》（“9/11, Critical Theory, and Globalization”），刊于《跨学科文学研究》（*Interdisciplinary Literary Studies*），第12卷，第1期（2010年1月），第82页。

[62] 同上。

[63] 同上，第81页。

[64] 同上，第82页。

[65] 洛伦·格拉斯：《恐怖主义有限公司》，第220页。

[66] 同上，第221页。

[67] 2017年5月12日，英国剑桥大学韦斯特菲尔德学院（Westfield House）庆祝宗教改革500周年，齐泽克应邀发表演讲。演讲前，主持人向齐泽克介绍了几位剑桥学者对他的评论。引文出自这里。

[68] 理查德·沃林（Richard Wolin）：《康德在世贸遗址》（“Kant at Ground Zero”），刊于《新共和周刊》，2004年2月9日，https://newrepublic.com/article/104828/kant-ground-zero。

[69] 同上。

[70] 恰塔·苏帕查拉赛（Chyatat Supachalasai）：《重新审视的创伤：法农、齐泽克和暴力》（“A Trauma Revisited: Fanon, Žižek, and Violence”），刊于《齐泽克研究国际杂志》，第8卷，第2期（2016年），第11页：http://www.zizekstudies.org/index.php/IJZS/article/view/768/773。

[71] 关于他对拉康和黑格尔的支持，见托尼·迈尔斯：《斯拉沃热·齐泽克》，伦敦：劳特利奇出版社，2003年。关于他对福柯和哈贝马斯的反对，见法比奥·维吉（Fabio Vighi）和海科·费尔德纳（Heiko Feldner）：《齐泽克：超越福柯》（*Žižek: Beyond Foucault*），伦敦：帕尔格雷夫·麦克米伦出版社，2006年。关于文化研究，见保罗·鲍曼（Paul Bowman）：《文化研究与斯拉沃热·齐泽

克》（"Cultural Studies and Slavoj Žižek"），收入加里·霍尔（Gary Hall）和克莱尔·伯查尔（Clare Birchall）主编：《新文化研究：理论探险》（*New Cultural Studies: Adventures in Theory*），爱丁堡：爱丁堡大学出版社，2006年，第162—177页。关于文学，见雪莱·布里维克（Shelly Brivic）：《透过拉康和齐泽克看乔伊斯：探索集》（*Joyce through Lacan and Žižek: Explorations*），纽约：帕尔格雷夫·麦克米伦出版社，2008年；弗雷德里克·德波尔特（Frederiek Depoortere）：《后现代哲学中的基督：詹尼·瓦蒂莫、勒内·吉拉德和斯拉沃热·齐泽克》（*Christ in Postmodern Philosophy: Gianni Vattimo, Rene Girard, and Slavoj Žižek*），伦敦：劳特利奇出版社，2008年。关于媒体，见保罗·泰勒（Paul A. Taylor）：《齐泽克与媒体》（*Žižek and the Media*），剑桥：政体出版社，2010年。关于哲学，见阿德里安·约翰斯顿（Adrian Johnston）：《齐泽克的存有论：有关主体性的超验唯物主义理论》（*Žižek's Ontology: A Transcendental Materialist Theory of Subjectivity*），伊利诺伊州埃文斯顿：西北大学出版社，2008年。

[72] 阿德里安·约翰斯顿：《巴迪欧、齐泽克和政治转型：变化的节律》（*Badiou, Žižek, and Political Transformations: The Cadence of Change*），伊利诺伊州埃文斯顿：西北大学出版社，2009年；马修·夏普（Matthew Sharpe）和杰夫·鲍彻（Geoff M. Boucher）：《齐泽克和政治：批判性引论》（*Žižek and Politics: A Critical Introduction*），爱丁堡：爱丁堡大学出版社，2010年。

[73] 马修·博蒙特（Matthew Beaumont）和马修·詹金斯（Matthew Jenkins）：《采访斯拉沃热·齐泽克》（"An Interview with Slavoj Žižek"），刊于《历史唯物主义》，第7卷，第1期（2000年1月），第181—197页。

[74] 莎拉·凯：《齐泽克：批判性引论》，剑桥：剑桥大学出版社，2003年，第x（10）页。

[75] 同上，第157页。

[76] 同上，着重点为原有。

[77] 见斯拉沃热·齐泽克：《只争朝夕：列宁的遗产》，刊于《卫报》，2002年7月23日，https://www.theguardian.com/books/2002/jul/23/londonreviewofbooks。

[78] 斯拉沃热·齐泽克：《把我的飞利浦精神拘束衣拿来：斯拉沃热·齐泽克看好生物基因介入的前景》（"Bring Me My Philips Mental Jacket: Slavoj Žižek

Welcomes the Prospect of Biogenetic Intervention"），刊于《伦敦书评》，第25卷，第10期（2003年5月），第3—5页；雅尼斯·斯塔夫拉卡基斯（Yanis Stavrakakis）：《拉康派左翼：精神分析、理论与政治》（*The Lacanian Left: Psychoanalysis, Theory, Politics*），爱丁堡：爱丁堡大学出版社，2007年。

[79] 见斯拉沃热·齐泽克：《伊拉克：破碎的水壶》（*Iraq: The Broken Kettle*），伦敦：左页出版社，2004年；《关于阿布格莱布监狱，拉姆斯菲尔德不知道他知道的一切》（"What Rumsfeld Doesn't Know That He Knows about Abu Ghraib"），刊于《当今时代》，2004年5月21日；斯拉沃热·齐泽克、埃里克·桑特纳和肯尼斯·莱因哈德（Kenneth Reinhard）：《邻居：政治神学三探》（*The Neighbor: Three Inquiries in Political Theology*），芝加哥：芝加哥大学出版社，2003年；齐泽克等主编：《黑格尔与无限：宗教、政治与辩证法》（*Hegel and the Infinite: Religion, Politics, and Dialectic*），纽约：哥伦比亚大学出版社，2011年。——作者注。"《伊拉克：破碎的水壶》（*Iraq: The Broken Kettle*）" 应为 "《伊拉克：借来的壶》（*Iraq: The Borrowed Kettle*）"——译者注。

[80] 斯拉沃热·齐泽克：《视差之见》（*The Parallax View*），马萨诸塞州坎布里奇：麻省理工学院出版社，2006年。

[81] 无可否认，齐泽克借用了日本马克思主义知识分子柄谷行人（Kojin Karatani）在他2003年出版的著作《跨越性批判：论康德与马克思》（*Transcritique: On Kant and Marx*）中提出的 "视差" 概念。并非只有齐泽克试图跨越二元论。例如，安东尼·吉登斯的结构理论、皮埃尔·布迪厄的场域理论和布鲁诺·拉图尔（Bruno Latour）的行动者-网络理论（actor-network theory），都在以不同的方式克服结构与主体对立，是这方面三个著名的尝试。不过，齐泽克的独特之处在于，他认同这样的动态定位（dynamic positioning），而且他的认同没有停留在理论的层面上，而是延伸到他的个人生活和整体思维和整体行为上。换句话说，叠加定位不只是他的理论的组成部分，还是他的表演的实用元素和符号元素。所以说，齐泽克是通过他的动态移动的叠加定位而得到认可的。

[82] 泰德·史密斯（Ted Smith）：《斯拉沃热·齐泽克的〈视差之见〉书评》（"Book Review: Slavoj Žižek, *The Parallax View*"），刊于《政治神学》，第10卷，第2期（2009年），第365页。

[83] 弗里德里克·詹姆逊:《第一印象》(“First Impressions”), 刊于《伦敦书评》, 第28卷, 第17期(2006年9月), 第8页。

[84] 特里·伊格尔顿:《恰恰相反:特里·伊格尔顿论斯拉沃热·齐泽克的〈视差之见〉》(“On the Contrary: Terry Eagleton on Slavoj Žižek's *The Parallax View*”), 刊于《免费图书馆》(*Free Library*), 2006年6月22日, https://www.thefreelibrary.com/On+the+contrary%3A+Terry+Eagleton+on+Slavoj+Žižek%27s+The+Parallax+View.-a0147603538。

[85] 阿德里安·约翰斯顿:《斯拉沃热·齐泽克对黑格尔所做的宗教改革:就〈视差之见〉举行听证会》(“Slavoj Žižek's Hegelian Reformation: Giving a Hearing to *The Parallax View*”), 刊于《辩证批评家》, 第37卷, 第1期(2007年春季), 第3—20页。

[86] 见“短路丛书”, 麻省理工学院出版社, https://mitpress.mit.edu/search-result-list/?series=short-circuits。

[87] 斯拉沃热·齐泽克:《木偶与侏儒:基督教的变态内核》(*The Puppet and Dwarf: The Perverse Core of Christianity*), 马萨诸塞州坎布里奇:哈佛大学出版社, 2003年。

[88] 同上, 第3页。

[89] 尤金·沃尔特斯(Eugene Wolters):《齐泽克为A&F写稿的那个时候》(“That Time Žižek Wrote for Abercrombie & Fitch”), 批判理论网站, 2013年3月19日, http://www.critical-theory.com/that-time-Zizek-wrote-for-abercrombie-fitch/。

[90] 艾拉·莱利-亚当斯(Ella Riley-Adams):《阿伯克龙比主办的那本不可思议的、险象环生的印刷杂志的兴盛与衰亡》(“The Rise and Fall of Abercrombie's Incredible, Risky Print Magazine”), 刊于《内容战略家》(*Content Strategist*), 2016年1月21日, https://contently.com/2016/01/21/the-rise-and-fall-of-abercrombies-incredible-risky-print-magazine/。

[91] 见萨瓦斯·阿巴德思迪斯(Savas Abadsidis)主编:《重返校园》(“Back to School”), 刊于《A&F季刊》(*A&F Quarterly*), 俄亥俄州哥伦布: Abercrombie and Fitch, 2003年, 第2页。

[92] 齐泽克语, 见萨瓦斯·阿巴德思迪斯主编:《重返校园》, 第3页。

[93] 顺便说一句, 丽贝卡·米德(Rebecca Mead)于2003年5月5日在《纽约客》

（*New Yorker*）上发表了《马克思兄弟》（“The Marx Brother”）（https://www.newyorker.com/magazine/2003/05/05/the-marx-brother），它以同样的方式对齐泽克进行定位。

[94] 见萨瓦斯·阿巴德思迪斯主编：《重返校园》，第4页。

[95] 艾拉·莱利-亚当斯：《阿伯克龙比主办的那本不可思议的、险象环生的印刷杂志的兴盛与衰亡》。

[96] 同上。

[97] 见萨瓦斯·阿巴德思迪斯主编：《重返校园》，第16、61、102页。

[98] 约书亚·格伦（Joshua Glenn）：《经过审视的人生：享受你的斜纹裤吧！》（“The Examined Life: Enjoy Your Chinos!”），刊于《波士顿环球报》，2003年7月6日，http://dev.autonomedia.org/node/2092。

[99] 齐泽克在接受乔丹·里奇曼（Jordan Richman）采访时所言。见乔丹·里奇曼：《有关世界末日的谈话》（“Conversation on the Apocalypse”），刊于男性时尚杂志《神奇男士》（*Fantastic Man*），第33期（2021春夏合刊）。

[100] 巴里·诺兰（Barry Nolan）：《采访斯拉沃热·齐泽克》（“Interview with Slavoj Žižek”），在线视频录制，2004年，YouTube，https://www.youtube.com/watch?v=KjEtmZZvGZA。

[101] 罗纳德·雅各布斯和埃莉诺·汤斯利：《意见空间：媒体知识分子和公共领域》，牛津：牛津大学出版社，2011年，第68页。

[102] 巴里·诺兰：《采访斯拉沃热·齐泽克》，0:01—0:34。

[103] 齐泽克语，见巴里·诺兰：《采访斯拉沃热·齐泽克》，0:57—1:41。

[104] 斯拉沃热·齐泽克：《论信仰》（*On Belief*），伦敦：劳特利奇出版社，2001年。

[105] 斯拉沃热·齐泽克：《何以只有无神论者才有信仰：介于恐惧与战栗之间的政治》（“Why Only an Atheist Can Believe: Politics between Fear and Trembling”）2006年4月18日在密歇根州大急流城（前）加尔文学院发表的演讲，http://Zizekpodcast.com/2016/04/18/ziz056-why-only-an-atheist-can-believe/；斯拉沃热·齐泽克和鲍里斯·贡耶维奇（Boris Gunjevič）：《痛苦的上帝：末日的反转》（*God in Pain: Inversions of Apocalypse*），纽约：七个故事出版社，2012年；克雷斯顿·戴维斯（Creston Davis）、约翰·米尔班克（John Milbank）和斯拉沃热·齐泽克编：《神学和政治：新论争》（*Theology and the*

Political: The New Debate)，北卡罗来纳州达勒姆：杜克大学出版社，2005年；斯拉沃热·齐泽克和约翰·米尔班克：《基督这个怪物：是悖论还是辩证法？》(*The Monstrosityof Christ:Paradoxor Dialectic?*)，马萨诸塞州坎布里奇：麻省理工学院出版社，2009年。

[106]在齐泽克的"保留曲目"中，信仰的（客观）动力作为一个关键点被奉为圭臬。之所以如此，是因为无人为了让信仰发挥作用而（在主观上）不得不信仰。这个关键点被反复展示，展示的方式是援引常见的事件和科学的文献，并声称：（1）孩子和父母都知道圣诞老人是无中生有之物，但他们都装着相信圣诞老人真的存在，以维护正常的超验这一社会仪式（social ritual of transcendence）；（2）尼尔斯·玻尔（Niels Bohr）对迷信的看法，即即使无人迷信，迷信依然有效。——作者注。尼尔斯·玻尔是丹麦物理学家，1922年因"对原子结构以及从原子发射出的辐射的研究"而荣获诺贝尔物理学奖。据说他和当时的没有什么文化的普通百姓一样，在自家门口挂了一个马蹄铁（当地百姓相信，这样做能驱邪或辟邪）。玻尔的朋友很好奇，问他："你也这样迷信吗？"玻尔答道："我才不相信这种鬼东西呢。"朋友追问："那为什么还要这样做？"玻尔答道："因为我听说，即使我不信，它也照样有效。"——译者注。

[107]泰德·史密斯：《斯拉沃热·齐泽克的〈视差之见〉书评》，刊于《政治神学》，第10卷，第2期（2009年），第368页。

[108]卡琳娜·纳洪（Karine Nahon）和杰夫·赫姆斯利（Jeff Hemsley）：《走红》(*Going Viral*)，剑桥：政体出版社，2013年。

[109]见斯拉沃热·齐泽克：《网络空间时代的列宁：怎么不行？》("A Cyberspace Lenin: Why Not?")，刊于《国际社会主义》(*International Socialism*)，第2卷，第95期（2002年）：https://www.marxists.org/history/etol/newspape/isj2/2002/isj2-095/zizek.htm。

[110]斯拉沃热·齐泽克在下列影片中：《虚拟界之现实》(*The Reality of the Virtual*)，由本·赖特（Ben Wright）执导，2004年；《齐泽克！》，由阿斯特拉·泰勒（Astra Taylor）执导，2005年；《变态者电影指南》(*The Pervert's Guide to Cinema*)，由苏菲·费因斯（Sophie Fiennes）执导，2006年。

[111]见烂番茄，《变态者电影指南》，2006年，https://www.rottentomatoes.com/m/

the_perverts_guide_to_cinema。

［112］史蒂芬·霍尔登（Stephen Holden）：《有时候格鲁乔的雪茄不只是雪茄》（"Sometimes Groucho's Cigar Is Not Just a Cigar"），刊于《纽约时报》，2009年1月15日，https://www.nytimes.com/2009/01/16/movies/16perv.html。

［113］同上。

［114］彼得·布拉德肖（Peter Bradshaw）：《变态者电影指南》，《卫报》，2006年10月6日，https://www.theguardian.com/film/2006/oct/06/documentary。

［115］查尔斯·安德鲁斯（Charles Andrews）：《未能为基督教遗产而战：〈齐泽克！〉》（"Failing to Fight for the Christian Legacy: *Žižek!*"），刊于伦敦大学学院英语系的研究生同行评审期刊《活字印刷术》（*Moveable Type*），第3期（2007年），第130页。我们可以把拉康的《电视》（*Television*）——他在电视上对精神分析的介绍于1973年在法国播出——视为法国理论的第一次视觉传播。除了前面提到的2002年关于德里达的电影，我们还可以把德勒兹1996年的《字母表》（*L'Abécédaire*）视为电影知识介入的一种形式。

［116］南森·李（Nathan Lee）：《发人深省的〈斯拉沃热·齐泽克：虚拟界之现实〉》（"Food for Thought in 'Slavoj Žižek: The Reality of the Virtual'"），刊于《纽约时报》，2006年6月2日，https://www.nytimes.com/2006/06/02/movies/food-for-thought-in-slavoj-zizek-the-reality-of-the-virtual.html。

［117］齐泽克语，见阿斯特拉·泰勒：《齐泽克！》，1:00:22—1:01:06。

［118］戴维·冈克尔（David J. Gunkel）：《重组出来的思想：斯拉沃热·齐泽克和混搭的艺术与科学》（"Recombinant Thought: Slavoj Žižek and the Art and Science of the Mashup"），刊于《齐泽克研究国际杂志》，第6卷，第1期（2012年）：http://zizekstudies.org/index.php/IJZS/article/view/27/24。——作者注。这里的"重组"不是日常生活或社会政治生活中的"重组"，而是"基因重组"中的"重组"，"重组出来的思想"意谓"像基因重组那样重组出来的思想"。其中的隐喻修辞甚是精妙。——译者注。

［119］齐泽克语，见阿斯特拉·泰勒：《齐泽克！》，1:00:22—1:01:06。

［120］斯拉沃热·齐泽克：《超越法律的爱》（"Love beyond Law"），刊于《文化与社会精神分析杂志》（*Journal for the Psychoanalysis of Culture and Society*），第1期（1996年），第160—161页。

[121]勒内·勒米厄(René Lemieux):《修订-齐泽克！》(“Recension-Žižek!”)，刊于《齐泽克研究国际杂志》，第2卷，第2期(2008年)，第2页，http://zizekstudies.org/index.php/IJZS/article/view/115/115。

[122]弗朗索瓦·塞隆(François Théron):《斯拉沃热·齐泽克：无法归类的哲学家》(“Slavoj Žižek: Un philosophe inclassable”)，刊于《新观察家》，专刊，第56卷，第50期(2004年)。

[123]关于专门存储播客和视频的伯克贝克档案馆，请参阅：http://www.bbk.ac.uk/bih/podcasts 。

[124]见《欧洲研究生院的历史和使命》，1994年，网址：http://egs.edu/about。

[125]顺便说一句，齐泽克承认，欧洲研究生院是“一个愚蠢的腐败组织。……我拿到的是现金。它是黑手党式组织。所以这对我帮助很大，我得到的钱不征税，也不可追踪”。齐泽克接受本书作者个人访谈时所言，2017年4月25日，卢布尔雅那。

[126]见《齐泽克研究国际杂志》的主页，http://zizekstudies.org/index.php/IJZS。

[127]同上。

[128]斯拉沃热·齐泽克:《语言、暴力与非暴力》(“Language, Violence and Non-violence”)，刊于《齐泽克研究国际杂志》，第2卷，第3期(2008年)：https://Zizekstudies.org/index.php/ijzs/article/viewFile/129/227；齐泽克:《论暴力》(*Violence*)，伦敦：侧影图书出版社，2008年。长期以来，暴力问题对知识分子具有很强的定位价值(positioning value)，因为它触及知识分子思想的实践极限。在政治思想和道德思想中，尤其如此。在政治思想和道德思想中，反抗、抵抗和革命的问题直接被转化为对人类行为和民事行为的规定，公民或个人能做什么和不能做什么，都受之约束。因此，纵观历史，可以根据知识分子对某种形式的暴力(无论是符号暴力还是肉体暴力，是个人暴力还是集体暴力)的支持程度来分类。

[129]斯拉沃热·齐泽克:《第一次作为悲剧，第二次作为笑剧》(*First as Tragedy, Then as Farce*)，伦敦：左页出版社，2009年；齐泽克:《生活在末世》(*Living in the End Times*)，伦敦：左页出版社，2010年；齐泽克:《运用你的幻觉》(“Use Your Illusions”)，刊于《伦敦书评》，2008年11月14日，https://www.lrb.co.uk/the-paper/v30/n22/slavoj-zizek/use-your-illusions；约翰·桑希尔(John

Thornhill)：《与〈金融时报〉共进午餐：斯拉沃热·齐泽克》("Lunch with the FT: Slavoj Žižek")，刊于《金融时报》，2009年3月6日，https://www.ft.com/content/06b42e32-09dd-11de-add8-0000779fd2ac。

[130]见《第一次作为悲剧，第二次作为笑剧》，2010年8月4日，RSA动画，https://www.thersa.org/video/events/2009/11/first-as-tragedy-then-as-farce，https://www.youtube.com/watch?v=cvakA-DF6Hc&ab_channel=RSA。

[131]见斯拉沃热·齐泽克：《不要只干不说》("Don't Just Do Something, Talk")，刊于《伦敦书评》，2008年10月10日，https://www.lrb.co.uk/the-paper/v30/n19/slavoj-zizek/don-t-just-do-something-talk。

[132]同上。

[133]同上。

[134]约翰·桑希尔：《与〈金融时报〉共进午餐：斯拉沃热·齐泽克》("Lunch with the FT")，刊于《金融时报》，2009年3月6日，https://w ww.ft.com/content/06b42e32-09dd-11de-add8-0000779fd2ac。

[135]见《齐泽克在'唇枪舌剑'》("Slavoj Žižek on Hardtalk")，Youtube的dstpfw频道，8:07，https://www.youtube.com/watch?v=w8cIagiKwkw；另见《在斯拉沃热·齐泽克看来，生活在末世》("Living in the End Times According to Slavoj Žižek")，2010年1月11日，荷兰博锐背景光(Vpro Tegenlicht)，https://www.vpro.nl/programmas/tegenlicht/backlight/Living-in-the-end-times-according-to-slavoj-zizek.html。

[136]斯拉沃热·齐泽克：《第一次作为悲剧，第二次作为笑剧》，第15页。

[137]同上，第28—31页。

[138]同上，第69页。

[139]同上，第91页。

[140]见"占领华尔街"网页，《斯拉沃热·齐泽克今天来到了自由广场》("Today Liberty Plaza had a visit from Slavoj Žižek")，2011年10月9日，http://occupywallst.org/article/today-liberty-plaza-had-visit-slavoj-zizek/。

[141]见下列电影中的齐泽克：《希望的可能性》(*The Possibility of Hope*)，阿方索·卡隆(Alfonso Cuarón)执导，2006年；《变态者电影指南》(*The Pervert's Guide to Cinema*)，苏菲·费因斯执导，2006年；《外星人、马克思公司——

斯拉沃热·齐泽克的肖像》(*Alien, Marx & Co.—Slavoj Žižek im Porträt*)，苏珊·查莱斯·德博利厄(Susan Chales de Beaulieu)和让-巴蒂斯特·法卡斯(Jean-Baptiste Farkas)执导;《恐怖！罗伯斯庇尔与法国大革命》(*Terror! Robespierre and the French Revolution*)，卡尔·欣德马奇(Carl Hindmarch)执导，2009年;《经过审视的人生》(*Examined Life*)，阿斯特拉·泰勒(Astra Taylor)执导，2009年;《马克思重装上阵》(*Marx Reloaded*)，杰森·巴克(Jason Barker)执导，2011年。

[142]斯拉沃热·齐泽克:《对埃及来说，这就是解放广场奇迹》("For Egypt, This Is the Miracle of Tahrir Square")，刊于《卫报》，2011年2月10日，https://www.theguardian.com/global/2011/feb/10/egypt-miracle-tahrir-square。

[143]同上。

[144]让-皮埃尔·菲利乌(Jean-Pierre Filiu):《阿拉伯革命：民主起义的十大教训》(*The Arab Revolution: Ten Lessons from the Democratic Uprising*)，牛津：牛津大学出版社，2011年；杰弗瑞·亚历山大(Jeffery C. Alexander):《埃及的述行革命》(*Performative Revolution in Egypt*)，伦敦：布鲁姆斯伯里出版社，2011年。

[145]斯拉沃热·齐泽克:《对埃及来说，这就是解放广场奇迹》。

[146]同上。

[147]见斯拉沃热·齐泽克:《梦之危年》(*The Year of Dreaming Dangerously*)，伦敦：左页出版社，2012年。

[148]《卫报》的肖恩·奥哈根(Sean O'Hagan)评论并推广了这本书。他发现，"齐泽克之于今天，等同于德里达之于20世纪80年代，他们都是欧洲年轻知识分子先锋的首选思想家。这使他感到沮丧。但与德里达不同的是，他是坚定的左翼，虽然这里的'左翼'并非传统意义上的'左翼'"。见其《斯拉沃热·齐泽克：访谈》(*Slavoj Žižek: Interview*)，刊于《卫报》，2010年6月27日，https://www.theguardian.com/culture/2010/jun/27/slavoj-zizek-living-end-times。

[149]之所以如此，是因为出现了诸如"共产主义观念"之类的丛书，它们记录了在伦敦(2010年)、纽约(2013年)和首尔(2016年)召开的三次国际学术会议。

[150]齐泽克:《梦之危年》,封底。

[151]见艾米·古德曼(Amy Goodman)和斯拉沃热·齐泽克:《伊拉克战争、小布什总统、反恐战争及其他》("The Iraq War, the Bush Presidency, the War on Terror & More"),刊于《现在的民主!》(*Democracy Now!*),2008年5月12日,https://www.democracynow.org/2008/5/12/world_renowned_philosopher_slavoj_zizek_on。

[152]见罗赞娜·格林斯特里特(Rosanna Greenstreet):《有关教授兼作家的斯拉沃热·齐泽克的常见问题》("Q&A Slavoj Žižek, Professor and Writer"),刊于《卫报》,2008年8月9日,https://www.theguardian.com/lifeandstyle/2008/aug/09/slavoj.zizek。见斯拉沃热·齐泽克:《非常危险的常见问题》("A Very Dangerous Q&A"),美国广播公司,2011年10月3日,https://www.abc.net.au/qanda/a-very-dangerous-qa/10662062。

[153]斯拉沃热·齐泽克:《非常危险的常见问题》。

[154]迈赫迪·贝尔哈吉·卡西姆(Mehdi Belhaj Kacem):《突尼斯的复兴》("A Tunisian Renaissance"),刊于博克网站"16个海狸"(16 Beaver),2011年,http://16beavergroup.org/articles/2011/04/10/tunisie-badiou-et-zizek-passent-a-cote-de-lessentiel/。

第 4 章

齐泽克谢幕：扮演牺牲型知识分子

在 21 世纪的第一个十年中，齐泽克既扩大了他与全球公共领域的接触，同时也因为在媒体和学术之间必须做出非此即彼的取舍而面对越来越多的批评。结果，他的定位变得越来越复杂。对齐泽克的批评体现在他与众多知名知识分子的具体辩论上，而且这些辩论都是在数字公共领域中展开的。这对他身为哲学家、左翼人士和知识分子的角色定位提出了挑战。在他的第二部巨著出版之前，批评他的人不仅来自学术知识分子，而且来自公众人物和激进人士。前者把他定位为一个跳梁小丑，一个江湖骗子，一个欧洲中心论者；后者把他定位为极度保守、享受特权和盲目爱国的人物。

对齐泽克的各种批评，大多集中在他的风格上，尤其集中在他对种族、性别和政治的看法上。然而，正如本章将要论述的那样，齐泽克对这些形形色色的批评做出的反应，特别是通过把哲学和反哲学进行叠加定位做出的反应，证明他的知识介入无论是作为目标（目的）还是作为终点站（最终发展）都已经接近尾声。他把对传统哲学风格的批判转化为一种哲学实践，并从中巩固了他自己的哲学家的地位。透过数字化的视角重新审视苏格拉底因腐蚀青年而做出的牺牲，他持久的影响（即他的奉献，亦即以社会群体、概念和追随者的形式在世界上产生的真实结果），证明他的牺牲型知识定位（sacrificial intellectual positioning）大功告成。

学术界之外的齐泽克：笑话、说笑话的人和教学法

关于哲学家和作家的风格问题，格雷格·兰伯特（Gregg Lambert）问道："我们如今还能想象，存在着与风格问题没有本质关系的哲学家吗？我们还能想象，存在着不着一字尽得风流的哲学家吗？"[1] 他的回答是，如今哲学家的哲学事业也是写作的事业，他必须反思，他的哲学事业是在何种形式条件和物质条件下进行的。风格问题和写作问题更加广泛地涉及权力问题。这里的权力即写作的权力和通过写作进行抵制的权力。正如德里达在接受采访时所言，当知识分子被假定、被期望或被强迫以某种为人接受的方式写作时，学术写作也是一种把制度性权力和制度性权威排泄出去的形式。[2] 因此，知识分子在保护"自己，使自己不受这些（权力）问题以及这些问题所要求和假设的转型的影响时，他们也在保护制度，使制度不受哲学的影响"[3]。一边是写作的实践，一边是（做）哲学的理论，两者之间的这种关系在当代数字语境中变得日益突出，也在侵蚀有关哲学家的价值、大学的角色、知识的生产以及知识分子的地位的传统观念。一言以蔽之，当知识分子以传统的方式表演时，他被定位为学术知识分子而不是公共知识分子。

在这个（法典）语境中，传统的意思是在大学里教书，找出版社出书，著作以主观的语气写成，里面没有笑话，没有通俗易懂的例证。这种表演将知识介入几乎完全限制在知识领域之内。它延续和复制了米歇尔·德·塞托所谓的"教育神话"（myth of education）和"通过书籍获取信息这一意识形态"（the ideology of informing through books）。它使经济不平等持久存在。[4] 我们今天在西方（资

本主义）世界看到的是克雷斯顿·戴维斯（Creston Davis）所谓的“精神病学院”。如他所言，“美国似乎只关心那些已有答案的问题，因而把哲学和思想置于驯服的存在（tame existence）之列，平平安安地将其标记为［法人］大学或学院的一个‘系’①”[5]。广而言之，他认为，在今天的新自由主义语境中，思想变得越来越危险，因而也越来越被压制。具有讽刺意味的是，压制它的机构本来是应该支持它的机构。在这里，精确的政治风格——思维风格、写作风格和行动风格——处于紧要关头。[6]

传统的——即“精神病”的——思维风格实际上将自身局限于先前已有的问题，将自己化约为解决问题的自动机器（automaton）。克雷斯顿·戴维斯把这种风格与齐泽克的风格——他所谓的“180”教学法——做了对比。在他看来，“这种思想风格的要义首先在于：（1）展开思想，释放思想对流动的欲望（thought's desire to flow），以避免冻结思维（act of thinking），由此引出了第二点；（2）不让这个过程堕入空无（nothingness），也不让它回到自己，不让它塌陷成一个自我物化的一元论结构（self-reifying monistic structure）”[7]。格雷格·兰伯特把著作的一致性问题（the question of a work's unity）分解为无穷无尽的挪用（endless appropriations），即某些文化社会学家所谓的“最大”的阐释和“最小”的阐释。兰伯特进而提醒我们，任何“‘风格’的功能，都类似于本国语言之内的外语的功能。它是符指的第二序列，或者说，是新的惯例（convention）。著作被新惯例决定，即使这种决定只是被‘偶然’固定下来的，即使这种决定

① 作者的意思是，美国已经把本该“野生”的哲学和思想驯服为“家养”的宠物，把大学办成了公司，而大学中的各个“系”（department）则变成了公司的各个“部”（department）。

可以做进一步的转化或重复，也是如此"[8]。从这个角度看，人们对齐泽克的介入风格做了众多（甚至是相互矛盾）的阐释。通过被这些阐释定位（by being positioned by the interpretations），齐泽克维持了他那独特的表演叠加定位（performative superpositioning），而且他的表演叠加定位是以他的拉黑体和他反复使用的"保留曲目"——反问句、笑话和例子——呈现出来的。从这个意义上说，"我们似乎在他挪用独特的熟语这一事件中找到了（他的）风格的精髓。我们是从他挪用熟语的那一刻找到（他的）风格的精髓的。在他挪用熟语的那一刻，被搬用的熟语就具有了重复和模仿的力量（the powers of repetition and imitation），同时揭示出一种话语，该话语从一开始就奇怪地与自身相分离"[9]。

齐泽克把重复当作表演风格来使用，这方面的一个例证是他的笑话书。笑话是一种修辞工具，可以用来达到多个目的：它激发听者的情感；反复使用，它会促成连贯一致的表演；它会成为表演者的一个标志；它是一个有效的实用工具，能对理论要点"一击即中"。齐泽克频繁地使用笑话，把它当作他的修辞"保留曲目"的一个组成部分。他的笑话是如此的无远弗届，以至于挪威概念论者①奥登·莫滕森（Audun Mortensen）以它为主题，编了一本桌边书②

① 概念论者（conceptualist），即信奉概念论（conceptualism）的人。概念论是中古经院哲学的一个分支，其立场介于唯名论与唯实论之间，一般被视为折中后的唯名论。和唯名论一样，概念论认为，共相只存在于心中，没有外部的实体与之对应。但是一旦共相建立起来，就能被理性认识，并持久存在，代代相传。

② 桌边书（Coffee table book），又译咖啡桌书，指摆放在咖啡桌上，以便闲暇时随手翻阅的书籍。它一般以图片为主，文字少而精。

（图 4.1）[10]。这本书还有一个扩展版，由火焰旗出版社（Flamme Forlag）出版，首印 300 册。[11]

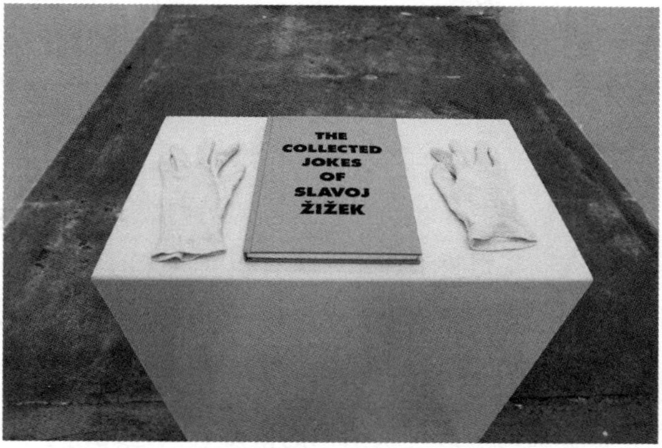

图 4.1　《斯拉沃热·齐泽克笑话集》（2011 年）

挪威艺术家兼作家奥登·莫滕森（Audun Mortensen）绘制，www.audunmortensen.com。

林赛·欧文（Lindesay Irvine）曾在《卫报》上撰文评述这部卓尔不群之作。他首先承认，面对这种独特介入（被牺牲了）的严肃性，他感到迷惑不解。与 A&F 目录的介入类似，这并不能使人们在学术知识方面更加深刻地理解齐泽克。[12]但它创造了某种可以称之为收藏品的东西，从而提高了表演者的价值。《齐泽克集萃》和由汉语、英语、斯洛文尼亚语构成的特别套装《生活在末世》，就是这类收藏品的范例。前者是他四部种子著作（seminal books）的汇编，后者则是专为 2010 年上海世博会制作的限量发行版。这种类型的公开露面同样也是以选择媒体和牺牲学术为代价的。正如林赛·欧文由这本笑话书引发的困惑和怀疑所表明的那样："关于齐泽克，网上当然不乏令人难以置信的无稽之谈。还记得曾经传得沸沸扬扬的他与嘎嘎小姐①约会的传言吗？"[13]颇能说明问题的是，2014 年麻省理工学院出版社推出了一本更加正式的不少于 150 页的《齐泽克的笑话》(*Žižek's Jokes*)。它被归类为"哲学"，封底上还引用了维特根斯坦的名言：严肃的哲学著作完全可由笑话组成。在（排在书的最后的）引言中，作者回忆说，在齐泽克看来笑话是有趣的故事，它提供了一条捷径，供人们获得哲学洞见。具有讽刺意味的是，将笑话作为一种哲学手段，这使齐泽克丧失了严肃性，但又把他塑造成了一个更加讨人喜爱、更具鲜明特色、更令人欢乐开怀的公共知识分子。

齐泽克以再版的形式呈现出来的重复表演还促进了他的定位。再版不仅维持了表演和表演之间的连续性，还为他提供了至关重要的修订机会，以保持其思想的清新脱俗和与时俱进。左页出版社 2001 年推出的《享受你的症状！》、2008 年推出的《幻象的瘟疫》和 2009 年推出的《意识形态的崇高客体》就是这样的范例。论文集《重复齐泽克》(*Repeating Žižek*)也表现出这种连续性，布莱克威尔出版社推出的《齐泽克读本》第二版更是如此。[14]齐泽克以其他形式取得的成功介入也出现了续集。2012 年上映的电影《变态者意识形态指南》(*The Pervert's Guide to Ideology*)就是对 2006 年出品的《变态者电影指南》的延续。它继续对通俗文化，特别是对电影进行同样的分析。它将齐泽克嵌入主要的故事片，并以一种既超然物外

---

① 嘎嘎小姐（Lady Gaga），美国歌手、词曲作家及演员史蒂芬妮·杰尔马诺塔（Stefani Germanotta）的艺名，以多样的视觉形象和音乐作品而闻名，现任美国总统艺术与人文委员会联席主席。

又置身其中的方式与一般公共事务联系起来，使齐泽克的表演更加普及（图 4.2）。

图 4.2　《变态者意识形态指南》中的齐泽克

该片由苏菲·费因斯执导，2012年出品。齐泽克被嵌入约翰·卡朋特（John Carpenter）1988年出品的影片《极度空间》（*They Live*）中，05:20。

2012 年，《外交政策》杂志将齐泽克列入"全球百大思想家"名单，称他为"明星哲学家"（celebrity philosopher）。同年他出版了一部皇皇巨著（也是他的第二部巨著）。它本身就是拔山扛鼎、铿锵有力的介入，却又围绕着自身展开了一系列的介入，两种介入之间的关系类似于太阳与行星的关系。它的量级首先体现在它的长度上。《极度空无：黑格尔与辩证唯物主义的阴影》（*Less Than Nothing: Hegel and the Shadow of Dialectical Materialism*）长达 1038 页，无论是就隐喻意义而言，还是就字面意义而论，它都是一场冗长沉闷的演出，或者更确切地说，是独门知识绝技的展示。[15] 的确，该书本身似乎就是超越了它自身内部的诸多表述的表述。它类似于一部"反书"（anti-book）[16]，呈现为一场异乎寻常的、旨在令人瞠目结舌的表演。它令人瞠目结舌，不仅因为他能写出这样的长篇大论，而且因为他能成功地将其出版。在竞争激烈的文化市场上，在日益增长的数字媒体的持续威胁之下，出版这样一部拖泥带水、价格不菲的著作可谓匪夷所思。在这个“长了不读”（too long；don’t read）的时代，这样的投资在财务上是有风险的。然而，正是因为市场竞争激烈，因为市场充斥着新的文本，齐泽克的介入在每一天都是独一无二的。这样的文本不断涌现，表明至少还有人——有出版社——认为值得出版。在商业标准化趋同的时代，大多数产品被化约为同一种形式。准确地说，这种形式就是一本 200 页的图书。在这种情形下，1038 页的著作创造了资本主义的讨价还价的效应：买五送一。这种介入也保证了齐泽克思想的完整一致性：从头到尾的完整一致性，理论和实践的完整一致性。因此，他把他的表演的两个方面——哲学–精神分析方面（the philosophico-psychoanalytical）和社会–政治方面（socio-political）——融合成一个超级介入。然而，由于当今的时代不是伟大的阅读时代，仅仅出版一部鸿篇巨制并期望拥有读者，是远远不够的，即便那著作是齐泽克的著作，也是如此。

因此，出版社于 2012 年 6 月 15 日组织了一场举世无双的新书发布会，在伦敦的 OTO 咖啡馆举办长达 24 小时的公众阅读活动。这种不合常规的新书发布会与《极度空无》的结构布局倒也般配。美国哲学家罗伯特·皮平（Robert Pippin）对此的解释是：“这本书的结构非同寻常，它是以下列谚语为基础的：世界上第二大乐事是事前酒（the drink before），第三大乐事是事后烟（the cigarette after）。我们在这里得到了‘事前酒’，即前黑格尔的语境（pre-Hegelian context），它是理解黑格尔这个选项所必需的（大量的精力被放在了柏拉图笔下的巴门尼德身上，放在了基督教、上帝之死和费希特的身上）；然后我们得到的是‘那件事本身’①（两次！一次是与黑格尔，一次是与拉康）；我们最后得到的是‘事后烟’（海德格尔、列维纳斯、巴迪欧，以及关于‘量子物理学之本体论’的结语）。”[17] 在该书的引论部分，齐泽克把该书与牛顿的千古佳句“但它确实在动呀”② 相联系，同时对自己的介入进行叠加定位：“所以说，本书既不是《黑格尔完全傻瓜指南》（*The Complete Idiot's Guide to Hegel*）③，也不是有关黑格尔的大学教科书（这样的教科书当然是给蠢货们读的）。它有点像《黑格尔低能儿指南》（*The Imbecile's Guide to Hegel*）。正如那句侮辱人的话所言，它是为那些其智商接近于其体温（摄氏度）的人讲解黑格尔的。”[18] 齐泽克把这种介入与其常见的竞争对手的介入——教科书和科普书——拉开距离，为其著作创造了第三个独特的叠加定位；他把象牙塔带给大众，同时也把大众提升到了其著作极其难以理解的哲学家的高度。作为黑格尔和拉康的普及者，齐泽克在普及黑格尔和拉康的同时，也普及了自己。

---

① 那件事本身（The Thing Itself），本是现象学术语，即胡塞尔主张的“回到事物自身”（return to the thing itself）中的“事物自身”。齐泽克在《极度空无》中也是在这个意义上使用这个短语的。但显而易见，罗伯特·皮平在此以戏谑的口吻暗指男女性事。他所谓的“事前酒”和“事后烟”，也是如此，充满了调侃意味。

② 此语并非出自牛顿，而是出自伽利略。据说，1633年宗教裁判所要求伽利略收回“地动说”。慑于宗教裁判所的淫威，伽利略不敢公然反抗，只能无奈地低声咕哝道：“但它确实在动呀。”（eppur si muove.）

③《黑格尔完全傻瓜指南》，意谓即使读者是傻瓜，读完此书，也能完全理解黑格尔，读懂黑格尔的著作。这当然是“王婆卖瓜式”的广告用语。但在西方，以类似标题出版的图书可谓汗牛充栋。

当场售罄的新书发布会被框定为“一场阅读哲学和表演哲学的集体活动，它激活了书中探讨的语言、主体性和经验等问题”[19]。正如《前景》杂志所报道的那样，知识分子和激进分子等人在阅读齐泽克著作的活动中欢聚一堂。一位与会者报道说：“她从来没有读过他的著作，但她确实在一个有关希腊问题的讨论小组中看到了他的身影。”据这位报道者回忆：

> 在一片欢呼声中[齐泽克]被介绍给大家。他以一个大家熟知的语句开场：“你们想听点什么？”我担心齐泽克在长期忍受自寻的烦恼：他吸引各色人等，但吸引各色人等的理由却大相径庭；他拒绝只对他们说话，因而他们中的任何人都不会原谅他。尽管如此，他还是以一种令人钦佩的黑格尔式的方式开始演讲，试图把听众中显现出来的两个明显的极端——抽象和具体——撮合在一起。他指着麦克风——有人很聪明地给麦克风安装了一个时髦的过滤器——解释说，对马克思和黑格尔来说，麦克风不只是“具体”之物，它还是一种抽象之物。科技的进步，金属的开采，流行音乐的发展，都在具体和抽象之间不停地进行调停。[20]

在这篇报道中，亚历克斯·克里斯托菲（Alex Christofi）总结齐泽克在表演时使用的诸多定位策略：首先，以反问句打头阵；其次，展示对齐泽克的表演的众多不同接受；再次，对针锋相对的立场进行叠加定位；最后，用他面前的任何东西进行日常性的举例说明，在这次演讲时他用的是麦克风。这位报道者接着强调齐泽克表演的独特之处，包括他讲的笑话和他的风格："在台上，齐泽克很有魅力。他不断重复'你知道'（you know）、'当然啦'（of course）、'那个著名的故事'（that famous story）和'等等'（and so on）之类的语句或短语，给听者一种印象——他真的相信你和他一样无所不知，无所不晓。他也了解他的听众，引用了《卫报》最近发表的一篇文章，引起一片喧闹，因为这篇文章转述了他儿子开的一个色情笑话。他引用雅克·拉康的著作，也让听众发出会心的微笑。他每次谈话都会提到拉康。他的许多言辞接近于观察型脱口秀①。他建议，当有人说他们的父母是混蛋时，要努力表示认可。"[21] 齐泽克把他的理论融入了他的实践，这比他的理论著作更值得注意。这种独一无二的表演是以他的下列行为为根基的：他既引用古典文献，又引用前沿文献，最后对引用这个层面（level of referencing）本身进行叠加定位；他既借助一般的主张（general claims），又借助特定的主张（specific claims），最后对主张这个层面（level of claiming）本身进行叠加定位；他既以客观的语调说话，又以主观的口吻发声，最后对语调这个层面（level of tone）本身进行叠加定位；他的形式既是正式的，也是非正式的，最后对形式这个层面（level of form）本身进行叠加定位；他既使用事实，又使用虚构，最后对隐喻这个层面（level of metaphor）本身进行定位。

这位报道者在齐泽克与一些与会者交谈后发现："这似乎是齐

① 观察型脱口秀（observational comedy）是脱口秀（Stand-up comedy）之一种。脱口秀主要分四种类型：观察型、模仿型、角色扮演型、闹剧型。在观察型脱口秀中，演员主要以自己在日常生活中看到的趣事为题材，施展自己的喜剧才能。模仿型依靠模仿知名人物、角色扮演型依靠扮演自己创造的角色、闹剧依靠滑稽的肢体语言（如摔倒）来制造喜剧效果。

泽克与大多数人交往的方式。他的读者声称怀有高尚的意图，想理解他的文化理论，但实际上，我们都在等待他把注意力转到我们早已兴趣盎然的事情上来。左翼政治领袖经常与他会面，经常与希腊激进左翼联盟的亚历克西斯·齐普拉斯（Alexis Tsipras）等人会面，而这些人又邀请他参与讨论。电影专业的学生喜爱《变态者电影指南》。我们全都知道他是天才。我们只是在等待着他进入我们的画面。”[22]通过回顾过去的事件或人物并对未来提供新颖的解读，齐泽克参与当下广泛的公共事务。不同的公众可以各取所需，在他那里“获取”任何令其神往的事物，无论这事物是文化性的、政治性的，还是哲学性的。此外，他还得到了扬尼斯·瓦鲁法基斯①和朱利安·阿桑奇②等公众人物的背书，这巩固和强化了他作为全球公共知识分子的地位。为这样一本非同寻常的图书举办一场同样非同寻常的图书发布会，这标志着，作为一种社会学现象，齐泽克的大众化取得了长足的进展。在一个绝大多数人——无论是知识上的绝大多数人还是肉体上的绝大多数人——全都大同小异的年代里，齐泽克既能说出毫无二致的话来（因为他在不断重复自己），又能说出（与其他知识分子）迥然不同的话来，的确与众不同。

《卫报》还对《极度空无》做了评论，把这本“巨无霸”介绍给

---

① 扬尼斯·瓦鲁法基斯(Yanis Varoufakis)，希腊经济学家和政治经济学家，拥有希腊和澳大利亚双重国籍，曾经出任希腊财政部长。在2015年希腊立法选举中，代表激进左翼联盟当选为议会议员。在欧洲债务危机的辩论中脱颖而出，成为世界公众人物。目前担任雅典大学的经济学理论教授。

② 朱利安·阿桑奇(Julian Assange)，澳大利亚记者，揭秘网站“维基解密”的董事和发言人。“维基解密”在2010年公布了由美国陆军情报分析员切尔西·曼宁(Chelsea Manning)提供的一系列机密情报，引起世界轰动和国际关注。目前被关押在伦敦的一家安保级别最高的监狱。

更多的公众。[23] 乔纳森·瑞（Jonathan Ree）解释说，齐泽克“是天才演说家——慷慨激昂、铿锵有力、直言不讳和充满悖论，而且其写作与其演说一样精彩”[24]。写作和言谈的合二为一，偏离了寻常的学术写作惯例。这惯例便是，与口语保持距离，对言谈敬而远之。信守学术写作的惯例，符合人们对知识分子的预期。写作和言谈的一致，这样的超级定位使齐泽克成为“全体左翼人士的圣师（saint of total leftism）：一个准神圣的存在（quasi-divine being），比他更激进的存在再也想象不出来了。当然，他的存在离不开一个表达式：要想成为齐泽克派，就要坚信弗洛伊德的精神分析在本质上是正确的，而且它的蕴含绝对是革命性的”[25]。因此，这种关系，即坚定（实用）的政治立场和（知识上的）无意识理论的关系，被视为齐泽克几十年来一以贯之的表演的表达式或收据（receipt）。我对他的追随者①的调查表明，齐泽克的“政治立场”（49%）和他的“有趣表演”（49%）同样重要。然而，乔纳森·瑞认为，该书要达到的“目的”与传统图书要达到的目的大相径庭：

> 《极度空无》……即便他的粉丝，也不能从中感受到多少乐趣。他的天赋——提供简洁明快、一击即中的知识乐趣——并没有延及他的鸿篇巨制，更不必说这部他所谓的“巨无霸”了。它的篇幅甚至远远超过《战争与和平》。他似乎没有意识到，鸿篇巨制的目的是稳扎稳打，步步为营，

---

① 追随者（follower），不仅是传统意义上的追随者，即依靠共同的利益诉求或信仰取向、执行特定的任务、遵循特定的准则、追求共同目标的人。在当今的数字化年代，它还指某个网络人物的关注者或“粉丝”（fans）。因此，其神圣意味逐渐减弱，甚至大有消失殆尽之势。在齐泽克这里尤其如此。

> 逐步推向高潮，最终令人豁然开朗，而不是没完没了地絮絮叨叨，直到最后，论点还在原地踏步。我以前觉得，要想不喜欢齐泽克，难如登天，但在经历一个月的强行军，读完《极度空无》后，再想不喜欢齐泽克，已经变得易如反掌。[26]

乔纳森·瑞承认，与齐泽克的介入互动，的确会令人感到快乐，但乔纳森·瑞最后的结论表明，在这位受人欢迎的表演者身上存在着矛盾。它类似于一场真正的艺术表演，也许是舞台上最受欢迎的音乐家的表演。除了在那一刻产生的享受之外，这种表演没有任何目的。因此，观众要求演员返场，一次一次，再一次地返场。齐泽克这部 1038 页的著作提供了冗长的表演，满足了观众要求演员一再返场的欲求。从读者的角度看，他的表演是永无止境的。但粉丝和评论家的差距是众所周知的。没有多少评论家会给予流行表演者过高的评价，他们往往对流行表演者嗤之以鼻，对他们的大众文化不屑一顾。正是这种紧张关系对齐泽克的定位产生了巨大的影响。

好得令人难以置信：
格雷、乔姆斯基和达巴什与齐泽克之争

伦敦经济学院教授、《卫报》定期撰稿人约翰·格雷（John Gray）在为《纽约时报》撰写的专论《极度空无》的书评中，批评齐泽克的写作充满了猥亵性和淫秽性，包括“经常使用费力不讨好的插科打诨式的双关语”[27]。他认为这与索卡尔事件异曲同工。当年物理学家艾伦·索卡尔“向一家后现代文化研究杂志提交了一篇

恶搞论文。同样，读到齐泽克的这段文字以及其他类似段落的文字时，我们很难不心存疑虑，认为他在有意或无意地［对艾伦·索卡尔］进行身不由己的戏仿”[28]。这样定位齐泽克，即把他定位为爱开玩笑的跳梁小丑或宫廷弄臣，很大程度上是因为他的表演性的叠加定位。格雷接着“谴责齐泽克，说他是非理性主义哲学家，说他对暴力的赞美更容易让人想起极端的右翼，而不是激进的左翼”[29]。虽然大多数左翼的立场都与追求和平和反对战争相连，并且通常都反对暴力，但齐泽克支持的却是（某种类型的、符号性的）公共暴力。[30]尽管如此，人们依然怀疑他的左翼立场存在问题。虽然格雷承认齐泽克是世界上最著名的公共知识分子之一，但他还是发现，齐泽克的立场是资本主义语境导致的结果，他正是在这种语境中粉墨登场，摆出批判性姿态的：

> 齐泽克扮演的全球公共知识分子角色是与媒体机器（media apparatus）和名人文化（culture of celebrity）相伴而生的，而媒体机器和名人文化则是当前资本主义的扩张模式所须臾不可或缺的。……在知识生产过剩这一惊天动地的伟业中，齐泽克对当前的秩序做了如梦似幻般的批判。这种批判声称自己几乎否定了当前存在的一切。在某种意义上说，他还真的言出必行，说到做到了。但与此同时，他再次创造了他在资本主义的运作中感知到的那种强迫症一般的、毫无目的的动力机制。齐泽克的著作通过无穷无尽地重述一个本质上实属空洞的愿景，获得了一种欺骗性

的可信性，很好地图解了次协调逻辑①的原理，最终沦入极度的空无。[31]

格雷在齐泽克的表演中没有看到任何本质性的东西，尽管他可能不知道有一种观念叫作“表演先于本质”（performance precedes essence）。在齐泽克那里寻求本质，无异于把他定位为当今资本主义生产（和享受）模式所导致的结果。这种模式可以将任何东西——包括事件、人和情感——以越来越快的速度转化为可供交易的商品。一方面，可以把齐泽克视为一个品牌，它需要追随者的情感投入和经济投入，因为有太多需要购买以示支持的图书，甚至还有太多需要购买以示支持的其他商品和藏品。另一方面，齐泽克拥有的主要是数字传播材料，比如提前录制好的讲座和演讲，所以他需要的投资微不足道。这让他的消费者觉得自己是一个拥有知识的人，进而享受其知识人的身份和体验，而不是获得真知灼见。格雷还把齐泽克的欺诈立场（imposturous position）与马克思的立场区分开来：“批评齐泽克，说他忽视了这些事实就是错误地理解了马克思的

① 次协调逻辑（paraconsistent logic），又译“亚相容逻辑”或“并真逻辑”，是非经典逻辑的一种形态。经典逻辑又称形式逻辑、标准逻辑，以同一律、排中律、非矛盾律（又称矛盾律）和充足理由律为基本原理（或公理，即不言自明之理）。次协调逻辑的出现，满足了文化变革年代的需要，被称为逻辑学取得的革命性进展之一。经典逻辑的核心在于“禁止矛盾”（即非矛盾律），但次协调逻辑一方面强调完全排除矛盾的非可能性，另一方面又不完全放弃协调性（彻底放弃协调性意味着无逻辑性可言）。根据次协调逻辑，真理不在一个极端，而在两个极端之间，因而主张在矛盾中求协调，这就是所谓的“次协调性”。次协调逻辑的出现，有利于解决令经典逻辑感到棘手的种种尚有意义但又相互矛盾的问题。

初衷，因为与马克思不同，他并不打算把他的理论建立在以事实为基础的历史解读之上。”[32]齐泽克把事实与虚构进行叠加定位，使他必须在媒体和学术之间做出非此即彼的取舍，他为此牺牲了自己本来应有的定位，不再是一个老成持重的知识分子。[33]齐泽克现身说法，活生生地提醒我们，媒体“不仅提供事实，而且提供格式（formats）、规范和修辞，公民们利用这些格式、规范和修辞来确立自己的观点，参与更加广泛的公众讨论”[34]。

在考察齐泽克对格雷批判的接受时，保罗·泰勒（Paul Taylor）发表了自己的见解：“如果说格雷对齐泽克的抨击还有什么意义的话，那它的意义就在于，它展示了当代文化中愤世嫉俗的那一面。……其实格雷知道，齐泽克明确地表明了自己的立场。他站在这一立场上，对世界进行主观性的阐明（subjective enunciations）。格雷还知道，齐泽克这样做，为读者提供了衡量其价值的基础。但从他的行为判断，他似乎对此一无所知，并以漫画的手法和花哨的言辞挖苦齐泽克使用的方法，说他的想法都是无稽之谈。”[35]泰勒的分析暗中批评了当前存在的一种倾向，即对事实的顶礼膜拜。在齐声讨伐“假新闻”的语境中，人人齐心协力，不约而同地剥离了表演本身具有的表演性（strip performances of their very performativity），要求以自然科学的方式“报道证据”。把公共知识分子和科学家等量齐观，会使人们期待无动于衷、麻木不仁的介入，期待尽可能客观、不带感情（或没有笑话）的介入。泰勒认为，事实的身份（status of facts）是有问题的，为事实辩护的人的身份也是如此。他把这一身份存在的问题与 2013 年发生的齐泽克-乔姆斯基之争联系起来，进而对这一问题做了概括。他解释说：“可以从齐泽克与乔姆斯基之争中看到针对齐泽克的下意识情绪（knee-jerk emotionality）的最新表

图 4.3　齐泽克与乔姆斯基之争的视觉演绎，2013 年

来源：卡特琳娜·道格尔-道格（Katerina Daugel-Dauge），https://www.flickr.com/photos/d_d_d_d/9646285783/in/photostream/。

现。不出所料，媒体将齐泽克-乔姆斯基之争描绘成激烈的战斗场面——'斯拉沃热·齐泽克和诺姆·乔姆斯基之战值得一看'①和'左翼笼斗②中的乔姆斯基和"猫王"'。"[36]作为对该事件的回应，表情包和视频疯狂地扩散和传播，强调的都是反定位（图 4.3）。根据谷歌趋势搜索，"乔姆斯基"成为与齐泽克密切相关的第三个最常见的搜索项。[37]

这一切始于 2012 年 12 月，那时乔姆斯基接受了密歇根州政治广播节目"老兵不插

---

① "斯拉沃热·齐泽克和诺姆·乔姆斯基之战值得一看"，原文"The Slavoj Žižek vs. Noam Chomsky Spat is Worth a Ringside Seat"的含义非常丰富，可惜译者能力有限，无法简明扼要地将其译出："之战"不是一般的"之战"，而是唾液横飞的"口水之战"或泼妇骂街式的"口舌之争"，其中的贬义色彩不言自明；"值得一看"不是简单的"值得一看"，而是指观赏者值得慷慨解囊，买个靠前的座位（Ringside Seat），观赏一场激烈的拳击比赛。如此丰富的蕴含全都迷失在翻译之中（lost in translation），实在可惜。

② "笼斗"（Cage Fight），含困兽犹斗之意，把两人之争喻为两兽之斗，贬义愈加鲜明。

电”① 的采访。当被问及齐泽克、拉康和德里达及其理论时，他指责他们——尤其是指责齐泽克——把理论和行话连篇的语言当成一种姿势，摆来摆去。这次采访被“2003 年以来世界上最受欢迎的哲学博客”《莱特报告》（*Leiter Reports*）发布并在网上传播。从此之后，两人之间的论争就成了知识定位的基座。[38] 正如“网上最好的自由文化和教育媒体”——开放文化（Open Culture）——后来记录的那样，这场论争迅速升级为两位著名知识分子围绕着事实的身份（status of facts）展开的间接对抗。[39] 从这个意义上说，它成了乔姆斯基先前与拉康（1966 年）和福柯（1971 年）论争的当代重演。[40]

这场关于理论与事实的论争，一方是盎格鲁-撒克逊人，他们坚持注重事实的经验主义立场，另一方是法德大陆人，他们坚持注重理论的思辨的立场。齐泽克把这两种立场进行叠加定位，将其固化为极具煽动性又朗朗上口的口号，比如：“非洲饥肠辘辘的孩子？去他妈的吧，理论比他们重要，只有秉持这种态度，才能拯救嗷嗷待哺的非洲儿童。”这些骇人听闻的表述与普通的文化-资本主义的禁令（cultural-capitalist injunction）——禁止从他人的痛苦中寻求快乐——南辕北辙。在齐泽克看来，“理解他人的痛苦”，投身于慈善事业，只会使人无法看清他们痛苦的真正根源。因此，他更多地依赖理论，而不是事实，而且在他看来，事实总是主观选择出来的事实。与此同时，他对以事实为根基的、尚可接受甚至心向往之的讲

① “老兵不插电”（Veterans Unplugged），借用了音乐用语“不插电”，即拔掉电源插头。它指不使用电子乐器、不经过电子设备的修饰加工的、追求现场化效果的流行音乐表演形式。“老兵不插电”意谓不做任何艺术加工，直接表达退伍军人（老兵）的心声。

座表演敬而远之，这使他进一步牺牲自己的知识地位。[41]

就乔姆斯基一方而言，他在1967年撰写了《知识分子的责任》一文，并将其作为《纽约书评》的特别增刊出版发行。他认为："知识分子有能力揭穿政府的谎言，根据政府撒谎的原因、动机和往往秘而不宣的意图来分析政府的行为。"[42]他对包括自己在内的知识分子的定位是，知识分子是"吹哨人"，他们用事实揭穿普通的国家意识形态，使其丧失权威性。[43]然而，因为有南斯拉夫的生活经历，齐泽克信守与之相反的立场，认为今天的意识形态正是"以事实揭露谎言"这样的想法。齐泽克对意识形态的定义——"他们虽然对之一无所知，却在勤勉为之"——表演性地把耶稣在十字架上的独白、马克思对资本主义的批判和弗洛伊德对无意识的剖析进行了叠加定位。齐泽克还更新了这句格言，以适应我们这个后意识形态时代的需要。在我们这个时代，公众的信仰实际上是一种臃肿的犬儒式非信仰：在今天，"我们对之一清二楚，但我们依旧坦然为之"（做起事来俨然一无所知）。因此，齐泽克对事实和虚构的叠加定位是真切的。比如，我们以虚构的方式（fictitious way）把我们与我们所知道的有关气候变化的事实联系起来，也就是说，我们压抑其中的部分事实，保留另外一些事实。[44]齐泽克认为，仅仅凭借事实来揭露谎言是有心无力的，因为这种做法没有顾及陈述（和选择）事实这个行为（和艺术）本身。①据此观点，不仅局外人会明确否认气候的变化，而且我们所有人都会在日常生活中否认气候的变化。在这种

① 作者这句话的意思是，以事实揭露谎言，这本身是靠不住的，因为要想以事实揭露谎言，首先要选择事实和陈述事实，而选择事实和陈述事实不仅是一种行为，而且是一门艺术，有漏洞可钻，不足为凭。

情形下，批评齐泽克罔顾事实、不实事求是，是不得要领的，因为在他看来，要真正解决的问题是社会政治机制——对个人而言是无意识机制——的问题，正是这样的机制让我们选择一些事实，压抑另外的事实。[45]所以，从齐泽克的叠加定位的角度看，那些盲目崇拜事实的人忽视了力比多或情感所发挥的作用，正是借助于力比多或情感，人类——确切地说是会说话的生物——才把自己与事实联系起来。

乔姆斯基在评论齐泽克的这一立场时声称："我对空谈理论毫无兴趣。……我对故作姿态不屑一顾。……在这方面，齐泽克是绝佳的范例。"[46]齐泽克在其《一些令人困惑的澄清》（"Some Bewildered Clarifications"）一文中对此做出了回应。他说："为了避免产生误会，我不得不说，我并不是在倡导'后现代'的观点，即我们的理论只是我们彼此讲述的、不以事实为依据的故事；我也不是在倡导一种纯然中立、不偏不倚的观点。我的看法是，故事和偏见的多元性（plurality of stories and biases）植根于我们的现实斗争。关于乔姆斯基，我认为他内心的偏见有时会影响他对事实和结论的选择，使他无法明察秋毫，无法看清他试图分析的复杂现实。"[47]针对这段文字，泰勒指出："这是一种反直觉的深刻洞见，却被格雷和乔姆斯基等批评齐泽克的人做了错误的阐释，说他像宫廷小丑那样对事实漠不关心。结果，齐泽克可能会被视为宫廷小丑而被一笑置之。但这样的描述忽视了宫廷小丑在向当权者传递坏消息时所扮演的庄重严肃的历史角色，因为这些坏消息是其他人噤口不言的。"[48]与齐泽克的表演一样，这一点对于理解当代社会而言，颇能发人深省：如今把理论贬低为笑话，诋毁为小丑，这本身就是社会（或者更确切地说，是国家意识形态）的防御机制的一部分，这样的防御机制拼命抵抗的，正是那些试图改变这一机制的人们。

再说一次，齐泽克在公众面前取得的成功是以牺牲他庄重严肃的学术地位为代价的。泰勒把这种在媒体和学术之间做出非此即彼的取舍与“与这种想法——（齐泽克）采取某种立场只是为了博人眼球”——联系起来，认为“齐泽克能让如此众多的受众过目不忘，其原因应在当代文化的特征中寻觅，而不应在他精心设计的策略中探求”[49]。说得更准确切些，齐泽克和乔姆斯基的介入都是在特定的政治、公共语境进行的，正是他们的介入和语境这层关系塑造了他们所感知和所接受的大部分介入和定位。因此，“与齐泽克对革命所做的自我反思性的担当（self-reflexive commitment to revolution）相反，乔姆斯基的政治计划是以他的下列终极信仰为基础的：他相信，事实胜于雄辩，事实具有令人心悦诚服的力量”[50]。但是，诸如后真相（post-truth）、假新闻（fake news）和另类事实（alternative facts）之类的概念比以往任何时候都能更加生动地证明，事实不足以改变人们的想法和行动，也不足以“击垮语境——人们的想法和行动就来自这样的语境——蕴含的意识形态成分”[51]。从这个意义上说，泰勒向我们表明，乔姆斯基以实际行动证明，齐泽克对恋物癖式否认①的分析是千真万确的，因为乔姆斯基非常清楚，事实本身不会改变媒体的偏见，但从他行事的方式来看，事实本身好像真的能够改变媒体的偏见。乔姆斯基压抑了事实的局限性，而齐泽克则

---

① 恋物癖式否认（fetishist disavowal），即齐泽克概括的那个表达式“我很清楚……，但是……”。齐泽克举过很多例子：“我很清楚犹太人与我辈无异，但是……（他们总是有些怪模怪样）”“我很清楚货币和其他物质客体毫无二致，但是……（好像它是由特殊材料制成的，时间对它无能为力）”。

重新认识到了事实的局限性。

泰勒发现，齐泽克对理论的定位以及齐泽克根据理论所做的定位，绝非表演性的空洞姿势。接受（或者更确切地说是拒绝）齐泽克对理论的定位，接受（或者更确切地说是拒绝）齐泽克根据理论所做的定位，涉及一套复杂的压抑机制（complex mechanism of repression）：第一，客观地排斥主观的立场（the objective rejection of a subjective position），即美化客观事实；第二，一般性地排斥思辨性的思想（the general rejection of speculative thought）——它是由媒体赞助的；第三，主观地排斥客观的思想（the subjective rejection of objective thought）——媒体实际上忽视了以事实为根基的分析；第四，“被压抑物的回归（return of the repressed），如此一来，齐泽克被视为一个有趣的怪人，并作为一个有趣的怪人供人消遣”[52]；第五，压抑令人不快的或“不科学”的、有关（选择）事实的事实①。与对真事实和假事实进行意识形态定位的做法相反，齐泽克的叠加定位将揭开无意识信仰（unconscious beliefs）的画皮，并将其展现在舞台上，而任何知识都离不开无意识信仰，都根植于无意识信仰。他把无意识信仰囊括于自己的分析中，创造了非科学话语之效应（effect of an unscientific discourse）。如此一来，它对普通公众更具吸引力。之所以如此，倒不是因为内容（内容已被贬为非愚则诬），而是因为形式，它的形式更加诱人和更加刺激。

因此，泰勒的一大发现是，真正的空洞姿势正在“通过确认

---

① 作者这句话的意思是，有些事实必须被压抑，因为它令人不快，或让人觉得“不科学”（当然这里的“不科学”只是扣帽子而已）；这些被压抑的事实还涉及其他的事实，尤其涉及对其他事实的选择（凡合吾意者，全部来者不拒；凡不合吾意者，一律置若罔闻）。

［格雷和乔姆斯基的］据称更高级、更科学的思维模式的资格证明①”[53]来博人眼球。齐泽克对流行文化的介入和通过流行文化进行的介入，揭示出这些介入的双刃剑属性：这些介入既使他成为全球性的公共知识分子，也使他丧失了学者的严肃性。数字媒体和社交媒体的框定，往往将他的复杂多样性降低到最低的程度。因此，在泰勒看来，齐泽克在媒体上的表演“涉及在下列两者间保持平衡的问题：一者是他想突破媒体采纳的标准的思想筛选程序（media's standard thought-screening procedures）；……一者是他让自己的信息淹没在媒体的海洋里，那里充斥着琐碎的细节和意识形态的否认（ideological disavowal）”[54]。这样复杂的表演性定位在齐泽克于2013年接受伦敦《新政治家》采访时被当场捕获：“齐泽克曾经［在《卫报》上］说过，虽然在他看来，‘人类’一词还算不错，但‘99%的人类都是白痴’。于是我问他，是不是可以这样说，在某种程度上，他的《变态者意识形态指南》是向在‘白痴’传播理论？”[55]齐泽克的回答是：“没错，但白痴都是哪些人呢？我说的白痴不是那些囊空如洗、不学无术的普通百姓。我认识的绝大多数白痴都是学者。……作为一名公共知识分子，我确实觉得，我肩负着某种愚蠢的责任。于是，我真诚地扪心自问，我为此又能做些什么？声称我有济世的良方显然是在无中生有地虚张声势。正如我常说的那样，

① 这句话一语多义，甚是复杂：(1)真正的空洞姿势并不来自齐泽克，而来自格雷和乔姆斯基；(2)据说格雷和乔姆斯基的思维模式（即重事实、轻理论的思维模式）更高级和更科学；(3)有人正在努力确认他们两人的思维模式的高级性和科学性，并颁发资格证书（这当然是语含讥讽的隐喻性说法）；(4)给他们颁发资格证书，展示这个空洞姿势，目的在于引人注目。

我们哲学家所能做的，就是矫正问题（correct the questions）。”[56]

在这样的公开表演中，我们看到了齐泽克是如何对普通的学术立场敬而远之，同时又站在公共知识分子的立场上，与公众携手并肩的。借助于他以其拉黑体反复展示的叠加定位，他改变了知识分子的形象：知识分子先前是解决问题的工程师，现在则是苏格拉底式的怀疑思想家（Socratic skeptic thinker）。在知识方面，齐泽克把乔姆斯基（支持语言）和福柯（反对语言）的针锋相对进行了叠加定位，因为在被要求在他们之间二选一时，他说：“哎，你肯定知道对那个问题——‘要咖啡还是要茶？’——的经典回答：‘是的，请！’①‘要福柯还是要乔姆斯基？’‘不要，谢谢。’”[57]因此，齐泽克以其独特的非学术语言和“保留曲目”进行的介入，在知识领域和公共领域创造了一个别具一格的空间，这是丝毫都不足为奇的。

齐泽克似乎在不断地把自己的立场与他人的立场（批判性地）相关联，进而构建自己的立场。他在这样做时，有时做得很专业，如在《意识形态的崇高客体》中把自己的立场与哈贝马斯的立场相关联；有时做得很随意，在把自己的立场与乔姆斯基的立场相关联时，就是如此。与哥伦比亚大学教授哈米德·达巴什（Hamid Dabashi）的辩论也属于后一种。乔姆斯基把齐泽克的立场与拉康式的故作姿态相关

---

① 齐泽克曾在他与朱迪斯·巴特勒和埃内斯托·拉克劳合著的《偶然性·霸权·普遍性：当代左翼对话录》(*Contingency, Hegemony, Universality: Contemporary Dialogues on the Left*)中说过：“马克思兄弟讲过一个著名的笑话。格劳乔·马克思在回答那个标准问题——‘要茶还是要咖啡’——时这样回答：‘是的，请！’也就是说，他拒绝选择。我们应该以同样的方式回答今天批判理论似乎强加于我们的错误选择：‘要阶级斗争’……还是要‘后现代主义’。在这里，我们至少可以兼而得之。”

联，达巴什则批评齐泽克的欧洲（或者更确切地说是欧洲中心主义）身份。[58]我们将会看到，在诸如《去你妈的齐泽克！》（“Fuck You Žižek!”）之类的文章中，哈米德·达巴什通过把下列两者相关联来定位他本人的介入：一者是学术界内由后殖民状况导致的理论僵局，尤其是在理解或挪用弗朗茨·法农的理论主张时陷入的理论僵局；一者是由种族问题和欧洲中心主义导致的实践僵局。[59]

达巴什-齐泽克事件始于半岛电视台网站2012年发布的一篇题为《齐泽克和哲学家的角色》（“Slavoj Žižek and the role of the philosopher”）的文章。[60]该文的作者圣地亚哥·萨巴拉（Santiago Zabala）认为，成为公共知识分子的哲学家都是思想深受1968年“五月风暴”、艾希曼审判①或伊朗革命等重大事件影响的人们。萨巴拉描述了齐泽克所做的叠加定位，宣称齐泽克的介入沿着爱德华·萨义德的路线，拆解了意识形态的结构，改变了哲学家的角色。之所以这样说，是因为就其写作方式而言，他仿佛是个“处于社会边缘的无业游民”。[61]实际上，尽管可以把齐泽克（和萨义德）视为精英，但在理论上，他是站在庶民（subaltern）的立场上思考问题的。达巴什以其《非欧洲人会思考吗？》（“Can the Non-European

---

① 艾希曼审判(Eichmann trial)，即对前纳粹德国党卫军中校奥托·阿道夫·艾希曼(Otto Adolf Eichmann)的审判。作为“二战”期间犹太人大屠杀的主要组织者和责任人之一，艾希曼参与了“犹太人问题最终解决方案”的组织和实施。第二次世界大战结束后，他逃往阿根廷，后被以色列特工逮捕，公审后被判处绞刑。此事曾经轰动一时，汉娜·阿伦特专门撰写《艾希曼在耶路撒冷》(*Eichmann in Jerusalem*)一书，探讨相关哲学问题，提出了著名的“平庸之恶”：在她看来，艾希曼只是一个俯首听命的官僚，并非罪大恶极，但甘于放弃对善恶是非的判断而盲目服从权威，也会导致极端邪恶的后果。

Think?"）一文反对齐泽克的介入。该文在萨巴拉的文章发布几周后刊出。他在该文中抨击齐泽克，说他的理论是欧洲中心论（对实践理论实施）霸权的一部分。这在知识分子中引发了有关公共合法性（public legitimacy）的激烈辩论。沃尔特·米尼奥洛（Walter Mignolo）也置身其间，他以《是的，我们会思考：非欧洲思想家和哲学家》（"Yes，We Can: Non-European Thinkers and Philosophers"）一文回应达巴什提出的问题。[62]

在自我定位时，米尼奥洛把自己与齐泽克对当下所做的主人叙述联系起来，但对未来选择了另外的解读。这种叙述便是当今资本主义陷入的僵局：作为外在自然（outer nature）的生态学、作为内在自然（inner nature）的生物遗传学、知识产权的非恰当性、新型的社会种族隔离，全都陷入了僵局。但是，就像他说的那样，"共产主义只是［向着令人向往的全球性未来］前进的途径之一"[63]。米尼奥洛详细阐明了齐泽克的普遍的共产主义立场，即代表着国际全球左翼（international global left）的立场，但提出了不同的观点。他说："在非欧洲的世界里，共产主义是问题的一部分，而不是解决问题的方案。但这并不意味着，在非欧洲世界，如果你不是共产主义者，那你就是资本家。"[64]

在斯洛文尼亚，齐泽克被定位为反政权的激进民主派，但达巴什无视齐泽克与斯洛文尼亚政权的恩恩怨怨，将他的全部回应收入他于 2015 年出版的著作（该著作与其文章同名）。他在那里开门见山地提出了以下所谓的主张："'去你妈的，沃尔特·米尼奥洛！'伴随着这些专门用来哗众取宠和逢场作戏的言辞和手势，著名的欧洲哲学家斯拉沃热·齐泽克开始回应沃尔特·米尼奥洛的一篇文章，这篇文章是沃尔特·米尼奥洛在回应我的文章《非欧洲人会思考吗？》时写就的。”[65]齐泽克在由两部分组成的文章《对批评我的人的答复》（“A Reply to My Critics”）和他的《为哲学沙龙激荡未来》（*Agitating the Future for the Philosophical Salon*）①——“哲学沙龙”是《洛杉矶书评》的在线频道——的引论中，解释了他的立场。他的解释既漫不经心又炉火纯青：“在一次公开演讲时，我对米尼奥洛对我的攻击做出了回应，我确实说了‘去你妈的’这句话，但没有同时提及米尼奥洛：没有把他的名字和这句话连在一起，‘去你妈的’是我在任何公开场合都会（对任何人）发出的平淡无奇的感叹词。在这里，只需要再迈进一步，就会把我的感叹词提升为‘斯拉沃热·齐泽克名言“去你妈的，沃尔特·米尼奥洛”’。”[66]

就专业而言，基于作为一个共产主义者所秉持的立场，也基于反对达巴什和米尼奥洛把共产主义和欧洲中心论混为一谈的立场，齐泽克认为：“米尼奥洛在这里依赖一个过于幼稚的区分，即对问题和问题解决方案的区分。……他的目标——和谐、生活富足——就是一个真正的‘抽象的普遍’②，如果真的存在这样的‘抽象的普遍’的话。”[67]就个人而言，由于齐泽克密切关注的是具体的变化，而不只是抽象的（伪）解决方案，他的定位在全球知识领域和全球公

---

① 译者没有查到这本书的任何线索。

② 抽象的普遍（Abstract Universal），源自黑格尔在《小逻辑》中对知性（Understanding）所做的分析：“一般说来，可以把知性活动描述为给它的内容赋予普遍性之形式。但这种普遍是抽象的普遍。也就是说，它与特殊的对立是如此严格地维持着，以至于它同时再次被化约为一种特殊，具有特殊才具有的品格。知性对它的对象采取这种分离和抽象的态度，因而与直接的感觉和感知南辕北辙。如此一来，它完全停留在原生的活动范围内，处于具体的状态。”也就是说，抽象的普遍不是真正的普遍，而是虚假的普遍，并不具有放诸四海而皆准、俟诸百世而不惑的普遍性。

共领域的内部和外部都呈现动态变化之势。这种动态的活力通过不同的中继站（relay points），以数字方式传播其观念。公共辩手格雷、乔姆斯基和达巴什也是这样做的。他们每个人都在批评他，谴责他，认为就他的立场而言，他不是真正的知识分子。他们认为，他只是一个插科打诨的跳梁小丑或江湖骗子，并将他定位为一个认为只有欧洲才是世界中心的欧洲中心论者，而不是一个全球性的思想家。这些批评，连同对他近期政治介入的激烈批判，使齐泽克开始对自己作为哲学家的身份，以及哲学扮演的角色产生怀疑。

对哲学和反哲学进行叠加定位

从学科上的角度看，齐泽克的哲学家地位从未得到过安逸的保障。尽管他在哲学领域深耕多年，他的立场却总在哲学与反哲学之间游荡。在哲学和反哲学之间，还存在着许多中间性的立场。对他众多著作的丰富分类，可以证明这一点：他的著作，除了被归入哲学，还被归入文化研究、政治、批判理论、电影和宗教。有些人之所以追踪齐泽克在电影、教育、媒体、法律、文学、政治，甚至（回到）临床心理治疗方面的著述，原因就在这里。因此，除了在不同领域进行积极的介入，他还从事哲学研究，摧毁主人作为“理应知情的主体”——理应知道所有问题的全部答案的主体——所享有的权威地位。他的如此作为，使他创造了这样的叠加定位：既是哲学家，又非哲学家。也就是说，他虽然没有扮作普通学院派哲学家扮演的角色，没有表演普通学院派哲学家表演的节目，但依然直面哲学的“硬核”(hard core)。在这方面，格蕾琴·巴克无疑是正确的，因为她指出：“齐泽克的窍门在于，同时成为某物（X）和非某物

（not-X），并获得人们的认可。……齐泽克在这方面是如此的孜孜不倦，如此的始终如一，如此的协调一致，以至于只有傻瓜才会觉得，他只是一个平庸的欧陆哲学家。"[68]她认为，正是出于这个原因，"人们可以把他拉进某个角色（哲学家），但是……他会把事情办砸，因为他不可能持久地扮演一个纯粹哲学家的角色。非哲学家，大玩家，这些角色也在那里等待着他"[69]。

借助于"战略性自我边缘化"这一形式，他把自己的立场模糊化和流动化，因而被一些人视为严肃的哲学家，被另外一些人视为江湖骗子和跳梁小丑。这促使齐泽克通过题为《我是哲学家吗？》的介入来回应对他提出的质疑。[70]他在 2016 年召开的"齐泽克国际研讨会"（International Žižek Studies Conference）上做了主旨发言，该发言后来以论文的形式刊发。他把自己定位为哲学家。他在发言时回答了有关他的这一自我定位的问题（也许是以反问的形式来回答问题）。在回顾了某些针对他的批评之后，他将自己的公众角色（public persona）与自己的表演和学术立场联系起来："我发现，这些针对我的著作提出的批评在很多方面都是问题重重的，即使我不考虑我身体的抽搐①这个存在问题的'基础'，也是如此。顺便说一下，我身体的抽搐是器质性疾病导致的结果，我正在服药治疗！我担心自己被排除在学术机器（academic apparatuses）之外，不被视为

① 齐泽克一直患有贝尔麻痹（Bell's palsy），并不得不在2018年初就诊。此病病因不明，是急性特发性周围性面神经麻痹，会导致面部一侧肌肉突发无力。齐泽克在公开演讲时，总是不断触摸自己的面部，原因就在这里。但他偶尔也会因为紧张忘记这个动作，让观众觉得少了点什么。于是有人调侃说，一旦齐泽克忘了触摸自己的面部，那必定是发生了惊天动地的大事。

‘严肃’的哲学家。[如果另一个思想家——比如一个女同性恋女性主义者（lesbian feminist）——在这样的层面上被‘分析’，你能想象会导致怎样的政治正确抗议（Politically Correct outcry）吗？]”[71]我对他的追随者的调查也表明，齐泽克的立场是模棱两可的，因为只有不到三分之一（32%）的受访者认为他是“哲学家”，肯定他是“学者”的受访者少而又少（6%）。事实上，有近一半（49%）的受访者认为他最重要的社会角色是“公共知识分子”。甚至其他著名的哲学家和齐泽克的朋友们——如阿兰·巴迪欧——也对他的哲学家身份提出疑问。巴迪欧认为：“确切地说，齐泽克并不属于哲学领域。”[72]尽管如此，肯尼斯·莱因哈德认为，巴迪欧和由齐泽克、多拉尔和祖潘契奇组成的斯洛文尼亚三巨头“可能是我们这个时代最具当代性的哲学家”。[73]这种复杂的重叠定位，在很大程度上源于齐泽克在多种语境中进行的介入：他在斯洛文尼亚主编“文选丛书”，与左页出版社一道发起“本我在哪里”丛书（为的是推出多拉尔和祖潘契奇的英文著作）[74]，为杜克大学出版社主编“原文如此”丛书，为麻省理工学院出版社主编“短路丛书”，为哥伦比亚大学出版社主编“暴动（Insurrections）丛书”，为总部位于柏林的八月出版社主编“拉康探索”丛书；其次，他介绍巴迪欧对于当代哲学的意义，并为之担保，从而开启了巴迪欧著作的英译之旅。[75]所以说，尽管齐泽克的哲学家地位尚有问题，但他成功地、有效地介入了哲学领域。

公众和学术界对哲学的定位极低，这使哲学饱受贬值之苦，也影响了齐泽克认为自己是哲学家的自我定位。在整个西方世界，哲学系全都陷于两难之境，要么在公众关注的边缘地带苟延残喘，要么彻底关门大吉。即使在学术界，哲学也被贬得一文不值。斯蒂芬·霍金在 2011 年时发出的警句——“哲学已经死去”——就是这种反哲学立场的实例。[76]即使在齐泽克的追随者中，“哲学”也是他著作中最枯燥乏味的话题。根据我的调查，只有十分之一（10%）的受访者认为哲学是齐泽克著作中最诱人的话题。具有吸引力的话题依次是“文化 / 艺术”（64%）、“政治”（62%）、“对新自由主义的批判”（58%）、“精神分析”（54%）、“共产主义 / 马克思主义”（51%）、“对后现代主义的批判”（47%）和“宗教”（28%）。因此，作为哲学家，齐泽克不得不做出异乎寻常的反应，采取不同的哲学立场，同时充分顾及知识分子和公众与哲学之间存在的贫困语境联系（contextual poor connection）和一般关系。在这样做时，他把哲学和反哲学进行叠加定位，接受哲学已死的事实，同时倡议推进哲学的浴火重生。为了充分理解这一点，我们必须迂回进入反哲学的领域，阐明目前反哲学与哲学的关系。

莱因哈德注意到，虽然反哲学与诡辩术（sophistry）和宗教一样，都对哲学持批判态度，但其方法和目的大不相同。在他看来，“反哲学并不处于哲学的对立面，它是一种超历史的思维模式和行为模式。它既批判一个或多个关键性的哲学概念（如真理或善），又倡导一种它认为已经超越哲学的概念性视域（conceptual horizon）的行为”[77]。齐泽克在其不断重复的表演中，通过把哲学与反哲学、把理论与实践进行叠加定位进行介入；他的行为或表演，加上他极具特色的语言用法，本身就是他对传统学院派哲学所做批判的一部分。他为自己的这一举动付出的代价是，牺牲了正常的哲学立场和正常的哲学家地位。此外，这种（反）哲学的牺牲具有知识的和政治的、理论的和实践的意义。他想对整个全球化世界（whole globalized world）进行精神分析，继而把自己也纳入了这个世界的图景，并展示他对这个世界图景的全球性观点，而我们则可在世界各地分享他的观点。齐泽克还以其拉黑体的表述方式，把黑格尔的教益（Hegelian lesson）与拉康的教益（Lacanian lesson）进行叠加定位。黑格尔为我们提供的教益是，不能把哲学体系与呈现哲学体系的方法完全割裂开来；拉康为我们提供的教益是，“精神分析的目的不是让我们理解自己，而是让主体‘横穿’并进入大对体这个拓扑结构（topology of the Other），在那里找到自己的新位置。这个位置就是客体在主体的基本幻象（fundamental fantasy）中所处的位置，在涉及主体自身‘贫困化’的行为中所处的位置”[78]。

齐泽克不断把拉康——或被拉康——定位为“解决”理论-知识（学术）僵局和实践-政治（公共）僵局的“出路”，此举可用精神分析想要达到的目的来解释：“精神分析不仅是一种理论，而且是一种实践，是一件正在发生的事情，因此它似乎构成了爱的真相程序（truth procedures of love）中的一个事件。”[79]大多数反哲学家会支持局部性和偶然性的意义制造实践（practices of meaning making），反对哲学家难以动摇的确定性及其掌握的全球性知识（global knowledge），但齐泽克的精神分析性的反哲学（psychoanalytic antiphilosophy）旨在促成横穿任何特殊性-普遍性（particularity-universality）或地方-全球二元性（local-global dualisms）的单一行为，即所谓的“穿越”（pass）。所以，莱因哈德才会说，“拒绝当今主流意识形态中的有限主义和相对主义的哲学家……将在……反哲学中寻找指南和灵感”。这种语境定位（contextual position）是由齐泽克式的方案（Žižekian project）推动的。[80]这也是有人把齐泽克定位为（“狂野”）精神分析师（analyst）而非主人（master）的原因。[81]如此定位使齐泽克更加接近（数字时代的）苏格拉底。在巴迪欧看来，苏格拉底是“第一位哲学家，也是第一位精神分析师”。[82]苏格拉底因为腐蚀青年而断送性命，齐泽克则因为必须在媒体和学术之间做出非此即彼的取舍，为了自己的定位，做出了形而上的牺牲（metaphysical sacrifice）。美国密苏里州报纸《事件日报》[①]的编辑在2015年收到一封读者来信，题为《谁是齐泽克？他为什么要腐蚀我的儿子？》（"Who Is Žižek and Why Is He Corrupting My Son?"），揭示了这一问题。

亲爱的伊戈尔：

我儿子放了寒假，返家时带回了一位新文化英雄——斯拉沃热·齐泽克。齐泽克在他就读的大学里掀起了一场风暴，办了两次座无虚席的讲座，还接受了长达数小时的在线采访。我儿子说"他是后现代讽刺家（ironist）"。听他说些我本以为他还没有学会的话，感觉不错。他能去听一位哲学家——任何一位哲学家——的演讲，很是了不起。但后来读了齐齐克[②]的一些文章，我被惊掉了下巴。齐齐克说，伊斯兰恐怖分子不是宗教激进主义者，甚至不是革命派，而是全球资本主义的受害者。他说"9·11"事件使患有被害妄想症的美国终于实现了几十年来梦寐以求的幻想。

① 《事件日报》，原文为"Daily Events"，其中的"Daily"既有"日常"和"每天"之意，又有"日报"之意。"Daily Events"既可以指日常生活中发生的事件或每天发生的事件，也可以指专门报道（任何时候发生的）事件的日报。

② 齐齐克（Zizik），而非齐泽克（Žižek）。原文如此。

他说穆罕默德·阿塔①和他率领的恐怖劫机者代表着“善良的精神，他们随时准备为崇高的事业奉献生命”。他说关在关塔那摩监狱里的囚犯在受到虐待时才真正领悟了美国文化的真谛。还说如果美国人真的相信民主，他们就不应该自己选举自己的领导人，而是让全世界其他地方的人选举美国的领导人。我儿子说我应该消消气。这只是一个天大的玩笑——“爸爸，后现代”意在让人们质疑传统的预设。但我后来读到一篇文章，说齐泽克是“西方最危险的哲学家”。这究竟是妄想还是事实？

一位 60 后自由派

俄亥俄州，夏克海茨[83]

这封信告诉我们，最易于接受齐泽克的介入的受众是年轻人。他早年支持斯洛文尼亚的朋克运动，1989 年出版的著作在研究生中比在教授中更受欢迎，还有这一封信，所有这些都在证明，对于齐泽克来说，代际语境（generational context）影响卓著。然而，这种从知识内部领域到知识外部领域的转移是以迷失在转移中②为代价的。尽管

---

① 穆罕默德·阿塔（Muhamed Atta），埃及恐怖分子，盖达组织成员。“9·11”事件中19名劫机者的头领，于2001年9月11日上午8点46分驾驶美国班机率先撞向纽约世贸中心北楼。

② 迷失在转移中（being lost in translation），一般译为“迷失在翻译中”。但“translation”亦有转变和转化之意，故结合上下文，这里将其译为“迷失在转移中”。它的原意是，译文很难完全传达原文的全部内容，必有所失（当然，也必有所“溢”）。其实转移也是如此，很难完全实现预计的目标，总有令人失望的遗漏。

齐泽克异常坚定地反对后现代主义，但由于他的表演具有挑衅性，由于他的根基在法国，在拉康学派那里，所以，偶尔还是有人把他与这一立场捆绑在一起。自1996年发生索卡尔事件以来，有人已经心存芥蒂，怀疑他属于后现代主义阵营。[84]在此之前，在更加局部的地方，齐泽克的思想已经发生腐蚀青年的作用，这可以在斯洛文尼亚三巨头中的第二代人和最年轻的成员祖潘契奇的回忆中看到：

> 我真的被腐蚀了。腐蚀年轻人令人烦恼。如果你想寻求年轻人被腐蚀的根源，那就听我讲个非常有趣的真实故事：我先是读到了齐泽克的斯洛文尼亚语著作《历史与无意识》（*History and the Unconscious*）。这本书以“太初有……”的题词开篇，然后在下一页上写着一个“鸟”字①。我不认识这个字。我是说，那个字源于拉丁语，我不认识。我记得我去查了外文词典，说：“咳！真是有趣！”于是我继续读了下去，读得越多，读起来就越容易。从这个意义上说，这其中蕴含着某种惊天动地的伟力。所以，没错，腐蚀是确实存在的。[85]

在这里，“腐蚀”常见的贬义色彩被彻底清除，同时被赋予积极的意义，指暴露现存社会秩序的局限。这种意味深长的变化既影响公众，也影响学术界。拉康于1980年②去世。自他去世以后，拉康

---

① “鸟”（phallus），直译为“阳具”，精神分析的一个重要范畴。“太初有鸟”，这句题词是对《圣经》中的“太初有言，言与神同在，言就是神”的戏仿。为了保留戏仿的效果，这里做了这样的处理。

② 拉康于1981年去世。——编者注

学派就在临床实践与理论的关系问题上，发生过一场激烈的争论。巴迪欧在描述这场争论时说，归根结底，“一方说‘你不是临床医生’，另一方说‘你在理论上做了让步’”[86]。齐泽克对这种二元性的叠加定位，与巴迪欧对任何种类的调和折中的拒绝遥相呼应，因为“这种（理论和实践的）区分颠覆了整座（拉康）大厦”[87]。与此同时，巴迪欧声称，“不能用一个分裂的数字来把握行为和数元（matheme），因为分裂的数字反过来又指临床实践与理论的针锋相对。……因为处于这一行为的核心地带的，是对数元的欲望”[88]。

齐泽克的知识介入是以精神分析的方式进行的，只不过他分析的对象是社会主体而非单个主体；他分析的不是个人，而是社会——先是斯洛文尼亚的社会，后是全球性的社会。他使用或指导他人使用同样的精神分析方法，关注社会主体（不幸）的言语形式。他通过大众文化产品来倾听全球社会的声音。他转向精神分析，用它占据反哲学的位置。精神分析的核心观念是，真相处于语言之外，因此无法被表述或谈论。然而齐泽克也通过黑格尔的辩证法进行哲学定位，他声称，后康德哲学（post-Kantian philosophy）已经吸纳了前面提及的反哲学给我们提供的教益。

因此，齐泽克对哲学和反哲学的叠加定位是通过将黑格尔和拉康并置一处实现的。把他们并置一处，是因为他们具有相似的做法，即在语言之外定位真相。由于这个“之外”是被内在地理解的（immanently understood），所以，对于精神分析的发生和言语形式（form of speech）的形成及变化来说，言说（speaking）是必不可少的。在诊所中对单个主体进行精神分析，意味着在一个房间里有两个人，一个是精神分析师，一个是被精神分析者（患者）。在诊所外面对社会主体进行精神分析的意味就不是那么一目了然了。对社会主体进行精神分析，这意味着什么？他聚焦流行文化，不是为了表演自己的独门绝技，相反，他认为某些流行的文化产品，如电影、商业广告和长篇小说，是与社会主体进行对话的黄金地带。[89]

在这种言语参与（speech engagement）中，即是说，在分析文化产品并为学术期刊和公共媒体撰写有关文化产品的文章时，通过反复（repetition）、隐喻和转喻等正常的精神分析方法，社会性的言语形式（social form of speech）得以脱颖而出。此外，和在诊所中一样，精神分析师的立场（position）或倾向（disposition）对于介入性精神分析治疗（interventional analytic treatment）的成功至关重要。但是，即使我们把文化产品视为社会的言语（society's speech），它的"符指重点"（signifying stress）被铭刻在何种身体之上？谁是承受能指重负（burden of the signifier）的社会主体？在这里，齐泽克用他自己的"作为手段的体验"（experience as a device），像"演技派演员"（method actor）那样，运用精神分析的方法来对待他置身其内的社会身体（social body）。[90] 他的体验被认为是非常普遍的体验，大家可以分享并追随他做的精神分析。因此，他对自己的体验所做的精神分析成了对"我们"所有人的体验所做的精神分析。仔细审视精神分析的治疗，会使齐泽克对精神分析师的立场和被精神分析者的立场所做的叠加定位变得更加清晰。

如前所述，精神分析者应该主动放弃"理应知情的主体"占据的立场，让被精神分析者自己创造自己的知识。作为精神分析的终结，在行为或穿越（the act or pass）中达到顶峰的精神分析治疗，被巴迪欧定义为"展示主体的实在界"（demonstration of the Subject's real）。[91] 现在，如果说齐泽克在试图对（作为一个主体的）整个世界进行社会性精神分析（socioanalyze）时把拉康带出了诊所，那么他的介入就是展示这个世界的实在界（the real of the world）。这与齐泽克以频繁使用文化案例和日常例证为根基的、强迫症一般的、再三重复的写作一脉相承。巴迪欧曾经这样界定“展示”（demonstration）：“展示意味着实在界是不能出示（shown）或断示（monstrated）①的，它是被去断示化的（de-monstrated）。因此，展示是对出示（showing）的消解。这也意味着它近似形式主义，意味着主体的实在界只要被展示出来，就能把它和写作连接起来。”[92]齐泽克的写作不仅在数量方面是无与伦比的，在质量、风格、结构和影响方面也是独一无二的。他的写作在网络时代如鱼得水，与其形式特性和视觉特性有关。他的写作再三自我重复，正如某些评论人士指出的那样，这实际上瓦解了他的主体立场（subjective position），并创造了一种错觉：根本不存在作者，他的那些数量庞大的皇皇巨著都是由机器人通过反复使用相同的算法写成的。

齐泽克以这种方式完成了他那尽可能接近正式写作（formal writing）的写作。说他的写作还不是正式的写作，是因为它模糊了呈现性（presentability）和再现性（re-presentability）之间的界限。正如巴迪欧所解释的那样，“只有这样的写作才能发挥展示的功能，而不是断示的功能。这样的写作不可能是一种符号化（symbolization）。说写作是一种符号化，等于说它避开了知识的问

① 在巴迪欧那里，“展示”（demonstration）是这样一个精神分析过程：在精神分析师的启发下，被精神分析者通过穿越自己的无意识而获得的有关自己的知识。这知识类似于黑格尔所谓的“绝对知识”。“断示”（monstrated）是最近出现的新词，指这样的行为：在既不知道原因，也没有逻辑根基的前提下展现某物，并声称它是真实可靠的，颇有武断的意味。因为中文没有与之对应的词语，这里暂时译为“断示”。

题。‘展示’意味着，如果有一个空间，实在界在这个空间中坚强不屈、不肯就范，那就必然存在着符号化的僵局，但这种符号化必定包含着创造了这一僵局的约束”[93]。齐泽克的表演是一种精神分析性的去断示化。他在表演时展现的不是符号性的内容，而是真正的僵局（real impasse），是作为僵局的实在界（real as an impasse），而这样的僵局或实在界，是任何这样的内容所固有的。的确，在齐泽克那里，只有僵局，没有摆脱僵局的“答案”。他的介入并没有创造寻常的学术产品，没有创造通过线性论证（linear argumentation）产生的知识。但是，他的介入在实践上和情感上指导我们的思维过程，让我们勇往直前地直视——甚至体验——（非）可能性的形式条件和社会条件。

这种表演策略立即激起了公众对知识和非主观介入（nonsubjective intervention）的寻常的期望，但又未能满足这一期望。在这个过程中，齐泽克与当前的资本主义生产方式产生了共振。所以，他必须反复提供新意（newness）。齐泽克没有什么特定的东西需要展现或言说，但他的连续不断的评论促成了他对当下的叙述，而且因为当下总在千变万化，他围绕着当下开展的写作自然也是日新月异。这就是多拉尔断言齐泽克一辈子只写一本书的原因。但这本书是由几百本书组成的，而且所有这些书都展现同一种现象的不同部分，包括视频、观念、图书、政治、电影等等，并被众多不同的代理商、像追随者那样的朋友、像批评者那样的敌人来营销、复制和重复。[94]

终末期的开始？齐泽克叠加定位之效果

齐泽克及其三巨头的故乡杂志《问题》于 2017 年推出了国际英文版。它向全球（和数字）公众介绍广义的卢布尔雅那学派，并围绕齐泽克、多拉尔和祖潘契奇等关键人物建立起广泛的读者群。此外，随着《齐泽克词典》的出版，他的表演——特别是他借助拉黑体进行的表演——获得了自身的知识空间。[95] 有了这种介入，齐泽克的表演语言被认为是举世无双、价值连城、可供各种用户使用的重要资源，他也被列入伟大思想家词典的谱系。这些思想家包括康德、黑格尔、拉康以及最近走红的巴迪欧。[96]

《齐泽克词典》是一个合作项目，由 64 个术语组成，作者是来自不同地域和不同学科的 62 位教授、学生或研究人员。这本词典由雷克斯·巴特勒主编，齐泽克也披坚执锐，参与其中。正如该书封底所言，“齐泽克无疑是当今世界上最受欢迎和广泛讨论的哲学家。……《齐泽克词典》汇集了世界各地出类拔萃的齐泽克评论家，为齐泽克的思想提供指南和向导”。雷克斯·巴特勒还指出，齐泽克是一位“大师兼思想家”（master-thinker），不能根据传统的学术规范对他品头论足。他的著作的优点恰恰在于质疑这些规范并取而代之。因此，雷克斯·巴特勒发现，“齐泽克在其著作中以一种非同一般的方式使这个悖论充满了戏剧性张力”[97]。一方面，“绝对要把齐泽克本人与他的著作等同起来，他的著作不是故作姿态地伪装出来的，而是他的心声的真诚流露。……不过，另一方面，齐泽克和他的著作之间也存在着某种彻底的脱节”[98]。虽然有人认为，在齐泽克那里，“所见即所得”，所以不必以外部标准对他妄加评判，但也有人认为，“所见”是个天大的笑话，根本不必郑重其事地严肃对待。这种表演上的模糊性，类似于演员在舞台上抨击自己的行为，它使普通的表演框架（performative framework）变得动荡不安。齐泽克通过完全不同的表演，主动把真迹（the authentic）与赝品（the fake）进行叠加定位，促成了一种动态的介入模式，亦真亦赝，对两边都有吸引力。

齐泽克除了继续出版更多的知识——可以把“知识”读为“冗长沉闷的”——著作，如《绝对反冲》(*Absolute Recoil*)、《悬殊》(*Disparities*）和《虚空的失禁》(*Incontinence of the Void*)，还做了更多大受欢迎的介入。通过这些介入，他的全球公共知识分子的地位更加牢固。[99] 如此深受喜爱——大力推广——的介入既有文本性的，也有口头性的。文本性的介入包括《介绍斯拉沃热 · 齐泽克：图示性指南》(*Introducing Žižek: A Graphic Guide*)，它以漫画的形式讲述齐泽克的生平和理论；包括《事件》(*Event*)，这是一本简明扼要、通俗易懂、面向大众消费的袖珍版企鹅图书。[100] 在口头性介入方面，我们发现他在各种流行的新闻媒体和社交媒体频道上反复地、频繁地表演。这样的媒体包括 *Vice* 杂志，他在那里的浏览量超过 300 万；包括英国广播公司，他在那里的浏览量超过 100 万。[101] 这样的介入既在视觉上又在文字上把他和他的思想以公开的、流行的形式呈现出来。

近年来，随着齐泽克的立场的确立，争议逐年增多，这迫使他做出回应和澄清。换言之，一旦他成为知识分子中的佼佼者，其他自命不凡或正在崛起的知识分子就会依据自己与他的关系——相同或相对——来定位自己。2016 年 5 月 22 日在纽约左翼论坛会议期间发生的一起事件就是如此。在齐泽克主持的会议闭幕式上，一位名叫泰伦 · 菲维克（Taryn Fivek）的记者兼激进分子开始发难。他走上主席台，抓起麦克风，开始宣读一份传单，指责齐泽克犯有种族主义和性别歧视的罪恶（图 4.4）。发难者泰伦·菲维克博士引用齐泽克本人的挑衅性言辞，想必是要证明他行为不端。这一公开事件最终演变成发难者和听众之间的一场辩论。辩论的焦点是，齐泽克是在何种语境中发布这些言论的。此事后来被《今日俄罗斯》(*Russia Today*）以数字形式报道和传播，在全球范围内展示了对齐泽克的这一批判。[102]

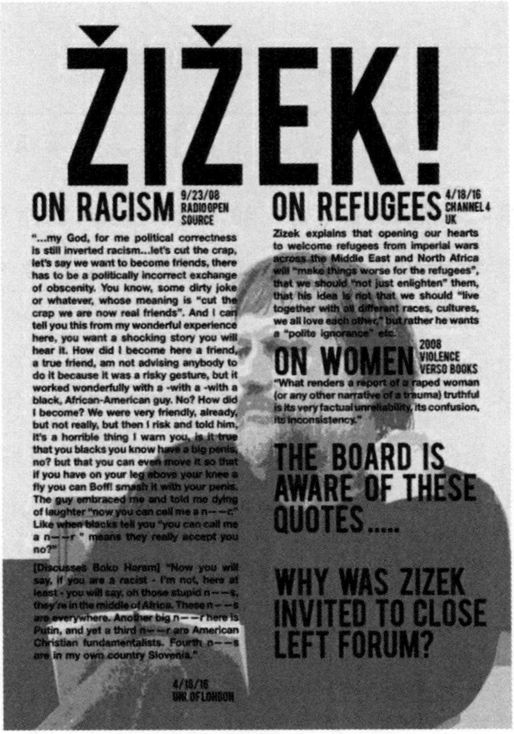

图 4.4　2016 年 5 月 22 日，反齐泽克传单在纽约左翼论坛上散发

来源：泰伦·菲维克。

有了这种全球性的、公开的、激烈的批判，齐泽克的立场变得不再那么令人心驰神往，并且有些不合时宜。他解释说，有一系列的问题导致了对他的负面定位。他的引文索引的下降可以说明这一点（图 4.5）。

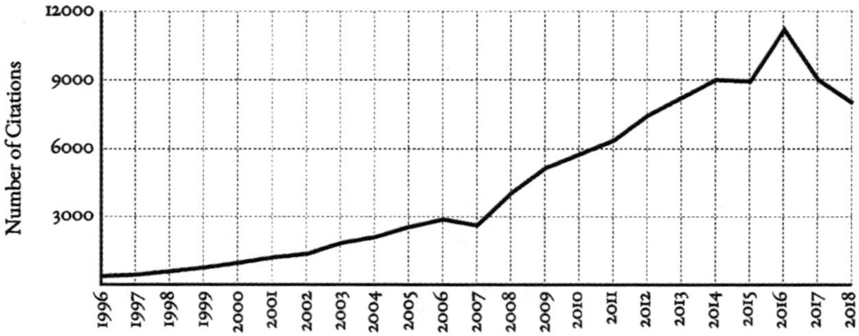

图 4.5　齐泽克每年被引用的数量，1996—2018 年

这表明，他的引用量在2016年之后有所下降。来源：谷歌趋势搜索，2019年1月3日。

它始于齐泽克在前南斯拉夫问题上秉持的立场，当时部分欧洲左翼人士为米洛舍维奇在巴尔干战争中的所作所为开脱，意在把他解救出来。[103]然后，他的边缘化之势难以遏止，因为他既不支持也不反对希腊退出欧元区，即“希腊退出”（Grexit），而大多数（批判）知识分子则予以坚定的支持。随着难民（和移民）危机的到来，这一消极定位日益强化，而普通的知识分子立场则借此危难之时，支持开放欧洲和接受难民。与之相反，齐泽克对开放欧洲的主张表示怀疑，但并未予以彻底否定。[104]最后，在妇女运动等问题上，齐泽克遭到批评，因为他怀疑，把运动作为真正的政治变革的手段，其话语是否会产生意动效应（affectivity）。在所有这些涉及当前异常紧迫的全球公共问题的语境前沿（contextual fronts），齐泽克的叠加定位创造了新的立场，超越了现有的要么支持、要么反对（塞尔维亚人、希腊退出、难民和政治正确）的模式。此外，这些公共战线（public fronts）还会划定思想和政治的前线，既影响聘任，也影响出版。到了 2017 年，齐泽克描述了这些关系对他定位的影响：

> 现在我在美国只能接触极端边缘化的媒体。它就是左翼双周刊《当今时代》，还有电子版的《洛杉矶书评》，它们都非常边缘化。在欧洲，你注意到没有，但在——我想是——两年前，我几乎每个月都能在《卫报》上发表文章，有时每个月能发表好几篇文章，但（现在）我出局了，被禁言了。我惹恼了他们所有人，包括左翼和中间偏右的自由派。我在《世界报》上发表过很多文章，它还曾向我约稿，现在他们对我已经不理不睬了。即使现在的《明镜周刊》（*Der Spiegel*）也不再……他们甚至连信都不回复。这种审查真是赶尽杀绝。[105]

这些语境关系（contextual relations）影响了齐泽克的表演。在细数他在过去 20 年间的书面性的公共媒体介入时（图 4.6），下列四点是一目了然的：（1）介入率不断上升；（2）介入的媒体渠道发生了变化；（3）“9・11”事件、“阿拉伯之春”和特朗普当选后急剧上升；（4）20 年来平均每月发表一篇以上的文章。稳定的表演推广了齐泽克的立场和著作，使他的立场和著作获得了认可，也使他遭受日甚一日的批判。围绕着如火如荼的难民危机等僵局，齐泽克在种族和性别问题上秉持的立场，成为攻击他并将他重新定位为“保

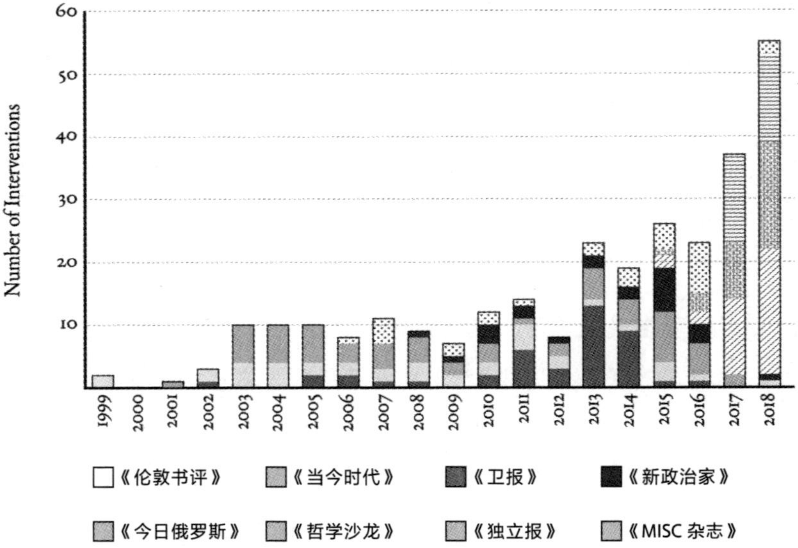

图 4.6　齐泽克在英语公共媒体上的介入，1999—2018 年

共288次。这些介入在“9·11”事件(2001年)、“阿拉伯之春”(2011年)和特朗普大选(2016年)后有所增加。

守”左翼的依据。然而，牺牲了媒体就会成全学术，齐泽克越是不受公众媒体的欢迎，就越是被定位为学识渊博的学者。换言之，和对他的著作的接受一样，对齐泽克的批评也是大相径庭的。例如，杰夫·鲍彻（Geoff Boucher）、杰森·格利诺斯（Jason Glynos）和马修·夏普（Matthew Sharpe）在自己编选的《穿越幻想：对斯拉沃热·齐泽克的批判性回应》(*Traversing the Fantasy: Critical Responses to Slavoj Žižek*）中反对“享受你的齐泽克！”这一流行趋势，反对把他的思想简化为他的表演。他们认为，齐泽克的表演风格与他的政治主张存在着内在联系：“齐泽克的介入首先是一种写作形式（form of writing），这种写作形式在理论舞台上产生了一定的政治影响。这种写作具有诗歌的密度（density of poetry），值得我们对之做出缜密的文学解析。”[106]

通过这种将风格与政治主张相联系的视角，法国社会学家拉兹米格·科什扬（Razmig Keucheyan）对齐泽克做了不同的定位，不把他视为“保守”左翼。他在《左半球：图绘当今批判理论》（*The Left Hemisphere: Mapping Critical Theory Today*）一书中，依据他的理想暨典型的分类学（ideal-typical typology），把齐泽克定位为“创新者”（innovator）左翼。与其他类型的批判知识分子——皈依者、悲观者、抵抗者、领导者和专家——不同，“创新者”的独特之处在于，他们有实现杂交融合的能力。正如他所言，“齐泽克是个货真价实的制造杂交融合理论的机器”[107]。他将齐泽克描述为“列宁与拉康的相遇”，这与他把理论与实践进行叠加定位一脉相承。这种叠加定位是他的知识介入的标志。

与拉兹米格·科什扬一样，麦肯齐·沃克（McKenzie Wark）认为齐泽克对未来做了新颖的解读，强调他在这方面做出的贡献，并将他定位为塑造未来的思想家。沃克认为，在如今的当代全球语境中，期待某个公共知识分子人物出来单打独斗，挑战公众和启蒙公众，是错误的。相反，正如她的《普遍知识分子：21 世纪的 21 位思想家》（*General Intellect: Twenty One Thinkers for the Twenty First Century*）的书名所示和封底所言，“如果做整体性解读”，普遍知识分子的“著作可以对我们的时代做出解释”。[108] 她将普遍知识分子界定为“主要受雇为学者，而且大多在这方面功成名就的人。他们试图通过自己的著作，解决有关当今世界状况的更加普遍的问题”[109]。沃克把这样的全球公共知识分子定位为“从事中程理论（theory of the middle-range）的人：他们从事的不是纯粹的哲学，但也不是简单的个案研究”[110]。齐泽克的重叠定位极其清晰地展示了这一点。然而，鉴于齐泽克不屈不挠地从事这一工作，沃克将齐泽克定位于“马克思领域”（Marx-field）内的高级理论区域（zone of high theory），“高级理论使劳作和科学（labor and science）臣属于来自它的过去的隐喻（metaphors from its own past）”[111]。她把他的高级理论与他的低级理论立场（ow-theory position）做了对比，认为他的低级理论立场“在各种形式的劳作和科学的隐喻性延展（metaphorical extensions from various forms of labor and science）之间实验性地发挥作用，因为劳作和科学与当今世界有关”[112]。因此，她最后的结论是，尽管“齐泽克关于资产阶级主体的高级理论马克思主义（high theory Marxism）与时代关系少而又少”，但它“视为资产阶级主体——否定性的、注定走向虚无的——自我赞美的最后一种形式，……可能是有趣的”。[113]

尽管如此，齐泽克的团队和网络关系还是使他的接受范围不断扩大，使他的兴趣长盛不衰，并把他的兴趣引入新的沃土。无论从哪个方面看，都可以说，这些关系催生了卢布尔雅那学派。据祖潘契奇回忆，这个通过关系创造出来的标签（relationally created label）最终破茧成蝶，成为（真正的）学派①：“听人念叨‘卢布尔雅那学派’，总是感到很滑稽。实际上根本没有什么‘学派’，只有从别的什么地方传到卢布尔雅那的东西。人们开始从学校的角度谈论它，甚至有人千里迢迢地来到这里，要找这个学校的地址，它当

---

① 学派，原文为“school”，它既有“学派”之意，亦有“学校”之意。普通人一般将其理解为“学校”。祖潘契奇下面一席话表明，不少人把“卢布尔雅那学派”理解成了“卢布尔雅那学校”，就像当年不少人把“后现代主义”（post-modernism）理解为“邮政现代主义”一样。

然是不存在的。但是你可以看到这种协作产生的效果。”[114]这些发挥构成作用的网络关系（constitutive network relations）是由三巨头成员的强大团队关系维持的，它跨越了诸如私人–专业或年迈–年轻之类的鸿沟。作为“三巨头”的第二代成员，祖潘契奇回忆说：“我认为显然存在着哲学上或理论上、概念上的共谋（conceptual complicity），以及某种个人的共谋（personal complicity）。我们至少每周见面一次，只是为了讨论理论问题，讨论我们生活中正在发生的事情。所以从 2000 年左右开始，我们的联系越来越频繁，关系越来越密切。”[115]多拉尔也这样认为：“我深信，存在着世外社区（extramural communities），即由来自跨学科、跨机构的人们组成的群体，纯粹为了某件事情的缘故而做这件事情的知识分子群体。它不需等待某个机构的委托，也不是为了谋取任何利益、职业或别的什么东西。你做你的事情，就是为了做这件事情。”[116]说到学派的关系效应（relational effects），它可以从学派的世代延续（generational continuity）中清晰见出。祖潘契奇在强调学派的开放性时解释说：“如果我们结识了某些年轻人，而且在他们那里立刻感受到志同道合之意，那他们就会直接成为我们网络的一部分。”[117]多拉尔是这样描述这种关系的代际效应的：

> 这个学派造就了好几代人。大多数新一代人是我在大学任教时的学生，他们大多出身于哲学系。这样的人，我们有一打。在他们中，有些人已经在《问题》上发表文章，比如萨摩·汤姆希奇（Samo Tomšič），他有关拉康和马克思的著作在左页出版社出版后，掀起了一股风暴。还有尤雷·西莫尼蒂（Jure Simoniti），他刚刚出版了一部著作。

> 还有格雷戈尔·莫德（Gregor Moder），他专论黑格尔和斯宾诺莎的著作即将由美国西北大学出版社出版。他以前是我的博士生。还有西蒙·哈迪尼（Simon Hajdini），他现在在芝加哥，以前也是我的学生。新一代人正从这种既定的关系中获益。有很多人最初是在这里一举成名的，现在则在世界各地发表文章、出版著作。有些人在美国。我们延伸到了波兰，到了丹麦。学派的发展没有极限。认为我们有极限，是不对的。[118]

尽管齐泽克的地位被削弱，被质疑，也受到了威胁，但他仍然设法并成功地产生了真正的影响。因此，齐泽克多年来在学术界建立和维持的关系似乎产生了持久的影响，公共活动则更加灵活多变。随着政治关系渗入知识关系，放行某些关系、遏止某些关系以及在难以持久的网页之外公开出版著作或发表文章的能力，在很大程度上取决于是否能够找到适当的代理人，取决于能否在相同的语境中与他人建立网络关系，能否随着语境和立场的变化脱胎换骨，把旧网络关系转换为新网络关系。正如齐泽克在谈及长期出版其著作的左页出版社时所说的那样："它实际上是由年轻人经营的，但是还存在着一个老三人帮，他们分别是佩里·安德森（Perry Anderson）、塔里克·阿里（Tariq Ali）和罗宾·布莱克本（Robin Blackburn）。它俨然某种秘密委员会，每月开会一次，在会上决定一切。我在那里常常陷入冲突。……这是古老的冲突，却非常活跃，是托派与毛派之间的冲突。"[119] 因此，不仅在学术界，而且在出版界建立多重关系，对于克服这种政治障碍以及克服其他障碍——如在后法典时代由于要压缩事件和反应的时间性和自发性而导致的出版时间障碍①——来说，都是立竿见影的。齐泽克最终放弃了麻省理工学院出版社，因为“罗杰·康诺弗（Roger Conover）本质上是反对拉康的，他对这个艺术书系（Art book-line）态度尤为严厉”[120]。他还终止了与西北大学出版社的合作，以免干扰他朋友阿德里安·约翰斯顿现有的工作。他还放弃了杜克大学出版社，因为它的出版过程如同蜗行牛步。因此，就今天的关系状况（relational conditions）而言，齐泽克承认：“我把我的理论著作转到了布鲁姆斯伯里出版社。他们做事干脆利落，我们关系良好。他们严肃认真，还有很好的销售渠道。至于政治类图书，我们交由企鹅出版，因为他们做事从不拖泥带水。基本上，这就是我现在的处境。好吧，布鲁姆斯伯里，企鹅。但我现在基本上要做的，还是要交给布鲁姆斯伯里出版社出版的哲学著作。我想鞠躬尽瘁，一直到死，都致力于此。”[121]

我们在此再次看到知识介入的活力是如何带来物质效应（material effects）的。就齐泽克这种情形而论，物质效应在积极和消极之间摇摆不定。一方面，在成为一种公共知识分子现象（intellectual phenomenon）后，他遭受了严厉的批判；他被人质疑，他究竟是不是哲学家和左翼人士；他被多个出版机构拒之门外。另一方面，除了毒害他人，还有一种效应涉及观念的传播。在这方

---

① 这句话的原文“such as publishing time in the postcodex era of compressed temporality and spontaneity of event and response”包含多重语义：（1）对于出版业来说，我们现在所处的时代是后法典时代；（2）后法典时代的特征是压缩时间，抑制自发性，特别压缩描述事件的时间，抑制对事件的反应的自发性；（3）由于需要压缩，出版的时间无法保障，因为不同的编辑对轻重缓急有不同的理解，故而有的著作能够迅速推出，有的著作则一拖再拖。

面，齐泽克在学术界（多拉尔、米勒）、政治界（瓦鲁法基斯、阿桑奇）和文化界（NSK、暴动小猫①）的关系和人脉，帮他实现了他的定位，传播了他的观念，推销了他的表演，推广了他的介入。这清楚地表明，尽管在一般人看来，齐泽克在唱独角戏，但考虑到他成功的知识个性化，他的观念的有效传播几乎不可能是他"一己之力"的结果。

通过他的团队关系（协同关系和合作关系），斯洛文尼亚三巨头创建了卢布尔雅那理论精神分析学派。他经常与他的私人朋友和几任妻子——尤其是他的首任妻子蕾娜塔·莎莉塞和目前的第三任妻子耶拉·克雷契奇（Jela Krečič）②——一道，积极介入公共事务。利用他与米勒和拉克劳结成的关系网，以及他与其他备受尊敬的知名知识分子——如弗里德里克·詹姆逊、琼·柯普洁和埃里克·桑特纳——结成的关系网，他促成了一个以拉康思想为导向的思想家网络，其中的思想家来自不同的国家、大学和学科。

这些关系融化为丛书和学术会议，甚至融化为职位和地位。[122] 它们还物化为书籍、文章和数字讲座。通过这些关系，齐泽克的观念捕获了遍布全球的形形色色的受众，一般公众和知识分子都无法成为漏网之鱼。他的论著被十几家出版社出版，还被译成西班牙语、法语、德语、葡萄牙语、意大利语、日语、韩语、俄语和汉语，因

① 暴动小猫（Pussy Riot），又译造反小猫，是俄罗斯一个信奉女性主义的朋克乐队。该乐队成立于2011年8月，由大约12名成员组成，成员头戴鲜艳的头套，并在公开露面时只用化名。她们经常未经政府批准就在各大景点举办行为表演艺术活动，且内容大多涉及俄罗斯的政治生活。

② 有资料显示，蕾娜塔·莎莉塞和耶拉·克雷契奇分别是齐泽克的第二任妻子和第四任妻子。

此影响范围可谓无远弗届。[123] 在超过25个国家举办的研讨会的会议名单上，都出现过他的名字。他的存在既无所不在，又在知识方面受到公开的挑战。

综上所述，本章探讨了齐泽克在媒体和学术之间做出非此即彼的取舍的过程和结果。它向我们表明，当一个知识分子介入已经数字化的公共领域时究竟会发生什么。公共领域的数字化为齐泽克的表演创造了条件，只有在这样的条件下，他的表演才能风行全球。和网络文化一样，他无视传统的写作方式和言说方式。如此一来，他轻而易举地使自己成为资深学者和传统学者的攻击目标。在下文中，我们将为当今时代及其知识状况，提供某种普遍性的结论。

注 释

[1] 格雷格·兰伯特(Gregg Lambert):《哲学家与作家：风格问题》("The Philosopher and the Writer: A Question of Style")，收入保罗·巴顿(Paul Patton)和约翰·普罗特维(John Protevi)编:《在德勒兹和德里达之间》(*Between Deleuze and Derrida*)，伦敦：连续出版社，2003年，第120页。

[2] 雅克·德里达:《要点：1974—1994年访谈录》(*Points: Interviews1974—1994*)，加州斯坦福：斯坦福大学出版社，1995年，第218页。

[3] 同上。

[4] 米歇尔·德·塞托:《日常生活实践》(*The Practice of Everyday Life*)，伯克利：加州大学出版社，1984年，第16页。

[5] 克雷斯顿·戴维斯(Creston Davis):《今天的精神病学院：冒着"齐泽克180"教学法的危险》("Today's Psychotic Academy: Risking the Pedagogy of 'Žižek's 180")，刊于《今日哲学》，第61卷，第2期(2017年)，第380页；另见欧文·费勒(Irwin Feller):《大学作为基于研发的经济增长引擎：他们觉得自己能行》("Universities as Engines of R&D-Based Economic Growth: They Think They

Can"），刊于《研究政策》（*Research Policy*），第19卷，第4期（1990年），第335—348页；史蒂夫·富勒（Steve Fuller）：《关于知识分子生活的社会学：学院内外的心智生涯》（*The Sociology of Intellectual Life: The Career of the Mind in and Around Academy*），伦敦：塞奇出版社，2009年。

[6]贾斯汀·克莱门斯（Justin Clemens）：《斯拉沃热·齐泽克著作中的风格政治学》（"The Politics of Style in the Works of Slavoj Žižek"），收入杰夫·鲍彻（Geoff Boucher）、杰森·格利诺斯（Jason Glynos）和马修·夏普（Matthew Sharpe）编：《穿越幻想：对斯拉沃热·齐泽克的批判性回应》（*Traversing the Fantasy: Critical Responses to Slavoj Žižek*），伦敦：劳特利奇出版社，2005年，第3—22页。

[7]克雷斯顿·戴维斯：《今天的精神病学院：冒着"齐泽克180"教学法的危险》，第381页。

[8]格雷格·兰伯特：《哲学家与作家：风格问题》，第125页。关于最大阐释和最小阐释，见艾萨克·里德（Isaac A. Reed）：《作为研究项目的文化社会学：后实证主义、意义和因果关系》（"Cultural Sociology as Research Program: Post-Positivism, Meaning, and Causality"），收入杰弗瑞·亚历山大、罗纳德·雅各布斯和菲利普·史密斯（Philip Smith）编：《牛津文化社会学手册》（*The Oxford Handbook of Cultural Sociology*），牛津：牛津大学出版社，2012年，第27—45页。

[9]格雷格·兰伯特：《哲学家与作家：风格问题》，第127页。

[10]该书最初由奥登·莫滕森（Audun Mortensen）于2011年自费出版。它被视为艺术家的桌边书，限量发行一本。哥本哈根第六画廊在2012年举办的"笑话的艺术"展上展出了它的照片，可以从中窥见它的模样。该书于2012年由挪威火焰旗出版社（Flamme Forlag）重新出版。稍后在与作者达成协议后，其版权售予麻省理工学院出版社。麻省理工学院出版社于2014年推出一个名为《齐泽克的笑话》（*Žižek 's Jokes*）的版本。它已被译成德语、法语、俄语、土耳其语、希腊语、意大利语、孟加拉语等语言，供世界各地的读者阅览。

[11]见奥登·莫滕森：《斯拉沃热·齐泽克笑话集》（"The Collected Jokes of Slavoj Žižek"），2012年，https://shop.flammeforlag.no/products/dd。

[12]林赛·欧文（Lindesay Irvine）：《斯拉沃热·齐泽克的笑话绝非无关痛痒的笑

料》(“Slavoj Žižek’s Jokes are No Laughing Matter”)，刊于《卫报》，2012年1月6日，https://www.theguardian.com/books/booksblog/2012/jan/06/slavoj-zizek-jokes。

[13]具体来说，这里的风险在于，它本是一本笑话书，却变成了对一本书的嘲笑。有关嘎嘎小姐(Lady Gaga)和齐泽克的风流传闻，见乌里·弗里德曼(Uri Friedman)：《不是的，嘎嘎小姐不是马克思主义哲学家斯拉沃热·齐泽克的女朋友：有关两人牵手的故事不足为信》(“No, Lady Gaga Is Not Friends with Marxist Philosopher Slavoj Žižek: A Story on Collaboration between the Two Has Been Discredited”)，2011年6月22日，https://www.theatlantic.com/culture/archive/2011/06/lady-gaga-and-marxist-slavoj-zizek-friendship-wasnt/352046/。

[14]见阿贡·哈姆扎(Agon Hamza)主编：《重复齐泽克》(*Repeating Žižek*)，北卡罗来纳州达勒姆：杜克大学出版社，2015年；凯尔西·伍德(Kelsey Wood)：《齐泽克：读者指南》(*Žižek: A Reader's Guide*)，英国奇切斯特：威利-布莱克威尔出版社，2012年。

[15]斯拉沃热·齐泽克：《极度空无：黑格尔与辩证唯物主义的阴影》(*Less Than Nothing: Hegel and the Shadow of Dialectical Materialism*)，伦敦：左页出版社，2012年。

[16]尼古拉斯·索伯恩(Nicholas Thoburn)：《反图书：论激进出版的艺术与政治》(*Anti-Book: On the Art and Politics of Radical Publishing*)，明尼阿波利斯：明尼苏达大学出版社，2016年。

[17]罗伯特·皮平(Robert Pippin)：《重返黑格尔？》(“Back to Hegel?”)，刊于《沉思录》(*Mediations*)，第26卷，第1—2期(2013年春季)，第7—28页。

[18]斯拉沃热·齐泽克：《极度空无：黑格尔与辩证唯物主义的阴影》，第3页。

[19]见《历史是在夜间创造出来的：一个24小时事件——〈极度空无〉新书发布会》(“History Is Made at Night: A 24-Hour Event to Launch Less Than Nothing”)，左页图书网，https://www.versobooks.com/events/458-history-is-made-at-night-a-24-hour-event-to-launch-less-than-nothing。——作者注。该网址已失效。——译者注。

[20]亚历克斯·克里斯托菲(Alex Christofi)：《我和齐泽克相处的一个夜晚》(“My Night with Žižek”)，《前景》杂志网站，2012年6月19日，https://www.

prospectmagazine.co.uk/culture/50205/my-night-with-zizek。

[21]同上。

[22]同上。

[23]芝加哥大学教授罗伯特·皮平为《极度空无》撰写了一篇才华横溢的长篇评论，将齐泽克置于黑格尔的哲学领域，认为《极度空无》是“重振或重现黑格尔的一次严肃尝试”。见其《重返黑格尔？》，第7页。

[24]乔纳森·瑞（Jonathan Ree）：《评论斯拉沃热·齐泽克的〈极度空无〉》（“Less Than Nothing by Slavoj Žižek-Review”），刊于《卫报》，2012年6月27日，https://www.theguardian.com/books/2012/jun/27/less-than-nothing-slavoj-zizek-review。

[25]同上。

[26]同上。

[27]约翰·格雷（John Gray）：《斯拉沃热·齐泽克的暴力愿景》（“The Violent Visions of Slavoj Žižek”），刊于《纽约书评》，2012年7月12日，https://www.nybooks.com/articles/2012/07/12/violent-visions-slavoj-zizek/。

[28]同上。

[29]同上。

[30]除了齐泽克在2008年出版的《论暴力》，另见他为下列著作撰写的前言《暴力这个暗物质，或者，正确看待恐怖》（“The Dark Matter of Violence, or, Putting Terror in Perspective”），收入索菲·瓦尼奇（Sophie Wahnich）：《为恐怖辩护：法国大革命中的自由或死亡》（*In Defence of the Terror: Liberty or Death in the French Revolution*），伦敦：左页出版社，2012年，第xi（11）—xxx（30）页。

[31]约翰·格雷：《斯拉沃热·齐泽克的暴力愿景》。

[32]同上。

[33]对于事实与虚构的叠加定位，还有另外一种形式。关于这种形式，见齐泽克对兹加·维克（Žiga Virc）执导的实验电影《休斯敦，我们出事了》（*Houston, We Have a Problem*）的介入。这部“纪实剧情片”（docufiction）或“伪纪录片”（mockumentary）讲述了有关南斯拉夫太空计划的故事（或神话），但它在讲述这个故事（或神话）时模糊了纪实故事和虚构小说的边界。

[34]罗纳德·雅各布斯和埃莉诺·汤斯利：《意见空间：媒体知识分子和公共领

域》，牛津：牛津大学出版社，2011年，第10页。

[35] 保罗·泰勒（Paul A. Taylor）：《齐泽克的接受：灰色意识形态的50道阴影》（“Žižek's Reception: Fifty Shades of Gray Ideology”），收入马修·弗里斯菲德和路易斯·威利斯编：《“齐泽克和媒体研究”读本》，伦敦：帕尔格雷夫·麦克米伦出版社，2014年，第17页。另见保罗·泰勒：《齐泽克的哲学过剩商标和知识分子的叛逆：罪恶的赌注、丑小鸭和神话中的天鹅》，刊于《齐泽克研究国际杂志》，第8卷，第2期（2014年）：http://www.zizekstudies.org/index.php/IJZS/article/view/829/834。——作者注。《齐泽克的接受：灰色意识形态的50道阴影》中的“灰色意识形态”（Gray Ideology）还有“格雷意识形态”之意，因为此文就是用来专门批判约翰·格雷的观点的。——译者注。

[36] 保罗·泰勒：《齐泽克的接受：灰色意识形态的50道阴影》。另见彼得·汤普森（Peter Thompson）：《斯拉沃热·齐泽克和诺姆·乔姆斯基之战值得一看》（“The Slavoj Žižek vs. Noam Chomsky Spat is Worth a Ringside Seat”），刊于《卫报》，2013年7月19日，https://www.theguardian.com/commentisfree/2013/jul/19/noam-chomsky-slavoj-zizek-ding-dong；索拉博·阿马里（Sohrab Ahmari）：《左翼笼斗中的乔姆斯基和“猫王”》（“Chomsky vs. ‘Elvis’ in a Left-Wing Cage Fight”），《华尔街日报》，2013年7月28日，https://www.wsj.com/articles/SB10001424127887324328904578622190386123344。

[37] 排在第一位的是“暴力”，其次是“哲学家”“乔姆斯基”“特朗普”和“黑格尔”。资料来源：《齐泽克的前五大相关搜索项，2004—2019年》（“Žižek's Top 5 Related Search Items, 2004—2019”），谷歌趋势搜索，2018年8月19日获取。

[38] 布莱恩·莱特（Brian Leiter）：《乔姆斯基猛烈抨击齐泽克和德里达的空洞“姿态”》（“Chomsky Slams the Empty ‘Posturing’ of Žižek and Derrida”），2013年6月25日，https://leiterreports.typepad.com/blog/2013/06/chomsky-slams-the-empty-posturing-of-zizek-and-derrida.html。

[39] 乔什·琼斯（Josh Jones）：《斯拉沃热·齐泽克发表了一篇井井有条的论文，回应乔姆斯基的“残酷”批评》（“Slavoj Žižek Publishes a Very Clearly Written Essay-Length Response to Chomsky's ‘Brutal’ Criticisms”），2013年7月27日，https://www.openculture.com/2013/07/slavoj-zizek-publishes-a-very-clearly-written-essay-length-response-to-chomskys-brutal-criticisms.html。

[40] 如此独特地反对理论，有其自身的知识渊源 ：在这个语境中，首次大规模的公共知识分子论争是在1966年发生的乔姆斯基与拉康之争。皮埃尔-吉尔斯·盖古恩（Pierre-Gilles Guéguen）回忆说："有时会产生一些误解；当拉康断言'他用脚思考'时，乔姆斯基可能会觉得自己的人格受到了侮辱。"见皮埃尔-吉尔斯·盖古恩：《拉康·美国人》（"Lacan, American"），刊于《症状》（*The Symptom*），第13卷（2012年）：https://www.lacan.com/symptom13/lacan-american.html。这一谱系中的第二个重大事件的出现是1971年荷兰电视台转播的乔姆斯基和福柯之争。乔姆斯基捍卫具体的人类创造性本质（concrete human creative nature），反对福柯对这一本质所做的抽象的话语批判（abstract discursive critique）。

[41] 有关对千变万化的"讲座表演"（lecture performance）的分析，见露西娅·雷纳（Lucia Rainer）：《在认知的门槛上：艺术与学术界中的讲座与表演》（*On the Threshold of Knowing: Lectures and Performances in Art and Academia*），德国比勒费尔德：抄本出版社，2017年。

[42] 乔姆斯基的介入同样遵循知识介入的模式：从过去的事件到现在的问题，再从现在的问题到对未来的解读。然而，到了与齐泽克辩论的时候，与齐泽克不同的是，乔姆斯基不再是一个活跃的语言学家，他保持了自己的专业可信度（professional credibility）和科学合法性（scientific legitimacy）。见诺姆·乔姆斯基：《知识分子的责任》（"The Responsibility of Intellectuals"），刊于《纽约书评》，1967年2月23日。

[43] 例如，唐纳德·拉姆斯菲尔德（theory of knowledge）的"知识理论"为齐泽克提供了一个机遇，让他把亚里士多德的符号矩阵（作为来自过去的参照图）、伊拉克战争（现在面临的紧迫问题）和无意识（可能会带来新的未来）联系起来：西方领导人知道伊拉克没有"大规模杀伤性武器"，但为了实现军事介入（出于经济上的与石油相关的原因），他们不得不公开假称，他们对此一无所知。齐泽克解释说："发掘这些'未知的已知'（unknown knowns）是知识分子的使命。"见齐泽克：《关于阿布格莱布监狱，拉姆斯菲尔德不知道他知道的一切》，刊于《当今时代》，2004年5月21日；齐泽克：《空空如也的独轮车》（"The Empty Wheelbarrow"），刊于《卫报》，2005年2月19日，https://www.theguardian.com/comment/story/0,3604,1417982,00.html。——作者注。唐纳

德·拉姆斯菲尔德的"知识理论"已经成为一个典故：2002年，美国拟以"伊拉克政府拥有大规模杀伤性武器并支持恐怖分子"为由与之开战。同年2月12日，时任国防部部长唐纳德·拉姆斯菲尔德被问及有关的证据时说了一段"玄之又玄，众妙之门"的妙语："据我们所知，有'已知的已知'，有些事，我们知道我们知道；我们也知道，有'已知的未知'，也就是说，有些事我们现在知道我们不知道。但是，同样存在'未知的未知'——有些事，我们不知道我们不知道。"齐泽克认为他在装傻充愣，明明知道（伊拉克没有大规模杀伤性武器），却佯作不知，也就是他所谓的"未知的已知"。另外，"空空如也的独轮车"是齐泽克反复讲述的一个老故事：有个工厂的工人有盗窃工厂财物的嫌疑，他每次下班都推着一辆独轮车回家。工厂保安每次都对独轮车进行严格检查，却总是一无所获。直到最后，保安才恍然大悟：那个工人偷的不是别的，正是独轮车。齐泽克想借此说明，有人认为与伊拉克开战，消灭了萨达姆，对这个世界没有坏处，只有好处，但持这种观点的人忘了"那辆独轮车"，即对伊拉克进行军事干预本身产生的恶果：它导致了伊斯兰宗教激进主义的崛起。——译者注。

[44]顺便说一句，对事实的崇拜不仅出现乔姆斯基或格雷等政治左翼那里，而且出现在本·夏皮罗（Ben Shapiro）之类右翼那里。夏皮罗的名言是："事实根本不在乎你的感受。"

[45]再举一个常见的例子，我们全都知道吸烟有害健康，但有些人依然选择吸烟，并真诚地假装相信吸烟并不损害健康。

[46]乔姆斯基语，见保罗·泰勒：《齐泽克的接受：灰色意识形态的50道阴影》，第17页。

[47]斯拉沃热·齐泽克：《一些令人困惑的澄清》（"Some Bewildered Clarifications"），刊于《齐泽克研究国际杂志》，第7卷，第2期（2013年）：http://www.zizekstudies.org/index.php/IJZS/article%20/view/725；齐泽克：《一些令人困惑的澄清：斯拉沃热·齐泽克对诺姆·乔姆斯基的回应》（"Some Bewildered Clarifications: A Response to Noam Chomsky by Slavoj Žižek"），刊于《左页博客》（*Verso Blog*），2013年7月25日：https://www.versobooks.com/en-gb/blogs/news/1365-some-bewildered-clarifications-a-response-to-noam-chomsky-by-slavoj-zizek。

[48]保罗·泰勒:《齐泽克的接受:灰色意识形态的50道阴影》,第19页。另见拉尔夫·达伦多夫(Ralf Dahrendorf):《知识分子与社会:20世纪的“愚人”的社会功能》(“The Intellectual and Society: The Societal Function of the ‘Fool’ in the Twentieth Century”),收入里夫·菲利普(Rieff Philip)主编:《论知识分子》(*On Intellectuals*),纽约:道布尔迪出版社,1969,第49—52页;埃利兰·巴莱尔(Eliran Bar-El)和帕特里克·巴特(Patrick Baert):《再论“愚人”:齐泽克作为牺牲型公共知识分子的生成》(“‘The Fool’ Revisited: The Making of Žižek as Sacrificial Public Intellectual”),刊于《文化社会学》,第15卷,第4期(2021年12月),第539—557页。

[49]保罗·泰勒:《齐泽克的接受:灰色意识形态的50道阴影》,第20页。

[50]同上,第20页。

[51]同上,第19页。

[52]同上,第21页。

[53]同上。

[54]同上,第23页。

[55]卢克·梅西(Luke Massey):《斯拉沃热·齐泽克:“我认识的绝大多数白痴都是学者”》(“Slavoj Žižek: ‘Most of the Idiots I Know Are Academics’”),刊于《新政治家》(*New Statesman*),2013年10月8日,https://www.newstatesman.com/culture/2013/10/slavoj-zizek-most-idiots-i-know-are-academics。

[56]齐泽克语,见卢克·梅西:《斯拉沃热·齐泽克:“我认识的绝大多数白痴都是学者”》。

[57]同上。

[58]哈米德•达巴什(Hamid Dabashi):《非欧洲人会思考吗?》(“Can the Non-European Think?”),半岛电视台,2013年1月15日,https://www.aljazeera.com/indepth/opinion/2013/01/2013114142638797542.html,或者,https://www.aljazeera.com/opinions/2013/1/15/can-non-europeans-think/。

[59]顺便提一句,在另一篇文章中,哈米德•达巴什把乔姆斯基和齐泽克置于同一阵营,声称两人“对美国大选的预测都是错误的”。哈米德·达巴什:《去你妈的齐泽克!》(“Fuck You Žižek!”),刊于《泽德出版社博客》(*Zed Books Blog*),2016年7月26日,https://medium.com/@ramman_erin/why-is-

%C5%BEi%C5%BEek-92ef5f8c7e4d。

[60]圣地亚哥·萨巴拉（Santiago Zabala）：《斯拉沃热·齐泽克和哲学家扮演的角色》（“Slavoj Žižek and the Role of the Philosopher”），半岛电视台，2012年12月25日，https://www.aljazeera.com/opinions/2012/12/25/slavoj-zizek-and-the-role-of-the-philosopher/。

[61]同上。

[62]见沃尔特·米尼奥洛（Walter D. Mignolo）：《是的，我们会思考：非欧洲思想家和哲学家》（“Yes, We Can: Non-European Thinkers and Philosophers”），半岛电视台，2013年2月19日，https://www.aljazeera.com/opinions/2013/2/19/yes-we-can-non-european-thinkers-and-philosophers/。

[63]同上。

[64]同上。

[65]见哈米德•达巴什：《非欧洲人会思考吗？》（*Can the Non-European Think?*），芝加哥：芝加哥大学出版社，2015年。

[66]斯拉沃热·齐泽克：《对批评我的人的回复》（“A Reply to My Critics”），刊于《哲学沙龙》（*Philosophical Salon*），2016年8月5日，https://thephilosophicalsalon.com/a-reply-to-my-critics/；斯拉沃热·齐泽克：《对批评我的人的回复：第二部分》（“A Reply to My Critics: Part Two”），刊于《哲学沙龙》，2016年8月14日，https://thephilosophicalsalon.com/reply-to-my-critics-part-two/。

[67]斯拉沃热·齐泽克：《动摇框架：关于经济、意识形态、性和电影的五篇论文》（*Agitating the Frame: Five Essays on Economy, Ideology, Sexuality and Cinema*），德里：纳瓦亚纳出版社，2014年，第14页。

[68]格蕾琴·巴克：《相似：斯洛文尼亚社会中的仿像与自我》，奥克兰：加利福尼亚大学出版社，2020年，第109页。

[69]同上，第110页。

[70]见贾普·博斯（Jaap Bos）、戴维·帕克（David W. Park）和佩特里·皮蒂凯宁（Petteri Pietikainen）：《战略自我边缘化：精神分析案例》（“Strategic Self- Marginalization: The Case of Psychoanalysis”），刊于《行为科学史杂志》（*Journal of the History of the Behavioral Sciences*），第41卷，第3期（2005

年6月)，第207—224页；斯拉沃热·齐泽克:《我是哲学家吗？》(“Am I a Philosopher?”)，2016年齐泽克国际研讨会主旨发言，https://zizek.uk/slavoj-zizek-am-i-a-philosopher/。

[71]齐泽克:《我是哲学家吗？》。

[72]阿兰·巴迪欧语，见齐泽克:《我是哲学家吗？》。即使在自己的团队和网络关系内部，齐泽克也积极地进行自我定位。他在这样做时，报告了他与巴迪欧的关系。见其《巴迪欧：来自一场正在进行的辩论的札记》(“Badiou: Notes from an Ongoing Debate”)，刊于《齐泽克研究国际杂志》，第1卷，第2期(2007年)，第28—43页。依然是在法国的语境中，他对德勒兹的介入依然把自己定位为一个与社会现实息息相关的知识分子，定位为与对德勒兹的思想日益增长的理论兴趣惺惺相惜的知识分子。德勒兹的思想是在行动者-网络理论(actor-network theory)和装配理论(assemblage theory)等理论中显现出来的。他还根据自己与哈特和奈格里的新兴共产主义(renewed communism)的关系来定位自己。见斯拉沃热·齐泽克:《无身体的器官：论德勒兹及其推论》(*Organs without Bodies: Deleuze and Consequences*)，伦敦：劳特利奇出版社，2003年；齐泽克:《迈克尔·哈特和安东尼奥·奈格里为21世纪改写了〈共产党宣言〉？》(“Have Michael Hardt and Antonio Negri Rewritten the Communist Manifesto for the Twenty-First Century?”)，刊于《马克思主义再思考》(*Rethinking Marxism*)，第13卷，第3—4期(2001年)，第190—198页。

[73]见肯尼斯·莱因哈德为下列著作撰写的引论——阿兰·巴迪欧:《拉康：反哲学3》(*Lacan: Anti-philosophy 3*)，纽约：哥伦比亚大学出版社，2018年，第xxiv(24)页。

[74]见姆拉登·多拉尔(Mladen Dolar):《只是语音，仅此而已》(*A Voice and Nothing More*)，马萨诸塞州剑桥：麻省理工学院出版社，2006年；阿伦卡·祖潘契奇(Alenka Zupančič):《实在界之伦理学：康德、拉康》(*Ethics of the Real: Kant, Lacan*)，伦敦：左页出版社，2000年；祖潘契奇:《最短的阴影：尼采的二哲学》(*The Shortest Shadow: Nietzsche's Philosophy of the Two*)，马萨诸塞州坎布里奇：麻省理工学院出版社，2003年；祖潘契奇:《何谓性？》(*What is Sex?*)，马萨诸塞州坎布里奇：麻省理工学院出版社，2017年。——作者注。在这些著作中，《最短的阴影：尼采的二哲学》殊难理解，需要略作解释：在这部著作中，作者考察了尼采经常提及的“正午”，认为它对尼采的真理观产

生了重要影响。在尼采那里，正午时阴影并没有完全消失，而是变得最短。这时太阳没有包容万物，使之完全统一，相反，它“一化为二”(one turns into two)。所以她认为，与“一”不同，“二”是一个非常重要的概念，它是“种子”，是尼采全部著作中不可化约的差异。所以有必要专门探讨“尼采的二哲学”。——译者注。

[75] 见彼得·恩格尔曼(Peter Engelmann)为下列著作撰写的“编者序”(Editor's Preface)——阿兰·巴迪欧和斯拉沃热·齐泽克：《目前的哲学》(*Philosophy in the Present*)，剑桥：政体出版社，2019年，第vii(7)—x(10)页。

[76] 见马特·沃曼(Matt Warman)：《斯蒂芬·霍金告诉谷歌“哲学已死”》(“Stephen Hawking Tells Google ‘Philosophy Is Dead’”)，刊于英国《电讯报》(*The Telegraph*)，2011年5月17日，https://www.telegraph.co.uk/technology/google/8520033/Stephen-Hawking-tells-Google-philosophy-is-dead.html。

[77] 见肯尼斯·莱因哈德为下列著作撰写的引论——阿兰·巴迪欧：《拉康：反哲学3》，第xxiv(24)页。

[78] 同上，第xxv(25)页。关于拉康的“主体性贫困”(subjective destitution)概念，见其《1967年10月9日关于学派精神分析师的提议》(“Proposition du 9 octobre 1967 sur le psychanalyste de l'École”)、《在巴黎弗洛伊德学派的演讲》(“Discours a l'École Freudienne de Paris”)和《精神分析的行动》(“L'Acte psychanalytique”)，以上三文全部收入雅克·拉康：《其他著述集》(*Autres écrits*)，巴黎：门槛出版社，2001年。

[79] 见肯尼斯·莱因哈德为下列著作撰写的引论——阿兰·巴迪欧：《拉康：反哲学3》，第xxix(24)页。

[80] 同上，第xxxvii(37)页。

[81] 见亨里克·约克·比耶尔(Henrik Jøker Bjerre)和布赖恩·本杰明·汉森(Brian Benjamin Hansen)：《狂野精神分析师的话语》(“The Discourse of the Wild Analyst”)，收入阿贡·哈姆扎主编：《重复齐泽克》，第146—158页。

[82] 阿兰·巴迪欧：《拉康：反哲学3》，第109页。

[83] 至于编辑的回应，见《谁是齐泽克？他为什么要腐蚀我的儿子？》(“Who Is Žižek and Why Is He Corrupting My Son?”)，刊于博客网站“我心永恒”(My Heart Will Go On)，http://myheartwillgoonandsoonandsoon.blogspot.

com/2015/11/who-is-zizek-and-why-is-he-corrupting.html。顺便说一句，齐泽克在最近的一次介入中，依据自己与哲学的苏格拉底式牺牲使命（Socratic sacrificial task of philosophy）的关系进行自我定位："自苏格拉底以来，哲学的功能一直就是腐蚀年轻人，使他们疏远主流的意识形态-政治的秩序，或者更确切地说，离间他们与主流的意识形态-政治的秩序的关系，播下彻底怀疑的种子，使他们能够自主地思考。"见斯拉沃热·齐泽克：《虚空的失禁：经济-哲学的拱肩》（*Incontinence of the Void: Economico-Philosophical Spandrels*），马萨诸塞州剑桥：麻省理工学院出版社，2017年，第141页。

[84]克劳迪娅·布雷格（Claudia Breger）：《领袖的两个身体：斯拉沃热·齐泽克的后现代政治神学》（"The Leader's Two Bodies: Slavoj Žižek's Postmodern Political Theology"），刊于《辩证批评家》（*Diacritics*），第31卷，第1期（2001年春季），第73—90页。

[85]阿伦卡·祖潘契奇接受本书作者个人访谈时所言，2017年4月26日，卢布尔雅那，斯洛文尼亚科学和艺术学院。

[86]阿兰·巴迪欧：《拉康：反哲学3》，第165页。

[87]同上。

[88]同上，第166页。

[89]从可口可乐到星巴克咖啡，再到健达奇趣蛋（Kinder Surprise Egg），齐泽克频繁使用当代的例子。

[90]凯特琳·塔克·索伦森：《体验即装置：在卢布尔雅那学派邂逅俄国形式主义》，刊于《斯拉夫评论》，第79卷，第1期（2020年春季），第91—114页。

[91]阿兰·巴迪欧：《拉康：反哲学3》，第168页。

[92]同上，第168—169页。

[93]同上，第169页。

[94]见马库斯·庞德（Marcus Pound）：《齐泽克：（非常）关键引论》[*Žižek: A* (*Very*) *Critical Introduction*]，英国剑桥：厄德曼斯出版社，2008年。

[95]雷克斯·巴特勒主编：《齐泽克词典》，英国达拉谟：艾克曼出版，2014年。

[96]见卢卡斯·索普（Lucas Thorpe）：《康德词典》（*The Kant Dictionary*），伦敦：布鲁姆斯伯里出版社，2014年；迈克尔·英伍德（Michael Inwood）：《黑格尔词典》（*Hegel Dictionary*），英国牛津：布莱克威尔出版社，1999年；格伦·马吉

(Glenn A. Magee)：《黑格尔词典》(*Hegel Dictionary*)，伦敦：连续出版社，2010年；迪伦·埃文斯(Dylan Evans)：《拉康精神分析入门字典》(*An Introductory Dictionary of Lacanian Psychoanalysis*)，伦敦：劳特利奇出版社，2015年。

[97]雷克斯·巴特勒主编：《齐泽克词典》，第xv(15)页。

[98]同上，第xvi(16)页。

[99]这些著作还表明，齐泽克不仅把超级定位应用于他表演的内容，而且应用于他表演的形式。他把自己的著作的结构当成一种手段，以之部署"色情学中性交姿势(figurae veneris)意义上"的概念，展示概念的"不同的体式和形态"。或者，他把自己的著作定位为填补"在哲学、精神分析和政治经济学批判之间存在的空隙"的填充物。见斯拉沃热·齐泽克：《悬殊》(*Disparities*)，伦敦：布鲁姆斯伯里出版社，2016年，第4页；齐泽克：《虚空的失禁：经济-哲学的拱肩》，马萨诸塞州剑桥：麻省理工学院出版社，2017年，第xi(11)页。

[100]见克里斯托弗·库尔-万特(Christopher Kul-Want)：《介绍斯拉沃热·齐泽克：图示性指南》(*Introducing Žižek: A Graphic Guide*)，伦敦：圣像出版社，2011年；斯拉沃热·齐泽克：《事件：中转中的哲学》(*Event: Philosophy in Transit*)，伦敦：企鹅出版社，2014年。

[101]*Vice*是一份备受欢迎的北美印刷和数字杂志。它创办于1994年，主要吸引年轻公众。《*Vice*幸会齐泽克》(*Vice Meets Žižek*)是亚历克斯·米勒(Alex Miller)2013年在齐泽克家中采访他时录制的视频。在那次采访中，他们幽默地讨论了《变态者意识形态指南》以及其他文化和政治问题(https://www.vice.com/en/article/dpwzjj/slavoj-zizek；https://www.total-slovenia-news.com/videos/1632-vice-meets-zizek；https://www.youtube.com/watch?v=XS_Lzo4S8lA&ab_channel=VICE)。由于经常住在伦敦，他可以频繁出入当地的新闻工作室，经常在BBC上抛头露面。在这次采访中，齐泽克讨论了特朗普和英国脱欧，同时漫不经心地提到了T. S. 艾略特之类的英国文化现象，并根据他与其他知识分子——如乔姆斯基——的关系，自我定位为"激进左翼"。见《斯拉沃热·齐泽克论特朗普和英国脱欧》("Slavoj Žižek on Trump and Brexit")，BBC新闻，2017年1月17日，共8分24秒，https://www.youtube.com/watch?v=2ZUCemb2plE。

[102]见伊恩·希金斯(Eoin Higgins)：《左翼论坛上的齐泽克之争：活动家和组织

者大声疾呼》(“Left Forum Žižek Controversy: Activists & Organizers Speak Out”)，2016年5月25日，https://eoinhiggins.com/left-forum-zizek-controversy-activists-organizers-speak-out-a2d2d54b0500。

[103]齐泽克接受本书作者个人访谈时所言，2017年4月25日，卢布尔雅那。另见伊兰·卡普尔(Ilan Kapoor)：《齐泽克、对抗和如今的政治：最近的三大争议》(“Žižek, Antagonism and Politics Now: Three Recent Controversies”)，刊于《齐泽克研究国际杂志》，第12卷，第1期(2018年)：https://zizekstudies.org/index.php/IJZS/article/view/1041/1071。

[104]见斯拉沃热·齐泽克和斯雷奇科·霍瓦特(Srećko Horvat)：《欧洲意欲何为？欧盟及其不满》(*What Does Europe Want? The Union and Its Discontent*)，英国多塞特：伊斯特罗斯出版社，2013年；斯拉沃热·齐泽克：《天堂的烦恼：从历史的终结到资本主义的终结》(*Trouble in Paradise: From the End of History to the End of Capitalism*)，英国圣艾夫斯：艾伦·莱恩出版社，2014年；斯拉沃热·齐泽克：《反对双重勒索：难民、恐怖袭击和邻国的其他麻烦》(*Against the Double Blackmail: Refugees, Terror and Other Troubles with Neighbors*)，英国圣艾夫斯：艾伦·莱恩出版社，2016年；斯拉沃热·齐泽克：《不抱希望的勇气：一年的危险行为纪事》(*The Courage of Hopelessness: Chronicles of a Year of Acting Dangerously*)，英国圣艾夫斯：艾伦·莱恩出版社，2017年；耶拉·克雷契奇(Jela Krečič)主编：《最后的倒计时：欧洲、难民和左翼》(*The Final Countdown: Europe, Refugees and the Left*)，卢布尔雅那：亚努斯出版社，2017年。

[105]齐泽克接受本书作者个人访谈时所言，2017年4月25日，卢布尔雅那。

[106]杰夫·鲍彻等主编：《穿越幻想：对斯拉沃热·齐泽克的批判性回应》，第xvi(16)页。见罗伯特·博因顿：《享受你的齐泽克》，刊于《通用语》，第8卷，第7期(1998年10月)，第1—10页。

[107]拉兹米格·科什扬(Razmig Keucheyan)：《左半球：图绘当今批判理论》(*The Left Hemisphere: Mapping Critical Theory Today*)，伦敦：左页出版社，2013年，第62页。

[108]麦肯齐·沃克(McKenzie Wark)：《普遍知识分子：21世纪的25位思想家》(*General Intellects: Twenty Five Thinkers for the 21st Century*)，伦敦：左页

出版社，2017年。——作者注。书名有误，实为《普遍知识分子：21世纪的21位思想家》(*General Intellect: Twenty One Thinkers for the Twenty First Century*)。——译者注。

[109] 同上，第2页。

[110] 同上，第5页。

[111] 同上，第144页。

[112] 同上。

[113] 同上。

[114] 阿伦卡·祖潘契奇接受本书作者个人访谈时所言，2017年4月26日，卢布尔雅那，斯洛文尼亚科学和艺术学院。

[115] 同上。

[116] 姆拉登·多拉尔接受本书作者个人访谈时所言，2017年4月24日，小间咖啡馆，卢布尔雅那。

[117] 阿伦卡·祖潘契奇接受本书作者个人访谈时所言，2017年4月26日，卢布尔雅那，斯洛文尼亚科学和艺术学院。

[118] 姆拉登·多拉尔接受本书作者个人访谈时所言，2017年4月24日，小间咖啡馆，卢布尔雅那。

[119] 齐泽克接受本书作者个人访谈时所言，2017年4月25日，卢布尔雅那。

[120] 同上。

[121] 同上。

[122] 齐泽克担任过众多机构的客座教授，列表（非完整）如下：巴黎第八大学精神分析系（1982—1983年和1985—1986年）；明尼阿波利斯，明尼苏达大学比较文学系（1992年）；纽约，卡多佐法学院（Cardozo Law School）（1994年）；纽约，哥伦比亚大学（1995年）；普林斯顿大学（1996年）；纽约，社会研究新学院（New School for Social Research）（1997年）；埃森，文化科学研究院（Kulturwissenschaftliches Institut）（2000—2002年）。

[123] 见吕彤邻（Tonglin Lu）主编：《中国对齐泽克的透视与齐泽克对中国的透视》（"The Chinese Perspective on Žižek and Žižek's Perspective on China"），刊于《立志：东亚文化评判》(*Positions: East Asia Cultures Critique*)，第19卷，第3期（2011年冬季），第617—798页。

结　语

与全球网络时代及其对心理自我（psychological self）的关注相一致，齐泽克积极参与公共事务和实际事务（从性到信仰，从信仰到政治），同时将其理论化，使之成为主体——既是个人的主体，也是集体的主体——问题。他的拉黑体表演语言，以及他不厌其烦地反复使用的“保留曲目”，如反问句、笑话和例子，引起一般公众的共鸣，创造了齐泽克效应（Žižekian effect），即创造了这样的读者群：他们消费和再造他的知识观点（intellectual points），同时无视这些知识观点的理论起源。他的知识介入的典型模式——叠加定位——离不开下列两者间存在的缝隙：一者，他是怎么样的人（知识分子和哲学家）；二者，他为什么反对普通的知识立场和哲学立场，继而颠覆他本人的权威地位。与苏格拉底类似，他已经成为数字时代牺牲型的知识分子。

有人说齐泽克是一个活生生的矛盾体。这种看法不仅是隐喻性或修辞性的，而且是辩证性的：通过化身为矛盾，通过反讽性地表演矛盾（表演矛盾是手段，是展示相互对立的立场），齐泽克向我们表明，矛盾和反讽（同时既是 X 又是 -X）不仅是语言的一部分，而且是语言所指称的世界本身：万事万物都可以同时既是什么又不是什么。在这样做时，齐泽克被定位为黑格尔的同路人和亚里士多德的非矛盾律的反对者，因为他展示了黑格尔对苏格拉底的评论："苏格拉底的反讽具有这样一种伟大的品质，即向我们表明，它能使抽象观念具体化并影响抽象观念的发展，之所以如此，是因为它能把概念（Notion）带入意识。……我们可以把这个（辩证法）称为对世界的普遍反讽。"[1] 我已经表明，在我们这个充满矛盾和反讽的时代，齐泽克的牺牲型定位——选择媒体和放弃学术——会导致怎样的结果。这表明："知道自己的极限就是知道如何牺牲自己。"[2]

知识社会中的知识生产

从法典时代向后法典时代的转移和从打字机生产体制（the production regime of the typewriter）向计算机生产体制的转移，结合在一起，使知识活动的状况（conditions of intellectual activity）发生了巨大的变化。有了这些变化，大部分知识劳动开始在屏幕上完成，而且并非只由知识分子完成。变化不止于此，还包括从知识的稀缺和等级森严到知识的充足和丰富多彩这个普遍存在的转移。具体来说，数字公共领域对知识的限制更少，这导致了知识的堆积如山和快速普及。其他方面的变化包括：社会科学和高等教育蓬勃发展，门外汉和专业人士的边界日益消散，哲学体系的影响日渐式微，社交媒体遍地开花。这个数字公共领域与以前的知识介入的普通语境大相径庭，因为以前的知识介入离不开权威型知识分子的支撑。直至 20 世纪上半叶，知识资本和文化资本还专属于精英阶层。尽管如此，公众还是普遍重视知识分子的生活。

在那个时候，教育等级分明，它只提供有限的独立信息资源。典型的权威型知识分子不得不依靠他们的高级文化资本（如成为哲学家）来确立自己的公共地位。这使他们能够高高在上、趾高气扬地介入各种各样的事务，俨然手握王爵，口含天宪。到了数字时代，情形大为改观。正如戴维·马歇尔（David P. Marshall）和卡桑德拉·阿瑟顿（Cassandra Atherton）所言，“在线文化（online culture）催生了可供知识分子展示观念的众多途径，这些途径改变了观念传播的传统方式，或许还提出了独树一帜的‘究竟何者构成了知识分子’① 的知识分子观”[3]。他们解释说，在线文化不受其单一媒介的限制，因而允许观念在文本、图片和视频之间更加自由地传播。事实上，“在这个新的在线空间里，我们正在目睹新一代公共知识分子的涌现。他们在生产和展示自身方面享有天时和地利”，是“一群与众不同的、作为名人的专家，他们满足了在线注意力经济（online attention economy）的迫切需要”[4]。

结果出现了新的知识分子类型，包括依赖于经验的专家型知识分子和依赖于与公众平起平坐的对话型知识分子。除了这种类型的知识分子，还（再次②）出现了牺牲型知识分子。齐泽克的表演消解了人们预期中的（学术）知识分子地位，并不断地暗示：他并非权威型知识分子；以权威型知识分子自居的人，实在是虚伪之至。因此，他通过自己的表演对专业公共知识分子（expert public intellectual）的特殊性提出疑问，甚至对他们拥有的有限专业知识提

① 这句话的意思是，知识分子之为知识分子，或者说，一个普通人一跃成为知识分子，究竟需要具备哪些条件？知识？能力？信仰？理性？在数字时代之前与数字时代之后，知识分子之为知识分子的条件发生了变化。

② 之所以用“再次”二字，是因为早在古希腊就出现了苏格拉底那样的牺牲型知识分子。

出疑问。与此同时，他拒绝与公众进行任何形式的真正对话，对这样的对话提出疑问。他以这种类型的表演，对知识分子立场和反知识分子立场进行叠加定位，通过批判性地把两者的论争从经由官方认证的论争转变为非官方性的（思想）实践，重新表述了知识分子立场和反知识分子立场的针锋相对。但正如本书自始至终表明的那样，这使他那已被牺牲的知识立场受到质疑。因此，拥有一个叠加定位就要承担与之相应的风险：无法确立标准的、普通的和符合人们预期的立场。正如保罗·泰勒所言，“对齐泽克的接受被两种相互对立的扭曲所主导，而且这两种相互对立的扭曲在本质上都是非批判性的：（1）对名人思想家的好奇心和娱乐价值的非批判性执念；（2）来自武断的经验主义评论家的……过度批判的、条件反射式的谴责，他们认为齐泽克的思辨哲学只是‘后现代’的叩诊锤”[5]。因为既过度批判又批判不足，或者用伊格尔顿的话说，因为既是“现代思想家又是后现代著作家”，齐泽克的牺牲型定位是他为自己的表演性叠加定位付出的代价。他扮演的牺牲型知识分子角色证明，在今天，与衰落论（declinist thesis）截然相反，真正衰落的不是公共知识分子，而是权威型的公共知识分子。[6]

随着社会语境的变化，公共知识主义（public intellectualism）得以立身的社会状况也发生了变化。正如某些人所言，齐泽克等知识分子利用叠加定位来介入这样的语境，这在激励某些形式的知识介入的同时，也遏止了其他形式的知识介入。诺亚·贝拉茨基（Noah Berlatsky）曾就数字公共空间中的知识本质（intellectual substance）问题为《新共和周刊》撰文。他在那篇文章中宣称，“从事知识劳动（为之欢呼雀跃的那些人是这样称呼它的）意味着告诉别人，他们不像你那么聪明。如果公共知识分子意在于此，那么，即使不能彻底消灭这个头衔，也到了重新发明一个头衔的时候了”[7]。如今的公共知识分子，即那些在正规大学环境之外进行介入的人，应该对知识活动得以立身的新数字状况进行反思：

1. 知识民主化。源于媒介限制的减少，最终导致公众获取海量知识。

2. 知识大众化。源于知识生产的增加，最终导致知识寿命的缩短和知识地位的降低。

如果说现代主义为从口头经济（oral economy）向手稿经济（scriptural economy）的转变创造了条件，那么后现代主义则为从手稿经济向数字经济的转变奠定了基础。对当代知识分子来说，具备全方位的表演能力至关重要。不过，这不仅意味着拥有在线形象，能够随时抛头露面，而且意味着让创意本身，以及包装创意的方式，满足数字化的需要。数字表演是通过网络文化传播的。在网络文化中，要让观念走红，就必须使之视觉化。正是因为这个缘故，齐泽克坐在马桶上的网络图片展示了他对意识形态所做的材料分析（material analysis），他躺在床上的图片呈现出他对公众凝视（public gaze）的怪异开放态度，他的许多表情包上都铭记着他的名言警句。所有这些都表明，一张图片胜过千言万语。他的介入得以以数字化的形式流通，这可与他的“保留曲目”和表演风格相媲美。他能适应数字的、后法典的环境，这是他完成定位过程、产生定位效果的关键。他的介入所产生的效果之一，就是在过去几年间收获了庞大的读者群。我曾在三个脸谱网群组中对齐泽克的关注者做过问卷调查。该调查显示，当被问及“你关注齐泽克已有多长时间”时，截止 2018 年底，大多数人（69%）的回答是“有几年了”，不到三分之一的人的回答是“十多年”（12%）或“不到一年”（15%）。

齐泽克在最近进行的简明扼要和通俗易懂的知识介入——《宛若光天化日之下的小偷：后人类时代的权力》（*Like a Thief in Broad Daylight: Power in the Era of Post-Humanity*）——中继续为全球社会（global society）提供对当下的叙述。该书“引论”的标题传达了他对当下所做的叠加定位性的诊断（superpositional diagnosis）：“先是坏消息，后是好消息，……不过好消息比坏消息还要坏。”[8] 齐泽克 1989 年出版《意识形态的崇高客体》，首次对全球进行干预。和那时一样，近 30 年后他仍依据自己与哈贝马斯的对立关系来定位自己。在他看来，哈贝马斯是位国家哲学家（state philosopher），是位把压制社会斗争视为正常化的思想家。他说：“哈贝马斯实际上是位（再）正常化［(re)normalization］的终极哲学家，他不遗余力地防止我们既定的伦理–政治秩序崩溃：‘尤尔根·哈贝马斯全集会不会终有一天成为第一个再也无法令人精神为之一振的全集？在海德格尔、维特根斯坦、阿多诺、萨特、阿伦特、德里达、南希、巴迪欧甚至伽达默尔那里，人们都会被不和谐音绊倒。正常化开始产生显著的影响。未来一体化的哲学（the philosophy of the future-integration）已告圆满。’”[9]

齐泽克按照他通常采用的策略和做出的怪诞之举，撒下一张由知名知识分子组成的大网，把他们当成切入点，通过略提知名人物以示相识的谋略，把人们的注意力引向他的观点。（国家）思想家试图消除当前的斗争。他们这样做，阻止了当前的斗争可能带来的变化。其实，根据他的诊断，变化已经发生，只是我们浑然不觉，也没有将其登记造册而已。因此，变化宛若光天化日之下的小偷，正在悄悄地进行。为了说明这一点，齐泽克再次引经据典，以过去理解当下。他以圣保罗的例子说明，激进的社会变革——如目前世界正在经历的变革——并不是在我们准备就绪的情况下发生的，而是在我们始料不及的情况下开始的：“资本主义正在公开解体，并转化别的什么东西。对于这种正在发生的转变，我们毫无意识，那是因为我们深深沉浸于意识形态而不自知。”[10]这种形式的变化，即虽然无法预知但显然已经发生的变化，比我们想象的更加常见，因为还可在精神分析治疗和政治革命中看到它的身影。通过一方面把个人与社会进行叠加定位，另一方面把理论与实践进行叠加定位，齐泽克认为“奇迹是可以发生的”[11]。

他的例子是英国2017年以工党领袖杰里米·科尔宾（Jeremy Corbyn）为针对目标的议会下议院选举。科尔宾遭受了有组织的人身攻击，但他变得更加强大。不是尽管他遭受了这样的攻击，但是他变得更加强大；而是因为他遭受了这样的攻击，他才变得更加强大。至少在2019年的选举之前，一直如此。他说：“性格特征——科尔宾看重的普普通通的体面正派——可能是他获得支持的原因（对于那些厌倦了保守党媒体闪电战的选民来说，这是支持他的原因），也可能是反对他的理由（对于那些认为领导者应该态度强硬并具有超凡魅力的人来说，这是反对他的理由）。”在齐泽克看来（也用齐泽克的拉黑体语言来说），这证明了“不可判定性（undecidability）是符号性决定（symbolic determination）的一个特征，不能用简单的线性决定论（linear determinism）来解说符号性决定”[12]。这种将支持和反对进行叠加定位，以形成（其他）立场的典范性叠加定位形式，使齐泽克能够从知识内部领域转向处于知识外部的公共领域，从地方转移到全球。该书由另一个反问句做结：“全球性地行动和本地性地思考，这样的做法，我们还能坚持多久？”随之而来的是另一个更加具体、更具介入性的问题：“关于唐纳德·特朗普和批评他的那些自由派人士，我们能从黑格尔那里学到些什么？”为了回答这些问题，齐泽克提到了过去，以便使我们理解当下。他回忆说，早在20世纪60年代，早期生态运动的座右铭是：“全球性地思考，本地性地行动！”然而，时至今日，特朗普无耻地打破了自由主义的禁忌，把这句座右铭变成了“全球性地行动，本地性地思考！”（也就是说，为了极端的局部利益，把美国变成一个耀武扬威的全球大国）。把黑格尔和特朗普相提并论，以为全球谋划未来，正是齐泽克的知识介入的招牌动作。

通过跨越时间（从过去到未来）和跨越空间（从知识内部领域到知识外部领域），以及通过对左翼和右翼进行叠加定位，齐泽克重复了他在2016年11月3日接受英国广播公司第四频道采访时提出的观点。当被问及“假如你是美国人，你会投票给谁？”时，他的回答令人瞠目结舌，令很多人闻之皱眉：“我会投票给特朗普。他让我感到恐怖。但我认为，希拉里才是真正的危险之所在。”[13]与常见的右翼立场（选择特朗普）和左翼立场（选择希拉里）均不相同，他主张与左翼决裂，以重新激活更真实、更美好的左翼，即伯尼·桑德斯（Bernie Sanders）代表的左翼。两年后，美国作家兼播音员迈克·克伦普拉（Mike Crumplar）声称，“齐泽克在2016年时说得对”[14]。就在发表那篇文章的两个月前，他还发表过一篇文章，题为《每况愈下的斯拉沃热》（“slipping Slavoj”）。他在其中描述了齐泽克地位的逐渐衰微：“真是令人难以置信，但在2011年时，斯拉沃热·齐泽克在‘占领华尔街’的集会上发表的演讲是那么令人振奋和受人欢迎。现在，齐泽克仍然是受人尊敬的左翼学者。只是七年飞逝，物是人非。左翼人士闻听其名，唯恐避之不及。学者们认为他把自己弄成了一个加工厂，制造些松松垮垮、索然无味的哲学，供人小酌。激进人士认为他在政治正确方面背叛了左翼，并向法西斯主义伸出了橄榄枝。齐泽克已经成为新反动哲学家（neo-reactionary philosopher）。”[15]如前所述，齐泽克已在左翼学者和激进人士中丧失吸引力。克伦普拉以齐泽克的重新定位为例，这样解释这个由盛转衰的发展过程：

> 齐泽克总是对左翼指指点点。他反对他们的一致认可的立场，特别是他们在民族主义和政治正确问题方面采纳的立场，他们能够容忍他，是因为在他们眼里，他就是个跳梁小丑。他是一个古怪的名人，发音很滑稽，说起经典电影来滔滔不绝。但是，一旦他对左翼自由派一致认可的立场的反对成为现实，并以一种他们再也无法忽视的方式所肯定（即在整个西方世界，通过全国范围内的民主投票，选出了完全反对这种做法的候选人和立场），那齐泽克就必须被废弃——被取关。[16]

因为揭露左翼人士的意识形态盲点（ideological blind spots），齐泽克被定位成这样一个人：不仅瓦解了右翼的传统立场（这是显而易见的），而且可能更加彻底地颠覆了普通的左翼立场（因为这些立场寄生于大众媒体）。例如，在特朗普那种情形下，齐泽克对下列问题做出了解释：何以自由左翼（liberal left）对“特朗普粗俗的种族主义和性别歧视、他在事实方面的非准确性、在经济方面的信口开河”的抨击没有击中重点，不仅没能削弱他的力量，反而强化了他的法力？[17]“他们忽略了认同发挥作用的机制：我们通常认同他人的弱点，而不仅认同——甚至很少认同——他人的优点，因此，特朗普的局限性受到的嘲笑越多，普通人就越是认同他，并把对他的攻击视为对自己所做的居高临下的攻击。"[18]在这种叠加定位中，二元对立的双方都被齐泽克的立场搅得"动荡不安"。但这种叠加定位使齐泽克获得了全球公共知识分子和牺牲型知识分子的双重角色。克伦普拉对此加以冷嘲热讽："当然，（对齐泽克的）取关具有一定的黑格尔式的意味。一边是对新自由主义的晚期资本主义世界秩序（neo-liberal late capitalist world order）的理论抽象，一边是对这种理论抽象的经验否定（否定是在使一切遭受质疑的政治动荡中完成的），在这两者的冲突中，齐泽克本人不就是那个'消隐的中介物'吗？如果有什么区别的话，难道这种取关不应该只是揭示立场之真相（TRUTH of the position）的标记吗？"[19]

他接着概括了四个问题，在他看来，齐泽克对这些问题的看法是完全正确的：对左翼民粹主义（leftist populism）的需求；在边界和移民问题上日益加剧的对抗；作为对峙之地的政治正确（political correctness as a site of tension）——尤其是在性别政治（sexual politics）和多元文化主义方面出现的政治正确——所具有的宗教激进主义特性（fundamentality）；填补了新自由主义的晚期资本主义留下的概念空白（conceptual void）的法西斯主义。然后，克伦普拉把这些关切与特朗普的当选联系起来，并反问道："难道这些问题不正是我们这个时代面临的生死攸关的问题吗？难道这不就是左翼自 2016 年以来求仁得仁的结果吗？"[20]最近的研究表明，"取关文化"（cancel culture）与学术界密切相关。这种激进主义的做法被宽泛地理解为驱逐那些违反社会规范的人，尤其是驱逐那些在种族主义和性别歧视方面违反社会规范的人，类似于消费者抵制不道德的品牌和公司。然而，在数字公共领域，这是通过利用社交媒体在线上完成的，其目的在于防止某人在某些公共领域现身。对齐泽克的这种批判漏掉了重要的一点：在他的破坏性的实验表演中，或者说，通过他的破坏性的实验表演，他“总是彰显规范性的社会领域（normative social field），使之变得一目了然”[21]。

关于这一点，更多的证据可在本·伯吉斯（Ben Burgis）对当代左翼的批判中找到，因为他的批判与齐泽克、取关文化有关。他在最近出版的《在世界燃烧之时取关喜剧演员》（*Canceling Comedians While the World Burns*）中指出，作为一种文化潮流，取关文化实际上对社会的各个方面都有不同程度的影响。正如他所言，问题“并不在于它是多么行之有效”[22]，问题在于，它深深扎根于这样一种文化逻辑，即把每一个自我批判的观点等同于对反对派的支持。他回忆道：“小布什时代的反战左翼不难理解，当诺姆·乔姆斯基和格伦·格林沃尔德（Glenn Greenwald）等人指出，许多恐怖主义活动是由美国插手世界事务导致的结果时，他们只是提出了反对美国这样做的理由，没有表达对基地组织的同情。不过，不知何故，所有的同仁都认为，我的主张——我主张提供更好的解决方案，以缓解抗议者表达的经济不满（economic grievances），进而消除议者最佳的招募卖点——却被等同于‘支持’抗议活动。”[23]他举出的另一个例子是齐泽克和乔丹·彼得森 2019 年在多伦多进行的一场辩论。[24]在这场“世纪辩论”中，两位公共知识分子聚首索尼中心，在全场观众面前现身说法，并且还有网络直播。[25]然而，正如伯吉斯在分析这场辩论时所言，许多观众和参与者都悻悻而归。之所以如此，是因为齐泽克的回应没有达到他们的预期。在他们的预期中，这是一场残酷的对决。本杰明·斯图德贝克（Benjamin Studebaker）在一篇题为《齐泽克应该如何回应乔丹·彼得森》（“How Žižek Should Have Replied to Jordan Peterson”）的时事文章中勾勒出这场战斗本来应有的风貌。与他们的预期相反，他们只是看见齐泽克如何“温文尔雅地纠正彼得森对马克思和马克思主义的诸多误解，并且事后还为彼得森开列了一个简短的推荐书目，却没有将他一刀拿下”[26]。

最终导致齐泽克被左翼人士“取关”的原因是，他似乎对彼得森对政治正确的批判心有戚戚焉。然而，正如加拿大撰稿人克里夫顿·马克（Clifton Mark）所解释的那样，“虽然双方都对政治正确持批判态度，……但彼得森是从右边攻击，齐泽克则从左侧进军”。在马克看来，齐泽克对彼得森的回应不愠不怒，是因为他们的专业知识参差错落。因此，“尽管联袂出演，但双方的交流有失均衡。彼得森的专长是临床心理学，而不是政治、哲学或经济学。齐泽克的专长与讨论的主题直接相关。这让这个夜晚的辩论像是一位教授和一位态度认真但又误入歧途的学生的办公碰头会”[27]。

学术界和取关文化之间的关系可由多种因素来解释，其中包括学术界存在的自由主义霸权（liberal hegemony），这种霸权令保守派噤若寒蝉。此外，它与美国和欧洲的后工业社会在身份政治（identity politics）等问题上的文化价值观念的变迁有关。[28]当然，数字技术导致了不断壮大的集体情感表达（collective expression），导致了使愤怒的政治（politics of outrage）日益愤怒的过滤泡沫①和

① 过滤泡沫（filter bubbles），指推荐算法。社交平台和搜寻网站等利用网站内的算法，推算并推荐用户想要看到的信息，把用户可能不想看到或不需要看到的信息全部过滤或屏蔽。总而言之，就是根据用户的个人爱好来操纵用户得到的结果。它最早由伊莱·帕里泽（Eli Pariser）在2010年出版的《过滤泡沫：网络对你隐瞒了什么》（*The Filter Bubble: What the Internet Is Hiding from You*）中提出，引起学界关注。

回音室效应①，并要为此负责。因此，有人认为，社交媒体“扩大了取关文化在大学校园内外传播的范围，也加快了它传播的速度”[29]。不过，在齐泽克看来，取关文化和政治正确更多地涉及“虚假激进主义”（fake radicalism）[30]：这些经常以他为鹄的取关，忽视了种族主义和性别歧视的真正原因，而仅仅关注（他的）言辞和表演。

数字复制时代的知识劳动

阅读和写作正在经历的变化（齐泽克也在经历这一变化）已被米歇尔·德·塞托在其《日常生活实践》（*The Practice of Everyday Life*）中深深把握。饮食、步行、阅读、写作和居住等每天都在进行的普通实践（和策略），不可能是科学家、专家、领导人和其他精英的专属实践。在这些实践中，既可以找到支配这些实践的共有的、重复的社会形式（social form），也可以找到生活的实践者——读者和消费者——颠覆和操纵这种社会形式的独特方式。德·塞托对这种知识活动做了初步的先知般的语境化（rophetic contextualization）。根据他的这一语境化，虽然专家和哲学家都在社会和知识体（body of knowledge）之间扮演调停者的角色，但有一个至关重要的区别值得注意：“诚然，专家在这个［技术专家治国的］社会中变得越来

① 回声室效应（echo chamber），又称同温层效应、信息茧房效应，指在一个相对封闭的环境中，一些完全相同或相近的声音被不断复制，并以夸张或扭曲的形式不断壮大，令处在这个环境中的多数人认为这一声音完全属实，绝对可信。传统社会固然如此，现代社会更是变本加厉，因为有了网络和社交媒体的加持。人们普遍认为，回音室效应将最终导致政治和社会的极端分化，导致极端主义的日益猖獗。

越普遍，以至于成为一般化的形象（generalized figure），在日益增长的专业化这一迫切需要和须臾不可或缺的交流之间大量增加。他遮盖了哲学家的光芒，并以某种方式取而代之，而哲学家曾是傲视整个宇宙的专家。但是专家的成功也并不那么蔚为壮观。在他那里，生产的法则（productivist law）和社会的法则（social law）产生了矛盾。前者要求布置具体的任务（注重效率条件），后者则要求流通（注重交换形式）。"[31]正如本书自始至终所表明的那样，齐泽克通过把哲学立场和反哲学立场进行叠加定位来避免这一矛盾。这模糊了知识内部领域与知识外部领域之间的界限。或者说，这更像是桥梁建设实践（bridge-building exercise）——在象牙塔和街道之间架起一座桥梁。他还通过颠覆自己的知识–哲学立场（intellectual-philosophical position）向哲学权威发起挑战，否认哲学权威（以及他本人）拥有公众通常认为他们拥有的知识，并将阿尔文·古尔德纳（Alvin Gouldner）所谓的"批判性话语文化"（culture of critical discourse）付诸实践。[32]这是一种"强调所有的断言——尤其是政治领域的断言——都要接受挑战的言语形式和写作形式"[33]。正如吉登斯所解释的那样，"社会上大多数其他群体都准备接受这样的做法，即召唤某个权威，把他当成评价观念的根据，而知识分子则拒绝这种做法"[34]。在齐泽克那种情况下，对（学院派）哲学权威的拒绝是通过在口头上和文本上"打破第四面墙"①来实现的。说得

① "打破第四面墙"(breaking the fourth wall)，源于西方19世纪的剧场文化。传统舞台为盒形结构，呈现"Π"的形状，里面的三条线分别代表第一、第二和第三面墙，开口处即为"第四面墙"。表演区位于盒子之内，观众区则位在盒子之外，观众透过盒子的开口观赏演出。打破第四面墙，意谓突破剧情框架的限制，让表演者与观众直接或间接互动。最常见的互动方式就是演员与观众直接对话。

更确切些，在今天的数字环境中，齐泽克在打破——而不是完全拒绝——传统的戏剧表演般的学术规则方面及时地发挥了作用。在这样做的过程中，他对当前知识权威得以立身的根基中发生的变化做出了回应。这种回应表现在，他频繁地操弄字母、单词和句子，频繁地操弄海阔天空的话题，而且这话题通常把通俗文化囊括其中。所有这些都是在向读者表明，这不是常规（非介入性）的知识介入。因此，齐泽克重新恢复了主观语气（subjective tone），把它视为表演性的自我牺牲（performative self-sacrifice）。

就这样，他否定了将修辞排除在科学话语之外的、大家习以为常的、学术性的非主观语气（academic asubjective tone）。然而，齐泽克为了使自己的叠加定位发挥作用，把最近被称为“后真相”（post-truth）的公众化趋势纳入了自己的视野，这种公众化趋势对任何一般性断言都持愤世嫉俗的起始立场[①]。今天的公众几乎全都摆出一个先验（*a priori*）——因而也是假冒——的批判姿态，并没有从吉登斯的遵从立场（conforming position）出发。当然，吉登斯的遵从立场后来受到知识分子的挑战。今天的公众对知识——尤其是对哲学——的起始立场是立即向它发起挑战。在这种情形下，齐泽克做出的一个关键举措是重申哲学的权威，但他是站在与众不同——精神分析——的立场上重申哲学的权威的。他展示了哲学理论和哲学实践的新型的相关性，以反哲学（或者更确切地说，以后哲学）的哲学方式重申了哲学的价值。齐泽克通过其表演，与数字语境中

---

① 起始立场(starting position)，即我们一般人所说的“先入之见”。它的表现形式是：听到任何具有普遍性的断言，不假思索，立即报以之冷嘲热讽，或者大加鞭挞。

的写作实践和阅读实践之间已经变化的关系产生了共振。德·塞托早在 20 世纪 80 年代就已经注意到，知识的状况已经发生根本性的转变："从电视到报纸，从广告到各种各样的商业顿悟①，我们的社会以视觉的癌性增长（cancerous growth）为特征，一切都以能否展现或被展现，能否将交流转化为视觉旅程（visual journey）来权衡利弊。……因此，对于二元性的生产–消费，我们可以代之以更一般的等价物：写作–阅读。"[35]

德·塞托把这样一种普普通通的实践的形式结构描述为阅读。他在这样做时，显然转向了通俗文化。他认为，通俗文化"以及整个被称为'通俗'的文学，都呈现出不同的一面：它们本质上把自己视为'制造'这个或'制造'那个的'艺术'，也就是说，表现为组合性或应用性的消费模式"[36]。齐泽克在分析大众文化时沿用这一见解，把大众文化视为社会（以及个人）的享受之源，而享受来自力比多的投入（libidinal investments）。这种享受是由齐泽克的文本和谈话激发起来的，它最终促使网络用户为他做数字普及工作。根据现在的数字知识生产和消费模式，公众不再阅读，而是观看。结果，公众认为什么具有可看性（watchable），是用与可读性（readable）不同的标准来衡量的，尤其是在信息膨胀且高度竞争的时代。因此，引人注目的辩论形式不是文字的清晰性，而是口头的表演性和视觉的表演性。和这种已经发生变化的可理解性（changed intelligibility）一道，"随着我们对伤害和疼痛的敏感性的增强，公共

---

① 商业顿悟（mercantile epiphanies），指在商务活动中瞬间领悟或猛然发现了商务良机。"epiphany"为宗教中的主显节，把它与充满铜臭气的商务活动联系起来，颇具讽刺意味。

讲话遵守的规则正在经历一场重要的变革”[37]。由于齐泽克本人没有正式“使用”任何类型的社交媒体，也没有设法亲自在网络上抛头露面（电子邮件除外），他数目庞大的追随者正在为他做数字写作（和数字工作）。作为没有现实读者的读者群体，数字网络文化正在享受齐泽克，正在利用他异乎寻常的表演谋取利益。

德·塞托认为，有三个边界正在变得模糊不清，它们是理论与实践的边界、生产与消费的边界、写作与阅读的边界。如今在我们这个网络时代，在我们这个“念念有词”（recited）或“网络控制”（cybernetic）的社会，写作已经失去它原有的合法性和神圣基础。就形式而论，如今的写作重视的是短文和推文（tweets），因为阅读的时间正在急剧减少。与此同时，求知的意志（will to know）却转化为日益增长的阅读压力——尽（不）可能多地阅读①。结果，随着新阅读形式——如略读和速读——的飞快进化，阅读比以往任何时候都更加活跃。于是就有了“如何阅读或如何不读”齐泽克的公开辩论。[38]德·塞托认为阅读是一种“偷猎”，声称不应该把这种“被人误解的活动”视为被动的接受或被动的消费，而应该将其视为生产活动。正如我们今天看到的那样，阅读不是“文学批评家专有的活动（……），也就是说，不是专业知识分子（书记员）专有的活动”[39]，而是可以推广到所有的文化从业者的活动。德·塞托反对消极看待阅读（和消费），他声称：“其实恰恰相反，阅读活动恰恰具有静默生产（silent production）的全部特征。……（读者）享受和占有他人的文本：他偷偷地猎取，他置身其中，他使自己分裂成无

---

① “尽(不)可能多地阅读” [to read as much as (im) possible]，不仅指尽可能多地阅读，而且指超出可能的极限，“穷凶极恶” 地阅读。

数自我，就像一个人身体内部发出的隆隆之声。”[40]

本杰明·诺伊斯（Benjamin Noys）在为《重复齐泽克》——该书是作为齐泽克主编的“原文如此”丛书中的一本出版的，其撰稿人皆为与齐泽克亲近的学生和追随者——撰写的文稿中谈到了齐泽克的“阅读机器”（reading machine）。他认为，“齐泽克有一种阅读方法，这种阅读方法可以用来帮助我们理解，我们应该如何阅读齐泽克”[41]。首先，他把齐泽克的阅读——特别是他对其他哲学家的阅读——界定为一种阅读哲学的方法，那就是，“把哲学作为本体论质疑得以容身的场所（a site for ontological questioning）来阅读，但这个场所只能通过拉康的精神分析来理解”[42]。然后，他继续界定（公众）阅读齐泽克的方法，说这需要“努力追溯，搞清楚齐泽克是如何成为一个开端作家（writer of beginnings）的”[43]。他是在齐泽克的行为而不是在他著作的内容中确定他（和他的著作）的真相的方位的。齐泽克通过不断削弱哲学和哲学家的权威性、整体性的地位，用文化等看似次要的、可举例说明的话题来补充哲学，从而揭示了哲学的非完整性。不过，诺伊斯将齐泽克的表演与他的叠加定位联系起来，声称“这造成了短路。……这样的短路再次打开了哲学的疆域。这就是齐泽克成为哲学家的地方，也是（黑格尔式）否定之时刻”[44]。正如他在把从过去到现在、从现在到未来的运动与牺牲定位联系起来时所说的那样，“在这一刻，位移发生了。位移在哲学领域派生出一种扭力，并将扭力置于有关世界的‘新拓扑学’中”[45]。

齐泽克通过自己的表演向世人表明，他实际上承认，如今的阅读处于社会分层（获取信息）和诗意运作（文本的编码和解码）的交叉地带。他的著作反对“社会等级制度，因为这种制度想让读者屈从于精英（或半精英）们分发的‘信息’；……用他们的创造能力填补正统文化的缝隙”[46]。齐泽克频繁参加（在大学、艺术画廊、咖啡馆、机构团体中举办的）公开辩论，这些辩论随后被上传到网络上。这与其说是为了推广齐泽克的思想，不如说是为了推广机构团体或中介人自己，让公众（根据自己的意愿和便利与否）自行观赏他那处于行动中的思想（thought in action），并让公众在口头语言取代书面语言的情形下，仔细观察他的肢体语言是如何强化他的思想，如何使他的思想产生回响的。齐泽克揭穿了“隐藏在著作中的‘宝藏’这个子虚乌有之物。著作是一种塞满了意义的保险箱，但里面的意义显然不是以读者的生产性（productivity）为基础的，而是以社会制度为基础的。社会制度多方面地决定了读者与文本的关系。……由于文本本身具有可做多元解读的性质，于是它摇身一变，成为一种文化武器，一个私人狩猎区，一种合法的托词，能把享有社会权威的专业人士和知识分子提供的阐释合法化为‘字面意义’”[47]。以主动而非被动的方式看待阅读，阅读就“没有立锥之地”，但它为“游戏和诡计”（games and tricks）提供了活动余地，我们今天把这些“游戏和诡计”称为表情包和动态图。在阅读变得越来越活跃的同时，写作的权威性变得越来越低，知识的权威（intellectual authority）也随之每况愈下。

所以说，德·塞托早已预见到，写作和阅读的界限变得模糊不清将成为网络时代的常态。齐泽克以他的拉黑体和以文本表演的语言游戏（如运用斜体字和大写字母）对此做出回应。如他所言，这些修辞实践和表演实践是他“拷打语言，让它说出真相”的手段。他背离了普通的学术语言，采取了牺牲型定位的策略（sacrificial positioning maneuver），这使他站在公众一边，而不是知识分子一边。

齐泽克的这一举动使读者摆脱了在普通的学术性知识阅读（common academic intellectual reading）中发挥作用的权力，进而赋予读者以权力。齐泽克偏爱公共知识阅读（public intellectual reading）和公共知识写作（public intellectual writing），但这样的阅读和写作必须是公众眼中的阅读和写作。这与“现代写作实践只有通过权力的集中才能发展”的事实截然相反。德·塞托追溯这一发展过程时，把现代写作定义为“一种具体的活动，它在自身的空白区——页面上——构建文本，这种文本力压当初与之隔绝开来的外在性”[48]。结果，写作的实践获得了更多的权力，获得了坚持原则的社会等级（principled social hierarchy）和有组织的教育体系（organized educational systems）。换言之，写作是一种旨在将法律固定下来，让它成为适当空间的策略。如此一来，它的武断性就会被隐匿，然后以自然的形式再次现身。

在以前的法典时代，主体很少意识到，他们已经被人操控（因为操控的方式不太透明）。或者，他们只是通过有意或无意的颠覆行为，才意识到了这一点。在今天的后法典时代，写作再也无法遮掩自身缺乏信用（lacking credentials）这个事实，也就是说，它缺乏用来建立最初的抄本经济（original scriptural economy）的神圣言辞（holy speech）。现代写作已经丧失其部分战略能力（strategic abilities），重新成为实用的战术（practical tactic）。换言之，现代写作模糊了战略与战术的区别。此外，现代性的主要特征之一是识文解字在社会各阶层中的普及。然而，写作一直被认为是主动的部分（active part），而阅读——阅读报纸、书籍或博客——则是与之对应的被动的部分。今天，我们对看电视也持同样的见解，电视因其被动性（passivity）而频遭批判。但理论的发展，如用以补充互动性（interactivity）概念的交互被动性①概念的出现[49]，使齐泽克和德·塞托得以反驳这种司空见惯的定位。在德·塞托看来，阅读（或观看）能够发挥积极的作用。在齐泽克看来，读者已经变得积极主动，因为他们不仅接受信息，而且分享和阐释信息。在受众随时可以评论、点赞、分享和转发的网络时代，尤其如此。网络根本没有一定之规，它鼓励用户使用既平淡无奇又异乎寻常的全球方言②，允许用户操弄语言游戏，以之作为颠覆既定意义和既定形式的手段。游戏、反叛和颠覆在电子邮件、数字聊天和对讲系统等方面得到了最好的体现。和它们一样，阅读和写作已经今非昔比，成为新颖的战术实践。但它们的战略目标是什么？它们针对的对象是谁？是脸书、推特，还是谷歌？是建有数字审查制度的沙特阿拉伯，还是总想阻止数字泄密和数字盗版的美国？民族国家（nation-states）——这些古老的恐龙——是否仍然能够适者生存，苟活于我们这个数字

① 交互被动性（interpassivity），由罗伯特·普法勒（Robert Pfaller）独创的新词，后被齐泽克赋予新意。在普法勒那里，交互被动性是被动性的一种状态：录制电影，但不观赏；购买图书，但不阅读；看情景喜剧，只听罐头笑声，自己从来不笑，仿佛罐头笑声在代替观众欢笑。但在齐泽克那里，交互被动性并非纯粹的被动，被动可能只是主动的表象：看似被动，实为主动。在精神分析理论中，受虐狂就是如此：我受虐，你施虐，是因为我让你来施虐，而我享受你对我施虐的过程，主动权在我，而不在你。在政治理论中，齐泽克所谓的“巴特尔比政治”，也是如此。齐泽克认为，这个概念可以帮助我们理解如今这个愤世嫉俗的享乐主义时代（cynical-hedonist era）中存在的诸多悖论。

② “全球方言”的原文是“glocal language”。其中的“glocal”是由“global”（全球）和“local”（地方）拼接而成的。它指本地化的全球语言，或全球化的本地语言（如印式英语）。与之类似的单词还有“Glocalization”，即全球本地化，或本地全球化。

时代，同时制定更佳的战略，在私营企业的帮助下收买互联网，以供其使用？面对这些问题，我们看到了网络时代阅读和写作的与之相关的政治维度。

例如，克林特·伯纳姆（Clint Burnham）在考察齐泽克和数字文化时把齐泽克定位为“网络哲学家”（internet philosopher）。他发现，齐泽克的自我抄袭是“互联网时代最卓越的写作技巧”[50]。对齐泽克的主要的、常见的批评，是他把整章整节的内容，从一本书上直接剪下，然后毫不犹豫地粘贴到另一本书上。针对这种批评，伯纳姆认为，值得注意的是齐泽克使学术性写作——知识分子通常厌恶的东西——销声匿迹的方式。从记录笔记直接跳到文字编辑，这种拼拼贴贴或拼拼凑凑的写作方式构成了齐泽克大部分写作或知识活动的特征。在伯纳姆看来[51]，审视齐泽克作为网络哲学家的表演和定位的三个方面大有裨益：方法——文本的构建；接受——对齐泽克的消费；理论——律令的淫荡阴暗面。关于齐泽克的表演方法，伯纳姆引用了齐泽克对互联网的理解：“的确，齐泽克认为，如此丰富的参考文献（20 世纪 80 年代后文化研究具有的典型特征），……是互联网时代的标志：‘钻进网络空间，……我们岂不是又回到了爱森斯坦的“知识蒙太奇”的梦想之中？回到了拍摄《资本论》的梦想之中？回到了用具体形象的冲突生产马克思主义理论的梦想之中？超文本不就是蒙太奇的新玩法吗？’”[52]我们由此可以得出齐泽克的表演的两个建构原理（structuring principles），正是这两个建构原理使他的定位、使他与其他全球思想家泾渭分明：第一，（弗洛伊德意义上的）强迫症一般的重复，最后就是自我抄袭；第二，他的知识介入无论在内容还是在形式上都具有的超文本性（hypertextuality）。

这两个原则与互联网时代的空间语境（spatial contexts）和计算机的生产制度（production regime of the computer）遥相呼应，但也与日新月异的时间语境（temporal context）——被压缩的时间的语境——有关。今天，公众的感受以及个人的感受比以往任何时候都瞬息万变。有人把这种现象称为“加速主义”（accelerationism）。[53] 好像每一秒钟都价值连城，仿佛每一天都会发生惊天动地的大事。不管这种说法是对是错，作为我们时代的风流人物，齐泽克以其闪电般的出版速度对它做出响应。他似乎很早就意识到，现在再以十年磨一剑的速度著书立说，是不可能进行有效介入的。齐泽克进行全球性知识介入的时机与他对事件（event）和回应（response）的叠加定位相得益彰，与网络即时的实时表演（internet immediacy of realtime performance）亲密无间。亚格娜·奥尔塔泽夫斯卡也把时机的这一方面描述为一种表演策略：“齐泽克对重大世界事件以及当代生活中的次要文化活动的参与是狂热的、即时的，说起话来都是滔滔不绝的：事件的尘埃刚一落定，他的评论就会在网络上疯狂传播，对评论的迅速修改、认真把小写字母改成大写字母、追求口语化的风格，这些都给人以强烈的紧迫感。事件和回应的准共时性（quasi-simultaneity）创造了一种时间压缩感和戏剧感。这种时间压缩感和戏剧感又被阐明之痕迹（vestiges of énonciation）——此乃齐泽克之标志——所强化。阐明之痕迹先是出现在他的网络稿件（online submissions）中，随后越来越多地出现在他出版的著作中，这些都与精心制定的标准学术用语（standard academic énoncé）之规范极不协调。”[54]

如此一来，与其他人相比，齐泽克对今非昔比的知识活动语境的反应更为适当，也卓有成效地创造了他的网络形象（online

presence）。齐泽克凭借表情包、短片等相关工具，迅速成为一种网络现象。这位“网络共产主义者”对此无疑喜不自禁，乐而忘返。在我们的数字公共空间里，这种以制造享受为中心的乐趣（enjoyment-producing entertainment）使他的表演变得无与伦比。[55] 戴维·冈克尔（David J. Gunkel）把齐泽克的表演概括为“混搭的艺术”（art of the mash-up），概括为把两种不同的传统连接起来的齐泽克式“短路”或“视差”。[56] 在做这样的概括时，冈克尔强调齐泽克对互联网时代的适用性和适应性。例如在音乐方面，他把摇滚乐队披头士（Beatles）和饶舌歌手杰斯（Jay-Z）进行叠加定位；在文学方面，他把18世纪德国的唯心论与当代斯堪的纳维亚的侦探小说进行叠加定位；在电影中他把希区柯克和《功夫熊猫》进行叠加定位。最后，他对流行文化和高级理论进行叠加定位，为知识分子和公众参与上述内容开辟了（拉黑体）康庄大道。他的重复性表演与以不同方式使用上述内容的网络写作产生了共振。齐泽克栩栩如生地展现了这种短路，并以它命名他在麻省理工学院出版社出版的丛书。

就效果而言，齐泽克的介入可谓风靡云蒸，因而与大多数知识介入相比，他的介入传播的范围更宽，分布的范围更广。的确，正如“网络空间哲学家”迈克尔·海姆（Michael Heim）在其《电子语言》（*Electric Language*）中所言，“数字写作将反思性阅读和反思性写作这种私人的独处变成了公共的网络”[57]。因此，我们可能会在 Aaaaarg.org 或 b-ok.org 等数字图书库中找到齐泽克从书籍到讲座的形形色色的介入。他的这些介入都已经做过数字化处理，成了电子书和 PDF 格式的文档。此外，还有几个专门的网站充当他的参考书目和影评目录的网络中介，如 Lacan.com，TheoryLeaks.com，zizekianinstitute.org 和 ZizekAnalysis.wordpress.com，以及 YouTube 频道和伦敦大学伯克贝克人文学院为他制作的播客。但是，自 20 世纪 80 年代开始，他就持之以恒地推进当地的公共知识主义，他的介入从那时起就获得了或高级和低级的符指意义（high-low signification）。他的生产和消费、品牌和营销之所以举世无双，原因正在这里。无论在内容方面还是在形式方面（包括在引证、断称、语气、意动、风格等层面上的语言手段和修辞手段），齐泽克的表演既吸引了高端的受众又吸引了低端的受众，既引发了高端的反应又引发了低端的反应。例如，他的准抽搐症（quasi tics）和他的共产主义学说的一致性问题被一视同仁，得到了同等的讨论。无论对于齐泽克本人的知识生产来说，还是对博客圈的消费而言，这样的高端和低端都是以知识的名义和平共处的。

通过引用弗洛伊德的“谈话疗法”，利·拉伯格（Leigh La Berge）提议把齐泽克的文本表演视为“写作疗法”。她的《写作疗法》（“The Writing Cure”）一文收入了论文集《齐泽克的真相》（*The Truth of Žižek*）。在那里，她将齐泽克的文本表演界定为作为移情的写作（writing as transference），并认为齐泽克“通过将他的读者群定位为他的精神分析师读者群（readership-as-analyst），构建了一种移情关系”。[58] 拉伯格声称：“持续不断地阅读和批评齐泽克就是甘于困在这种二分法中。这种二分法具有胶着威胁（stalemated threat）的完整结构：要么你摧毁精神分析，要么在某种意义上说，我将是——永远是——接受精神分析之人的终极威胁。他在他自己和他的读者群之间构建的话语分析，提供了维持这种辩证法的巡回路线：他对后现代的投影性攻击（projective assaults）有助于再次断定，他自己的自我（无意识）是现代性的自我。一旦这种阐释服务于他的写作疗法，我们似乎就应该接受经典的现代回应：精神分析的沉默

(analytic silence)。”[59]根据拉伯格的推测，齐泽克用他的批判性介入对我们狂轰滥炸，是因为他憎恨我们，憎恨那些消费了他如此之多的介入的读者和观众。他是如此憎恨我们，以至于他通过自己永无休止的写作，把这个秘密告诉了我们。这与他的下列控诉相辅相成：那些喜欢憎恨他的人在身不由己地观看他的表演。和在精神分析治疗中一样，一旦无话可说或无书可读，精神分析可能就已告终结。只有到了我们不再需要阅读和消费齐泽克的时候，我们才会渴望得到他（和他的观念）。在那之前，他的表演会马不停蹄地继续下去。显而易见，就目前而言，这位全球公共知识分子不身经一场英勇献身的激烈战斗是不会轰然倒下的。

注　释

[1]黑格尔:《哲学史讲演录》(*Lectures on the History of Philosophy*),第1卷,E. S.霍尔丹(E. S. Haldane)译,伦敦:劳特利奇和基根保罗出版社,2016年,第400页。另见姆拉登·多拉尔:《精神现象学》(*Fenomenologija duha*),第1卷,卢布尔雅那:理论精神分析学会出版社,1990年,第20页。——作者注。关于《哲学史讲演录》中的这段文字,英文版和中文版略有差异。流行的中文版把这段文字译为:“苏格拉底讽刺的伟大之处,在于它能使抽象的观念具体化,使抽象观念得到发展。……问题就在于要把概念提到意识里来,亦即要把仅仅是观念的东西因而也就是抽象的东西加以发展。……这可说是世界的普遍讽刺。”见黑格尔:《哲学史讲演录》,第2卷,贺麟、王太庆译,商务印书馆,1983年版,第55页。——译者注。

[2]黑格尔:《精神现象学》(*Phenomenology of Spirit*),牛津:牛津大学出版社,1977年,第492页。

[3]戴维·马歇尔(David P. Marshall)和卡桑德拉·阿瑟顿(Cassandra Atherton):

《确定公共知识分子的方位》(“Situating Public Intellectuals”),刊于《澳大利亚国际媒体》,第156卷第1期(2015年8月),第73页,https://doi.org/10.1177/1329878X1515600109。

[4]同上,第69页。

[5]保罗·泰勒:《齐泽克的接受:灰色意识形态的50道阴影》,收入马修·弗里斯菲德和路易斯·威利斯编:《“齐泽克和媒体研究”读本》,伦敦:帕尔格雷夫·麦克米伦出版社,2014年,第16页。

[6]见理查德·波斯纳:《公共知识分子的衰亡》,马萨诸塞州坎布里奇:哈佛大学出版社,2001年。

[7]诺亚·贝拉茨基(Noah Berlatsky):《公共知识分子去死吧》(“Death to the Public Intellectual”),刊于《新共和周刊》,2015年2月18日,https://newrepublic.com/article/121086/death-public-intellectual-what-mark-greif-essays-gets-wrong。

[8]斯拉沃热·齐泽克:《宛若光天化日之下的小偷:后人类时代的权力》(*Like a Thief in Broad Daylight: Power in the Era of Post-Humanity*),英国圣艾夫斯:艾伦·莱恩出版社,2018年。

[9]彼得·特劳尼(Peter Trawny)语,见齐泽克:《宛若光天化日之下的小偷:后人类时代的权力》,第2页。

[10]齐泽克:《宛若光天化日之下的小偷:后人类时代的权力》,第4页。

[11]同上。

[12]同上。

[13]见《斯拉沃热·齐泽克:“我会投票给特朗普”》(“Slavoj Žižek: ‘I Would Vote Trump’”),2016年,第四频道新闻,https://www.facebook.com/watch/?v=10154211377601939。

[14]迈克·克伦普拉(Mike Crumplar):《齐泽克在2016年时说得对》(“Žižek Was Right in 2016”),发布于迈克·克伦普拉博客网(Mcrumps),https://mcrumps.com/2018/12/07/zizek-was-right-in-2016/。——作者注。此网页已经失效。——译者注。

[15]迈克·克伦普拉:《每况愈下的斯拉沃热》(“slipping Slavoj”),刊于《詹姆斯二世党人杂志》(*Jacobite*),2018年5月2日,https://jacobitemag.com/2018/05/02/slipping-slavoj/。

[16]迈克·克伦普拉:《齐泽克在2016年时说得对》。

[17]齐泽克:《宛若光天化日之下的小偷:后人类时代的权力》,第81页。

[18]同上。

[19]迈克·克伦普拉:《齐泽克在2016年时说得对》。

[20]同上。

[21]格蕾琴·巴克:《相似:斯洛文尼亚社会中的仿像与自我》,奥克兰:加利福尼亚大学出版社,2020年,第123页。

[22]本·伯吉斯(Ben Burgis):《在世界燃烧之时取关喜剧演员:当代左翼批判》(*Canceling Comedians While the World Burns: A Critique of the Contemporary Left*),英国温彻斯特:零度出版社,2021年,第81页。虽然齐泽克不是喜剧演员,但他被视为"理论喜剧演员"(theory-comedian)。见劳伦·伯兰特(Lauren Berlant)和乔丹·格林沃尔德(Jordan Greenwald):《末世的情感:与劳伦·伯兰特的对话》("Affect in the End Times: A Conversation with Lauren Berlant"),刊于《言说之人》(*Qui Parle*),第20卷,第2期(2012年春季和夏季),第85页。

[23]本·伯吉斯:《在世界燃烧之时取关喜剧演员:当代左翼批判》,第102页。

[24]见英格·范·德·维纳(Inge van de Vena)和泰斯·凡·杰默特(Ties van Gemert):《过滤泡沫和古鲁效应:作为注意力经济中的公共知识分子的乔丹·彼得森》("Filter Bubbles and Guru Effects: Jordan B. Peterson as a Public Intellectual in the Attention Economy"),刊于《名人研究》(*Celebrity Studies*)(2020年):https://www.tandfonline.com/doi/full/10.1080/19392397.2020.1845966。

[25]斯蒂芬·马尔凯(Stephen Marche):《世纪辩论:乔丹·彼得森与斯拉沃热·齐泽克辩论纪实》("The 'Debate of the Century': What Happened When Jordan Peterson Debated Slavoj Žižek"),刊于《卫报》,2019年4月20日。

[26]本·伯吉斯:《在世界燃烧之时取关喜剧演员:当代左翼批判》,第105页。

[27]克里夫顿·马克(Clifton Mark)语,见本·伯吉斯:《在世界燃烧之时取关喜剧演员:当代左翼批判》,第106页。

[28]托德·麦高恩(Todd McGowan):《普遍性与认同政治》(*Universality and Identity Politics*),纽约:哥伦比亚大学出版社,2020年。

[29]皮帕·诺里斯(Pippa Norris):《封闭的心灵?“取消文化”正在扼杀政治科学的学术自由和思想辩论?》(“Closed Minds? Is a ‘Cancel Culture’ Stifling Academic Freedom and Intellectual Debate in Political Science?”),HKS工作论文,第RWP20-025号(2002年8月3日):https://papers.ssrn.com/sol3/papers.cfm?abstract_id=3671026。

[30]斯拉沃热·齐泽克在接受罗伯特·罗兰(Robert Rowland)采访时所言,见罗伯特·罗兰:《未来将会怎样?》(“What Does the Future Hold?”),发现于“如何做学问”(How To Academy),https://www.youtube.com/watch?v=luSkpONb2d4&t= 2552s。

[31]米歇尔·德·塞托:《日常生活实践》,伯克利:加州大学出版社,1984年,第7页。——作者注。塞托的著作,语言生涩,殊难理解,故请参见中译本:“的确,专家在这个社会中激增,最终成为社会的象征,在迅速增长的专业化要求和同样急迫的交流的要求中得到推广和传播。他使哲学家,即普遍概念方面昔日的专业人士大为逊色(并以某种方式取代了哲学家)。不过,他的成功并非那么蔚为壮观。在专家的理论中,分配(保证效率的前提条件)的生产本位主义法则与流通(交换的形式)的社会法则相互矛盾。”米歇尔·德·塞托:《日常生活实践——1.实践的艺术》,方琳琳、黄春柳译,南京大学出版社2009年版,第59页。——译者注。

[32]阿尔文·古尔德纳(Alvin W. Gouldner):《知识分子的未来与新阶级的崛起》(*The Future of Intellectuals and the Rise of the New Class*),伦敦:帕尔格雷夫·麦克米伦出版社,1979年,第28页。

[33]安东尼·吉登斯:《社会理论与现代社会学》(*Social Theory and Modern Sociology*),加州斯坦福:斯坦福大学出版社,1987年,第261页。

[34]同上。

[35]米歇尔·德·塞托:《日常生活实践》,第xx(20)—xxi(21)页。——作者注。见中译本:“从电视到报刊,从广告到商家推出的各类节目,我们的社会使视觉癌变,依据事物展示或被展示的能力来衡量其真实性,并且将交谈也转变为视觉过程。……至于生产–消费的二项式,我们可以用一个更具普遍意义的对应式来代替它,即写作–阅读。”米歇尔·德·塞托:《日常生活实践——1.实践的艺术》,第41页。——译者注。

[36]同上，第xv(15)页。——作者注。见中译本："从这个方面看，'大众文化'以及所有被称为的'通俗的'文学都得到了不同的表现；'大众文化'主要表现为这个或那个东西的'实践艺术'，也就是说，组合的与使用的消费。"米歇尔·德·塞托：《日常生活实践——1.实践的艺术》，第35页。——译者注。

[37]见阿伦卡·祖潘契奇：《只有傻子才看不出来》("You'd Have to Be Stupid Not to See That")，刊于《视差》(*Parallax*)，第22卷，第4期(2016年10月)，第413—425页。

[38]见亚当·科茨科(Adam Kotsko)：《如何阅读齐泽克》("How to Read Žižek")，刊于《洛杉矶书评》，2012年9月2日，https://lareviewofbooks.org/article/how-to-read-zizek/；保罗·鲍曼(Paul Bowman)：《如何不读齐泽克：对约翰逊的回复》("How to Not Read Žižek: A Reply to Johnson")，刊于《全球话语》(*Global Discourse*)，第2卷，第1期(2011年1月)，第152—166页。

[39]米歇尔·德·塞托：《日常生活实践》，第169页。——作者注。见中译本："这种'阅读'活动是否专属于文学批评(总是受到关于阅读的研究的青睐)，也就是说重新专属于某类学者，还是可以扩展到整个消费文化？"米歇尔·德·塞托：《日常生活实践——1.实践的艺术》，第263页。——译者注。

[40]米歇尔·德·塞托：《日常生活实践》，第xxi(21)页。——作者注。见中译本："其实相反，爱好读书的行为所展现出的是一个寂静的生产的全部特征：……他将愉悦和挪用的谋略带入他人的文本中：在其中进行侵犯、转移进去，如同内部的噪声一样被不断扩散。"米歇尔·德·塞托：《日常生活实践——1.实践的艺术》，第41页。——译者注。

[41]本杰明·诺伊斯(Benjamin Noys)：《齐泽克的阅读机器》("Žižek's Reading Machine")，收入见阿贡·哈姆扎主编，《重复齐泽克》，北卡罗来纳州达勒姆：杜克大学出版社，2015年，第73页。

[42]同上，第75页。

[43]同上，第80页。

[44]同上，第82页。

[45]同上，第81页。另见加布里埃尔·图皮南巴(Gabriel Tupinambá)：《政党是谁的一部分？》("What Is a Party a Part Of?")，刊于《危机与批判》(*Crisis and Critique*)，第1卷，第1期(2014年)，第219—236页；加布里埃尔·图皮南巴和

姚远(Yuan Yao):《黑格尔·拉康·齐泽克》(*Hegel*, *Lacan*, *Žižek*),纽约:阿特洛波斯出版社,2013年。

[46]米歇尔·德·塞托:《日常生活实践》,第172页。——作者注。见中译本:"有一种社会等级化行为致力于使读者与某一精英(或半精英)阶层所散布的'信息'相适应;……使自身的创造性渗入文化正统性的缝隙而对前者施加诡计。"米歇尔·德·塞托:《日常生活实践——1.实践的艺术》,第266页。——译者注。

[47]米歇尔·德·塞托:《日常生活实践》,第171页。——作者注。见中译本:"这种对于藏身于作品(意义的保险箱)之中的'宝藏'的虚构,其根基显然并不在于读者的创造性,而在于复因决定读者与文本之间关系的社会机构。……文本自身被交给了多样化的阅读,它成为一种文化武器,一块禁猎地,一种法律的借口,该法律将专业人士以及社会上许可的学者对文本的阐释合法化,使之成为'字面含义'。"米歇尔·德·塞托:《日常生活实践——1.实践的艺术》,第265页。——译者注。

[48]米歇尔·德·塞托:《日常生活实践》,第134页。见中译本:"被我称之为书写的事物,是指在一个专有的空间——页纸上所进行的具体活动,它的目的在于构建一个文本,该文本对于原本将其隔绝开来的外部世界具有某种权力。"米歇尔·德·塞托:《日常生活实践——1.实践的艺术》,第222页。——译者注。

[49]罗伯特·普法勒(Robert Pfaller):《为什么是齐泽克?交互被动性与不轨行为:意识形态分析与齐泽克的工具箱》("Why Žižek? Interpassivity and Misdemeanours: The Analysis of Ideology and the Žižekian Toolbox"),刊于《齐泽克研究国际杂志》,第1卷,第1期(2007年),第33—50页;罗伯特·普法勒:《交互被动性:委托享受之美学》(*Interpassivity: The Aesthetics of Delegated Enjoyment*),爱丁堡:爱丁堡大学出版社,2017年。

[50]克林特·伯纳姆(Clint Burnham):《互联网有无意识吗?斯拉沃热·齐泽克与数字文化》(*Does the Internet Have an Unconscious? Slavoj Žižek and Digital Culture*),伦敦:布鲁姆斯伯里出版社,2018年,第24页。

[51]克林特·伯纳姆:《作为网络哲学家的齐泽克》,收入马修·弗里斯菲德和路易斯·威利斯主编,《"齐泽克和媒体研究"读本》,第201—210页。

[52]克林特·伯纳姆:《互联网有无意识吗？斯拉沃热·齐泽克与数字文化》，第24页。

[53]安迪·贝克特:《加速主义：一个边缘哲学如何预测我们生活的未来》（“Accelerationism: How a Fringe Philosophy Predicted the Future We Live In”），刊于《卫报》，2017年5月11日，https://www.theguardian.com/world/2017/may/11/accelerationism-how-a-fringe-philosophy-predicted-the-future-we-live-in。

[54]亚格娜·奥尔塔泽夫斯卡:《“很多事情都取决于环境”：齐泽克在法国》，刊于《英语研究》，第1卷，第58期（2005年1月），第54页。

[55]加里·奥尔森（Gary A. Olson）和林恩·沃舍姆（Lynn Worsham）:《斯拉沃热·齐泽克：哲学家、文化批评家和网络共产主义者》（“Slavoj Žižek: Philosopher, Cultural Critic, and Cyber-Communist”），刊于《创作理论杂志》（*JAC*），第21卷，第2期（2001年春季），第251—286页。另见杰弗里·威廉姆斯（Jeffrey J. Williams）:《促销型知识分子的兴起》（“The Rise of the Promotional Intellectual”），刊于《高等教育纪事报》（*Chronicle of Higher Education*），2018年8月5日，https://www.chronicle.com/article/the-rise-of-the-promotional-intellectual/。

[56]戴维·冈克尔:《重组的思想：斯拉沃热·齐泽克和混搭的艺术与科学》，刊于《齐泽克研究国际杂志》，第6卷，第3期（2012年）：http://zizekstudies.org/index.php/IJZS/article/view/27/24。

[57]迈克尔·海姆（Michael Heim）:《电子语言：文字处理之哲学研究》（*Electric Language: A Philosophical Study of Word Processing*），康涅狄格州纽黑文：耶鲁大学出版社，1987年，第210页。

[58]利·拉伯格（Leigh C. La Berge）:《写作疗法：斯拉沃热·齐泽克，接受现代性的精神分析的人》（“The Writing Cure: Slavoj Žižek, Analysand of Modernity”），收入保罗·鲍曼和理查德·斯坦普编:《齐泽克的真相》，伦敦：连续出版社，2007年，第17页。——作者注。“接受现代性的精神分析的人”，大意谓：现代性（modernity）是精神分析师，齐泽克则是被分析者，他在接受现代性的精神分析。——译者注。

[59]同上，第24页。

鸣　谢

本书是以2015—2019年间我在剑桥大学达尔文学院进行的研究为基础的。我要感谢所有在此期间给予我支持的人，没有他们，就不会有此书。

来剑桥之前，我曾在特拉维夫大学读书和工作，导师是叶侯达·申哈夫（Yehouda Shenhav）和沙乌尔·米沙尔（Shaul Mishal），他们把我领入作为一个学科和一种生活方式的社会学。在剑桥时，我的博士生导师帕特里克·贝尔特（Patrick Baert）为本书的研究提供了无与伦比的指导和建议。在这方面，我也从我的书稿审核人——意大利博洛尼亚大学的马可·桑托罗（Marco Santoro）和剑桥大学国王学院的达林·温伯格（Darin Weinberg）——那里得到了极具价值的反馈。在卢布尔雅那，我得到了斯拉沃热·齐泽克、姆拉登·多拉尔和阿伦卡·祖潘契奇的慷慨接待，他们花费了宝贵的时间，提供了难得的洞见，对本书的研究贡献良多。我还要感谢芝加哥大学的凯特琳·塔克·索伦森（Kaitlyn Tucker Sorenson）和特拉维夫大学的奥里·戈德堡（Ori Goldberg）等学者，与他们的交流使我受益匪浅。

观念不是无根之木。我真的很幸运，我有非常爱我的父母罗曼（Roman）和肖莎娜（Shoshana），以及已故的妹妹陈·巴莱尔（Chen Bar-El, 1987—2012），他们帮助我在剑桥度过了美好的时光，并以无以言表的方式支持我。同样，我最亲爱的生活伴侣迪娜·卡杜米（Dena Qaddumi）亲切地倾听我的谈话，奉献她的想法，擦去我的眼泪。多亏有她，书中的插图焕然一新！我还要感谢我在剑桥的朋友们：梅尔韦·桑卡克（Merve Sanak）、本杰明·费尔施利（Benjamin Ferschli）、斯蒂法诺斯·罗因帕斯（Stefanos Roimpas）和吉里什·尼瓦蒂（Girish Nivarti）。他们都提供了睿智的建议和巨大的鼓励。乌迪·阿洛尼（Udi Aloni）以他独特的方式提供帮助，值得感谢。伊丽莎白·布兰奇·戴森（Elizabeth Branch Dyson）和她在芝加哥大学出版社的优秀团队在评审和出版本书过程中给予了极大的支持，我对此表示感谢。

以下材料曾经刊发，我要感谢相关机构允许我将其收入本书：第 2 章的早期版本曾发表于《英国社会学杂志》，已获伦敦政治经济学院许可；第 3 章的部分内容此前发表于《文化社会学》第 15 卷第 2 期（2021 年），已获塞奇出版社许可。特此鸣谢。

译后记

译完本书，颇有些感慨，也有些体悟，写在这里，或许对读者理解本书多少有些帮助。

一

在众多研究齐泽克的著作中，本书独辟蹊径。其他著作注重结果，本书注重过程。其他著作关注的问题是：齐泽克是谁？他都做了些什么？本书关注的问题是：齐泽克是如何从“十年寒窗无人问，一举成名天下知”的？

在本书作者看来，齐泽克的巨大成功（以及随之而来的日渐式微）不仅与他的出身、经历和学养有关，而且与他采取的战略和战术相连。在他众多战略和战术中，“定位理论”（positioning theory）至关重要。这里的“定位”不仅指确立地理或学科意义上的方位，而且指在政治、社会、伦理等问题上确立自己的立场。齐泽克的“定位”可不是一般的“定位”，而是“叠加定位”（superpositioning），有关“叠加定位”的理论自然就是“叠加定位理论”（superpositioning theory）。“叠加定位”中的“叠加”源自量子物理学，指量子系统在被测量之前同时处于多种状态的能力。本书作者认为，齐泽克之为齐泽克，就是因为他具备了这种能力。

“定位”（positioning）之前必先有“位”（position），“位”即我们通常所说的立场。立场是个大问题，政治生活中如此，日常生活中亦然。西方有民谚曰“早起的鸟儿有虫儿吃”，这是站在鸟儿的立场上说话，没有顾及虫儿的死活；“早起的虫儿被鸟儿吃”，这是站在虫儿的立场上说话，完全无视鸟儿的早餐。中国有民谚曰“不管白猫黑猫，能捉老鼠就是好猫”，这是站在猫的立场上说话，根本不管老鼠的死活；“不管白老鼠还是黑老鼠，不被老猫抓住就是好老鼠”，这是站在老鼠的立场上说话，它只想保住自己的小命，哪敢跟老猫好勇斗狠？就一般人而言，只有这两种立场可供选择，没有第三个选项。要么以“鸟儿”或“老猫”自命，要么以“虫儿”或“老鼠”自居，除此之外，别无选择。但齐泽克的非同凡响之处在于，他要运用他的叠加定位战略，“超越两个或更多现有的对抗，创造第三个（新）位置或立场”：其实被鸟儿吃掉的早起的虫儿只是借助鸟儿的形体重新物化了自己，鸟儿只是形体，虫儿才是精神；其实不管白猫黑猫、白老鼠黑老鼠，都是同一枚硬币之两面，当务之急是创造猫化的老鼠和老鼠化的猫的对立统一体。这当然是对齐泽克的叠加定位的戏仿，甚至是对叠加定位的亵渎。但大致思路不过如此而已，即超越二元论的僵局，寻求第三条道路。

齐泽克曾以实例展示叠加定位的魅力。比如，有人常常感叹，时时抱怨，现代社会强调人人平等，无父无君，不再“君为臣纲、父为子纲、夫为妻纲”，不再“君君，臣臣，父父，子子”，造成了“权威”的缺位和没有责任的自由的泛滥。但也有人认为，现代社会并不缺乏权威。也就是说，存在两种观点或两种立场：一种认为缺乏权威，一种认为并不缺乏权威。双方各执一词，即使争得天昏地暗，最终也是不了了之。但齐泽克会把这两种观点或两种立场进行叠加定位，创造第三种立场：缺乏权威本身就是更加邪恶的权威。这是怎么说的？齐泽克说：比方说吧，有两种父亲，一种是老派父亲，说一不二，不容异议；一种是现代父亲，和蔼可亲，温文尔雅。他们分别带着心不甘情不愿的儿子去探望儿子的祖母。老派父亲会对儿子说，你要守规矩，尽义务，定期探望祖母。现代父亲会对儿子说，你不要被别人道德绑架，你只需要遵从内心的渴望，虽然你也知道你的祖母多么爱你，多么想你，但你不必强迫自己，只有在你渴望探望祖母时，再去探望也不迟。表面看来，前者很有权威，后者平易近人。但齐泽克没有站在父亲的立场上看待问题，而且是站在孩子的立场上审视现实：表面上的无权威，实际上是更大权威的化身；表面上的自由选择，实际上隐含着更加严厉的伦理指令——你不仅要去探望祖母，而且你必须渴望探望祖母！

如此生动而有趣的实例，还有很多（顺便说一句，在本书作者看来，举例子、讲笑话和使用反问句是齐泽克修辞宝库中的三大法宝，也是他的表演不可或缺的“保留曲目”）。他在为中文版《意识形态的崇高客体》（第 2 版）撰写的“前言”中举过一个例子，颇能说明问题。“在 20 世纪 60 年代，一位崇尚‘进步’的教育理论家拨动了众人的心弦。他那时发表了一篇论文，公布了一个简单实验的结果：他让一群五岁的孩子画出他们在家玩耍时的情形，两年之后，这群孩子已经读了一年半的小学，他让他们再次画出同样的场景。两者间的差异令人震惊：五岁时，他们的自画像生气勃勃、充满活力、色彩丰富，充满了超现实主义的顽皮情趣；两年后，他们变得僵硬死板、低眉顺目，而且绝大多数孩子自发地选择了灰色，尽管他们可以随意选择其他颜色。”不难预测，面对此情此景，崇尚“进步”的现代主体会做出怎样的反应：一方面，他们认为在资本主义社会中，学校是“意识形态国家机器”，它只能压制学生天生的创造才能；另一方面，他们认为即便如此，也是无可奈何之事，总不能为了保护孩子天生的创造才能而废弃现代教育体制，即使改造现代教育体制也像无头的苍蝇，结果改来改去，即使不是更糟糕，也是同样糟糕。齐泽克采取叠加定位战略，既不认同前者，也不认同后者，提出了新颖的见解。在他看来，学生由“生气勃勃、充满活力”向“僵硬死板、低眉顺目”的转变，并非退步的表征，而是“至关重要的精神进步”的迹象。他还用他的独门绝技——“拉黑体”——对它大加赞美：“把生气勃勃的五颜六色化约为灰色的规训，这并未给他们造成任何损失，相反，他们由此获得的收益却不胜枚举，因为精神的力量恰恰在于从‘绿色’的生命直接性迈向‘灰色’的概念性结构，并借助于这种被化约的中介重现本质性决断，而我们直接的经验是无法使我们看到这种本质性决断的。”

类似的叠加定位充斥于齐泽克的所有著作，贯穿于他思想的始终。比如，在齐泽克的政治理论中，自由也是一个非常重要的范畴。但在这个问题上，他的看法是，自由是由更深层次的不自由维持的。他甚至赞同列宁对“形式自由”和“实际自由”的区分，认为自由社会只允许存在形式自由，即“在现有权力关系坐标内的选择自由”，而禁止实际自由的存在，因为实际自由会瓦解现有权力关系的坐标。基于这样的叠加定位战略，他为宗教辩护。他一方面强调“无神论是值得为之奋斗的遗产”，一方面又像马克斯·韦伯那样，在基督教（尤其是新教）中寻找宗教的价值，同时给自己贴上了充满悖论意味的“基督教无神论”的标签。同样充满悖论意味的是，他在纪录片《变态者意识形态指南》中说过："成为无神论者的唯一途径是信奉基督教。"言下之意，不信奉宗教，就无法真正成为无神论者，因为无神论总想通过忠于意义的外在保证者（guarantor of meaning）来逃避宗教，但这注定失败，因为它神不知鬼不觉地用"自然"或"自然规律"取代了"上帝"或"上帝的旨意"。而且基督教的"道化肉身"学说把上帝从"彼岸"带到凡间，融入人类世界，介入人类事务，因而废除了"意义的外在保证者"，反而比信奉"自然"或"自然规律"的"无神论"更有"无神论"的品格，因而也更有意义。

齐泽克还把叠加定位战略运用于多元文化论、移民问题和跨性别运动。他在这些问题上发表的见解，引发了广泛的批评，被斥之为顽固派和老古董。但他绝对是超越了现代派、后现代派之后的顽固派和老古董，而非传统意义上的顽固派和老古董。1997 年，他在《多元文化主义，或跨国资本主义的文化逻辑》一文中批评多元文化主义。因为根据多元文化主义，存在着一种在文化上保持"中立"的视角，可以透过这个视角，理性、客观和公正地审视所有文化，进而肯定所有文化的特殊性。在齐泽克看来，这无异于赋予这种"中立"视角以特权，把它视为"元语言"。根据拉康的观点，根本不存在什么元语言。赋予这种"中立"视角以特权，会把所有的文化视为"他者的文化"，反而陷入了新的种族主义僵局。他还认为，执着地追求特殊的文化身份，会导致放弃反对全球资本主义的斗争，得不偿失。1998 年，他在《为"欧洲中心主义"辩护的左翼》中认为，左翼应该奋起推翻全球性的资本帝国，但推翻全球性资本帝国的方式不是肯定特定的文化身份，而是肯定新的普遍性。在这场斗争中，平等自由（égaliberté）这个欧洲普遍主义价值观理应得到尊重，左翼更是应该勇于冒着骂名，继承这一欧洲遗产。他甚至为老牌殖民主义进行辩护，认为欧洲对非欧洲传统的破坏既是灾难，亦有益处，因为它使“双重摆脱”（非欧洲传统既摆脱自己的传统又摆脱欧洲的传统）成为可能。这里的精妙之处是一般的左翼人士难以理解的，所以他们认为齐泽克是在为老牌的殖民主义张目。

在性别政治的问题上也是如此。他在 2016 年写过一篇题为《性别即政治》的文章，表明了他对跨性别运动的立场。当然，他的立场是叠加定位后的立场。他认为，和变性主体一样，任何主体都在一定程度上与分配给他的性别立场存在着某种分裂和对抗。在齐泽克看来，分裂或对抗是主体的本质，逃避分裂和对抗就是无视现实。他既反对以暴力的形式把性别强加于人，又反对完全逃避分配给自己的性别立场。他认为，主体完全逃避分配给自己的性别立场，这是“后性别主义”（postgenderist）或“跨性别主义”（transgenderism）的主张。这种主张没有准确把握跨性别者的期待，因为跨性别者只想寻找一个稳定的“能让他们识别自己的地方”（比如一个能确认其身份的卫生间）。齐泽克主张建立“第三卫生间”，即专为“一般性别”服务的卫生间。只有这样，才能让世人看到那个本应看到的事实：两种性别立场的划分忽视了主体的内在分裂性和对抗性，没有充分展示主体的这一特征。他认为，跨性别运动信守的意识形态包含着由社会建构主义（social constructivism）和生物决定主义（biological determinism）构成的张力。根据前者，性别是一种社会建构物；根据后者，性别是一种前社会存在物。他主张以弗洛伊德的理论来消除这一张力：精神上的性别是一种选择，而不是生物学事实，但它不是意识性的选择，而是无意识的选择。它先于主体的构成，也构成了主体。

他把理论与实践、知识与信仰、思维和行动、个人与社会、激进与保守、左翼与右翼，乃至真迹与赝品、哲学与反哲学、法国传统与德国传统、结构主义与解构主义、现代主义与后代主义、哈贝马斯与福柯、阿尔都塞与拉康，全都进行叠加定位，进而开辟第三条道路。不仅如此，用本书作者的话说，“他既引用古典文献，又引用前沿文献，最后对引用这个层面本身进行叠加定位；他既借助一般的主张，又借助特定的主张，最后对主张这个层面本身进行叠加定位；他既以客观的语调说话，又以主观的口吻发声，最后对语调这个层面本身进行叠加定位；他的形式既是正式的，也是非正式的，最后对形式这个层面本身进行叠加定位；他既使用事实，又使用虚构，最后对隐喻这个层面本身进行定位”。因此，他对一般的论证（argument）不屑一顾，对元论证（meta-argument）情有独钟。

他不仅能对两种立场进行叠加定位，他有时还能对多种立场进行叠加定位。在《敏感的主体》中，他一口气罗列了众多他不认可的立场，并对它们进行叠加定位：“一个幽灵在西方学术界游荡，……笛卡儿式主体的幽灵。所有学术力量都联合起来，结成了神圣同盟，以驱除这个幽灵。……新纪元蒙昧主义者……，后现代解构主义者……；哈贝马斯式的交往理论家，……海德格尔式的存在之思的倡导者……；认知科学家……和深层生态学家……；批判的（后）马克思主义……以及女性主义者。”有时他只用一句话，就能对多种完全不同的立场进行叠加定位。比如他的意识形态定义——“他们虽然对之一无所知，却在勤勉为之”——就一言以蔽之地把耶稣在十字架上的独白、马克思对资本主义的批判和弗洛伊德对无意识的剖析进行了叠加定位。

面对这样的叠加定位战略，以前我们一无所知。所以，总是有人批评他没有坚实的立场，总是摇摆不定，含糊不清，给人的感觉是，他总在与人作对，你说东，他说西，你打狗，他骂鸡，你打柴，他抓鱼，你骑马，他赶驴，你摘桃，他取梨，你烧火，他和泥。他时而左，时而右；时而激进，时而保守；时而正统，时而异端；时而赞美暴力，时而讴歌和平。即使他有立场，他的立场也缺乏连贯性和一致性，似乎只有挑衅性，缺乏洞察力。有人甚至断言，如此这般地闹来闹去，最后将和他的那部皇皇巨著《极度空无》（*Less than Nothing*）一样，落个"极度空无"的悲惨结局。之所以有这些误解和指责，是因为对他的叠加定位一无所知。所以面对那些指责，齐泽克在其《生活在末世》中做了理直气壮的回答："我遭受人们的攻击，他们说我是反犹太主义者，又说我散布犹太复国主义的谎言；他们说我是隐蔽起来的斯洛文尼亚民族主义者，又说我是不爱自己国家的叛徒；他们说我是捍卫恐怖行为的极'左'主义者，又说我散布资产阶级的谎言，诋毁共产主义。……所以，也许——只是也许——我正走在正确的道路上。"其实，他既不"排犹"也不"亲犹"，既不是爱国者也不是卖国贼，既不是"极左"也不是"极右"，他有他的"正确的道路"，即超越二分法，创造第三种选择。

正是由于存在种种误解，他才有了那么的头衔和"雅号"。他拥有正式的头衔：教授、哲学家、专栏作家、时事评论家、文化理论家、资深研究员、公共知识分子等等。但他拥有的"雅号"更多，多到不胜枚举的地步："知识明星""文化明星""激进学者""理论狂人""学术贱民""跳梁小丑""宫廷小丑""明星哲学家""网络哲学家""好斗的学者""学术摇滚明星""学术魔法大师""知识戏法大师""学者中的异类""新反动哲学家""伟大的煽动者""当代关键思想家""超级巨星理论家""哲学界的波拉特""哲学界的坏孩子”“网络共产主义者”“全球百大思想家”“牺牲型知识分子”“扣人心弦的演说家”“文化理论界的‘猫王’”“国际知名知识分子”“最大胆的知识分子”“西方最危险的哲学家”“知识分子中的新型品种”“桀骜不驯的思想家和评论家”“处于社会边缘的无业游民”“现代最重要的跨学科思想家”“卢布尔雅那学派的形象代言人”“我们这个时代最重要的黑格尔主义者”“最多产、最著名和最具争议的思想家”“积极介入社会事务的全球公共知识分子”等等。

二

本书译者阅读齐泽克，已近25年，也知道齐泽克不是寻常人，不走寻常路，见识不同于流俗，眼界不同于凡人。但有一个问题，一直颇感困惑，也曾当面向他讨教，但最终还是没有结果：他出生在一个蕞尔小邦，虽然是东欧人，但在西欧人眼中，是典型的东方人；他是典型的东方人，却对西方文化（包括通俗文化，尤其是电影和侦探小说），特别是深奥的西方哲学（尤其是德国古典哲学和当代法国哲学）了然于心，不仅能够随时娓娓道来，而且能够别出心裁地加以阐发。在这方面，他远远胜过当代西欧任何一位哲学家、文化理论家、电影批评家。他是怎么做到这一点的？

译完此书，这个问题终于迎刃而解。其实他早在十几岁时就沉浸于西方文化，20岁时即负笈法国求学，22岁时就在法国出版了专论海德格尔和德里达的本科毕业论文《差异之痛》，26岁时获得硕士学位，学位论文《记号·能指·书写》研究的依然是法国理论。此后他分别在他的祖国和法国获得两个博士学位，当然也写了两篇学位论文，一篇为《介于症状与幻象之间的哲学》，一篇为《最崇高的瘾症》，为他后来出版轰动一时的《意识形态的崇高客体》奠定了基础（其实《意识形态崇高客体》三分之二的内容来自《最崇高的瘾症》，但前者是以法语出版的，出版后波澜不惊，后者是以英语出版的，出版后引起轰动，英语的文化霸权地位由此可见一斑）。他还积极参与当地的社会活动和政治活动，并将理论付诸实践，一方面解决现实中出现的重大问题，一方面检测西方理论的有效性，然后在理论和实践的相互印证中发展理论，解决棘手的现实问题。

他之所以能够如此，是因为在一定程度上他占尽了地缘政治之利，出生于“非东非西”的南斯拉夫联邦中的斯洛文尼亚共和国。这种地缘政治之利，本书用了整整一章（近五分之一的篇幅）详加论述。总之，这种得天独厚的地理条件和社会环境，使他除了母语斯洛文尼亚语外，还能流利地使用塞尔维亚-克罗地亚语、法语、德语和英语。后三种语言更使他终身受益：用英语把经过叠加定位的德国古典哲学与法国后结构主义融为一体。正如本书作者所言，“这种把东方与西方融合，把法国观念和德国观念会通的做法，使齐泽克能够与当时的大多数知识潮流进行不同程度的交流和合作，同时又在研究中和现实生活中表明并保持自己的独特立场”。

而且他自幼生活在海滨城市，在那里接触西方电影等大众文化产品，接触西方哲学及文化理论。十几岁时与家人一起搬到卢布尔雅那，进入高中学习，先是立志做电影导演，后来改弦易辙，成为哲学家。但他对电影的兴趣至今不衰，曾在纪录片《变态者电影指南》中出镜，在短短的150分钟之内，对43部影片做了“相当雷人”的分析。观看此片，大有醍醐灌顶之感，颇收“冷水浇背，陡然一惊”之效。从此之后，观看任何影片，那影片都不再是原来的意味，总是令人想到驱力、欲望、无意识、超我、幻象、符号界、实在界之类的“劳什子”，总想探询屏幕背后隐藏的秘密。除了电影，侦探小说是他的至爱，他对吉尔伯特·切斯特顿（Gilbert Chesterton）和约翰·勒·卡罗莱（John le Carré）的作品更是“一往情深”，曾为他们作品的斯洛文尼亚语译本撰写引论，且大受欢迎。他还喜欢勋伯格的《古雷之歌》，喜欢贝多芬、穆索尔斯基和多尼采蒂的作品。他对瓦格纳的歌剧赞不绝口，在其早期著作中多次引用《莱茵的黄金》和《帕西法尔》，阐释其晦涩的哲学命题。

人们称他为“黑格尔–拉康派”。刚出道时，他声称要探索“由三个重心构成的理论空间”。这三个重心分别是黑格尔的辩证法、拉康的精神分析理论和当代意识形态批判。三者之中，拉康的精神分析理论是重中之重。不过到了 2010 年，拉康的重要性开始下降，黑格尔的重要性开始升高，因为在他看来，拉康虽然重要，但他也只是解读黑格尔的工具。到了 2019 年，拉康的地位再次发生断崖式下跌，因为他声称，西方的全部哲学都发生在 50 年间，即康德出版《纯粹理性批判》的 1781 年至黑格尔去世的 1831 年。言下之意，此前无哲学，此后亦无哲学。这与怀特海的名言——“两千五百年的西方哲学不过是柏拉图哲学的一系列注脚而已”——相比，可谓有过之而无不及。

“主体性”（subjectivity）是齐泽克哲学的核心问题，也是最难理解的问题之一。他研究主体性问题，是因为他早在 20 世纪 80 年代就发现，后现代的主体不同于古典的主体，也不同于现代的主体，他分别以原初犬儒主义、现代犬儒主义和“狗智主义”分别描述上述三个不同时代的主体的特征。他把犬儒主义与“犬儒化的当代主体”联系起来，说他们“一边在心理上拒斥意识形态，一边又在行为上追随意识形态”。拉克劳在为他的《意识形态的崇高客体》作序时说："本书的基本论点是，不能把'主体'这一范畴化约为'主体的立场'，因为在主体化之前，主体是匮乏之主体。这个基本论点是在第一章中明确阐明的，随后的每一章都在一个新的话语语境中重申这一基本论点。"也就是说，主体问题贯穿《意识形态的崇高客体》的始终。表面看来，在拉康的实在界、符号界和想象界中，主体处于符号界内，已经实现从实在界向符号界的跨越。但在齐泽克看来，主体一直处于从实在界向符号界跨越过程之中，即处于主体化（subjectivation）的过程之中。不幸的是，虽然主体一直拼命跨越实在界和符号界的鸿沟，却总以失败告终，因而只能以"无法被符号化"来界定。结果，以失败告终的主体只是抽象化的主体，是空白，是空隙，是"符号结构性的匮乏"，甚至无法找到属于自己的能指："它要再现自己，但失败了，这种失败正是证明它存在的积极条件。主体试图以符指化再现的形式展示自己，再现失败了；我们得到的不是丰富性而是匮乏。由失败打开的这个空隙，就是能指的主体。让我们以悖论的形式说吧，能指的主体是它自身再现失败所导致的回溯性效应；之所以说再现失败是再现它的唯一方式，原因就在这里。"总之，主体是空，是无，是空白，是空隙，是匮乏，是失败，它找不到自己的能指，也无法再现自己。也正是因为这个缘故，它才终生忙忙碌碌地建构自己（填补自己的空白），所谓"欲壑难填"就是如此。即使心灰意懒的巴特尔比式的"躺平"，也是建构自己的一种方式。

对于理解本书来说，齐泽克的意识形态理论同样值得重视，因为它能为理解本书提供总体性的语境。在他之前，意识形态属于观念领域或思想问题，但在他那里，意识形态属于社会实践，存在于丰富多彩的社会活动（比如，情景喜剧中的罐头笑声和宗教仪式中的转经轮，均属此列）；在他之前，意识形态属于意识层面的问题，但在他那里，意识形态位于无意识领域，用他的一本书的书名来说，意识形态之为意识形态，是“因为他们所做的，他们不知道”（They Know Not What They Do）。根据精神分析理论，无意识可以绕过意识和主体自称的信仰，直接决定主体的行为。最终支配人生的，不是意识，而是无意识，只是我们意识不到这一点而已。换言之，最终支配人生的，是洒落在生活各个角落里的微不足道的个人实践，但它在我们毫无觉察的情形下决定了我们人生的走向，甚至决定了我们人生的结果。所以，与其说性格决定命运，不如说无意识决定命运，意识形态决定命运。所谓批判意识形态就是像黑格尔主张的那样进行“自我反思”，将无意识予以意识化，实现黑格尔所谓的“绝对之知”。齐泽克推崇黑格尔，多少与此有关。他对政治理论的贡献也在于此。他在《意识形态的崇高客体》和纪录片《变态者意识形态指南》中反复阐明的，就是这个道理。

三

我们都知道齐泽克擅长说笑话（尤其是色情笑话），善于用通俗文化产品阐述学科的学理，而且示例极其丰富。但我们有所不知的是，看似可有可无的示例，在齐泽克那里也具有不菲的价值。要知道，真正的哲学家都不屑于举例，康德把例子视为“判断力的学步车”（go-cart of the judgment），我们从他的三大批判那里也难以找到例子。对齐泽克来说，例子不仅是传播观念的主要手段，而且具有和“概念”同样的价值。他认为：“一个论点就是一个例子，只是它还没有意识到自己就是一个例子而已。”他并不认为作为修辞手段的例子劣于哲学家高尚的思想和抽象的概念。来自日常生活的例子就是哲学思想和抽象概念的具体化。

尽管如此，齐泽克毕竟是齐泽克，示例再丰富，也难以消除他语言的深奥晦涩。他的出身、经历、学养和实践，加之数字时代的东风，网络时代的力量，使他具备了独特的“表演风格”，拥有了丰富的“修辞语库”和“保留曲目”。最重要的是，他无论在语言上还是表演上，都自成一体。这“体”便是本书作者所谓的“拉黑体”（Hegelacanese）。在风格或语体的问题上，齐泽克常常遭人迎头痛击。人们用“无秩序”（chaotic）、“欠条理”（non-systematic）之类的概念来描述他的风格或语体，说它类似于文学中“意识流”，是“非连续单元流”，而这样的“意识”和“单元”又是随意排列出来的，毫无章法，结果就是使读者的注意力时断时续，难以一以贯之地维持。乔姆斯基指责他“使用多音节之类的花里胡哨的辞藻，在没有理论的情况下假装有理论”，认为他的观点过于模糊，他也因此无法与普通人进行有效的沟通。基于相同的经验主义传统，英国保守主义哲学家罗杰·斯克鲁顿（Roger Scruton）与乔姆斯基可谓英雄所见略同。他说，识别齐泽克的立场，并非易事，他在哲学的论证方式和精神分析的论证方式之间徘徊不定，又受了拉康的格言式语句（gnomic utterances）的蛊惑，执迷不悟。他爱好悖论，坚信黑格尔所谓的“消极劳作”（the labour of the negative），又像堂吉诃德一样，不断向悖论这堵石墙发起进攻。

在这些人中，爱德华·奥尼尔和伊格尔顿的说法最具代表性。奥尼尔认为齐泽克故弄玄虚：“在没有任何检验方法的情况下，作者采用了一系列令人眼花缭乱的、极具娱乐性且常常令人发狂的修辞策略，意在欺骗、恐吓、惊呆、惊倒、迷惑、误导、压垮读者，一言以蔽之，意在强制读者接受。他提供了一个又一个例子，但使它们成为例子的原则本身却不予提供。……一个概念用另一个概念来界定，而这个概念又以同样的方式被界定，以此递进，直到无穷。……到最后，纯粹的修辞力量代替了精心的论证。”伊格尔说得更加可怕：“齐泽克著述甚丰，到了令人生心敬畏的地步；齐泽克多才多艺，到了令人眼花缭乱的程度。他能在同一段文字里，从黑格尔跳到侏罗纪公园，从卡夫卡跳到三K党。但是，如同拉康所谓的充斥着幻象的日常现实世界掩盖了一成不变的实在界之核一样，齐泽克无比华丽的话题列队在一本又一本著作中循环往复，穿插运行，但说来说去，说的都是同一个主题。他广泛的兴趣几乎充满了喜剧性，但这背后却隐藏着一种强迫症一般的重复。他的著作，颇令人产生弗洛伊德所谓的‘诡异’之感，让人觉得既熟悉又陌生，既有令人拍案惊奇的创新，又有令人‘似曾相读’的陈腐，充满了独树一帜的深刻见解，彼此之间又循环往复。”

但本书作者认为，“拉黑体”不是缺点，反而是他传播观念的有力工具。“作为一种可识别的思维网络和谈话风格，他的语言通过他的团队和网络关系传播他的观念，同时又以一种与更广泛的文化情感和文化对抗产生共鸣的方式来使用各种媒体和传播渠道。”作者还认为，齐泽克以独特的方式把理论和实践结合起来，催生了“拉黑体”。顾名思义，“拉黑体”即黑格尔语体与拉康语体的混合物。黑格尔被称为“外星人”，说的自然是“外星语”，这一点，读过他的大作的人，想来不会有什么“异议”。拉康更是“外星人中的外星人”，其语言可谓佶屈聱牙，深奥晦涩的程度更在黑格尔之上。后来的胡塞尔、海德格尔和德里达等人，也有同样的问题，只是程度不同而已。

但水是有源的，树是有根的，他们这样说话也是有原因的。肯定有露才扬己的嫌疑，但也有迫不得已的苦衷。前者是外在的，后者是内在的。他们要表达普通语言难以表达的思想，无法旧瓶装新酒，只好另起炉灶，创造新词语，改造旧语法，使用特殊的修辞手段，以达其意。“可以言论者，物之粗也；可以意致者，物之精也。”他们偏偏要谈论“意致”之物，追求“物之精”。黑格尔、拉康、齐泽克（以及本书作者），都是如此，都是实出无奈之举。海德格尔说“语言是家园”，詹姆逊说“语言是牢笼”，这要看对谁而言。对于普通的芸芸众生（以及英美经验主义者）来说，“语言是家园”，只要熟悉自己的母语，就可以自得其乐，沐浴在母语温暖的怀抱之中，绝不会生出弗洛伊德所谓的“诡异”之感。但对于黑格尔、德里达、拉康、齐泽克等欧陆哲学来说，语言是实实在在的“牢笼”，他们不想抱残守缺，更不想“把牢底坐穿”，想“跳到盒子之外思考”（think outside the box），那就必须寻找盒子之外的语言，熔新词，表新意，不再完全接受既定语法规则、修辞法则、语义原则、语用策略的制约。这是再自然不过、再浅显不过的道理了。当然，若干年之后，他们的新词语也会被纳入既定的传统，成为传统的一部分，就像 T. S. 艾略特在《传统与个人才能》中所说的那样。

从这个意义上说，阅读黑格尔、拉康和齐泽克的著作都不容易。即使阅读阐释他们著作的著作也是如此。除了上述原因，还有一个不可忽视的因素：我们分属两个不同的世界。说不同的世界，不仅指空间不同，而且指时间不同。就精神世界、文化世界和知识世界而言，如果说他们（包括黑格尔）早已生活在“后现代”世界，那我们还生活在“前现代”世界。他们用“后现代”世界的语言审视万物，我们则以“前现代”的认知理解他们。他们也处于非常尴尬的地位：本应用“后现代”世界的语言毫无顾忌地表达他们的思想，但又要让身处“前现代”世界的我们读懂，所以在创造新语言的同时，又要兼顾我们的“认知”，做出妥协，甚至成为詹姆逊和齐泽克所谓的“消隐的中介物”（vanishing mediator）。

即使读懂本书，亦非易事，需要某些“先行知识”（assumed knowledge）。比如，要彻底读懂下面这几句话，离不开与之相关的历史知识，也离不开对齐泽克以及整个欧陆哲学整体性理解：“然后，他［齐泽克］又令人惊讶地把这一点与来自我们当前全球记忆中的另一个名闻遐迩（或臭名昭著）的流行场景——美国士兵在阿布格莱布监狱羞辱伊拉克囚犯的照片——联系起来。针对小布什总统做出的意识形态性的回应（小布什谴责这些照片，因为它们背离了美国的价值观念），齐泽克断言，这没有背离美国已经构成的价值观念，相反，它构成了美国的价值观念。”首先，我们要知道，美国士兵在阿布格莱布监狱羞辱伊拉克囚犯事件曝光后，美国总统小布什予以谴责，说这种做法背离了美国的价值观念。但齐泽克认为，这种回应是“意识形态性的回应”，即“虚假不实”的回应。齐泽克认为，美国士兵的所作所为，虽然是一种背离，但它没有背离美国人自称的纯洁无瑕的价值观念，因为这种价值观念只是虚幻的臆想之物。美国士兵背离虚幻的、臆测出来的价值观念，这个行为本身反而创造性地构成了美国的价值观念。先有“臆测的价值观念”，然后背离它，这才创造出了“真实的价值观念”。虽然是“真实的价值观念”，但它是依靠“背离”这种行为存在的，而这种背离行为本身就是“淫荡快感之核”。齐泽克断言，任何所谓的文明制度都离不开这种“淫荡快感之核”，都是靠这种“淫荡快感之核”维持的，离开了“淫荡快感之核”，它就无以为生。可悲的是，单纯的翻译无法把这些含义全部译出，它们注定要遗落在翻译之中（lost in translation），因而只能寄希望于聪明的读者自行“脑补”。

书中类似的“准拉黑体”俯拾皆是，如“每个领域内的对立都影响着南斯拉夫的不可能之条件，这种不可能之条件一旦筋疲力尽，就会促成齐泽克的可能性之条件”“我们看到了南斯拉夫的不可能之条件开始作为齐泽克把黑格尔、拉康和马克思熔为一炉的可能性之条件发挥作用。他不仅使之合法化，也对之进行批判”。正是由于这个缘故，译者在翻译本书时，在极其有限的范围内，在尽量少占用版面的前提下，做了一些可能在某些读者看来纯属多余的注释，且难免“译者，溢也”之讥。但是，倘非如此，对于大部分读者来说，有些语句还真的难以理解。

还有一点需要说明：作者引用了大量网络资源，由于印刷的缘故，几乎无一能够打开。经过仔细校正，发现除极个别的例外（已经注明），迄今为止，全部能够打开。如果无法打开，请仔细检查自己输入的网址是否无误，或检查自己的网络是否能够正常访问。由于印刷的缘故，网址难免出现失误，失误最常见的情形是加了空格。删除那些空格，即可大功告成。

最后，真诚地感谢黄绪国老师、何梦姣老师。何老师的真诚、热情、坦荡和敬业精神，令我感动。黄老师以其敏锐的学术眼光、深刻的哲学洞见和广阔的国际视野，慧眼识珠，“发现”了这本貌不惊人却出类拔萃的著作，令我钦佩。感谢出版社出版此书，让国内读者有幸全面理解齐泽克的理论，同时感受他的成败荣枯，他的得失荣辱，可谓功不可没。感谢所有参与出版此书的老师，感谢您对学术事业和出版事业付出的心血。

2023 年 5 月 25 日